国学大师

刘师培评传

卢烈红 谢艳红 著

长江出版传媒
湖北人民出版社

图书在版编目（CIP）数据

刘赜评传 / 卢烈红，谢艳红著. — 武汉：湖北人民出版社，2024.3
ISBN 978-7-216-10839-3

Ⅰ. ①刘…　Ⅱ. ①卢… ②谢…　Ⅲ. ①刘赜（1891-1978）—评传　Ⅳ. ①K825.5

中国国家版本馆CIP数据核字（2024）第049155号

责任编辑：祝祚钦
　　　　　丁　茜
封面设计：董　昀
责任校对：范承勇
责任印制：肖迎军

出版发行：湖北人民出版社	**地址**：武汉市雄楚大道268号
印刷：湖北新华印务有限公司	**邮编**：430070
开本：787毫米 × 1092毫米　1/16	**印张**：22.75
字数：316千字	**插页**：3
版次：2024年3月第1版	**印次**：2024年3月第1次印刷
书号：ISBN 978-7-216-10839-3	**定价**：88.00元

本社网址：http://www.hbpp.com.cn
本社旗舰店：http://hbrmcbs.tmall.com
读者服务部电话：027-87679656
投诉举报电话：027-87679757

湖北国学大师评传丛书

编　委　会

总　　序

郭齐勇

“国学”是颇有争议的复杂概念。在清末以前，古人不必使用这一概念。在国势日颓、民族危亡之时，流亡在日本的志士仁人开始使用这一名词，表述中国古代的学术文化。章太炎说：“夫国学者，国家所以成立之源泉也。吾闻处竞争之世，徒恃国学固不足以立国矣。而吾未闻国学不兴而国能自立者也。吾闻有国亡而国学不亡者矣，而吾未闻国学先亡而国仍立者也。故今日国学之无人兴起，即将影响于国家之存灭，是不亦视前世为尤岌岌乎？”①

邓实说：“国学者何？一国所有之学也……有其国者有其学。学也者，学其一国之学以为国用，而自治其一国者也。国学者，与有国而俱来，因乎地理，根之民性，而不可须臾离也。君子生是国，则通是学，知爱其国，无不知爱其学也。”② 也就是说，国学不仅仅是学问或学术的概念，而且还是民族性与民族魂的概念。国学的内核主要指国家民族历史文化的根本精神价值。

梁启超积极引进西学，然而对于国人鄙薄自己的民族文化传统却心怀忧虑。他说：“吾不患外国学术思想之不输入，吾惟患本国学术思想之不发明……凡一国之立于天地，必有其所以立之特质。欲自善其国

---

① 章太炎：《国学讲习会序》，原载《民报》第 7 号。转引自汤志钧《导读》，《国学概论》（章太炎讲演、曹聚仁整理、汤志钧导读），上海古籍出版社 1997 年版，第 6 页。

② 邓实：《国学讲习记》，原载《国粹学报》第 19 期。转引自汤志钧《导读》，《国学概论》（章太炎讲演、曹聚仁整理、汤志钧导读），上海古籍出版社 1997 年版，第 7 页。

者，不可不于此特质焉，淬厉之而增长之……不然，脱崇拜古人之奴隶性，而复生出一种崇拜外人、蔑视本族之奴隶性，吾惧其得不偿失也。”① 也就是说，我们一定要把握自家文化的真精神、主体性与特质，并加以锻造、锤炼，不能从盲目崇拜古人转向盲目崇拜洋人，以为自己的文化传统都是糟粕、中国百事不如人。

文化的差异不仅有时代性的差异，也有民族性的差异。在一定意义上，我们又可以说，“国学”即是中国的古典学，它以古代中国的语言文字、终极信仰、学术思想和民俗文化为中心。按传统图书与学术之分类有经、史、子、集四部，或义理、考据、辞章、经世之学的诸路向。

其实，国学是开放的，包含了历朝历代消化吸收了的外来各种文化。我们不能把国学狭隘化。第一，国学不只是汉民族的学术文化，它还包含了历史上各少数民族的语言、文字、学术文化及其与汉民族的交流史。第二，国学不只是上层精英传统，还包括小传统，如民间民俗文化，各时段各地域各民族的传说、音乐、歌舞、技艺、建筑、服饰、礼仪、风俗、宗族、契约、行会、民间组织等，有如今天的某些物质与非物质文化遗产。第三，国学还包括历史上中外地域文明的交融，如外域文明的传入，西域学、佛学及其中国化，西学东渐与中学西传的内容与历史过程等，都属于国学的范围。

必须明了，国学、经史子集等，并不是汉民族的专利，其中包含、汇聚了中华各民族的智慧与文化，是各民族共同创造、共同拥有的文化精神资源，正所谓“一体多元”“和而不同”。古今很多少数民族文化也以汉语言文字为媒介。

前面我们说过，在国学的多层面中，最高的层面还是国魂，即中华民族的主要精神的方面，那是中国人之所以为中国人、中国文化之所以为中国文化的根本特质处。国学是生命的学问，儒、释、道三教是具有

---

① 梁启超：《论中国学术思想变迁之大势》，原载 1902 年 3 月 10 日《新民丛报》第 3 期，又载胡道静主编《国学大师论国学》（上），东方出版中心 1998 年版，第 23 页。

精神性的人文主义，肯定世界的神圣性。三教认为人性的最高体现，就是达到人生的最高境界，是天人合一，希望与自然保持和谐。对宇宙的敬畏感来自我们回应最终实在的渴望，而最终实在为我们的生活指示了方向并赋予意义。我们的存在受惠于天地万物，为了报答这一份恩惠，我们必须加强自我修养，以便在存在的奇迹中完全实现人性，达到天、地、人三才同德。学习国学更重要的是把握中华人文精神与价值理念，了解中华民族与中华文化融会的过程，及其可大可久的所以然，堂堂正正地做一个中国人。

其实，提倡国学与拥抱、吸纳包括西学在内的外域文化并不矛盾。陈寅恪说："一方面吸收输入外来之学说，一方面不忘本来民族之地位。"① 任何民族的现代化都不可能是无本无根的现代化。对于自家传统文化的价值理念、生存智慧、治国方略，我们体认得越深，发掘得越深，我们拥有的价值资源越丰厚，就越能吸纳外来文化的精华，越能学得西方等外来文化之真，这才能真正使中西或中外文化的精华在现时代的要求下相融合，构建新的中华文明。

湖北的国学传统源远流长，历史上涌现了一批学养深厚的国学大师。他们为中华文化的发展做出了卓越的贡献，也成为国学发展不同阶段的典型代表。宋至清末，全国的大学者大多到过湖北，湖北学人在全国也享有盛誉。明清以来湖北理学与经学的特点是有独创性、开放性，倡导实学。湖北自古就有儒家重教兴学的深厚传统，清末张之洞督鄂期间尤重视文教，开放教育，对湖北文人与文化有深刻的影响。

湖北地区水陆交通方便，资讯较发达，在清末以来呈现出古今中外思想文化碰撞交流的状态，这就促使当地的或旅鄂的一些有思想的文化人批判、离异传统，而后又从高层次回归传统。现代多数鄂籍或来鄂的学人有一个共同特点，即既开放，又有根柢，多数人最终融会中西文化，强调中国文化的根源性，创造性地弘扬、发展中国文化的优长，经

---

① 引自冯友兰《中国哲学史》下册附录的陈寅恪《审查报告三》，中华书局 1961 年版，第 4 页。

世致用。

湖北省国学研究会是本省从事国学研究的专家学者及爱好者自愿组成的全省性、学术性、非营利性的学术文化类社团组织，旨在研究、传承、推广国学，以冀绍继和发扬中华优秀传统文化。

为了全面而精要地展示湖北国学史丰富多彩的画卷，为了纪念先贤不凡的人生与独特的学术造诣，也为了扩大湖北国学的影响，本会2014年2月甫一成立，就确立了编撰一套较高水准的“湖北国学大师评传丛书”的计划。本计划拟先从近现代开始，行有余力再由近及远地全面涉及湖北籍的，或者在湖北曾长期居留、工作并产生重要学术影响的国学专家。

本丛书拟以每位国学大师为一本专书的传主，采取人生传记与思想阐论相结合的形式，一方面纵向追溯其人生经历与学问成长过程，一方面横向揭示其思想与学术之体要。每一本专著力求做到学术原创与通俗表达的完满统一。

经学会同仁研究，并请教了前辈专家，我们确立了本套丛书第一辑的传主为：王葆心（1867—1944）、熊十力（1885—1968）、黄侃（1886—1935）、钱基博（1887—1957）、刘永济（1887—1966）、刘赜（1891—1978）、汤用彤（1893—1964）、徐复观（1903—1982）。以上八位大家的学问专长与路向各不相同，有的偏重经学，有的偏重小学（文字、音韵、训诂），有的偏重方志学，有的偏重哲学、佛学或思想史，有的偏重古代诗词，但都是中国学问。他们的旧学基础很好，功底很深。由于他们都生活在新旧交替的时代，其中一些学者有很好的西学背景，做到学贯中西，或在一定程度上借鉴了西方学术的理论或方法。这也是晚清、民国以来国学的特点。

湖北地区素来教育与学术资源丰厚，人才济济。有一大批长期从事中华传统文化研究并卓有成绩的专家学者，其中不乏在全国乃至国际学术界享有盛誉之人。这是本丛书计划得以拟定与高水平完成的基本保障。

本丛书的作者也以湖北学人为主，当然也不限于此。为保证质量，我们在全国范围内物色了学有专攻的有实力的专家。作者们十分投入，克服了重重困难，为读者奉献了智慧与心力。我们诚挚地感谢各位作者集文字、思想、学术于一途的努力。

在当前国人文化自觉意识日增与国学复兴的背景之下，推出这套丛书可以将湖北国学系统地展现出来，增进人们对于国学本身，尤其是湖北国学的了解；可以使大师们的思想与学术结合其鲜活具体的人生真切地呈现出来，培育人们对大师人格与学问的景仰以及对国学的热爱；另外，这套丛书亦将代表湖北国学研究会和湖北国学界，为全国范围内正在兴起的国学热做出正能量的贡献。

本会会长韩忠学先生极为关心丛书工作，亲自指导，确定编写主旨，筹措资金，联络出版单位，敦促写作计划的完成。丛书主编之一的王玉德教授为确立传主名单、物色作者、落实写作计划做了大量的工作，并亲自撰著了一书。王巧生博士为制定体例、联络作者做了一定的工作。

我们要特别感谢湖北人民出版社的领导与各位编辑为本丛书所做的贡献。

是为序。

丙申年初夏于武昌珞珈山麓

目　　录

引　言

刘博平（1891—1978），名赜，字博平，自号许叟，又号牛鼻滩生、简园。湖北广济县（现武穴市）人。他1914—1917年就读于北京大学中文系，从黄侃治语言文字之学。1929年经黄侃推荐到武汉大学中文系任教，自此在武汉大学工作凡50年，曾多年担任中文系主任，1956年被教育部评定为一级教授。他是黄侃学术的重要传人，主要成就在音韵学方面，于文字、训诂、方言之学也有独到的贡献。其主要著作有《声韵学表解》、《说文古音谱》、《初文述谊》、《小学札记》（后二种合为《刘赜小学著作二种》出版）。

刘博平的学术研究以上古音和初文、准初文为核心，属于典型的冷门绝学。因此，到目前为止，关于他的生平及学术的研究成果非常少，只有为数不多的几篇论文带专门研究性质，此外就是一些散见于相关著述中的评述。

对刘博平音韵学成就进行专门评述、整理的论文仅见2篇。

一篇是冯蒸近年发表的《刘赜〈说文最初声母分列古本韵二十八部表〉校理、今音标注与说明》（上、下）①。刘博平《说文最初声母分列古本韵二十八部》是其著作《声韵学表解》中的一节，所谓"《说文》最初声母"指的是《说文》谐声声符。此节为《说文》中的谐声声符定纽归部，实即《说文》谐声表。冯蒸之文充分肯定了刘博平所做《说文》谐声表的价值，指出黎锦熙、王力、杨树达均参考过此表，同时也指出了表的不足。冯文所做的主要工作是对这个谐声表加以系统校理，

① 冯蒸：《刘赜〈说文最初声母分列古本韵二十八部表〉校理、今音标注与说明（上）》，《上古汉语研究》2016年第1辑；冯蒸：《刘赜〈说文最初声母分列古本韵二十八部表〉校理、今音标注与说明（下）》，《上古汉语研究》2017年第2辑。

全面调整原表的格式，对原表的所有谐声声符加注今音，对这些声符进行分类统计，对需要说明的个别声符和注解加注说明，并为此表归纳“凡例”九条，目的是为学界利用刘博平的谐声表提供方便，推进上古音的研究。

另一篇是董同龢 1935 年为刘博平《声韵学表解》写作的书评，发表在《清华学报》上，标题就叫《声韵学表解》①。文章从总体上肯定了《声韵学表解》一书，指出：“单就祖述黄先生的学说看，我们对于刘先生很钦佩，因为承接清儒系统的音韵学，一向就被人认为玄妙莫测，现在经他分剖以后，的确可以使人比较的容易明瞭了。”但全文的主要内容是分析《声韵学表解》的不足，归纳为五点。不过，这些不足诚如董同龢在文中所说“都是音韵学上极细的问题”，同时不少不足的实际情况是：刘博平采用的是传统音韵学的说法，而董同龢认为应采用现代语音学的说法。另外，还有些所谓不足不是刘博平的问题，而是董同龢自己弄错了。比如，刘博平说：“西土以音表字，彼所谓子音 Consonants 即声，彼所谓母音 Vowels 即韵。”董同龢批评说：“这是一种不尽然的说法，在大部的字音中，是讲不过去的。中国的字音，虽然普通都包含‘声’‘韵’两个成分，但是声母实在有许多不是子音的，如‘亚’（ia），它的声母就是母音 i，又如‘为’（uei），它的声母又是母音 u，这类字不胜枚举。”“子音”即辅音，“母音”即元音。汉语的声母都由辅音充当，只不过有零声母。因此，说“子音”对应于汉语的声母是没有问题的。“亚”（ia）、“为”（uei）都是零声母，董同龢把“亚”（ia）的声母说成是母音 i，把“为”（uei）的声母说成是母音 u，反而大错特错。又如，董同龢说：“今音之部所举的声韵完全依照广韵，有现代人莫名其妙的地方。”实际上，传统音韵学的所谓“今音”，指的就是以《广韵》为代表的中古音。董同龢的这些失误，可能与他当时还只是一位 24 岁的在校本科生有关。

一些相关著述对刘博平音韵学研究有零散的评述。

---

① 董同龢：《声韵学表解》，《清华学报》1935 年第 10 卷第 4 期。

孙玉文、邵永海主编的《古代汉语经典精读》一书对《声韵学表解》中的“说文最初声母分列古本韵二十八部”一节进行了介绍，总结了此表的三个特点：（一）表中声符皆为最初声符；（二）每一声符皆声韵相配；（三）表格中设有“附注”一栏，收入《说文》重文读音、读若音和小徐标明的声符读音，和形声字古韵不合或相隔甚远者，刘赜表明其目的乃“尽其变通之致”。书中指出：“可以看出刘赜并不迷信《说文》，承认声符中也有讹误，只是数量较少。……如今借鉴出土文献的研究成果，《说文》中一些讹误的声符已可察见其笔画曲直衍变的轨迹，在印证了前人观念的同时，我们也可看出老一辈语言文字学家严谨求实的科学研究态度。”①

一些学者肯定刘博平《“喻”“邪”两纽古读试探》一文对上古声纽系统研究的价值。李新魁《汉语音韵学》说：“刘赜写了《“喻”“邪”两纽古读试探》，黄焯写了《古音为纽归匣说》，都对曾氏的论断加以证明和补充。……这些论文，对于进一步探讨上古汉语的声类系统，都有一定的启发作用。”② 殷寄明《汉语语源义初探》指出：“钱大昕、章太炎、黄侃、刘赜等关于喻纽为喉音的说法尚有合理成分。”③

庞光华《论汉语上古音无复辅音声母》高度肯定《小学札记》“《说文》有合音说”这一观点。他说：“刘博平先生在小学上造诣颇深，其遗著《刘赜小学著作二种》所录《小学札记》中有《说文有合音说》。此文所揭示的《说文》中的合音现象就是反切，这对于研究上古音和反切的起源有重大参考价值，而刘先生此文又长期未能引起应有的学术讨论。所以我们这里特别予以注意，并加以检讨。”④

对刘博平的文字、训诂之学进行专门研究的论文可见5篇。

---

① 孙玉文、邵永海主编：《古代汉语经典精读》，北京：高等教育出版社，2016年，第285—286页。

② 李新魁：《汉语音韵学》，北京：北京出版社，1986年，第371页。

③ 殷寄明：《汉语语源义初探》，上海：学林出版社，1998年，第181页。

④ 庞光华：《论汉语上古音无复辅音声母》，北京：中国文史出版社，2005年，第186页。

罗立乾2007年发表《刘𥇍先生及其〈说文〉学》一文，主要是对《初文述谊》和《小学札记》进行研究，总结了刘博平为《说文》学做出的贡献：（一）提出了研究字源与同源字族的方法论原则，将系联有同源关系的“文”或“字”同推寻与之相应的历史文化根基相结合；（二）从把握中华民族传统思维方式的视角，概括出汉字演变发展的方式，揭示了汉字创造演变的一些规律；（三）构建了较精细的同源字族系统。①

卢烈红2019年发表《刘博平对音义关系研究的贡献》一文，从理论和实践两个层面分析了刘博平对音义关系研究的贡献，将其归纳为“古声同纽字义多相近说”“类象说”“名事相依”“义反同源”“不限形体”“事理类比”六个方面。文章指出，对刘博平关于音义关系的理论和实践“深入发掘，认真总结，积极借鉴”，可以“进一步推动汉语语源学的研究”。②

谢艳红2019年发表《试论刘博平考求同源词意义联系的方法》一文，从六个方面讨论了刘博平考求同源词意义联系的方法：（一）有由其以同字为训而见者；（二）有由其以义同义近或义相函为训而见者；（三）有须以意逆志，由微而知著者；（四）有因音义互足，由此以知彼者；（五）有举一可反三者；（六）有由“读如”“读若”而见者。文章指出，在20世纪60年代，刘博平提出考求同源词意义联系的六种方法，其理论具有开创性，有助于同源词系联；其理论涉及词汇研究的诸多问题，这些问题对词汇研究来说都很重要。③

李开金1997年发表《绍章黄学统，探文字真源——〈刘𥇍小学著作二种〉发微》一文，着力发掘刘博平将文字研究与文化研究有机结合的特色，指出“《述谊》和《札记》向我们揭示，汉字是汉民族智慧高

---

① 罗立乾：《刘𥇍先生及其〈说文〉学》，《长江学术》2007年第3期。

② 卢烈红：《刘博平对音义关系研究的贡献》，《古汉语研究》2019年第2期。

③ 谢艳红：《试论刘博平考求同源词意义联系的方法》，《华中学术》2019年第4期。

度发达的结晶，是通向文明世纪的一座桥梁”；刘博平的研究揭示了汉字所体现的“华夏民族的辩证思维”。[①] 1998年，李开金又发表了《汉字内容里所蕴含的华夏民族的文化精神——〈刘赜小学著作〉发微之一》，把刘博平《初文述谊》和《小学札记》所揭示的蕴藏于汉字体系中的民族精神归纳为“务实求是”“重农尚文”“人与天通，以人为贵”“坚忍自励，自强不息”四端。[②]

一些相关著述对刘博平文字学、训诂学研究有零散的评述。

宋永培在《中国20世纪上半叶的训诂研究》一文中对刘博平的训诂成就进行了总结：“刘赜的传统语言文字学研究是杰出的，这集中表现在，他明确地认识到‘语言文字皆史’，通过对《说文》全书字词形音义的综合研究来探求上古的历史文化。”“刘赜‘以语言文字皆史为主旨’，通过声音系联形义来会通众多字词的‘统纪’，进而发掘众多字词蕴涵的古代汉民族的‘高深文化’。这种对字词的‘统纪’和古代历史文化进行证发的方法，为我们在字词和文化之间作系统的贯通提供了富有价值的借鉴。”[③]

齐冲天《声韵语源字典》从学术史的角度肯定了刘博平对语源学、同源词研究的贡献，他说：“汉代的声训，是一个个词的音义的研究，到清代就成了词族和语源的研究。到现代，如章太炎、杨树达、刘赜、王力等人，就作了更宏观的或更精细的研究。实在是可嘉的。”[④] 吴福祥《汉语语义演变研究的回顾与前瞻》一文指出：“其后宋代的‘右文说’，特别是清代王念孙、程瑶田、黄生以及近人刘赜、沈兼士、杨树

① 李开金：《绍章黄学统，探文字真源——〈刘赜小学著作二种〉发微》，郑远汉主编《黄侃学术研究》，武汉：武汉大学出版社，1997年，第17—31页。

② 李开金：《汉字内容里所蕴含的华夏民族的文化精神——〈刘赜小学著作〉发微之一》，《人文论丛》1998年卷。

③ 宋永培：《中国20世纪上半叶的训诂研究》，《长沙电力学院社会科学学报》1997年第1期。

④ 齐冲天：《声韵语源字典》，重庆：重庆出版社，1997年，第88页。

达、姜亮夫、刘师培等学者的著作，将汉语的语源学研究不断引向深入。”①

有些学者对刘博平的《古声同纽之字义多相近说》一文进行了评价。如竺家宁在《语料上双声叠韵和音近的区分》一文中说：“刘赜曾经把《说文》所有的明母认为同源，例如‘吻、末、秒、芒、蒙、毛、侮、媚、微、味、梦、墨、闷、勉、敏、面、貌、买、问、明、望、猛……’都视为同源词。实际上，其中有许多字的意义不但无关，甚且相冲突，如‘猛’和‘微’、‘明’和‘墨’，这是由于误以为‘双声’关系就足以决定同源词，由音的局部去解释整个音变了。”② 何九盈《中国现代语言学史》③、张博《古代汉语词汇研究》④、徐超《中国传统语言文字学》⑤ 也谈到了《古声同纽之字义多相近说》这篇文章的不足。

总的看来，学术界对刘博平的学术成就缺乏全面、系统的研究，这与他的学术贡献是不相称的。对刘博平的音韵学、文字学、训诂学、方言学研究成就进行全面、系统的挖掘和总结，这是 20 世纪学术史研究的一项重要任务，具有多方面的意义。

刘博平是黄侃古音学说的主要继承者和发展者，他在古音学领域深耕细作，依据黄侃古声十九纽、古韵二十八部对《说文解字》所收字进行定纽归部，将《说文解字》近一万字纳入黄侃的古音体系而又进行了适当的调整，使每一个具体字的上古声、韵情况得以展现，这一贡献是重大的。他编制了《说文解字》谐声表，对每个声符的声、韵进行定位，这也是一个很重要的贡献。就刘博平对《说文解字》所收近一万个字及每个声符定纽归部的情况进行系统梳理，与其他学者的研究结论比较异同，明其得失，必将对汉语上古音研究产生积极的

① 吴福祥：《汉语语义演变研究的回顾与前瞻》，《古汉语研究》2015 年第 4 期。

② 竺家宁：《语料上双声叠韵和音近的区分》，《纪念王力先生九十诞辰文集》编委会编《纪念王力先生九十诞辰文集》，济南：山东教育出版社，1991 年，第 157 页。

③ 何九盈：《中国现代语言学史》，广州：广东教育出版社，1995 年，第 526 页。

④ 张博：《古代汉语词汇研究》，银川：宁夏人民出版社，2000 年，第 91— 92 页。

⑤ 徐超：《中国传统语言文字学》，济南：山东大学出版社，2000 年，第 321 页。

推动作用。

刘博平以初文、准初文为出发点，结合上古社会的历史文化，深入字词的形音义和历史文化背景探究语源，多维度、大范围构筑词族，他的文字、训诂研究特色鲜明。对他的文字、训诂之学成就进行深入挖掘，总结其研究方法，必将为汉字学、汉语语源学的进一步发展提供珍贵的养分和方法论借鉴。

刘博平是20世纪贡献突出的古音学家、研究特色鲜明的文字训诂学家，是章黄学术的重要传人。全面总结其学术成就，明确其学术贡献的历史地位，这对切实推进20世纪语言学史研究是非常必要的。

第一章　发扬章黄的学术人生

刘博平是黄侃在北京大学执教时的学生，奉章太炎为“太老师”①。他为大女儿起名“刘学章”，为二女儿起名“刘敬黄”，可见他对章太炎、黄侃的崇拜与敬重。他的一生是献身教育、潜心学术的一生，是继承和发扬章黄学术的一生。

一、降生舟中，幼而笃学

1891年农历五月初八②，风雨之夜，刘博平出生于湖南常德牛鼻滩舟中，故自号“牛鼻滩生”。

刘博平的老家在湖北省广济县永西乡刘燡（yì）塆（现为梅川镇永西村刘燡塆）③。其家为广济的名门望族。祖父刘燡，字小甫，晚年字悔复。“举咸丰己未乡试第一，同治二年成进士，选庶吉士，散馆，授

---

① 刘博平在1955年11月12日填写的干部履历表中称章太炎为“太老师”。此干部履历表与以下所引其他各种有关刘博平生平经历的登记表、履历表皆存武汉大学档案馆。

② 刘博平的出生时间，他自己1952年9月6日在武汉大学工作人员、学生登记表上填的是“1891年5月8日”，1952年9月9日在高等学校教师登记表上填的是“1891年5月”，1964年2月4日在干部履历表上填的是“1891年6月14日”。“5月8日”是农历，“6月14日”是公历。他的二女儿刘敬黄所写《我的父亲刘博平》一文将刘博平出生时间说成是“1891年6月1日”，这是不准确的（见刘敬黄：《我的父亲刘博平》，武汉大学北京老校友会、《北京珞嘉》编辑部编《珞嘉岁月》，2003年，第87页）。

③ 刘博平1955年11月12日所填干部履历表称：“1911—1912，为本县高等小学及永西乡小学教员。”1964年2月4日所填干部履历表籍贯一栏填的是“湖北省广济县永西村”，其中的“村”字是表格上原有的栏目设置文字。据此，他的老家当时县下的一级叫“永西乡”。

编修。”出京到地方任职，“以选次补湖南衡州府知府，遇艰归，服除，改常德知府”。在常德知府任上，因政绩突出，改任长沙知府。到任后，“事无巨细，必亲决之”，然刚正不阿，与湖南巡抚意见不合，“出护岳、常、澧道”，不久，又回到常德担任知府。① 前后在常德知府任上八年，深受官民拥护，“吏怀至诚，民誉休德”，临终之际，“四境震动，无少长贤愚咸为出涕”。②

刘燡第二次任常德知府的第四年，巡抚因其表现“卓异”向朝廷推荐，皇帝召他入京接见，因病未能成行。“明年，遂卒于署，年六十四，光绪辛卯四月十三日也。”③ 光绪辛卯即公历1891年。刘博平的父母赴常德奉柩回乡，农历五月八日在常德牛鼻滩舟中生下刘博平。

刘燡不仅是贤臣能吏，而且有突出的文学才能。他曾参加编纂同治十一年（1872）《广济县志》，并撰有“叙”。林金金《清代〈广济县志〉编修沿革考论》说：“同治十一年《广济县志》再修成书，刘宗元、朱荣实修，刘燡纂。刘宗元、朱荣实二人先后任广济县知事。刘燡，本县人，进士，官翰林院编修。”④ 又曾参与编纂光绪十年（1884）《黄州府志》。主修光绪十年（1884）《黄州府志》的黄州知府英启在“叙”中说奉朝廷诏书修郡志：“启奉台符饬修郡志，是时悔复刘太守奉讳家居，献之邓比部乞假旋里，颇不以启不才无识遐弃弗顾，爰相与稽考典章，甄明诸志。诹吉八年春二月开馆，同事诸君子后先踵至，分门授简，别

---

① （清）阎镇珩：《常德知府刘君墓表》，《北岳山房诗文集》，长沙：岳麓书社，2009年，第191—192页。阎镇珩（1846—1910），湖南石门县人，终身不仕，以授徒办教育为业，为世人推崇，与刘燡为挚友。刘燡病重，遗言得阎镇珩之文以葬。

② （清）阎镇珩：《常德知府刘君诔》，《北岳山房诗文集》，长沙：岳麓书社，2009年，第315页。

③ （清）阎镇珩：《常德知府刘君墓表》，《北岳山房诗文集》，长沙：岳麓书社，2009年，第192页。

④ 林金金：《清代〈广济县志〉编修沿革考论》，《黑龙江史志》2020年第7期。

目操觚。越明年春，稿之成者三分有二。太守服阕，奉命重莅湘南。”①“献之”是黄冈人邓琛的字，“比部”是明清时对刑部及其司官的习称，邓琛官刑部郎中，故称“邓比部”。邓琛亦有“序”，“序”中说：“太守沈阳英公，治黄十有六年，政称廉平。既吏安其官，民乐其业矣，于是举修郡志，招郡文学之士分门修辑，而属刘君悔复及琛司其事。越二载书成。”② 据这两篇序文可知，实际上刘燡与邓琛共同主持光绪十年（1884）版《黄州府志》编纂工作，刘燡参与编纂工作有一年左右，当时书稿已完成三分之二。

刘燡共有九子。其第三子刘寅浚“光绪庚寅进士，户部主事”③。因父子两代均为进士，乡人于是将村庄名为“刘燡”，一直延称下来。

刘博平的父亲刘蓟生，以教私塾为业，去世较早。④

刘博平原名文汉，后改名赜。⑤ 他的家族到他曾祖父时，经济状况就不太好。祖父刘燡为官清廉，两袖清风。到他父亲一辈时，家境清贫。1898 年到 1901 年，刘博平在家乡私塾读书，随当塾师的父亲读经史，刻苦自励，打下了非常好的基础。后靠亲友接济，于 1902 年从家乡来到武昌，就读于武昌西路高等小学，勤学苦读，1906 年 12 月以优异成绩完成了小学学业。1907 年 8 月，刘博平因家里贫穷，考师范专业，升入武昌理化专科学校，更加努力，于 1910 年 6 月毕业。

---

① （清）英启：《黄州府志·叙》，《黄州府志》，光绪十年（1884）二月黄州府官廨版。

② （清）邓琛：《黄州府志·序》，《黄州府志》，光绪十年（1884）二月黄州府官廨版。

③ （清）阎镇珩：《常德知府刘君墓表》，《北岳山房诗文集》，长沙：岳麓书社，2009 年，第 193 页。

④ 毛务本：《刘博平》，湖北省志·人物志编辑室编《湖北人物传记（试写本）》第二辑，湖北省武昌县印刷厂 1983 年印，第 138 页。

⑤ 刘博平在 1955 年 11 月 12 日填写的干部履历表“原名”栏填“刘文汉”，并加有说明：“二十岁以前在武昌住小学及中学的时候名文汉，后来因为与同族中一前辈（远房的）同名，就改名赜（住大学时名赜）。”

二、负笈北雍，师从黄侃[①]

从武昌理化专科学校毕业后，刘博平回到了家乡广济县。1910 年 8 月至 1911 年 7 月，他就职于广济高等小学，教英文、数学等课。之后，他又到永西乡小学担任教员。1911 年 2 月，他与本县邹乔女士结婚。邹乔，1891 年 3 月 29 日出生，慈祥贤惠，尊老爱幼，善于理家。她一生未参加工作，在家料理家务，相夫教女，对丈夫的学生亦关爱有加。1935 级中文系女生殷正慈回忆说："师母视我如女，常招我至她府中便餐。每有佳肴美果，尽量留存庖厨，相邀共享。"[②] 刘博平与邹乔育有二女，大女儿刘学章，二女儿刘敬黄，皆为优秀的中学教师。刘敬黄毕业于武汉大学中文系，很有才气，"不但文章写得好，书法也见功底，端丽流畅，兼有右军孟頫笔意"[③]，曾任华中工学院（今华中科技大学）附属中学副校长。

1913 年，刘博平前往北京，一面准备升学，一面做一些临时性工作，曾做家庭教师数月，又为众议院及副总统府书记各一、二月。他入京报考大学，原本想继续读师范，所以报考了高等师范的理科。不料第一天考试，突患肠疾，第二天早晨不能继续考试，虽然到午后，肠疾一下又好了，但已前功尽弃。于是，他改考北京大学文科，喜获成功，于

---

① 本节内容主要参考了刘赜：《师门忆语》，《量守庐学记：黄侃的生平和学术》，北京：生活·读书·新知三联书店，1985 年，第 113—117 页（原载《简园日记存钞·独学记》，1949 年）；刘敬黄：《我的父亲刘博平》，武汉大学北京老校友会、《北京珞嘉》编辑部编《珞嘉岁月》，2003 年，第 87—92 页。

② 殷正慈：《忆刘博平先生》，《学府纪闻·武汉大学》，台北：南京出版有限公司，1981 年，第 157 页。殷正慈，女，武汉大学中文系 1935 级学生，毕业后留校任教 2 年，后在重庆大学、台湾大学任教。

③ 孙法理：《炸出的学校的第一班——记武大附中高一班》，骆郁廷主编《乐山的回响：武汉大学西迁乐山七十周年纪念文集》，武汉：武汉大学出版社，2008 年，第 392 页。原载于台北《珞珈》第 111 期。

1914 年 8 月进入北京大学中文系读书。

也恰好在 1914 年秋天，黄侃应聘为北京大学中文系教授。黄侃是湖北蕲春县人，蕲春县与广济县是邻县，方言比较接近。刘博平在课堂上听到黄侃的乡音，倍感亲切，又深深折服于黄侃的学识，听讲非常认真，“尤多欣悟”。一日，黄侃在讲台上瞥见刘博平所用的讲义上有所涂写，下课后拿过来一看，原来是彩笔绘的一幅画，旁边还题有一首小诗，于是要刘博平到家里谈谈。刘博平深感惶恐，害怕黄侃会责骂。可是，到黄侃家里后，黄侃并没有不悦之色，问过姓名籍贯后，就问道：“有一个号悔复先生的人，你知道吗?”刘博平回答说：“是我的祖父。”黄侃拍案惊喜道：“你是我家世交的后代。你祖父和我父亲交情非常好，有亲手写的字还挂在我家里。刚才看到你写的诗，显示可教，所以叫你来谈谈，果然是名德的后代。如果你想成为及门弟子，我非常愿意。”刘博平有点不解，说：“我现在既然在校受业，不是已经是先生的弟子了吗?”黄侃回答道：“今之讲堂中学生，未可随便以弟子相待。”刘博平喜出望外，行再拜之礼，成为典型意义上的黄侃的及门弟子。

黄侃性格“不乐检束”，但“治学极谨，立教极严”。他对刘博平、张文澍、孙世扬、曾缄、骆鸿凯、锺歆、楼巍等弟子极为器重，经常为他们讲论学问，“虽夕不休”，往往讲到夜深，学校大门关闭不得进入，黄侃就留学生在家里吃夜宵。他经常就为学的品德教导学生，“进德修业，欲及其时”，“为学须天资、人力与师承三者并备”，“须知术业无幸致之理，与其为千万无识者所誉，宁求无为一有识者所讥”。这些学生，后来多成为学术大家。刘博平在黄侃门下，学问日进，打下了文字、音韵、训诂的坚实基础，并且耳濡目染，习得扎实严谨的学风。

1917 年 6 月，刘博平从北京大学中文系毕业。

三、执教南北，定居珞珈

从北京大学毕业后，刘博平回到湖北，开始了长达十多年流徙各地、执教南北的生活。

1917 年 8 月到 1922 年 7 月，刘博平在武昌第一师范学校任教，兼任高级中学、武昌高等师范学校附属中学教员，教授国文。武昌高等师范学校即武汉大学的前身，自此，刘博平与武汉大学结缘。

1922 年 8 月，刘博平前往北方的天津，就职于南开中学，教授国文，仅任职一个学期。

1923 年 2 月，刘博平南下厦门，担任集美学校教员，教授国文，任职两个学期。集美学校是爱国华侨陈嘉庚创办的，那个时候汇聚了各学科的名师。当时的学生、后来担任过集美师范学校校长的王秀南在文章中提到的名师有钱穆、吴康、刘博平、龙沐勋、王鲁彦、杨晦、王伯祥、张世禄等。[①] 2018 年，任职厦门晚报社的陈满意编撰《集美学村的先生们》一书，介绍从集美学校走出的大师，其中一篇为《刘赜：建国后的一级教授》。

1924 年 2 月，刘博平到浙江绍兴，在绍兴第四中学担任教员，教国文，任职一个学期。

1924 年 8 月至 1925 年 7 月，刘博平在四川万县第四师范学校担任教员，教国文，任职两个学期。

1925 年 8 月，刘博平又回到湖北，这次在武昌工作了两年，主要担任武昌第一师范学校教员，教国文，兼武昌高等师范学校附属中学教员。还曾担任私立中和中学教员，并为湖北省立文科大学、国立武昌中山大学教员及武昌市政府职员各一、二月。

1927 年 8 月，刘博平受上海暨南大学之聘担任该校教授，于是举家赴上海。在这之前，他任职各地，都是只身前往，他的妻子邹乔带着两个女儿在老家广济生活，侍奉他年迈的母亲。任职暨南大学，全家才结束天各一方的分离生活。刘博平在暨南大学任职两年，教声韵学与文字学。1928 年，他在《暨南大学中国语文学系期刊》第 1 期上发表论文《说文释例匡谬》，辨析纠正了清代王筠《说文释例》的一些谬误。

---

① 陈满意：《集美学村的先生们》，南京：江苏人民出版社，2018 年，第 130 页。

1929年暑假，刘博平回到湖北，担任湖北教育厅临时秘书一个多月。8月，蒙黄侃推荐，受聘为武汉大学中文系教授，遂定居武昌。1932年，学校由武昌东厂口迁入珞珈山新校舍。此后，除抗战时期西迁四川乐山，其他时间刘博平都在珞珈山度过。

刘博平应聘到武汉大学中文系任教时，校长是王世杰，文学院院长是闻一多。第二年6月，闻一多辞职，文学院院长由陈源（西滢）担任，刘博平被任命为中文系主任。自1930年任职到1947年卸任，刘博平担任中文系主任达18年之久。①

刘博平在武汉大学中文系所讲授的课程主要有文字学、声韵学、训诂学、《毛诗》训诂、《周易》研究等。据校友殷正慈回忆："先生于第一学年讲授'文字学'。首明形体变迁及六书要旨。次述文字条例及治说文方术。旁及字书流变。然后以汉许慎著《说文解字》一书为主要教材，按部阐释，逐字详析，以小篆为主。……务使学者能明造字及用字之系统，并培植其进求声音义训之基础。""次年讲授'声韵学'。首先阐明'今音'反切之学，以隋陆法言撰《广韵》一书为主体。……其次讲述'古音'，疏通明末顾炎武（著有《音学五书》）及清代江永（著有《古韵标准》《律吕阐微》等书）以来诸家之说。""第三学年讲授'训诂学'。先述训诂原理及其条例与方式。……次就《尔雅》一书讲说之。旁及汉扬雄《方言》、汉刘熙《释名》，使学者明了音、形、义三者之通转及其相关之理。而能触类旁通，辗转致用，可借以解释一切文籍。"②

20世纪30年代，武汉大学学生中后来成为语言学大家的严学宭、享有"发展经济学之父"称誉的张培刚都受到刘博平的重要影响。

严学宭是江西分宜人，1928年秋考入武汉大学预科，1930年8月升入武汉大学文学院中文系本科。"严学宭受刘赜的指导最多、影响最

① 汤铭：《当代著名语言文字学家刘赜》，《黄冈师专学报》1996年第1期。

② 殷正慈：《忆刘博平先生》，《学府纪闻·武汉大学》，台北：南京出版有限公司，1981年，第154—155页。

深。他系统地学习了刘赜所讲授的文字学、音韵学、训诂学课程。”他还师从武汉大学文学院史学系的吴其昌教授学习语言文字之学。吴其昌属于新派学者，研究文字学重视先秦甲骨文、金文和汉代简牍资料。严学窘吸收两位老师的长处，融合旧学新知。做毕业论文时，他拜刘博平为指导教师，又获得吴其昌老师的诸多指点，专门考察甲骨文、金文、小篆中的初文，撰成《初文钩沉》八卷。论文得到刘博平、吴其昌一致好评，顺利通过。[①] 严学窘后来成为语言学大家，在音韵学、训诂学、汉语方言学、民族成分识别、民族语言调查和民族文字创制等领域均做出了杰出贡献。1949 年后历任中南军政委员会民委研究室主任、中南民族学院副校长、华中师范学院副校长及中文系主任、华中工学院中国语言研究所所长，兼任中国语言学会首任副会长、中国音韵学研究会首任会长、湖北省语言学会首任会长。

张培刚是湖北黄安县（现红安县）人，1929 年考入武汉大学预科，1930 年 8 月升入武汉大学法学院经济系本科，1934 年 6 月本科毕业。他本科一年级基础课“国文”老师是刘博平。当时武汉大学已经开始形成一个良好的校风和教学惯例，那就是“凡属本科一年级的基础课，不论是为本系学生开的，或是为外系学生开的，都必须派最强或较高水平的老师去讲授”。他早就知道刘博平是我国著名的文字学家，因此对刘博平担任国文课老师感到很高兴。张培刚在回忆时说，博平老师为人谦和，讲课认真细致，当时为讲《文心雕龙》及其他古籍书刊，旁征博引，字字推敲，引人入胜。刘博平的这种孜孜不倦、锲而不舍的求知精神，他终生引为典范，受益良深。[②] 张培刚后来留学哈佛大学，攻读经济学，获博士学位。回国后，1946 年任武汉大学经济系主任和教授，后来到华中工学院（现华中科技大学）工作。他是有国际影响的著名经济学家，发展经济学的创始人之一。

1930 年，刘博平在《国立武汉大学文哲季刊》第一卷第一号（即

---

① 刘宝俊：《严学窘评传》，北京：中华书局，2020 年，第 34—41 页。

② 武汉地方志办公室：《张培刚传》，武汉：华中科技大学出版社，2013 年，第 27 页。

创刊号）上发表论文《楚语拾遗》，就楚地方言与《说文解字》互证互求，以考定楚地方言本字。1931 年，他在《国立武汉大学文哲季刊》第二卷第二号上发表论文《古声同纽之字义多相近说》，主要考察泥母（赅娘、日两母）、明母（赅微母）两个声母字的音义关系，认为同一声母的字会形成表义有别但意义间有关联的不同字词系列。

刘博平继承和发扬黄侃的学术，用力最多的是音韵学研究。1932 年，他将所编音韵学教材《声韵学表解》呈送黄侃和章太炎求教。黄侃和章太炎均题书名，章太炎还撰写“题辞”加以赞扬：“广济刘生事黄侃季刚，于余为再传弟子。著《声韵学表解》，求余是正。……生好学，言古今韵能得大体。是书则以教授学子者，曲有条理，最便初学。他日教学相长，所得必又有过于此者，余虽老，愿观其成也。”[①] 此书分“今音”“古音”两大板块，讲解以《广韵》为代表的“今音”，古音则以黄侃的古音体系为据进行讲述，内容比较全面，主要以图表形式呈现，配以文字，条理清晰，便于初学。上海商务印书馆 1934 年推出后，为当时学界所重，杨树达曾把书中的表印发给清华大学中文系学生作为学习参考资料。后来，刘博平又遵黄侃之命，对此书进行修改，于 1959 年改名为《汉语声韵图说》推出，据刘博平 1959 年 8 月 15 日自序称“内容亦修改八九”[②]。这充分体现了刘博平在学术上精益求精的精神。

四、烽火乐山，弦歌不辍

1937 年发生七七事变，日寇发动了全面侵华战争。1938 年初，武汉危急，2 月，武汉大学决定西迁四川乐山；4 月 29 日，第一批到达的

① 刘赜：《声韵学表解》，上海：商务印书馆，1934 年，书首。

② 《汉语声韵图说》有坊间流传的油印本。程千帆在《黄侃纪念文集·师门忆语》的附记里亦提到这个修改本，只是书名误为《汉语音韵图说》。参见武汉老龄科学研究院、武汉成才大学主编：《黄侃纪念文集》，武汉：湖北人民出版社，1989 年，第 20 页。

师生在乐山正式上课；7 月，珞珈山本部的教职员工随校长王星拱（字抚五）抵达。到抗战胜利后 1946 年 10 月 31 日，复员珞珈山的师生在校礼堂举行开学典礼，武汉大学在乐山度过了八年峥嵘岁月。

乐山古称嘉州，又称嘉定，所以武汉大学北京老校友会办的校友刊物叫《北京珞嘉》，他们 2003 年编撰的一部书叫《珞嘉岁月》。乐山八年，武汉大学师生在民族危难之际一方面积极支持抗战，一方面立志科学报国，弦歌不辍，取得了育人和科研的丰硕成果，留下了武汉大学发展史上弥足珍贵的一页。

乐山八年，刘博平一直是中文系主任。他在 1945 年武汉大学出版组影印的《说文音训索隐举例》一书开篇称："民国二十七年戊寅夏五，余避倭寇，仓猝自武昌走蜀西乐山。"① "戊寅"即 1938 年，"夏五"应指农历五月。据此可知，他不是第一批到达乐山的。作为系主任，按学校安排，要在珞珈山待四年级毕业班毕业后才可前往乐山。

乐山时期，烽火连天，骨肉同胞饱受日寇蹂躏。乐山虽然为深入内地的一座小城，亦深受战争之苦。1939 年 8 月 19 日，日寇的乐山大轰炸是"乐山空前的浩劫"。乐山本是与桂林媲美的山川秀丽之地，"这个三角形的小城，两面临江，一面倚山，出门一步，则如画的江光，青苍的岭色，轮囷的老树，缥渺的云烟，到处与你心目相招挑，步履相追逐，城市山林之美，合二为一，在国内一切郡县中确也少见"②。可是，8 月 19 日的大轰炸，"乐山最繁荣的商业区，和最整齐的住宅区，换言之，就是乐山的精华，乐山的心脏，均于三小时内化为灰烬"③。死亡人数官方有登记的 1000 余人，未能登记的有数百，加上受伤的共约 3000。武汉大学师生员工及家属死亡 14 人，受伤 10 余人。

乐山时期的物质文化生活，初期还不错。叶圣陶受武汉大学文学院

---

① 刘赜：《说文音训索隐举例》，武汉大学出版组 1945 年影印手稿，武汉市图书馆收藏。

② 苏雪林：《乐山惨炸身历记》，《屠龙集》，上海：商务印书馆，1941 年，第 81 页。

③ 同上书，第 84 页。

之聘，1938 年 10 月 29 日到达乐山，11 月 4 日《致诸翁》一信称“此间生活便宜”①。11 月 29 日《致诸翁》一信称：“弟家居乐山，迄今日正满一月。以生活情况而论，诚然安适不过。”“大学教师任课如是其少，而取酬高出一般水准，实同劫掠。于往出纳课取钱时，弟颇有愧意，自思我何劳而受此也！”② 据叶圣陶所说，初期生活便宜，教师工资比较高。刘敬黄《乐山散忆》也回忆说，“乐山的水果、小吃实在诱人”，“常见的水果，除香蕉、菠萝没有之外，什么都有”，“秋冬之际，大红橘子压断了街……价格便宜极了”；小吃有叮咚街口的豆花、玉堂街口的怪味鸡、县街上的鸡油汤圆、白塔街的水果夹心饼等；文化生活“十分丰富”，有外地剧团来演出，有音乐家来举办音乐会，本校师生也常举办各种演出活动。③ 可是后期，抗战进入十分艰苦的阶段，师生生活均非常困难。学生吃的是被戏称为“八宝饭”的米饭，因为饭里面带糜子、稗子、沙子和老鼠屎。老师的工资以“几何级数递减”，连数学系著名数学家李国平教授家里也“布衣素食，米薯参半”，甚至“揭不开锅”。④

就是在这样的背景下，刘博平一方面认真履行系主任职责，努力维护正常的教学秩序；一方面潜心研治《说文解字》，为此后在《说文解字》研究方面获得标志性成果奠定了基础。

1945 年，刘博平在乐山撰成《说文音训索隐举例》一文，由武汉大学出版组据手稿影印。这篇论文的纲目如下所示。（一）由以同字为训而得音同音近音转之字互相关系者：甲，义同或义近；乙，义虽各有所属而其原相通；丙，义相因相承；丁，义相反或相成。（二）由以同义为训而得音同音近音转之字互相关系者：甲，义同或义近；乙，义虽

---

① 商金林编：《叶圣陶抗战时期文集》第一卷，北京：人民教育出版社，2005 年，第 105 页。

② 同上书，第 107—108 页。

③ 刘敬黄：《乐山散忆》，武汉大学北京老校友会、《北京珞嘉》编辑部编《珞嘉岁月》，2003 年，第 728—730 页。

④ 刘怀俊：《李国平在乐山》，《武大校友通讯》2008 年第 1 辑。

各有所属而其原相通；丙，义相因相承；丁，义相反或相成。（三）由两两以同字或同义或同音为训之字而得其声音之关系者：甲，同字者；乙，同义者；丙，同音者。论文是探讨《说文解字》中字词音义关系的，属于语源研究性质，很早就体现了刘博平探求《说文解字》字词“统纪”的努力。

乐山的八年，值得注意的是刘博平与苏雪林、叶圣陶、朱东润等人的关系问题。

据1939年至1942年任武汉大学文学院院长的高翰（字公翰）所说，那个时期武汉大学中文系分新旧两派，旧派有系主任刘赜（字博平）、刘异（字豢龙）、刘永济（字弘度）、谭介甫、徐天闵，新派有叶绍钧（圣陶）、朱光潜、朱世溱（东润）、苏雪林、冯沅君，陈源（字通伯）偏重新文学。①

苏雪林是1931年秋到武汉大学任教的。1938年4月，她全家随学校迁到乐山。至1949年初离开，她在武汉大学连续任教近二十年。她初来武汉大学时刘博平已是系主任，所以她任教中文系期间大部分时间系主任都是刘博平。她写有《我们中文系主任刘博平》一文，《苏雪林自传》一书也有不少涉及刘博平的篇幅。她对刘永济颇多不满，对刘博平则虽有“保守”“复古”的评价，但多有肯定之辞。她说到刘博平“曾著有《声韵学表解》一册，大家都赞好”，她也想买来学习。对刘博平的教学精神和教学技巧，她评价很高：“博平先生授课异常热心。他上课总是接连两小时不下堂”，“卓立坛上，口讲指画，毫无倦容，好像恨不得把一生苦学得来的学问，倾筐倒箧，一下子都塞入学生脑海；下面黑压压一堂学生，也聚精会神，鸦雀无声地倾听，真是一幅动人的图画”，“像博平先生这样热情洋溢的教学精神，也可说是人师也矣”。对

① 殷正慈：《高公翰先生谈文学院》，《学府纪闻·武汉大学》，台北：南京出版有限公司，1981年，第38页。“朱世溱”该文作“朱世臻”。据《朱东润年表》，朱东润名“世溱”，他三个哥哥的名字也是“世”后加一个有三点水的字。参见朱东润：《朱东润传记作品全集》第四卷，上海：东方出版中心，1999年，第609页。

刘博平的为人，她也很肯定："博平先生外貌虽以严冷"，"对我倒是和颜悦色，温文有礼"，"他的涵养功夫，颇叫我佩服"。刘博平还应苏雪林之请，以"一笔龙飞凤舞的好字"，为苏雪林撰写一横幅并题句。① 作为"旧派"的刘博平，跟"新派"的苏雪林能够比较友好地相处。

叶圣陶是 1938 年 10 月由时任文学院院长的陈源聘请到武汉大学中文系的，所教课程为"一年级国文两班，班各三时，二年级作文一班，二时，凡八时"②。苏雪林称陈源"聘叶绍钧（圣陶）来整顿中文系，我虚心受教得益不小"③。实际上，陈源是要叶圣陶领导全校的"国文"教学。那时，大学很重视大一"国文"教学，"国文"是全校各院系公共课，文科生必修。苏雪林自来武汉大学，除教"中国文学史"，就是教"国文"，所以她说受叶圣陶领导，"虚心受教得益不小"。作为系主任的刘博平，也参与"国文"课的一些具体工作。叶圣陶 1939 年 5 月 11 日的日记说："余与刘博平、苏雪林阅国文卷，至十二时而毕，几无一可观者。"④ 后来，1941 年夏天，程千帆得到刘永济的帮助，应聘到武汉大学中文系，也教大一"国文"。他的回忆录《劳生志略》中说："这样我就到了武汉大学。原来是要我教三个班大一国文，刘先生（指刘永济——笔者注）就同中文系主任刘博平先生商量，把中文系本科一年级的国文提出来，单独成立一个班，讲得深一点，每周五个小时。"⑤ 今天不少人认为那时大学的"国文"跟今天的"大学语文"差不多，其实是不一样的。1943 年秋考入武汉大学哲学系、后来成为哲学史研究大家的萧萐父教授说："大一的文科生，还必修'国文'课，由周大璞

① 苏雪林：《我们中文系主任刘博平》，龙泉明、徐正榜主编《走近武大》，成都：四川人民出版社，2000 年，第 51—55 页。原载《珞珈》第 71 期。

② 商金林编：《叶圣陶抗战时期文集》第一卷，北京：人民教育出版社，2005 年，第 108 页。

③ 苏雪林：《苏雪林自传》，南京：江苏文艺出版社，1996 年，第 95 页。

④ 商金林编：《叶圣陶抗战时期文集》第二卷，北京：人民教育出版社，2005 年，第 6 页。

⑤ 程千帆：《桑榆忆往·劳生志略》，上海：上海古籍出版社，2000 年，第 19 页。

先生主讲一些范文，间两三周一次课堂习作交周先生评改。有一次，周先生命题作文，题为《春游》……”① 中华民国二十六、二十七年（1937、1938）合刊的《国立武汉大学一览》并列“国文”“作文”两门课，“国文”课下称“本学程为全校各院系公同功课”，列其内容为“读文”“作文”“专书阅读”三项，称“每二星期作文一次”。② 可见那时的大一“国文”兼有很强的写作实践功能。

叶圣陶作为新文学作家，思想观念、教学理念与武汉大学中文系的传统有较大差距。举例来说，武汉大学中文系师生很长时间都是重古代轻现代，在毕业论文选题方面都有所体现，这与叶圣陶的观念不合。他1939年7月11日的日记谈到当天下午在系里参加评定毕业论文的会议，“观论文十余篇之题目，或关诸子哲学，或关小学，论唐人诗者二篇，研究鲁迅者仅一篇，大学文学系毕业成绩如此，未免太单薄也”③。叶圣陶来武汉大学后，一些做法与旧派教员观念不符。他为国文课考试出了两道考鲁迅的题目，苏雪林要他换题，他执意不换，两人同属新派也闹了矛盾。与刘博平，来乐山后将近一年应该是相安无事的，到1939年下半年，逐渐产生摩擦。重要的有两件事。

一件是排课的事。叶圣陶1939年8月26日、8月27日、9月23日的日记记载了此事。系主任刘博平将派定高亨（字晋生）、朱东润、苏雪林、叶圣陶“专教基本国文”，叶圣陶认为“此似太叫人劳苦，亦复看不起人”。26日下午，叶圣陶拜访陈源，谈及此事，认为刘博平“以新旧门户之见，颇欲排斥异己”。27日，当事者四人冒雨访刘博平，“告以不愿专教基本国文之意”，刘博平“饰说再三，劝大家勿误会，并言必将我们之意达学校”。9月23日，系里开会，“所议为各人所担任之课程”，叶圣陶“任一年级基本国文两班及二年级各体文

---

① 萧萐父：《冷门杂忆》，《武大校友通讯》2008年第2辑。

② 国立武汉大学编印：《国立武汉大学一览》，1939年，第24页。

③ 商金林编：《叶圣陶抗战时期文集》第二卷，北京：人民教育出版社，2005年，第17页。

习作”，“并议定课文必须文言，作文亦必须作文言”。会后，叶圣陶与苏雪林“谈校务，各抱消极观念”。① 对这件事，叶圣陶对刘博平意见很大。

第二件是出题及阅卷的事。关于这件事，叶圣陶的日记和《朱东润自传》都有记述。叶圣陶日记涉及此事的有 1940 年 5 月 21 日、5 月 29 日、6 月 2 日、6 月 3 日、6 月 4 日、6 月 5 日、6 月 7 日、6 月 12 日、6 月 16 日、6 月 29 日的记载，《朱东润自传》记述这件事的是第十章《武汉大学后四年》。两人的记述有些差别。由于叶圣陶日记是当时的记录，《朱东润自传》是后来的回忆，所以叶圣陶日记更准确一些。主要依据叶圣陶日记，辅以《朱东润自传》，我们可以大致还原事情的整个过程。

1940 年 5 月，教育部新定各大学学业竞赛办法，由各校先举行选拔赛，优胜者参加全国竞赛，“得分多者有奖金”②。武汉大学的选拔赛于 5 月 21、22 日举行，系主任刘博平出的一道考题是把柳宗元《佩韦赋》中的一段“改为恒言”③。刘博平题目中的“恒言”大概取清代钱大昕《恒言录》一书的用法，指俗语，亦即口头白话，但这个用法一般人是不知道的。所以在考场上就有学生问监考的中文系老师：“什么是‘恒言’，是文言，还是白话？”老师们都答不上来，朱东润称：“这一次出了我们（指老师——笔者注）的洋相。”④ 5 月 29 日夜晚，朱东润到叶圣陶处，告知学校通知阅竞赛试卷，二人觉得“‘恒言’二字有其习用之意义，今用于此殊觉不妥，若随同阅卷，将来且为之分谤”，于是共同商量决不参加阅卷，写一封信给竞试委员会，署上朱东润、高亨、

① 商金林编：《叶圣陶抗战时期文集》第二卷，北京：人民教育出版社，2005 年，第 35—36 页。

② 同上书，第 76 页。

③ 同上书，第 77 页。

④ 朱东润：《朱东润传记作品全集》第四卷，上海：东方出版中心，1999 年，第 250 页。

叶圣陶的名字。[①] 6月2日，听说刘博平因此事向校长王星拱提出辞职，叶圣陶见朱东润“告以所闻”，朱东润表示要与刘博平继续对抗。6月3日，朱东润、高亨、叶圣陶一起商量写一封信给校长，陈述不参加阅卷的原因，“并言刘反对于国文选读用标点，实属顽固”，“三人皆自署其名”。[②] 6月4日，叶圣陶将致校长信给苏雪林看，征求她同意，苏雪林劝他们罢兵。叶圣陶于是又找朱东润商量，朱东润表示坚持。6月5日，叶圣陶与朱东润、高亨一起商谈。前此，叶圣陶应四川省教育厅厅长郭有守（字子杰）之请到四川省立教育科学馆任审查中小学国文教材之事，于5月16日已得到四川省立教育科学馆的聘书。[③] 而叶圣陶则更早在4月21日获知高亨将应在云南大理的民族文化学院之聘，“暑中即离去武大”。[④] 因此6月5日的这次商谈，“东润仍劝余勿决然言去，余不肯应；遂言既将走散，则不必致书校长，向刘作积极之进攻，以后但取消极之一致耳”。[⑤] 6月7日，高亨来见叶圣陶，称“决意去滇，无心留武大”，二人一起访朱东润，“东润闻人言，谓校中有人以为我们将掀起波澜，又谓刘博平既辞职，将由学校及教授会出面挽留之，而于我们三人，则采有效之处置云云”。[⑥] 6月12日，叶圣陶到学校上课，看见刘博平也到校上课，可见刘博平辞职之事已解决，又回来管事了。6月16日，朱东润告诉叶圣陶，“间接听到刘博平系得王校长之劝留信而回来。王之信大意言‘恒言’之不错，以后如再有人指摘，学校必力为解决云云”。[⑦] 6月29日，中文系有关老师开会讨论基本国文考试问题，

---

① 商金林编：《叶圣陶抗战时期文集》第二卷，北京：人民教育出版社，2005年，第77页。

② 同上书，第78页。

③ 同上书，第75页。

④ 同上书，第72页。

⑤ 同上书，第78页。

⑥ 同上书，第79页。

⑦ 同上书，第79—80页。

“刘博平为主席，余与晋升、东润视之如不相识”，商量的结果是，不再像以前那样统一命题、集体阅卷，“各自出题试其所教之班”。[①] 这应该是刘博平为避免再闹矛盾而做出的一种调整。至此，一场由选拔赛出题及其阅卷引发的风波终于结束。刘博平继续履职当系主任，叶圣陶三人也并未受到学校“有效之处置”。

这场风波的妥善处理，得益于王星拱校长关于新、旧文学的理念。他曾说：“中国旧文学是根，新文学是花。有根始有花，有花而根始丽。二者相辅相成，实不应厚此薄彼。”[②] 他努力调和新、旧派矛盾，使这场起初很激烈的对抗得以平息。

这场风波之后，叶圣陶于 1940 年 7 月离开武汉大学到成都四川省立教育科学馆就职；高亨没有去云南大理，而是去三台东北大学中文系任教；朱东润则继续在武汉大学任教至 1942 年 8 月。这里要特别注意一点，就是叶圣陶和高亨离开武汉大学，与 1940 年 5 月 21 日开始的这场由选拔赛出题及其阅卷引发的风波并无直接关系，不能直接怪罪于刘博平。因为如上所述，叶圣陶收到四川省立教育科学馆的聘书是 1940 年 5 月 16 日，而他得知高亨将于暑假离开武汉大学去云南大理的民族文化学院任职更早在 1940 年 4 月 21 日，这都早于 1940 年 5 月 21 日。也就是说，没有这场风波，叶圣陶和高亨也会离开武汉大学。至于离开的原因，叶圣陶在这场风波前的 1940 年 5 月 1 日的日记中写道：“余在武大本不见有兴趣，每日改文，又嫌其苦，今得改途，为中学国文教学谋改进，又得从事著述，是不啻开一新天地也。余决去武大而就教厅之事矣。”[③] 由此可见，他是对在武汉大学的工作不感兴趣，又苦于每天改作文的繁重劳动，在风波发生之前就决意离开武汉大学而到

---

① 商金林编：《叶圣陶抗战时期文集》第二卷，北京：人民教育出版社，2005 年，第 83 页。

② 殷正慈：《高公翰先生谈文学院》，《学府纪闻・武汉大学》，台北：南京出版有限公司，1981 年，第 37 页。

③ 商金林编：《叶圣陶抗战时期文集》第二卷，北京：人民教育出版社，2005 年，第 73 页。

四川省教育厅下面的教育科学馆任职。商金林曾认为在选拔赛风波之后，叶圣陶对王星拱、刘博平的做法“极为义愤，愤然辞职，于 1940 年 7 月离开了武汉大学”①，这种看法是不准确的。

朱东润到武汉大学任教是 1929 年 4 月，当时的文学院院长是闻一多，闻一多要他开“英文国学论著”和“中国文学批评史”两门课程。1937 年秋，因日寇侵华，武汉大学教学逐步停止；寒假，他回到了老家江苏省泰兴县（今泰兴市）。1938 年，他在上海沪光中学泰兴分校临时兼课；11 月，接到武汉大学电报，命往四川乐山报到，于 1939 年 1 月 14 日抵达乐山。到 1942 年 8 月他离开武汉大学转到重庆任教于中央大学，在武汉大学任教的时间除去中间回乡一年，共 12 年。他在自传中把在武汉大学的经历分为“武汉大学前八年”“武汉大学后四年”两章。朱东润与刘博平的关系一直不太好。从“武汉大学前八年”这一章可以看出，他初到武汉大学，对中文系就不满，称其为“一个封建社会的中文系”②；对系主任刘博平不服气，认为他只是“多少也传了一些黄侃的门径”③。到了乐山时期，他与刘博平的矛盾逐渐表面化。应该是在 1939 年，朱润东本来应陈源的要求，准备为中文系开“六朝文”的课，花了很多时间备课，可是后来形势变了，“六朝文”的课不开了，“刘先生作为中文系主任，掌握着排课的大权，他要我开《史记》这一课”④，这让朱东润白花了为“六朝文”备课的功夫，很不满。再有就是上述他与叶圣陶、高亨一起与刘博平就国文课排课和选拔赛出题及其阅卷进行的两次对抗。在选拔赛风波中，朱东润是主将，态度最坚决。他在自传里写到，出于谦虚，他在三人写给王星拱的信中把名签在最后，可是叶圣陶笑着对他说：“你客气，把名字签得最后，王星拱接

① 商金林：《叶圣陶在武汉大学》，《武汉文史资料》2013 年第 8 期。

② 朱东润：《朱东润传记作品全集》第四卷，上海：东方出版中心，1999 年，第 172 页。

③ 同上书，第 188 页。

④ 同上书，第 241 页。

信的时候，会和刘先生估计，认为是你发动的。”① 这说明，大家都知道在这场对抗中朱东润是领头人。

武汉大学中文系历史上名教师之间闹矛盾的事一向受人关注，成为人们感兴趣的话题。实际上，这种闹矛盾的现象并无特别之处。其一，有人的地方就有矛盾，而“文人相轻，自古而然”，在大学中表现得相对更突出一些。同一院系的老师，术业有专攻，理念有差别，秉性有不同，相互之间闹点矛盾，没多大关系，只要都是做真学问的，于院系都有贡献。要避免的是，傍权势而狐假虎威，追热点而朝秦暮楚，没有固定的学术主攻方向，浮言无实，哗众取宠。武汉大学中文系历史上的老师们都是坚决反对这种做法的。苏雪林在武汉大学中文系任教近20年，她曾说武大：“校风之整肃，即不敢说是全国之冠，在东南一带，实可推第一流学府。”② 其二，当时是新旧交替的时代，新文学、新观念与旧文学、旧观念有冲突是必然现象，是过渡阶段的正常情况。况且，新、旧派之间也没有绝对清晰的界限。即以被认为是新派的朱东润而论，他也说到自己在20世纪30年代所写的研究中国文学批评的论文和中国文学批评史讲义“都用文言写出来，多少有些脱离时代”③。其三，双方的矛盾有些可能确如刘博平所说是“误会”。以教“国文”而论，应无叶圣陶所说的“看不起人”的情况。因为如上所述，受陈源器重的周大璞教过“国文”，受刘永济器重的程千帆也教这门课，刘博平自己也担任过经济系张培刚那个年级的“国文”教师④，也参加“国文”阅卷。更能说明问题的是，陈源作为院长，聘叶圣陶来要他领导全校的“国文”教学，可见对“国文”没有轻视之意。其四，双方的矛盾有时客观上可成为促进彼此学术提升的动力。《朱东润自传》在记述离

① 朱东润：《朱东润传记作品全集》第四卷，上海：东方出版中心，1999年，第250页。

② 苏雪林：《我论鲁迅》，台北：文星书店股份有限公司，1967年，第156页。

③ 朱东润：《朱东润传记作品全集》第四卷，上海：东方出版中心，1999年，第188页。

④ 武汉地方志办公室：《张培刚传》，武汉：华中科技大学出版社，2013年，第27页。

开武汉大学到重庆中央大学任教的第十一章“中央大学前四年”开篇不久说：“武汉大学的同事们对我帮助最大的有三位：第一位是闻一多，第二位是老同学陈通伯，第三位是刘赜。由于他们的帮助，我从一个寻常的中学教师成为多方面发展的大学中文系教授，我应该特别感谢刘赜，要是没有他的压力，我对于那部《说文解字》可能只是一览而过，不求甚解，但是正因为要理解他的专长，我对这部书，不能不有所体会。关于传记文学提起我注意的是刘赜，促成我努力工作、把传记文学作为自己终身事业的还是他。”① 朱东润的这段话，说到刘博平，其实说的是反话，但体现了他与刘博平之间的矛盾对他学术研究的发展客观上所起到的促进作用。2015 年，复旦大学出版社将朱东润《中国传叙文学之变迁》《八代传叙文学述论》两部专著纳入“复旦百年经典文库”，合为一册出版。据《朱东润年表》可知，这两部专著前者作于 1940 年，后者作于 1941 年。1939 年，他还完成《史记考索》一书。这三部书都作于他在武汉大学任教期间，是刘博平要他开《史记》研究课后的成果。② 朱东润称自己研究传记文学的成就与刘博平有关，这是实话。总之，武汉大学中文系历史上的各位先生，虽然相互之间有些矛盾，但都在各自的领域、以不同的学术风格潜心学术，严谨治学，共同铸就了中文系的学术辉煌，都值得我们后辈尊敬和景仰！

乐山时期的 1943 年下学期，刘博平招收第一届研究生。这应该也是武汉大学中文学科第一次招收研究生，这次也只刘博平先生一人招生，招进来的研究生也只李格非一人。李格非是湖北武汉人，1942 年毕业于武汉大学中文系，是刘博平的高足。刘博平曾想让他本科毕业后留校任教，遇到阻力，李格非只好到乐山乐嘉中学担任国文教员。后来，经过刘博平的力争，李格非回武汉大学中文系上班，于 1943 年秋天考进武汉大学文科研究所，成为刘博平的研究生。两年多以后，李格

---

① 朱东润：《朱东润传记作品全集》第四卷，上海：东方出版中心，1999 年，第 261—262 页。

② 同上书，第 612 页。

非成为武汉大学教师。[①] 李格非很早就晋升为教授，长于音韵之学，曾担任副系主任。受国家委派，他于1957年至1961年赴苏联莫斯科大学东方语言学院中文系担任客座教授，影响很大，为武汉大学争得了荣誉。20世纪70年代后，他担任《汉语大字典》第一常务副主编，为这一国家级文化基础工程的成功完成做出了重要贡献。

刘博平在乐山还到武汉大学附中兼过课。武汉大学刚迁到乐山时并没有附中，1939年日机大轰炸后，为解决教职工子女上学难而办起了附中。刘博平在附中兼国文课。1948年毕业于武汉大学外文系的著名翻译家、西南师范大学外语系教授孙法理曾就读于乐山时期的武汉大学附中，他写有《炸出的学校的第一班——记武大附中高一班》一文。文中说："我们班的国文课教师阵容是最强的，但换得也频繁。……三年级上期是武大中文系系主任刘博平（赜）教授和黄焯教授。"附中的"国文"教材全由老师选定，一、二年级大部分是唐宋文和一些诗，三年级选有两汉文和先秦诸子。刘博平兼授三年级上学期"国文"，所以"借此汪洋恣肆地大谈其诸子学说"，让学生大开眼界。几位国文老师教学风格各异，孙法理记述说："博平老师则是学者本色，旁征博引，使你目不暇接。"[②]

在乐山，刘博平的二女儿刘敬黄也就读于武汉大学附中，毕业后"进入武大中文系"[③]。

五、物外桃源，潜心耕耘

郭沫若的抗战回忆录《洪波曲》中曾以"物外桃源"形容武汉大

---

① 邵江天：《李格非传》，武汉：湖北人民出版社，2007年，第24—25页。

② 孙法理：《炸出的学校的第一班——记武大附中高一班》，骆郁廷主编《乐山的回响：武汉大学西迁乐山七十周年纪念文集》，武汉：武汉大学出版社，2008年，第391—392页。原载于台北《珞珈》第111期。

③ 刘敬黄：《乐山散忆》，武汉大学北京老校友会、《北京珞嘉》编辑部编《珞嘉岁月》，2003年，第728—730页。

学："武昌城外的武汉大学区域，应该算得是武汉三镇的物外桃源吧。宏敞的校舍在珞珈山上，全部是西式建筑的白垩宫殿。山上有葱茏的林木，遍地有畅茂的花草，山下更有一个浩渺的东湖。湖水清深，山气凉爽，而临湖又还有浴场的设备。离城也不远，坐汽车只消20分钟左右。太平时分在这里读书，尤其教书的人，是有福了。"① 苏雪林《怀珞珈》一文更是对武汉大学校园赞美有加："珞珈山是国立武汉大学的所在地。自从民国二十年我到武大教书以后，便在这风景秀丽，环境幽静的大自然的怀抱里，开始我一段极有意味的生涯。那银墙碧瓦，焕若帝王之居的建筑；那清波滉漾，一望无际的东湖；那夹着蜿蜒马路，一碧参天的法国梧桐；那满山满岭、郁如浓黛的松林；那亭榭参差、繁花如锦的校园，使得珞珈成为武汉三镇风景最美之区。"②

珞珈山这处"物外桃源"，湖山秀美，环境幽静，是做学问的理想之地。自乐山返回珞珈山，刘博平又在这里度过了30多年潜心耕耘的时光，迎来了他学术生涯的黄金时代。

1945年6月，王星拱调往中山大学；1945年7月，周鲠生接任武汉大学校长，到1949年8月卸任。周鲠生以前当过武汉大学的教务长，这次回来当校长，锐意革新，聘请了很多年轻教授，换了一批系主任。1947年，刘博平卸任中文系主任，由程千帆接任。③ 他从此专心教学科研，加上学术积累已到了最佳阶段，此后不断推出厚重的成果。

1956年，刘博平被教育部评定、国务院颁布为一级教授。那个时代的一级教授非常少，都是各学术领域的顶尖学者。武汉大学当时只有

① 郭沫若：《洪波曲》，《郭沫若选集》第二卷，成都：四川人民出版社，1982年，第247页。

② 苏雪林：《怀珞珈》，《学府纪闻·武汉大学》，台湾：南京出版有限公司，1981年，第231—232页。

③ 程千帆《桑榆忆往·劳生志略》："大概在1947年或者是1948年的时候，快解放了，武汉大学的老先生没有一个愿意当系主任，我就当了武汉大学中文系的主任，一直到解放以后。"见程千帆：《桑榆忆往·劳生志略》，上海：上海古籍出版社，2000年，第32页。

6个一级教授，中文系有两个，另一个是古典文学研究大家刘永济。由此可知那个时代武汉大学中文系在校内、在全国皆举足轻重。

1956年1月10日，刘博平被政协第二届全国委员会常务委员会第十二次会议增补为政协第二届全国委员会委员。此后，1959年4月，他被选举为政协第三届全国委员会委员；1964年11月，他被选举为政协第四届全国委员会委员。[①] 汤铭称刘博平："1957年被增选为二届全国政协委员，1959年、1965年和1978年分别被选为三、四、五届全国政协委员。"[②] 这里有两个错误，一是弄错了刘博平被增补为第二届全国政协委员和被选举为政协第四届全国委员会委员的时间，二是错以为刘博平当选了第五届全国政协委员。

从1956年开始到1963年，刘博平先后发表论文《小学札记（跋传录顾涧蘋段若膺校《群经音辨》）》《再答王楚屏先生问浠水方言》《"喻""邪"两纽古读试探》《广济方音之调类与调值》《小学札记（研究汉语史中的词汇问题之一）》《重订〈汉语言文字音系略例〉》《释"牝鸡之晨，惟家之索"》《小学札记（续前）》《刘博平谈研究〈说文解字〉》《广济方言》《关于研究"小学"的几点意见》《说文形声释例》。这些论文涉及文字、音韵、训诂、方言，皆厚重扎实，多有创获。

1963年，刘博平完成《说文古音谱》。这部著作代表了他继承发扬黄侃音韵学说的最高成就。他依据黄侃十九纽、二十八部的古音体系，将《说文解字》近一万字纳入这个体系而又进行了适当的调整，为《说文解字》中每一个具体字的上古声、韵定位。它不仅是一部古音学巨著，也是一部展现汉语字词语源关系的鸿篇。当时的校长李达将此书送北京审阅，董必武大加赞赏，认为其"集小学研究之大成"，郭沫若则评价说："且不论这部书的学术价值如何，单论书法就是珍品。"这部书

---

① 政协第二届全国委员会任期是1954年12月—1959年4月，所以1956年是增补。刘博平任全国政协委员的情况据中国人民政治协商会议全国委员会官网（中国政协网 www. cppcc. gov. cn）"机构组成"下"历届全国政协组成人员名单"。

② 汤铭：《当代著名语言文字学家刘赜》，《黄冈师专学报》1996年第1期。

是刘博平用毛笔手写的，《说文》字头用小篆大字，说解用蝇头小楷，皆十分精美。周恩来总理当即批示影印500册。[①] 1963年，湖北人民出版社推出此书。

确如郭沫若所言，刘博平书法造诣很高。他获得一块圆形砚台，放在书桌上，每天一定磨墨一池，因此把书斋起名叫“独砚山房”。抗战胜利，武汉大学迁回珞珈山，设有文、法、理、工、农、医6个学院，校门牌楼背面横书的“文法理工农医”6个篆字，确实能体现历史悠久的国立大学的水平，它们就出自刘博平之手。

刘博平文字、训诂研究成果集中于《小学札记》和《初文述谊》二书。关于二书的成书过程，对刘博平非常了解的武汉大学中文系罗立乾教授述之甚详：“本来，先生早在1953年，已将其以日记表述方式所写30余年治《说文》的成果，石印成35册《简园日记》[②]，在校内流布，但又觉得尚有不足之处，便毫不客气地全部收回，只取其中1947年至1953年间所写，题名《简园日记存钞》，且已请同仁好友黄焯先生（季刚先生之堂侄）作好了序。然而，就在已付梓之时，他仍觉得《存钞》也存在不足，有待进一步补充修订，便又毅然收回改写。……故而在收回《存钞》以后，以10多年不断精进的苦功夫，于1964年73岁时，将它重新撰成《小学札记》。同时，从1953年开始，他以20余年锲而不舍的毅力，于1975年84岁时撰成《初文述谊》。而于《小学札记》，他76岁时加以重新修订书写，82岁再次修订写讫定稿，后仍打算继续修订。但不久便卧病在床，抱未能不断精进之憾而去，却留下了岁久而弥光的《说文》学巨著。”[③] 这两部书于刘博平去世后，1983年由上海

---

① 陈满意：《集美学村的先生们》，南京：江苏人民出版社，2018年，第138—139页。

② 关于《简园日记》石印本问题，罗立乾此文记述不准确。刘博平推出的石印本实际上是《简园日记存钞》，此书收入学苑出版社2006年版《历代日记丛钞》第二〇〇册。第360页有刘博平开篇题记，署编成时间为“癸巳冬月初九日”，“癸巳”即1953年。第354页标注石印时间为“甲午五月自书石印”，“甲午”即1954年。

③ 罗立乾：《刘赜先生及其〈说文〉学》，《长江学术》2007年第3期。

古籍出版社以《刘赜小学著作二种》为名合为一书出版。

《小学札记》和《初文述谊》二书实际上也是以《说文》为出发点展开研究的，《初文述谊》从《说文解字》中提取初文、准初文共423个，探讨其形义关系，构建形音义相关的字群、词群。因此，罗立乾将二书均作为《说文》学成果。加上《说文古音韵》，可见刘博平一生的学术研究都与许慎《说文解字》关系极深。刘博平1964年2月4日填写的干部履历表称自己“又号许叟”，此号表明了他对许慎的钦敬，确实也是他一生学术研究特点的写照。

《简园日记》是刘博平的学术日记，之所以名“简园”，这与他在武昌的一处住宅有关。这处住宅在武昌鼓架坡，是他用工资结余建成的平房，起名“简园”，建于1949年以前。他从1952年起填写的登记表、履历表称自己有别号“简园”。“简园”之“简”是刘博平一生生活习惯的写照。他生活简朴，不喜烟酒。但是他乐于助人。二女儿刘敬黄说：“父亲性喜助人，凡是亲友、学生无论在哪方面对他有所求，他无不诚恳地给予帮助。即使路遇素不相识者，只要诉告困难，就解囊相助。”①

刘博平20世纪五六十年代积极培养研究生，一共招收了3届。1959级招收了章季涛、袁謇正、李惠昌，1961级招收了何金松、王伯熙，1962级招收了萧海波、修世华。他严格要求，精心指导。这些学生后来都颇有成就。章季涛为湖北大学中文系教授，曾任全国许慎研究会副会长，著有《怎样学习〈说文解字〉》《古代汉语字词句浅说》《实用同源字典》等专著。袁謇正为武汉大学中文系教授，与孙党伯一起主编了《闻一多全集》（湖北人民出版社1993年版）。李惠昌为汕头大学教授，精于训诂学、方言学。何金松为华中师范大学中文系教授，著有《虚词历时词典》《汉字文化解读》《汉字春秋·天地写真》等著作。王伯熙曾担任《中国语文》副主编、国家语言文字工作委员会文字应用管

① 刘敬黄：《刘博平教授传略》，《中国当代社会科学家》第五辑，北京：书目文献出版社，1983年，第103页。

理司司长。萧海波为武汉大学古籍整理研究所教授，曾任古籍研究所副所长，和宗福邦、陈世铙共同主编了集先秦至清末训诂学成果之大成的巨著《故训汇纂》。修世华在中国社会科学院民族研究所任编审，主要学术专长是古代汉语、编辑学及民族学。

刘博平除了精心指导研究生，还在培养校外进修教师方面倾注了大量心血。湖南师范大学中文系的周秉钧教授是武汉大学中文系1936级校友，毕业后留校任教，1946年调回老家湖南。20世纪60年代，他作为湖南师范大学中文系汉语学科的带头人，将自己毕业留校的学生王大年、李维琦送回母校武汉大学中文系进修，王大年进修两年多。① 这两位老师跟随研究生听课，听刘博平的课，听黄焯的课，受章黄学术的熏陶，后来都成为名教授。李维琦曾任湖南师范大学中文系主任、湖南师范大学副校长、《古汉语研究》主编、中南修辞学会会长、湖南省语言学会会长，著述宏富，尤其在汉译佛经语言研究方面有开创之功。他在《李维琦语言学论集》后记中说："我的音韵、训诂的基本知识，都是在武汉大学学的。我的老师有刘博平先生、黄耀先先生、李格非先生。"② 王大年教授在古汉语语法、通假字研究方面卓有建树，著有《语法训诂论稿》、《语法学》（合作）、《古汉语同义修辞》（合作）。他在《语法训诂论稿》后记中说："拙稿即将付梓，我自然而然地想到了教给我古汉语知识的恩师：刘博平先生、黄焯先生、周秉钧先生、周大璞先生、李格非先生。这些先生不仅教给了我古汉语知识，而且教我如何做人，如何做学问，把我引上了学人的道路。"③ 李维琦和王大年两位教授对武汉大学中文系刘博平等老师的感情非常深，令人感动。

1978年10月23日，刘博平病逝于武昌。他一生都献身了教育，并为继承和发扬章黄学术而努力奋斗。

---

① 王大年：《语法训诂论稿》，长沙：岳麓书社，2015年，第1页、第3页照片。

② 李维琦：《李维琦语言学论集》，北京：语文出版社，2011年，第363页。

③ 王大年：《语法训诂论稿》，长沙：岳麓书社，2015年，第194页。

第二章　古声纽理论研究

学术界提到刘博平的音韵学研究，首先就会想到他的《声韵学表解》和《说文古音谱》。其实，除了这些研究之外，刘博平对于上古声纽也有一些研究，这方面的研究虽然不多，但放在上古声纽研究的历史上来看，却比较重要。他对上古声纽的研究主要体现在两个方面。

一、对黄侃的上古声纽归并提出异议

1928 年，刘博平发表《说文释例匡谬》一文。在分析一个个具体字的上古声纽韵部时，他采用的就是黄侃的上古音系统："即如母古音如米。……且古音疽，又米之声转。……《蝃蝀》，母与雨韵，当即是读姐读妈也。"刘博平说："若且之与米……声韵皆远隔，无转理。至母古韵在咍，雨古韵在模。（凡说古声古韵，皆以本师黄君十九纽二十八部为本，下仿此。）"[①] 在当时，除了黄侃建立的声韵齐全的上古音系统之外，还有章炳麟的古声二十一纽、古韵二十三部上古音系统。刘博平采用黄侃的上古音系统，应该是看到了黄侃的上古音系统比章炳麟的上古音系统更科学之处。

在《声韵学表解》中，刘博平也是采用黄侃的古声十九纽理论。在该书下编"古音之属"第六节以"古本音十九类"为标题，说道："余杭章君继之，以作《古音娘日二纽归泥说》，谓'古音有舌头泥纽，其后支别，则舌上有娘纽，半舌半齿有日纽，于古皆泥纽也'。本师黄君复以《广韵》古本韵与古本声互证，明古声喉音有影而无喻为，牙音有

---

① 刘赜：《说文释例匡谬》，《暨南大学中国语文学系期刊》1928 年第 1 期。

溪而无群，齿音有齿头而无正齿，齿头有心而无邪，舌上音照穿神审禅亦归舌头，余与钱章二君之说相合。计古本声止十有九类，今据以立表，附书今声类于古本声之下，明其由之而变也。”① 可见，刘博平在这一时期对黄侃的上古音系统是完全赞同，且十分推崇。

上古声组的研究，与上古韵部的研究相比，起步较晚，研究也相对薄弱。一般学者认为上古声组的研究肇始于清代的钱大昕，他提出的“古无轻唇音”“古无舌上音”观点，得到了后来学者的普遍认同。钱坫在《诗音表》中讲双声时，所列的双声表就是把知母放在端母下，彻母放在透母下，澄母放在定母下，娘母放在泥母下，非母放在帮母下，敷母放在滂母下，奉母放在並母下，微母放在明母下。② 现代学者研究上古声组系统，一般也是在钱大昕的“古无轻唇音”“古无舌上音”基础之上，再对有些声组进行归并。

黄侃研究《广韵》，系联《广韵》反切上字，得四十一声类：影、晓、匣、见、溪、疑、端、透、定、泥、来、精、清、从、心、帮、滂、並、明、喻、为、群、知、彻、澄、娘、日、照、穿、神、审、禅、庄、初、床、疏、邪、非、敷、奉、微。他以这《广韵》四十一声类为基础上推古声，提出上古声组系统为：影、晓、匣、见、溪、疑、端、透、定、泥、来、精、清、从、心、帮、滂、並、明十九组。黄侃说：“古声数之定，乃今日事。前者钱竹汀知古无轻唇，古无舌上；吾师章氏知古音娘、日二组归泥。侃得陈氏之书，始先明今字母照、穿数组之有误；既已分析，因而进求古声，本之音理，稽之故籍之通假，无丝毫不合，遂定为十九。”③

与章炳麟的上古声组系统相比，黄侃的古声十九组把群并入溪，三十六字母的照、穿、船、审、禅分为两类：章、昌、船、书、禅（黄侃

① 刘赜：《声韵学表解》，上海：商务印书馆，1934 年，第 104 页。

② （清）钱坫：《诗音表》，严式海编《音韵学丛书》第九册，北京：国家图书馆出版社，2011 年，第 546 页。

③ 黄侃：《黄侃论学杂著》，上海：上海古籍出版社，1980 年，第 69 页。

仍然叫作照、穿、船、审、禅）和庄、初、崇、山（黄侃叫作庄、初、床、疏），把章、昌、船、书、禅并入端、透、定，庄、初、崇、山并入精、清、从、心，邪也并入心。

黄侃以《广韵》声纽系统上推古声建立的上古声纽系统，在当时来说是最科学的上古声纽系统。王力在《清代古音学》中对黄侃的上古声纽系统进行了客观的评价："黄氏古音十九纽，比章氏古音二十一纽有很大的优越性：第一，章氏以照穿床审禅为古本纽，黄氏以精清从心为古本纽，章氏是错误的，黄氏是对的。第二，章氏不知道照系应分两类，各有不同的来源；黄氏分照系为两类，以照穿神审禅归端透定，以庄初床山归精清从心。章氏是错的，黄氏比较正确。"① 从王力对古声十九纽的肯定也可见，黄侃对上古音研究贡献甚大。因此，说黄侃的上古音系统在当时是最科学的上古音系统一点也不为过。

黄侃提出古声十九纽时，没有提供系统的内证材料。从谐声、声训、异文、古注等语音材料来看，中古的章组声纽与端、透、定，庄组声纽与精组声纽在上古确实关系比较密切。例如：氐，《广韵》属于端纽；从"氐"得声的"祇、底"，《广韵》属于照纽。丹，《广韵》属于端纽；从"丹"得声的"旃"，《广韵》属于照纽。单，《广韵》属于端纽；从"单"得声的"戰"，《广韵》属于照纽。亶，《广韵》属于端纽；从"亶"得声的"鹯、饘、氈、颤、膻、鳣"，《广韵》属于照纽。宰，《广韵》属于精纽；从"宰"得声的"莘、滓"，《广韵》属于庄纽。……这样的例证很多。②

声训也是如此。如《释名·释乐器》："竹曰吹。吹，推也，以气推发其声也。"吹，《广韵》属于昌纽；推，《广韵》属于透纽。《释名·释疾病》："喘，湍也。湍，疾也，气出入湍疾也。"喘，《广韵》属于昌

① 王力：《清代古音学》，《王力全集》第六卷，北京：中华书局，2013年，第252页。

② 为避免标点过于繁复，凡单独出现的字头，不加引号；句中出现的字头，为界限清楚计，加引号；句中单引号之内不再用双引号。

纽；湍，《广韵》属于透纽。《释名·释首饰》："帻，迹也。"帻，《广韵》属于庄纽；迹，《广韵》属于精纽。

异文也是如此。如《春秋·昭公十五年》："夏，蔡朝吴出奔郑。"《公羊传》作"夏，蔡昭吴奔郑"。朝，《广韵》属于知纽；昭，《广韵》属于章纽。《春秋·成公五年》："夏，叔孙侨如会晋荀首于谷。"《公羊传》作"夏，叔孙侨如会晋荀秀于谷"。首，《广韵》属于书纽；秀，《广韵》属于心纽。

古注也是如此。《诗经·召南·草虫》："未见君子，忧心忡忡。"毛传："忡忡犹衝衝也。"忡，《广韵》属于彻纽；衝，《广韵》属于昌纽。《史记·平津侯主父列传》："地固泽咸卤。"集解："泽，徐广曰：一作斥。"泽，《广韵》属于澄纽；斥，《广韵》属于昌纽。《周礼·地官·廪人》："大祭祀则共其接盛。"注："接，读为一扱再祭之扱。"《经典释文》："一扱初洽反，刘初辄反，又差及反，李、聂创涉反。"接，《广韵》属于精纽；扱，《广韵》属于初纽。

这说明黄侃古声十九纽的提出也以一定的古音材料为基础。

不过，随着古音研究的发展，有些学者对于中古有些声纽在上古的归并提出了不同于黄侃归并的意见。如敖士英在《关于研究古音的一个商榷》一文中，提出群纽在上古当并入见纽："考牙音各纽——见，溪，群，疑——'群'纽应并入见。"[①] 钱玄同在《文字学音篇》中采用黄侃的上古音系统，后来提出邪纽古归定纽。[②] 曾运乾撰《喻母古读考》一文讨论了中古的喻三、喻四在上古的音读，提出："于母古隶牙声匣母，喻母古隶舌声定母，部仵秩然，不相陵犯。"[③] 黄焯《古音为纽归匣说》一文再次证明中古的为纽在上古当归入匣纽[④]，等等。

刘博平在研究古音的过程中，也逐渐发现黄侃上古声纽的归并存

---

① 敖士英：《关于研究古音的一个商榷》，《国学季刊》1930 年第 2 卷第 3 期。

② 钱玄同：《古音无"邪"纽证》，《钱玄同文集》第四卷，北京：中国人民大学出版社，1999 年，第 58 页。

③ 曾运乾：《喻母古读考》，《东北大学季刊》1927 年第 2 期。

④ 黄焯：《古音为纽归匣说》，《制言》1937 年第 37—38 期合刊。

在一些问题，并对中古有些声纽在上古的归并提出不同的归并意见。在《“喻”“邪”两纽古读试探》一文中，刘博平说：“湖南曾运乾又作‘喻母古读考’，谓‘喻母四等古隶舌头定母，三等古隶牙声匣母’（三等即“于”纽），其说亦十得六七。至‘邪’纽则论及之者尚鲜（先师蕲春黄君曾以“邪”归“心”）。”[①]并提出“两纽（按，指喻、邪）上古隶舌头，其为定、为透、抑为端，以及变例为喉、为齿，俱须贯串音义，按文而施，不可执一以定之也”[②]。刘博平认为曾运乾的喻三归匣、喻四归定的观点是“其说亦十得六七”，他研究《说文》形声（包括重文）、音训、读若，《经典释文》、《玉篇》、《广韵》又音及古籍相通用等材料，认为邪、喻在上古当归并舌头音。至于“喻”“邪”在上古究竟归并于哪一个声纽，刘博平在这篇文章中没有明确说明。刘博平在撰写这篇论文讨论中古“邪”纽在上古应该如何归并时，可能没有见到钱玄同的文章，所以他说“至‘邪’纽则论及之者尚鲜”。在这篇文章中，刘博平几乎罗列了传统古音研究能够运用的所有类型的语音材料。

在《〈说文古音谱〉序》中，刘博平又说：“又音理转变多方，今声类与古本声似不可画一相配，强使合并，如知彻必归端透，非敷必归帮滂，为必归匣，喻必归定之类颇见拘阂。”[③]在《说文古音谱》中，刘博平采用古声类、今声类的声纽系统。古声类为影、晓、匣、见、溪、疑、端、透、定、泥、来、精、清、从、心、帮、滂、並、明十九类，今声类为喻、为、群、知、彻、澄、娘、日、照、穿、神、审、禅、庄、初、床、疏、邪、非、敷、奉、微二十二类。古声类与黄侃的“古本声”相同，“今声类”与黄侃的“变声”相同。在这一时期刘博平认为知、彻、澄、娘在上古归并于端、透、定、泥，非、敷、奉、微在上古归并于帮、滂、並、明，为纽归并于匣纽，喻归并于定，这些看法均“颇见拘阂”。

---

①② 刘赜：《“喻”“邪”两纽古读试探》，《武汉大学人文科学学报》1957 年第 2 期。

③ 刘赜：《〈说文古音谱〉序》，《说文古音谱》，北京：中华书局，2013 年，第 1 页。

在《重订〈汉语言文字音系略例〉》一文中，他说道：“至先师蕲春黄君始创拟测全部古音音值，定古本韵为二十八部、古本声为十九类，并详审其通转之迹，语言文字至此乃有条贯系统可寻，可谓金声而玉振之者也。又声类之中，‘为’于古应归‘晓’‘匣’，‘喻’多隶‘透’‘定’，‘邪’与‘喻’同源而异派（其始盖同隶舌头，后或转入喉与齿，并当按文而定，不可执一也。详见拙著《“喻”“邪”两组古读试探》）。[①] 在《初文述谊》中，刘博平把“群”组并入“见”组，把“为”组并入“匣”组，“喻”“邪”两组并入“定”组。

为什么学者对上古有些声组的归并不同于黄侃呢？我们可以从周祖谟的研究中看出端倪。钱大昕认为审组三等古与心组无别，高本汉则谓谐声中审母不与端照相通，周祖谟在《审母古音考》一文中对钱大昕、高本汉的观点进行了批评之后说道：“然而审母字之谐声犹不止此，其从喻母四等字得声者尚多。”[②] 周祖谟发现审组三等与心组相交涉的语音材料非常少，审组三等不仅与端透谐声，也与照禅谐声，还与喻母四等字谐声。这说明谐声材料非常复杂，如果学者只采用对自己观点有利的材料，就会得出不同的结论。

此外，对于上述谐声、声训、异文、古注等语音材料也可以做另一种解读，即这些语音材料也可能只是反映了相关声组在上古语音相近，并不一定相同。如氐，《广韵》属于端组，从“氐”得声的“祇、厎”《广韵》属于照组，“氐”的谐声不能确切地说明中古的照组在上古就一定与端组读音相同，当归并端组，也有可能只是反映中古的照组与端组在上古语音相近。这种观点基本为现代学者所认同。如王宁在讲到声符这一构件时，反复讲到谐声字的声符只是示音的作用，这种示音作用只是为了与同类事物读音相区别：“构件在构字时与所构字的语音相同或相近，用提示语音的方法与同类字区别，即有示音功能。……为什么我们不把声符的功能称作‘表（标）音功能’而称为‘示音功能’？这是

① 刘赜：《重订〈汉语言文字音系略例〉》，《武汉大学学报》1962 年第 1 期。

② 周祖谟：《审母古音考》，《问学集》，北京：中华书局，1966 年，第 120 页。

因为，汉字的声符从本质上不是用来标音，没有指读字音的功能。……汉字的声符要起的作用只是在义符表示的意义类别范围内，区别出文字表示的个体事物。"① 王宁从文字学的角度，对声符这一构件在汉字构形中的作用做了定性的论述。从这一论述也可见，谐声声符与谐声字的读音不一定完全相同，当然声纽也不一定相同。

不仅如此，有语音材料显示，有些中古声纽在上古不应当归并。例如《尔雅·释乐》："大笙谓之巢。"《经典释文》："孙（炎）、顾并仕交、庄交二反。孙（炎）又徂交反。"孙炎给"巢"注了三个反切，三个反切的切下字相同，说明这三个反切的声纽不同类。不然，孙炎没有必要在同一处为同一个字注三个读音相同的反切。其中"仕交反"的声纽相当于黄侃《广韵》四十一声类的床类，"徂交反"的声纽相当于从类。孙炎所处的时代，床类与从类是两个不同的声纽。孙炎是三国时人，所处的时代去古未远，以此上推古声，床纽在上古应当为独立的声纽，不应当并入从纽。这就是说黄侃古声十九纽把《广韵》的床纽在上古并入从纽是需要再讨论的。

孙玉文研究上古联绵词，发现先秦双声联绵词中，影影结构的19个，喻喻结构的11个；叠韵联绵词中，影喻结构1个；其他类型的联绵词中，没有影喻、喻影结构的。先秦双声联绵词中，见组声纽溪溪结构的7个，群群结构的1个；叠韵联绵词中，溪群结构的1个，群溪结构的1个；其他类型的联绵词中，没有溪群、群溪结构的。先秦双声联绵词中，端组声纽端端结构的5个，透透结构的10个，定定结构的9个；照组声纽照照结构的1个，穿穿结构的1个，禅禅结构的1个；其他类型的联绵词中，没有照端、穿透、神定、审透、禅定结构或相反结构的。先秦双声联绵词中，日日结构的2个，泥泥结构的1个；其他类型的联绵词中，没有泥日、日泥结构的。先秦双声联绵词中，精组声纽精精结构的7个，清清结构的1个，从从结构的4个，心心结构的3个；庄组声纽初初结构的2个，床床结构的1个，疏疏结构的1个；其

① 王宁：《汉字构形学导论》，北京：商务印书馆，2015年，第114—115页。

他类型的联绵词中，没有精庄、清初、从床结构或相反结构的。心山结构的7个，孙玉文认为是准双声。[①] 这7个心山结构的联绵词，有的音节有异读，所以孙玉文又说："其中，有的词原来不一定是准双声，而是严格的双声。……真正的例外只有2例。"[②] 如果喻等十三声类在上古应当归并于相关声组，则上古联绵词两个音节的声组，一个属于黄侃的"本声"一个属于黄侃的"变声"的结构应该比较多。但从上古联绵词的实际语音来看，属于黄侃"变声"的喻等十三类声组在上古与黄侃所并入的相关声组交涉非常少，关系并不密切。因此，从上古联绵词的语音来看，喻等十三声类在上古应当为独立的声组。

孙玉文对汉语双音节词进行研究，发现有这样一条语音规律："除了叠音词，汉语所有的双音节词，两个音节之间读音必有差别。"[③] 上古有"相翔"这样一个联绵词。"相"中古属于心纽，阳韵，开口，平声；"翔"中古属于邪纽，阳韵，开口，平声。中古的邪纽在上古黄侃归心纽，"相""翔"在上古完全同音。用黄侃的上古声组系统分析"相翔"这个联绵词的语音，分析的结果与汉语双音节词两个音节读音必然有差别的规律相矛盾。这说明黄侃的上古声组系统把中古的邪纽在上古归并于心纽是不合理的。

因此，从现有的研究来看，黄侃对中古有些声组在上古的归并缺乏一些没有争议、能够作为的证的语音材料。后来有些学者虽然提出的归并意见与黄侃不同，但所运用的论证材料也不能作为的证，他们的结论后来也不被采纳。

刘博平为什么认为"今声类与古本声似不可画一相配，强使合并，如知彻必归端透，非敷必归帮滂，为必归匣，喻必归定之类颇见拘

---

① 孙玉文：《先秦联绵词的语音研究》，《上古音丛论》，北京：北京大学出版社，2015年，第221—225页。

② 孙玉文：《从联绵词看庄组的上古拟音》，《上古音丛论》，北京：北京大学出版社，2015年，第245—246页。

③ 孙玉文：《汉语双音词两音节之间语音异同研究》，《上古音丛论》，北京：北京大学出版社，2015年，第264页。

阌”呢？

我们把中古的知组声纽与端组声纽在《说文》中的谐声分开来，发现知组声纽在《说文》中同纽自谐的数量远大于与端组相应的声纽谐声的数量：知类谐声声符构成的谐声字 104 个①，其中知知谐声的 44 个，知端谐声的 10 个；彻类谐声声符构成的谐声字 34 个，其中彻彻谐声的 7 个，彻透谐声的 1 个；澄类谐声声符构成的谐声字 142 个，其中澄澄谐声的 38 个，澄定谐声的 26 个。单从谐声来看，虽然可以看出中古的知纽与端纽、彻纽与透纽、澄纽与定纽在上古关系密切，但是不能必然得出中古的知纽与端纽在上古为一个声纽的结论。

非、敷、奉、微等亦是如此。以中古的非纽为例。《说文》中，中古属于非类的声符有 23 个，这些非声类谐声声符在《说文》中构成的谐声字有 196 个，其中属于中古的非类与中古的非类在上古谐声的有 55 个，中古的非类与中古的帮类在上古谐声的有 22 个，中古的非类与中古的滂类在上古谐声的有 24 个，中古的非类与中古的並类在上古谐声的有 28 个，中古的非类与中古的明类在上古谐声的有 1 个，中古的非类与中古的敷类在上古谐声的有 30 个，中古的非类与中古的奉类在上古谐声的有 34 个，中古的非类与中古的晓类在上古谐声的有 1 个，中古的非类与中古的透类在上古谐声的有 1 个。

中古的为类与中古的为类在上古谐声的有 128 个，中古的为类与中古的影类在上古谐声的有 22 个，中古的为类与中古的晓类在上古谐声的有 29 个，中古的为类与中古的匣类在上古谐声的有 10 个。这可能是刘博平认为“今声类与古本声似不可画一相配强使之合并”的原因。

从现在的研究来看，中古这些真正新产生的声纽，例如知等在上古与自身构成谐声的数量较多，是由于声韵拼合时受韵等的影响。以知纽为例，中古的知纽字在《说文》中也多与知纽字构成谐声，这是受韵等拼合的影响。中古的知纽与二、三等韵拼合，中古的端纽与一、四等韵

① 这里的统计数字，是本书作者按照《说文》谐声统计所得。

拼合。中古的知纽字在上古也应当与二、三等韵拼合或构成谐声，声韵才和谐；与中古属于端纽的字即一、四等韵在上古构成谐声，在韵等拼合上就不那么和谐。孙玉文研究谐声字，认为同一谐声声符构成的谐声字韵等也大多相同①的观点也说明了这一点。例如：从叚声的一级、二级、三级谐声字瑕、蝦、鞎、瘕、騢、鰕、蝦、鍜、暇、徦、碬、椵、假、葭、豭、麚、家、稼、幏、嫁都是二等字。因此，我们现在看到《说文》中的谐声，中古属于知纽的谐声声符在上古多与中古属于知纽的字构成谐声就是这一原因。

王力谈到知等声纽的产生就是从声韵拼合时受韵等的影响这方面来谈的："知""彻""澄""娘"的产生，是由于［i］［iu］（［y］）是舌面元音，影响了声母舌尖辅音"端""透""定""泥"，使之变为舌面辅音"知""彻""澄""娘"，即使"端""透""定""泥"发生腭化。②也就是说上古的舌尖辅音"端""透""定""泥"与含有舌面元音［i］［iu］（［y］）的二、三等韵拼合时，受舌面元音［i］［iu］（［y］）的影响发生腭化，变为舌面辅音"知""彻""澄""娘"。可见韵等对声韵拼合有重要影响。

刘博平提出"今声类与古本声似不可画一相配，强使合并，如知彻必归端透，非敷必归帮滂，为必归匣，喻必归定之类颇见拘阂"这样的看法，并在《说文古音谱》中声纽采用古声类十九类、今声类二十二类的系统，应该是看到谐声等这样的语音材料。

虽然如此，中古的有些声纽在上古还是应该归并的。利用中古音上推古声，钱大昕提出的"古无轻唇音""古无舌上音"的观点得到学界公认。这是因为钱大昕的观点不仅例证翔实，在声纽的韵等拼合上也符合对立互补的原则。端、透、定、泥在分化出知、彻、澄、娘之前，与

---

① 孙玉文：《谐声系列与上古音》，《上古音丛论》，北京：北京大学出版社，2015年，第334—367页。

② 王力：《汉语语音史》，《王力全集》第二卷，北京：中华书局，2013年，第549页。

一、二、三、四等韵拼合。在《经典释文》中，端纽等有些注音还是与一、二、三、四等韵都相拼合。例如：惇，都昆反；涿，丁角反；挃，丁秩反；蝳，丁计反。“都、丁”中古、上古都属于端纽。昆，中古属于一等魂韵；角，中古属于二等觉韵；秩，中古属于三等质韵；计，中古属于四等霁韵。在《广韵》中，知、彻、澄与二、三等韵拼合，端、透、定与一、四等韵拼合。在《广韵》中，娘和非、敷、奉、微还没有分化出来。从《广韵》中的拼合来看，帮、滂、並、明及泥与一、二、三、四等韵拼合。非组声纽从帮组分化出来后，非、敷、奉、微与合口三等韵拼合，帮、滂、並、明与一、二、四等韵及开口三等韵拼合。娘纽从泥纽分化出来后，泥纽与一、四等韵拼合，娘纽与二、三等韵拼合。从帮、滂、並、明与非、敷、奉、微的分化以及端、透、定、泥与知、彻、澄、娘的分化，我们可以得出这样的结论：声纽的分化遵循韵等对立互补的原则。

因此，如果中古的喻、为、群、照、穿、神、审、禅、日、庄、初、床、疏、邪是从上古的影、溪、端、透、定、泥、精、清、从、心分化出来的，喻等声纽与相应的声纽在拼合的韵等也应当互补。

但在《广韵》声系中，喻等十三声类与相关声类在中古拼合的韵等并不互补。影与一、二、三、四等韵拼合，喻、为与三等韵拼合，韵等不互补。溪与一、二、三、四等韵拼合，群与三等韵拼合，韵等也不互补。端、透、定、泥在分化出知、彻、澄、娘之前，与一、二、三、四等韵拼合，而照、穿、神、审、禅与三等拼合，韵等也不互补；日与三等韵拼合，与泥（含娘）拼合的韵等也不互补。精、清、从、心与一、三、四等韵拼合，庄、初、床、疏与二、三等韵拼合，韵等也不互补。邪与三等韵拼合，与心拼合的韵等也不互补。为类却正好与中古的匣类拼合的韵等互补。

黄侃的上古声纽系统把中古的喻等十三类在上古并入相关的声纽，喻等声纽的拼合韵等就与黄侃所并入的相关声纽的拼合韵等相互龃龉，不能解释语音的变化发展。正如王力所言：“如果古音像黄侃想象的那样简单，后代就没有分化的条件了。"① 因此，从拼合的韵等来说，中古的喻、群、章、昌、船、书、禅、日、庄、初、床、疏、邪十三组在上古不应当并入相关的声组，而应当为独立的声组。

章炳麟、黄侃对于中古韵的韵等不太认同，黄侃说："若夫等韵之弊，在于破碎；音之出口，不过开、合；开、合之类，各有洪、细，其大齐惟四而已。而等韵分开口、合口各为四等。今试举寒、桓类音质之，为问寒（开洪）、桓（合洪）、贤（开细）、玄（合细）四音之间，尚能更容一音乎？此缘见《广韵》分韵太多，又不解洪、细相同必分二韵之故，因创四等之说以济其穷。"② 黄侃认为中古韵只有开合洪细，开合不应当各分为四等。

刘博平对于中古韵的开合韵等的观点与黄侃基本相同："按收音有开合齐撮四等，至易分辨，童孺能知。刘氏以欸意乌於四字合之，矜为独创，其实按此等呼，任举四字皆可。宋以后等韵家取韵书之字，依三十六字母之第次而为之图，开合各分四等，遂启后人一等洪大，二等次大，三四皆细，而四尤细之谬说。"然后引用黄侃的观点："本师黄君曰：'等韵之弊，在于破碎，音之出口，不过开合，开合两类，各有洪细，其大齐唯四而已。……'"③ 可见，对于中古韵的开合韵等，刘博平基本接受他的老师黄侃的观点。这种认识显然是不科学的。声韵是相互配合的，刘博平不认同中古韵开合各有四等，当然也不能认识到中古声组是与开合各有四等的韵相拼合的。因此，虽然他通过有些语音材料发现黄侃的归并有不合理之处，在给《说文》所收字进行定纽归部时采用古声类、今声类的声组系统，在《初文述谊》中对黄侃的上古声组系统的归并有所改进，比黄侃的归并要科学；但他没能看到声韵拼合时，声组要受韵等的影响，没有对有些中古声组在上古应该如何归并提出

① 王力：《黄侃古音学述评》，《王力全集》第十九卷，北京：中华书局，2013年，第1095页。

② 黄侃：《黄侃论学杂著》，上海：上海古籍出版社，1980年，第153页。

③ 刘赜：《声韵学表解》，上海：商务印书馆，1934年，第24—25页。

更富有建设性的意见。

乔秋颖等在总结民国音韵学研究时说道："纵观民国学者研究上古声纽的材料，主要集中于异文、假借、音训、译音、方音以及谐声等，除谐声以外，以经籍异文为最。从民国学者利用材料的时代性看来，有《说文》谐声、经籍异文通假、经师音注、《经典释文》反切语等，似乎从殷商时代一直到魏晋都被认为是上古时期。"① 民国时期学者基本都是用文献考证法，刘博平的研究属于民国学者研究的一部分以及延续，他能发现黄侃归并的不足，已经难能可贵，我们也不能苛求他。

至如刘博平在《初文述谊》中把"喻""邪"并入定纽的原因，可能是依据材料数量。我们回头看《"喻""邪"两纽古读试探》一文，发现"喻""邪"与定纽相通的材料最多。这也是大多数学者在研究中对上古声纽归并的理据。如钱玄同说："考《说文》九千三百余字中，徐鼎臣所附《唐韵》的反切证'邪'纽的有一百零五字，连重文共一百三十四字。就其形声字的'声母'考察，应归'定'纽者几及十分之八，其他有应归'群'纽者则不足十分之二，有应归'从'纽者则不足十分之一。从大多数而言，可以说：'邪'纽古归'定'纽。"② 钱玄同明确说明上古无邪纽，把邪纽归入定纽是按照《说文》谐声的数量多少。

现在看来，利用《广韵》声纽上推古声，对有关声纽进行归并，不能仅仅看材料数量的多寡，也不能只利用传统的谐声、声训、古注、异文等材料，还要结合联绵词语音、较早的注音等语音材料，考虑声纽拼合韵等以及要能够解释语音的变化。

综上，刘博平虽然没有提出新的上古声纽系统，但是他对黄侃上古声纽系统的归并提出异议，也是上古声纽研究历史的一部分。他的研究对于建立科学的上古声纽系统有推动作用。具体来说，刘博平的这些研

① 乔秋颖、王任赵、史晶璐、胡林霞：《民国音韵学三论》，上海：上海古籍出版社，2016 年，第 69 页。

② 钱玄同：《古音无"邪"纽证》，《钱玄同文集》第四卷，北京：中国人民大学出版社，1999 年，第 59 页。

究对于上古音研究有以下三个方面的意义。一、对“喻”“邪”两组古读的研究，向我们揭示了研究上古声组材料的复杂性。二、提醒我们注意理解和分析中古的非、敷、奉、微、知、彻、澄、娘以及为组从帮、滂、並、明、端、透、定、泥以及匣组分化出来的原因：从现在的研究结果来看，在韵等拼合上有其征兆。三、有启示我们思考中古的照、穿、神、审、禅、庄、初、床、疏、邪、喻、为以及日组在上古能否并入相关声组的作用。

二、注意到牙音与来纽、明纽与晓纽在上古关系密切

刘博平不仅发现黄侃的上古声组系统归并存在一些问题，还注意到中古的有些声母在上古相互关系密切。在《重订〈汉语言文字音系略例〉》一文中，刘博平说道：“‘见’‘溪’‘疑’与‘来’、‘明’与‘晓’又或各有相通。”① 在《初文述谊》“火”字下，他说：“又声组晓与明通。”② 这些相互关系密切的声组，从五音的角度来看，属于不同大类。见、溪、疑属于牙音，来组属于半舌音。明组属于唇音，晓组属于喉音。

来纽与牙音、明纽与晓纽关系密切，在谐声、声训、《说文》读若以及古注等语音材料中都有反映。

例如在上古，见纽字与来纽构成谐声的有：谐声声符“柬”上古属于见纽，谐声字“楝、煉、湅、練、鍊、阑”属于来纽；谐声声符“㱿”上古属于见纽，谐声字“蟼”属于来纽；谐声声符“各”上古属于见纽，谐声字“輅、略、雒、鵅、簬、骆、洛、雺、鮥、络、铬、路、赂、辂、略”属于来纽；谐声声符“京”上古属于见纽，谐声字“谅、䣼、醇、辌、椋、凉、辌”属于来纽；谐声声符“京”上古属于

① 刘赜：《重订〈汉语言文字音系略例〉》，《武汉大学学报》1962年第1期。

② 刘赜：《初文述谊》，《刘赜小学著作二种》，武汉：武汉大学出版社，2007年，第49页。

见纽，二级谐声字“飆”属于来纽；谐声声符“膠”上古属于见纽，谐声字“廫”属于来纽；谐声声符“兼”上古一般认为属于见纽，谐声字“鎌、稴、慊、鬑、廉、磏、熑、溓、霏、蠊、镰”属于来纽；谐声声符“監”上古属于见纽，谐声字“覽、擥、濫、嚂、醞、藍、籃、艦、襤、鬛、灆”属于来纽。来纽与见纽谐声的有：谐声声符“侖”，一般认为上古属于来纽，谐声字“睔、綸”属于见纽；谐声声符“林”上古属于来纽，谐声字“禁”属于见纽；谐声声符“寽”上古属于来纽，谐声字“虢”属于见纽；谐声声符“緿”上古有来纽一读，谐声字“孿”属于见纽；谐声声符“鬲”上古属于来纽，谐声字“槅、隔”属于见纽；谐声声符“吕”上古属于来纽，谐声字“莒、筥”属于见纽；谐声声符“娄”上古属于来纽，谐声字“屨”属于见纽；谐声声符“龍”上古属于来纽，谐声字“龏、龔”属于见纽；谐声声符“翏”上古一般认为属于来纽，谐声字“嘐”属于见纽；谐声声符“漻”上古属于来纽，谐声字“瀏”属于见纽。溪纽字与来纽构成谐声的有：谐声声符“可”上古属于溪纽，谐声字“砢”属于来纽；谐声声符“京”上古属于溪纽，谐声字“蜳”属于来纽。来纽与溪纽谐声的有：谐声声符“鬲”上古属于来纽，谐声字“鬷”属于溪纽；谐声声符“立”上古属于来纽，谐声字“泣”属于溪纽。疑纽字与来纽构成谐声的有：谐声声符“敇”上古属于疑纽，谐声字“鰲”属于来纽。来纽与疑纽谐声的有：谐声声符“亂”上古属于来纽，谐声字“虈”属于疑纽；谐声声符“來”上古属于来纽，谐声字“敇”属于疑纽。明纽字与晓纽构成谐声的有：谐声声符“民”上古属于明纽，谐声字“昏”属于晓纽；谐声声符“毛”上古属于明纽，谐声字“秏”属于晓纽；谐声声符“每”上古属于明纽，谐声字“海、诲、鲕、晦、悔”属于晓纽；谐声声符“瞢”上古属于明纽，谐声字“薨”属于晓纽；谐声声符“微”上古属于明纽，谐声字“徾、徽”属于晓纽；谐声声符“尾”上古属于明纽，谐声字“焜”属于晓纽；谐声声符“勿”上古属于明纽，谐声字“昒、忽、曶”属于晓纽；谐声声符“未”上古属于明纽，谐声字“沬”属于晓纽；谐声声符

“無”上古属于明纽，谐声字“膴、幠、鄦”属于晓纽；谐声声符“亡”上古属于明纽，谐声字“肓、衁、萠、巟”属于晓纽。晓纽与明纽谐声的有：谐声声符“昏”上古属于晓纽，谐声字“䳟、捪、缗、錉、䫒”属于明纽；谐声声符“釁”上古属于晓纽，谐声字“虋”属于明纽；谐声声符“威”上古属于晓纽，谐声字“滅、搣”属于明纽；谐声声符“巟”上古属于晓纽，谐声字“𩶤”属于明纽；谐声声符“黑”上古属于晓纽，谐声字“默、纆、墨”属于明纽。

声训如《释名·释形体》：“尻，廖也，尻所在廖牢深也。”尻，《广韵》属于溪母；廖，《广韵》属于来母。《释名·释言语》：“勒，刻也，刻识之也。”勒，《广韵》属于来母；刻，《广韵》属于溪母。《释名·释言语》：“雅，雒也，为之难，人将为之，雒雒然惮之也。”雅，《广韵》属于疑母；雒，《广韵》属于来母。《释名·释衣服》：“领，颈也，以壅颈也。”领，《广韵》属于来母；颈，《广韵》属于见母。《释名·释宫室》：“廪，矜也，宝物可矜惜者，投之于其中也。”廪，《广韵》属于来母；矜，《广韵》属于见母。《释名·释兵》：“剑，检也，所以防检非常也。又敛也，以其在身拱时敛在臂内也。”剑，《广韵》属于见母；敛，《广韵》属于来母。《释名·释天》：“风而雨土曰霾。霾，晦也，言如物尘晦之色也。”霾，《广韵》属于明母；晦，《广韵》属于晓母。《释名·释宫室》：“大屋曰廡。廡，幠也。幠，覆也。”廡，《广韵》属于明母；幠，《广韵》属于晓母。《释名·释书契》：“墨，痗也，似物痗墨也。”墨，《广韵》属于明母；痗，《广韵》属于晓母。

《说文》有些读若音以及有些古注也反映了来纽与牙音、明纽与晓纽关系密切。如，頛，《广韵》属于来母，《说文》：“頛，读又若《春秋》陈夏啮之啮。”啮，《广韵》属于疑母。鬑，《广韵》属于来母，《说文》：“鬑，读若慊。”慊，《广韵》属于溪母。蠊，《集韵》离盐切，徐铉本《说文》力盐切，属于来母，《说文》：“蠊，读若嗛。”嗛，《广韵》属于溪母。䁀，《集韵》属于晓母，《说文》：“䁀，读若昧。”昧，《广韵》属于明母。㮇，《广韵》属于明母，《说文》：“㮇，读若项。”项，

《广韵》属于晓母。《周礼·秋官·掌客》：“米八十筥，醯醢八十瓮。”郑玄注：“筥读为栋梠之梠，谓一稯也。”筥，《广韵》属于见母；梠，《广韵》属于来母。

在刘博平之前，也有其他学者注意到这类语音现象，例如高本汉。在《汉语词类》中，高本汉依据“各：洛”等谐声关系，构拟出“kl-：gl-”这样的复辅音声组。① 在《中上古汉语音韵纲要》一书中，他把与明母谐声的晓母字声纽拟为复辅音“xm-”。②

董同龢也注意到明纽与晓纽在上古关系密切，他对高本汉的构拟评价道：“高本汉似乎也注意到了这些现象。虽然没有作任何的解释，他却在许多地方把这里面一些‘x-’母字的上古音写作‘xm-’。如‘悔 xmwəg’‘昏 xmwən’是。……所以李方桂先生就以为写作‘mx-’也没有什么不可以，或许‘悔昏’等字的声母更会是个清的唇鼻音‘m̥-’。在我看来，这些例子根本就是不适于用复声母的关系来解释的。……在这种情形下，‘悔昏’等字的声母会不会就是李方桂先生随便提出来的那个清的唇鼻音呢？我以为那是很可能的。”③

董同龢先生的“在我看来，这些例子根本就是不适于用复声母的关系来解释的”意见是十分中肯的。一是，来纽除了与见纽有谐声关系外，与疏纽、明纽、端组声纽也有谐声关系。这些关系在上古声纽构拟时需要整体全面考虑。二是，上文也说到的即使谐声、声训、古读、古注等语音材料反映有些声纽在上古关系密切，也不是的证材料能够说明它们在上古声纽相同，上古声纽系统的构拟要能解释语音的变化发展。

具体到高本汉的构拟，就有这样一些问题。（一）如果［kak］

① ［瑞典］高本汉：《汉语词类》，张世禄译，上海：商务印书馆，1937 年，第 103—104 页。

② ［瑞典］高本汉：《中上古汉语音韵纲要》，聂鸿音译，济南：齐鲁书社，1987 年，第 105—106 页。

③ 董同龢：《上古音韵表稿》，《中央研究院历史语言研究所集刊》第十八本，上海：商务印书馆，1948 年，第 12—13 页。

[lak] 这种语音构拟不能表示“各”“洛”谐声的语音关系，从而把“各”“洛”的声母构拟为“kl-”“gl-”，这种构拟能否一定表示“各”“洛”语音相近？英语 [klaːs] 与 [glaːs] 是表示两个音义完全没有关系的词。（二）这样构拟的声纽“kl-”为什么后来是“-l-”消失，而声纽“gl-”是“g-”消失？（三）这种构拟“各”声母中的“-l-”与“洛”声母中的“g-”消失的时间以及材料依据是什么？

近年来，学者对这些问题的研究有了明显的进展。孙玉文研究特殊谐声字，发现“佥”中古一般读牙喉音，“敛”读来母上古已然。从“龍”得声的“龏”上古已读见母，从“侖”得声的“睔、綸”读见母上古已然，从“翏”得声的“膠”读见母周代已然，从“林”得声的“禁”上古早已读作见母，从“吕”得声的“莒”上古已读见母。谐声声符“鬲”有古核切、郎击切两读，“槅”上古已读牙喉音。从“京”得声的“凉、谅、掠”上古已读来母，从“兼”得声的“慊、廉、濂”上古已读来母，从“监”得声的“蓝”先秦已经读为来母，从“柬”得声的“闌”至晚西晋已读来母，而从“闌”得声的“瀾”至晚东汉已读来母，从“蘭”得声的“灡”至晚战国已读来母。从“果”得声的“裸”上古已读来母，从“各”得声的“略、洛”至晚西晋已读来母，从“洛”得声的“落”至晚汉代已读来母，从“路”得声的“露”至晚东汉已读来母。从“可”得声的“砢”读来母至晚西晋已然。从“殸”得声的“磬”读来母至晚东汉已然，从“咎”得声的“绺”来母读法至晚东汉已然。①他研究明母与晓母的谐声关系，提出与明母谐声的晓母字上古拟音应当拟为单声母，并通过分析谐声字、联绵词、汉代注音、假借字、声训等材料，认为至晚战国至两汉期间，跟明母谐声的晓母字声母已读为“x-”。他说：“《释名·释亲属》：‘兄，荒也。荒，大也，故青徐人谓兄为荒也。’按，‘兄’是跟明母没有谐声关系的晓母字，‘荒’是跟明母有谐声关系的晓母字。刘熙之所以拿‘荒’来训‘兄’，

① 孙玉文：《上古汉语特殊谐声中声母出现特殊变化的大致时代的一些例证》，《上古音丛论》，北京：北京大学出版社，2015年，第270—333页。

正说明至晚东汉‘荒’已不读明母，而是读成晓母，跟‘兄’音近。”①这说明这些字大多在东汉以前甚至更早的时候已经是单声组，而不是复辅音声组。

上古有些谐声字的声母与谐声声符的声母属于不同大类，有可能是因为这些谐声字是依据谐声声符的另外一读音而造的，比如“各”。孙玉文通过证明上古有些谐声声符存在不同读音，从而证明上古有些同一谐声声符的谐声字声母不相同。他说：“‘各’是一个象形字，中古韵书‘卢各切’一读没有收‘各’字，根据古文字，‘各’是‘至，到达’的意思，《说文》说它的本义是‘异辞也’，这其实是假借义，这个意义读古落切。它的本义中古韵书收录了，但不是由‘各’来承担，而是由后起字‘徦’来记录，‘徦’是古伯切。商代甲骨文中它可能记录下落的‘落’，‘各日’只能是‘落日’。因此这个‘各’是下落的‘落’的前身，下落的‘落’可能是‘各’的滋生词，属音变构词。中古韵书实际上反映了后来的用字现象，‘各’本义和下落的‘落’的读音都没有收录。‘各’早期的读音说明，在造‘格阁胳客貉’等喉音字，‘洛骆烙络落路’等来母字之前，主谐字‘各’就有见母和来母的读法。这三种（见母有两种）读法，都可以作为造字的语音基础。根据见母读法造字，所造的都是牙喉音字；根据来母读法造字，所造的都是来母字。”②

李建强专门探讨了来母字与相关声母的谐声，发现来母字与帮组、见组、端知组以及心山组声纽都有谐声关系。来纽与端知组、心山组声纽谐声能够从音理上得到较为使人信服的解释：“端知组和来组的发音部位相同，发生语音演变是很自然的。现代方言中就有相混的。”“心山母和来母的发音部位相近，来母字、心山母的谐声可能是音变的反映。

① 孙玉文：《试论跟明母谐声的晓母字的语音演变》，《上古音丛论》，北京：北京大学出版社，2015年，第2—26页。

② 孙玉文：《从谐声层级和声符异读看百年来的上古复辅音构拟》，《字学咀华集》，北京：北京大学出版社，2020年，第32页。

现代闽北方言来母字读 s 声母，王福堂先生认为，是来母本身音变的结果，经过了 l→z→s 的过程。”①

来纽与端知组声纽发音部位相同，但与心山组声纽是属于不同大类的声纽。李建强从音理上解释，并引用王福堂先生的现代方言研究的结果，以说明来纽与 s 声母的变化过程。这一解释，是建立在单辅音声纽系统基础上的。

来纽与帮组、见组声纽的谐声，应该与来纽跟端知组、心山组声纽谐声类似，也应该是在单辅音声纽系统基础上的谐声，从音理上应该也可以解释的。所以关于来纽与唇音、牙音声纽的关系，李建强说：“边音的性质接近于元音，语图的显示也和元音相似，这和塞音、擦音明显不同。从响度上看，边音＞鼻音＞擦音＞塞擦音＞塞音。嵌 l 词具有独特的韵律特点：后字的响度比前字大，前轻后重。前字相当于一个 mora，后字是正常音节，相当于两个 mora。咱们换个角度想想，l 声母字正是由于声母独特的语音特征而能出现在前轻后重的韵律词当中，因而才会出现‘嵌 l 词’。我们照此类比，来母音值的独特性，会不会使得来母字和其他声母字之间容易通转、谐声？在近代汉语中，脸字见母读音占优势，现代北方方言中都读来母。这或许是这种音变的一个例证。”②李建强从来纽音值的独特性以及方言来纽变见纽的例证，解释了来纽与见纽变化的这种可能。

刘博平毕竟是一位处在传统语言学向现代语言学过渡阶段的学者，他的古音研究无论是在研究方法或者是研究材料方面，都与传统的音韵学研究更接近。这就决定了他在研究上古音的过程中，虽然注意到来纽与牙音、明纽与晓纽在上古关系密切，但要他从音理上对上述问题能够做出解释，这种可能性就很小。

但刘博平发现的这些问题，以及对待这些问题的态度对于上古声

①② 李建强：《来母字及相关声母字的上古音研究》，北京：中国社会科学出版社，2015 年，第 236 页。

组研究有重要意义，体现在：一是，他发现明纽、晓纽等声纽在上古关系密切，但是在研究上把它们各自看作独立的声纽，并没有因为它们关系密切，而将其并为同一个声纽。在他之前，有些学者发现有些声纽在上古相通就对这些相通的声纽进行归并。例如吴英华提出："由此以观，晓匣二纽之字，古代多与牙音相通，此治声韵训诂学者，所以有古音喉牙不分之说也。惟其相通之字，则以见纽与晓匣二纽相通为尤多，或恐古音晓匣二纽之字，即读入见纽焉。"① 一些中古声纽在上古关系密切，并不是它们在上古能归并为一个声纽的充要条件。对于这一问题，现代学者乔秋颖等的评述是较为客观的："侧重于考证上古声类的学者，有的未从音理的角度去看待语音的发展演变，甚至一味地采取归并。""即使想再归并，也要想到音理上是否合理，从音位学的角度看看是否有归并的必要。"② 二是，刘博平发现明纽、晓纽等声纽在上古关系密切，但是在研究上依然认为它们在上古是单辅音声纽系统。他在《说文古音谱》中采用的古声类、今声类的声纽系统，在《初文述谊》中采用的古声十九纽，都是单声纽系统。三是，刘博平继高本汉、李方桂、董同龢等之后，较早地注意到上古谐声的这种现象。这对上古声纽研究有提出新的研究课题的意义。上古声纽的研究要能够从音理上解释这些现象。近年来，除了上文提到的孙玉文、李建强等对这些问题有研究外，郭锡良、王珊珊、徐莉莉、郑妞等也有较深入的专门研究。

由上可见，无论是刘博平对黄侃的上古声纽系统的归并提出异议，还是注意到有些不同大类声纽的特殊谐声，这些问题都是上古声纽研究过程中非常重要的问题。因此，他的这些研究无疑对上古声纽研究的深入有重要意义。

---

① 吴英华：《古音喉牙相通考》，《制言》1937 年第 35 期。

② 乔秋颖、王任赵、史晶璐、胡林霞：《民国音韵学三论》，上海：上海古籍出版社，2016 年，第 68 页。

第三章　对《说文》所收字声组的确定

黄侃建立了古声十九纽、古韵二十八部的上古音系统，在当时学术界引起强烈反响。钱玄同、张世禄、刘博平在论著中都采用黄侃的上古音系统。刘博平依据黄侃古声十九纽、古韵二十八部对《说文解字》所收字进行定纽归部，于1963年推出《说文古音谱》。这一章我们讨论刘博平对《说文》所收字声类的确定。

一、确定具体字上古声纽的方法

上古声纽的研究首推钱大昕。他发现中古的端、透、定、泥与知、彻、澄、娘在上古不分，中古的帮、滂、並、明与非、敷、奉、微在上古不分："《说文》'冲读若动'；《书》'惟予冲人'，《释文》直忠切，古读'直'如'特'，冲子犹童子也。"① "《诗》'凡民有丧，匍匐救之'，《檀弓》引《诗》作'扶服'，《家语》引作'扶伏'；又'诞实匍匐'，《释文》'本亦作"扶服"'；《左传·昭公十二年》'奉壶饮冰以蒲伏焉'，《释文》本又作'匍匐'。"② "冲"中古为澄纽，"动"中古为定纽，"直"中古为澄纽，"特"中古为定纽，"童"中古为定纽。"《说文》'冲读若动'"、"古读'直'如'特'"、"冲子犹童子也"是说中古的澄纽在上古读如定纽。"匍、蒲"中古为並纽，"扶"中古为奉纽。"匍匐"可写作"扶服""蒲伏"，说明中古的奉纽在上古读如並纽。由此他得出"古无轻唇音""古无舌上音"的结论。这一结论是非常重要的发现，得到学术界的一致认可，后来的学者研究上古声纽系统，没有不用

① （清）钱大昕：《十驾斋养新录》卷五，上海：上海书店，1983年，第111—112页。
② 同上书，第101页。

钱大昕这一观点的。

章炳麟在《文始·叙例》中谈到确定具体字的上古声纽当“按文而施”：“分韵之道，闻一足以知十，定纽之术，犹当按文而施。但知舌上必归舌头，轻唇必归重唇，半齿弹舌读从泥纽，齿头破碎宜在正齿（案此说与黄君不同）。”① 章炳麟认为，中古为舌上声纽的字，上古当为相应的舌头声纽；中古为轻唇声纽的字，上古当为相应的重唇声纽；中古的娘、日二纽上古归入泥纽；中古的精组声纽上古当为相应的照组声纽。章炳麟在《文始·纽表》中提出上古声二十一纽的声纽系统：深喉音，见、溪、群、疑；浅喉音，晓、匣、影喻；舌音，端知、透彻、定澄、泥娘日、来；齿音，照精、穿清、床从、审心、禅邪；唇音，帮非、滂敷、並奉、明微。② 结合章炳麟的声纽系统，我们可知他所说的“舌上必归舌头……齿头破碎宜在正齿”是章炳麟建立上古声纽系统的归并原则。这说明“按文而施”首先要建立上古声纽系统。

黄侃没有具体说明如何确定一个字的上古声纽，但在《音略》“古声”一节，他举例以明古音之正变。例如：“阿乌何切。乌，影类字，古同……猗於离切。於，影类字，古同……移弋支切。弋，喻类字，古音当改影类。”③ “影类字”“喻类字”是说“阿”“猗”中古声纽为影类，“移”的中古声纽为喻类。中古声纽是怎样得来的呢？是根据反切“乌何切”“於离切”“弋支切”得来。“古同”是说“阿”“猗”的声纽在上古也为影纽。“喻类字，古音当改影类”是说中古声纽为喻纽的字上古声纽当为影纽。为什么“喻类字，古音当改影类”呢？因为黄侃的上古声纽系统为：喉音，影喻为、晓、匣；牙音，见、溪群、疑；舌音，端知照、透彻穿审、定澄神禅、泥娘日、来；齿音，精庄、清初、从床、心邪疏；唇音，帮非、滂敷、並奉、明微。④ 黄侃的上古声纽系统认为中古的喻、为在上

---

① 章炳麟：《文始》，《章氏丛书》，民国六年（1917）至八年（1919）浙江图书馆校刊本，第 6 页。

② 同上书，第 9 页。

③ 黄侃：《黄侃论学杂著》，上海：上海古籍出版社，1980 年，第 69 页。

④ 同上书，第 69—77 页。

古当并入影，中古的群纽在上古当并入溪，中古的知、照在上古当并入端，中古的彻、穿、审在上古当并入透，中古的澄、神、禅在上古当并入定，中古的娘、日在上古当并入泥，中古的庄纽在上古当并入精，中古的初纽在上古当并入清，中古的床纽在上古当并入从纽，中古的邪、疏在上古当并入心，中古的非纽在上古当并入帮，中古的敷纽在上古当并入滂，中古的奉纽在上古当并入並，中古的微纽在上古当并入明纽。由此可见，黄侃确定一个字的上古声纽的前提是先建立上古声纽系统。建定了上古声纽系统之后，根据该字的反切等注音材料，确定中古声纽，然后再根据上古声纽的归并原则，上推古声，确定上古声纽。

从上文的分析可知“按文而施”就是依据语音材料，确定字的中古声纽，然后按照上古声纽的归并原则进行归并，上推古声。“文”即指具体的语音材料。

刘博平谈到上古声纽问题，也多次提到“按文而施”。在《“喻”“邪”两纽古读试探》一文中，刘博平说：“两纽上古隶舌头，其为定、为透、抑为端，以及变例为喉、为齿，俱须贯串音义，按文而施，不可执一以定之也。”① 在《重订〈汉语言文字音系略例〉》中，他又指出：“又声类之中，‘为’于古应归‘晓’‘匣’，‘喻’多隶‘透’‘定’，‘邪’与‘喻’同源而异派（其始盖同隶舌头，后或转入喉与齿，并当按文而定，不可执一也。详见拙著《“喻”“邪”两纽古读试探》）。”② 在《初文述谊·凡例》中，他说：“说解下除录大徐反切外加注古音隶某纽某部。”其后小字注释云：“凡古音及所谓音同音近音转，皆以先师黄君古本韵廿八部及古本声十九纽为据，俱见下表。然亦须按文而施，无可拘泥。”③

---

① 刘赜：《“喻”“邪”两纽古读试探》，《武汉大学人文科学学报》1957年第2期。

② 刘赜：《重订〈汉语言文字音系略例〉》，《武汉大学学报》1962年第1期。

③ 刘赜：《初文述谊》，《刘赜小学著作二种》，武汉：武汉大学出版社，2007年，第2页。

有一点要注意的是，章炳麟的上古声纽系统为古声二十一纽，黄侃的上古声纽系统为古声十九纽。对于一个中古声纽为精纽的字，用章炳麟的上古声纽系统确定的上古声纽与用黄侃的上古声纽系统确定的上古声纽是不相同的。因此，要确定一个字的上古声纽，建立一个科学的上古声纽系统非常重要。

而且，无论是钱大昕提出“古无轻唇音”“古无舌上音”，还是章炳麟提出古声二十一纽、黄侃提出古声十九纽，都是以已知的中古声纽系统为基础。章炳麟认为：“字母三十六纽，始自唐末五季之间，旧无所禀。今若一切拔除，即又无所准则。”① 因此，他建立上古声纽系统时，是以三十六字母为中古基础声纽上推古声的。黄侃上推古声时采用的中古声纽系统为《广韵》四十一声类。王力评价黄侃的古声十九纽时说：“黄氏古音十九纽，比章氏古音二十一纽有很大的优越性：第一，章氏以照穿床审禅为古本纽，黄氏以精清从心为古本纽，章氏是错误的，黄氏是对的。第二，章氏不知道照系应分两类，各有不同的来源；黄氏分照系为两类，以照穿神审禅归端透定，以庄初床山归精清从心。章氏是错的，黄氏比较正确。”② 从王力的评价可以看出，建立上古声纽系统时，选择中古声纽系统也非常重要。

二、《说文古音谱》确定《说文》所收字声纽的依据

《说文古音谱》（下简称为《古音谱》）收录了10648个字，包括一些字对应的古文、籀文在内。除去这些古文、籀文，有9397个字。《古音谱》以声韵配合表的形式给《说文》所收字定纽归部。韵部采用黄侃的古韵二十八部，先后顺序为屑、先、灰、没、痕、歌、曷、寒、齐、锡、青、模、铎、唐、侯、屋、东、萧、豪、沃、冬、咍、德、登、

① 章炳麟：《新方言》，《章氏丛书》，民国六年（1917）至八年（1919）浙江图书馆校刊本，第127页。

② 王力：《清代古音学》，《王力全集》第六卷，北京：中华书局，2013年，第252页。

合、覃、帖、添。声纽分古声类和今声类。声韵配合表以韵部为经，声类为纬。每部先列古声类，后列今声类。古声类以影、晓、匣、见、溪、疑、端、透、定、泥、来、精、清、从、心、帮、滂、並、明为序，今声类以为、群、知、彻、澄、娘、日、照、穿、神、审、禅、喻、邪、庄、初、床、疏、非、敷、奉、微为序，纵向排列。每一声类后，列该部的字，顺序按在《说文》中出现的先后次序。

研究声纽一般依据的材料有谐声、直音、读若、反切、异文、通假、声训等。要给《说文》所收字确定声纽，《说文》本身的语音材料有直音、读若、声训以及谐声。反切产生以后，有学者给《说文》所收字加上了反切，如徐铉本、徐锴本《说文》反切。这些反切注音也成为研究《说文》字音的重要材料。

刘博平要给《说文》九千多个字确定古声类、今声类，《说文》中的直音材料只有不足二十条，读若也只有八百多条，显然不可能只依据这两类材料。至于声训，《说文》中确实有很多，但如果仅据声训给《说文》九千多字定声类，也存在问题。声训，又叫音训。王宁说："声训是用音近义通的词来作训，因为训释词与被训词之间有词音的关系，所以被称作声训。"① 从王宁对声训的定义可知，声训要求解释词（或解释语中有一个词）与被释词语音相同或相近。我们要确定上古声纽，对于声训中解释词和被释词之间语音究竟是同还是近，不好把握。而且，对于有些字，《说文》的解释词与被释词是否是声训，各家意见也不一致。因而，用《说文》声训给《说文》所收的每一个字都确定声纽也不可行。《说文》中谐声字虽然很多，但是谐声声符的上古读音与谐声字的上古读音并不一定完全相同。章炳麟《文始·叙例》说："若以声母作概，一切整齐，斯不精之论也。"② 另外，《说文》中并不是所有的字都为谐声字。因此，用谐声来为《说文》所收九千多个字确定声

---

① 王宁：《训诂学原理》，北京：中国国际广播出版社，1996 年，第 105 页。

② 章炳麟：《文始》，《章氏丛书》，民国六年（1917）至八年（1919）浙江图书馆校刊本，第 6 页。

纽，也有一些问题解决不了。那么，刘博平不可能仅用《说文》直音、读若、声训、谐声等语音材料来给《说文》九千多个字确定古声类、今声类。他应该利用了反切。

在《古音谱》中，刘博平不仅录入了《说文》的解释词，也录入了徐铉本的反切①。他在《凡例》中说："凡今音反切皆依大徐附入。……如一字有两切者，以第一音为主。"②《声韵学表解》中有"《广韵》反切上字常用字及其音读"一节。这一节的《广韵》反切上字表，使用的声纽系统为黄侃的《广韵》四十一声类。我们根据《古音谱》中所注的反切，在《广韵》反切上字表中找出中古所属的声类，与《古音谱》所定的声类进行比较，相同的有 8989 条。③

《古音谱》中有 198 个字，它们的反切上字在《广韵》反切上字表中虽然有，但在《广韵》反切上字表中的声类和《古音谱》所定的声类不相同。例如：扁、萹、褊，方沔切，在《古音谱》中的声类为帮，在《声韵学表解》反切上字表中的声类为非；牑、猵、编、蝙，方田切，在《古音谱》中的声类为帮，在《声韵学表解》反切上字表中的声类为非；翩、篇、痛、偏、媥、甂、頨，芳连切，在《古音谱》中的声类为滂，在《声韵学表解》反切上字表中的声类为敷。这一部分字的声类，郭锡良的《汉字古音手册》和《汉字古音表稿》二书都定为帮组。而且，这些字单看反切上字"方、芳"等，确实属于非类。而从反切下字来看，沔，在《广韵》中属于开口三等上声狝韵；田，在《广韵》中属于开口四等上声先韵；连，在《广韵》中属于开口三等平声仙韵。从韵等上来看，这些字的韵等为一、二、四等及开口三等，都不是合口三等字，这就是说，这部分字属于类隔切。刘博平对于类隔切在理论上有清

---

① 一般认为徐铉本反切移录自《唐韵》，但蔡梦麒认为："徐铉注音的来源本身就不单纯，其中多数注音（包括切语用字）都来自《唐韵》，其音系特征自然和《唐韵》相同，而另外有一小部分是徐铉自造或另有来源，可能反映出徐铉当时语音的某些痕迹。"见蔡梦麒：《〈说文解字〉字音注释研究》，济南：齐鲁书社，2007 年，第 13 页。

② 刘赜：《说文古音谱》，北京：中华书局，2013 年，凡例第 1 页。

③ 统计时，重文的读音一律被认为与正字的读音相同，数字上不计入。

晰认识："然上字端透定泥四类或与知彻澄娘四类同用，帮滂並明四类或与非敷奉微四类同用，宋人谓之类隔。盖作切语之时，舌唇二音本无轻重之分也。下字或有以开切合，以合切开，以洪切细，以细切洪者，盖其韵无同类之字，不得不借他类字作切，或用字偶疏也。二者俱为例外，可考而知。"① 在对这部分字确定声类时，他也注意到这个问题，因而所确定的声类是对的，当属于帮组声类。显而易见，这198个字的声类是用徐铉本《说文》反切确定的。

《古音谱》中还有202个字的反切上字，在《声韵学表解》中的《广韵》反切上字表中没有。不过，我们根据这些字的反切，可知这些字的反切上字在《汉字古音手册》中的声纽与《古音谱》确定的声类相同。例如齰，赫辖切，《古音谱》定的声类为晓类，反切上字"赫"在《汉字古音手册》中属于晓母；窴、阗、填、田、畋，待年切，《古音谱》定的声类为定类，反切上字"待"在《汉字古音手册》中属于定母；欼、恣，咨四切，《古音谱》定的声类为精类，反切上字"咨"在《汉字古音手册》中属于精母。这说明这一部分字声类的确定也是依据徐铉本反切。

综上可见，刘博平给《说文》所收的九千多个字确定声类时充分利用了徐铉本《说文》的反切。

三、《说文古音谱》所确定的《说文》所收字声纽体系

在本章第一节我们谈到要确定一个字的上古声纽，首要前提是建立或者依据一个上古声纽系统。刘博平在《声韵学表解》中是采用黄侃古声十九纽的上古声纽系统。到了写《说文古音谱》时，他对黄侃的上古声纽归并提出了异议："今声类与古本声似不可画一相配，强使合并，如知彻必归端透，非敷必归帮滂，为必归匣，喻必归定之类，颇见拘阂。"②

① 刘赜：《声韵学表解》，上海：商务印书馆，1934年，第56页。

② 刘赜：《〈说文古音谱〉序》，《说文古音谱》，北京：中华书局，2013年，第1页。

因此，《古音谱》声纽系统采用古声类、今声类，而不是古声十九纽。“古声类”这一名称告诉我们，刘博平认为在上古中古都有这些声纽，也就是黄侃的“古本声”；“今声类”这一名称告诉我们，刘博平认为这些声类在中古是存在的，在上古他还没有考虑好究竟应该如何归并，因而搁置争议。“今声类”也就是黄侃的“变声”。“古音谱”这一名称也告诉我们，刘博平用的声纽系统为古声类十九类、今声类二十二类，目的是研究上古音。

给上古具体字确定声类，是可以用《广韵》四十一声类的。王力起先没有建立上古声纽系统，研究上古音时，也采用了黄侃的四十一声类，如《上古韵母系统研究》一文；当建立了上古声纽系统归并原则之后，就只是对四十一声类归并。

在《声韵学表解》“《说文》最初声母分列古本韵二十八部”一节中，刘博平以二十八部每一部为一表，以古声十九纽为纵轴列表，对《说文》谐声声符定纽归部。每一声纽后为该部该声纽字，每一字都注有反切。古声十九纽是在《广韵》四十一声类基础上归并而来，按照古声十九纽确定上古声纽的难度，比确定四十一声类的难度要小很多。而且，《说文》谐声声符数量有限，按古声十九纽所确定的声纽也都是正确的。因而本节不再讨论“《说文》最初声母分列古本韵二十八部”一节中确定的上古声纽，只研究《古音谱》的声类。

《古音谱》以徐铉本《说文》的反切为材料依据，为《说文》九千多个字确定了古声类、今声类。这一节我们按照发音部位从里到外的顺序来看刘博平确定的《说文》所收字的声类情况。

(一) 喉音　牙音

《古音谱》中，影声类字有 488 个。这些影声类字，与开口一等韵拼合的有 68 个字，与合口一等韵拼合的有 57 个字；与开口二等韵拼合的有 46 个字，与合口二等韵拼合的有 14 个字；与开口三等韵拼合的有 161 个字，与合口三等韵拼合的有 81 个字；与开口四等韵拼合的有 47

个字，与合口四等韵拼合的有 14 个字。总计开口 322 个字，合口 166 个字。从声韵配合上看，影声类与一、二、三、四等韵都可以拼合。

晓声类字有 362 个。这些晓声类字，与开口一等韵拼合的有 31 个字，与合口一等韵拼合的有 79 个字；与开口二等韵拼合的有 21 个字，与合口二等韵拼合的有 14 个字；与开口三等韵拼合的有 104 个字，与合口三等韵拼合的有 88 个字；与开口四等韵拼合的有 16 个字，与合口四等韵拼合的有 9 个字。总计开口 172 个字，合口 190 个字。从声韵配合上看，晓声类与一、二、三、四等韵都可以拼合。

匣声类字有 508 个。这些匣声类字，没有与开口三等韵、合口三等韵拼合的字。与开口一等韵拼合的有 119 个字，与合口一等韵拼合的有 133 个字；与开口二等韵拼合的有 107 个字，与合口二等韵拼合的有 48 个字；与开口四等韵拼合的有 67 个字，与合口四等韵拼合的有 34 个字。总计开口 293 个字，合口 215 个字。从声韵配合上看，匣声类与一、二、四等韵都可以拼合。

见声类字有 880 个。这些见声类字，与开口一等韵拼合的有 131 个字，与合口一等韵拼合的有 144 个字；与开口二等韵拼合的有 147 个字，与合口二等韵拼合的有 30 个字；与开口三等韵拼合的有 170 个字，与合口三等韵拼合的有 136 个字；与开口四等韵拼合的有 80 个字，与合口四等韵拼合的有 42 个字。总计开口 528 个字，合口 352 个字。从声韵配合上看，见声类与一、二、三、四等韵都可以拼合。

溪声类字有 356 个。这些溪声类字，与开口一等韵拼合的有 70 个字，与合口一等韵拼合的有 57 个字；与开口二等韵拼合的有 34 个字，与合口二等韵拼合的有 12 个字；与开口三等韵拼合的有 83 个字，与合口三等韵拼合的有 52 个字；与开口四等韵拼合的有 39 个字，与合口四等韵拼合的有 9 个字。总计开口 226 个字，合口 130 个字。从声韵配合上看，溪声类与一、二、三、四等韵都可以拼合。

疑声类字有 341 个。这些疑声类字，没有与合口四等韵拼合的字。与开口一等韵拼合的有 61 个字，与合口一等韵拼合的有 38 个字；与开口二等韵拼合的有 36 个字，与合口二等韵拼合的有 6 个字；与开口三等韵拼合的有 111 个字，与合口三等韵拼合的有 50 个字；与开口四等韵拼合的有 39 个字。总计开口 247 个字，合口 94 个字。从声韵配合上看，疑声类与一、二、三、四等韵都可以拼合。

为声类字有 171 个。这些为声类字，没有与开口一等韵、合口一等韵、开口二等韵、合口二等韵、开口四等韵、合口四等韵拼合的字。与开口三等韵拼合的有 30 个字，与合口三等韵拼合的有 141 个字。总计开口 30 个字，合口 141 个字。从声韵配合上看，为声类只与三等韵拼合。

群声类字有 273 个。这些群声类字，没有与开口一等韵、合口一等韵、开口二等韵、合口二等韵、开口四等韵、合口四等韵拼合的字。与开口三等韵拼合的有 185 个字，与合口三等韵拼合的有 88 个字。总计开口 185 个字，合口 88 个字。从声韵配合上看，群声类只与三等韵拼合。

喻声类字有 384 个。这些喻声类字，没有与合口一等韵、开口二等韵、合口二等韵、开口四等韵、合口四等韵拼合的字。与开口一等韵拼合的有 2 个字；与开口三等韵拼合的有 260 个字，与合口三等韵拼合的有 122 个字。总计开口 262 个字，合口 122 个字。从声韵配合上看，喻声类多与三等韵拼合。

上面是刘博平依据徐铉本反切确定的喉、牙音声纽。我们结合现代学者所作的《广韵》反切上字表以及相关工具书，对刘博平确定的影声类 488 个字、晓声类 362 个字、匣声类 508 个字、见声类 880 个字、溪声类 356 个字、疑声类 341 个字、为声类 171 个字、群声类 273 个字、喻声类 384 个字进行检验，结果证明他确定的这些字的声类都是正确的。

在这些喉、牙音反切注音中，有两个反切注音需要注意。一是“佁”，徐铉本反切为“夷在切”；一是“緈”，徐铉本反切有两个：弋宰切、古亥切。从现在已有的研究成果来看，中古的喻类不与开口一等拼合，只与三等韵拼合。但“佁”，徐铉本“夷在切”，《说文系传》为“夷采反”，《广韵》《宋本玉篇》《集韵》也都有“夷在切”一音，都是喻类与一等韵相拼合。“佁”还有其他读音。《说文·人部》：“佁，痴皃。从人台声。读若骇。”骇，声母为崇类，韵中古属于三等止韵。《史记·司马相如列传》：“沛艾赳螑仡以佁儗兮。”索隐“佁，音敕吏反”。《汉书·司马相如传》：“沛艾赳螑仡以佁儗兮。”颜师古注：“佁，音丑吏反。”《文选·马融·长笛赋》：“或乃植持縼纆，佁儗宽容。”李善注：“佁儗，宽容之貌。佁，敕吏切。”《文选·枚乘·七发》：“且夫出舆入辇，命曰蹶痿之机。”李善注：“《吕氏春秋》曰：‘出则以车，入则以辇。务以自佚，命曰佁蹶之机。’高诱曰：‘佁，至也。蹶，机门内之位也。’《声类》曰‘佁，嗣理切。蹶，渠月切’。”敕吏切、丑吏反读音相同。佁，表佁儗义，读音当为敕吏切。佁，表至义，读音为嗣理切。

絠，《说文·糸部》：“弹彄也。从糸有声。”弋宰切，声纽为喻纽，韵属于一等海韵。《广雅·释器》：“彄谓之絠。”《博雅音》：“絠，戈宰反。”王念孙校对：“各本‘戈’讹作‘弋’，今订正。”“絠”在古籍中用得比较少，我们倾向于认为王念孙的校正是正确的。不过，如果“絠”为“戈宰切”，就与“古亥切”读音相同。

（二）舌音　半舌半齿音

《古音谱》中，端声类字有 216 个。这 216 个端声类字，没有与开口三等韵、合口三等韵、合口四等韵拼合的字。与开口一等韵拼合的有 71 个字，与合口一等韵拼合的有 55 个字；与开口二等韵拼合的有 1 个字，与合口二等韵拼合的有 5 个字；与开口四等韵拼合的有 84 个字。总计开口 156 个字，合口 60 个字。从声韵配合上看，端声类多与一、四等韵拼合。

透声类字有 167 个。这 167 个透声类字，没有与开口二等韵、合口二等韵、合口三等韵、合口四等韵拼合的字。与开口一等韵拼合的有 78 个字，与合口一等韵拼合的有 34 个字；与开口三等韵拼合的有 1 个字；与开口四等韵拼合的有 54 个字。总计开口 133 个字，合口 34 个字。从声韵配合上看，透声类多与一、四等韵拼合。

定声类字有 366 个。这 366 个定声类字，没有与开口二等韵、合口二等韵、合口三等韵、合口四等韵拼合的字。与开口一等韵拼合的有 144 个字，与合口一等韵拼合的有 105 个字；与开口三等韵拼合的有 5 个字；与开口四等韵拼合的有 112 个字。总计开口 261 个字，合口 105 个字。从声韵配合上看，定声类可以与一、四等韵拼合。

泥声类字有 86 个。这 86 个泥声类字，没有与合口二等韵、开口三等韵、合口三等韵、合口四等韵拼合的字。与开口一等韵拼合的有 30 个字，与合口一等韵拼合的有 21 个字；与开口二等韵拼合的有 3 个字；与开口四等韵拼合的有 32 个字。总计开口 65 个字，合口 21 个字。从声韵配合上看，泥声类多与一、四等韵拼合。

来声类字有 600 个。这些来声类字，没有与合口四等韵拼合的字。与开口一等韵拼合的有 123 个字，与合口一等韵拼合的有 97 个字；与开口二等韵拼合的有 2 个字，与合口二等韵拼合的有 1 个字；与开口三等韵拼合的有 199 个字，与合口三等韵拼合的有 65 个字；与开口四等韵拼合的有 113 个字。总计开口 437 个字，合口 163 个字。从声韵配合上看，来声类与一、二、三、四等韵都可以拼合。

知声类字 137 个。这些知声类字，没有与开口一等韵、合口一等韵、开口四等韵、合口四等韵拼合的字。与开口二等韵拼合的有 27 个字，与合口二等韵拼合的有 1 个字；与开口三等韵拼合的有 69 个字，与合口三等韵拼合的有 40 个字。总计开口 96 个字，合口 41 个字。从声韵配合上看，知声类可以与二、三等韵拼合。

彻声类字有 107 个。这些彻声类字，没有与开口一等韵、合口一等韵、合口二等韵、开口四等韵、合口四等韵拼合的字。与开口二等韵拼合的有 11 个字；与开口三等韵拼合的有 79 个字，与合口三等韵拼合的有 17 个字。总计开口 90 个字，合口 17 个字。从声韵配合上看，彻声类可以与二、三等韵拼合。

澄声类字有 172 个。这些澄声类字，没有与开口一等韵、合口一等韵、合口二等韵、开口四等韵、合口四等韵拼合的字。与开口二等韵拼合的有 19 个字；与开口三等韵拼合的有 125 个字，与合口三等韵拼合的有 28 个字。总计开口 144 个字，合口 28 个字。从声韵配合上看，澄声类可以与二、三等韵拼合。

娘声类字有 66 个。这些娘声类字，没有与开口一等韵、合口一等韵、开口四等韵、合口四等韵拼合的字。与开口二等韵拼合的有 19 个字，与合口二等韵拼合的有 3 个字；与开口三等韵拼合的有 35 个字，与合口三等韵拼合的有 9 个字。总计开口 54 个字，合口 12 个字。从声韵配合上看，娘声类可以与二、三等韵拼合。

日声类字 172 个。这些日声类字，没有与开口一等韵、合口一等韵、开口二等韵、合口二等韵、开口四等韵、合口四等韵拼合的字。与开口三等韵拼合的有 124 个字，与合口三等韵拼合的有 48 个字。总计开口 124 个字，合口 48 个字。从声韵配合上看，日声类只与三等韵拼合。

照声类字有 241 个。这些照声类字，没有与开口一等韵、合口一等韵、开口二等韵、合口二等韵、开口四等韵、合口四等韵拼合的字。与开口三等韵拼合的有 176 个字，与合口三等韵拼合的有 65 个字。总计开口 176 个字，合口 65 个字。从声韵配合上看，照声类只与三等韵拼合。

穿声类字有 91 个。这些穿声类字，没有与合口一等韵、开口二等韵、合口二等韵、开口四等韵、合口四等韵拼合的字。与开口一等韵拼合的有 1 个字；与开口三等韵拼合的有 58 个字，与合口三等韵拼合的有 32 个字。总计开口 59 个字，合口 32 个字。从声韵配合上看，穿声类多与三等韵拼合。

神声类字有 38 个。这些神声类字，没有与开口一等韵、合口一等韵、开口二等韵、合口二等韵、开口四等韵、合口四等韵拼合的字。与开口三等韵拼合的有 20 个字，与合口三等韵拼合的有 18 个字。总计开口 20 个字，合口 18 个字。从声韵配合上看，神声类只与三等韵拼合。

审声类字有 143 个。这些审声类字，没有与开口一等韵、合口一等韵、开口二等韵、合口二等韵、开口四等韵、合口四等韵拼合的字。与开口三等韵拼合的有 118 个字，与合口三等韵拼合的有 25 个字。总计开口 118 个字，合口 25 个字。从声韵配合上看，审声类只与三等韵拼合。

禅声类字有 161 个。这些禅声类字，没有与开口一等韵、合口一等韵、开口二等韵、合口二等韵、开口四等韵、合口四等韵拼合的字。与开口三等韵拼合的有 114 个字，与合口三等韵拼合的有 47 个字。总计开口 114 个字，合口 47 个字。从声韵配合上看，禅声类只与三等韵字拼合。

上面是刘博平依据徐铉本反切确定的舌音声类。我们结合现代学者所作的《广韵》反切上字表以及相关工具书，对刘博平确定的端声类 216 个字、透声类 167 个字、定声类 366 个字、泥声类 86 个字、来声类 600 个字、知声类 137 个字、彻声类 107 个字、澄声类 172 个字、娘声类 66 个字、日声类 172 个字、照声类 241 个字、穿声类 91 个字、神声类 38 个字、审声类 143 个字、禅声类 161 个字进行检验，结果证明他确定的这些字的声类基本上是正确的。

端声类 216 个字中，有 210 个字的声组确实当为端类，另外 6 个字的声组当为知类。鵽，徐铉本反切为“丁刮切”；窡、娺、䜭、嫯，为“丁滑切”；罶，为“都校切”。这 6 个字的反切上字“丁”“都”，对应的中古声纽确实为端纽。但这 6 个字反切的切下字“刮”，中古属于二等辖韵合口；滑，中古属于二等黠韵合口；校，中古属于二等效韵开口。依据现有的研究，中古的端组声纽与一、四等韵拼合，知组声纽与二、三等韵拼合。也就是说“丁刮切”“丁滑切”“都校切”为类隔切。因此，这些字的声组为知类较为妥当。在《韵镜》中，“窡”排在二等合口黠韵清声纽位置上，声纽为知。鵽、窡、娺、䜭、嫯、罶，现在用得较少，依据现在的读音去推中古声纽的可能性比较小。刘博平把这 6

个字定为端类，可能仅仅依据反切上字。

透声类 167 个字中，有 166 个字的声纽确实当为透类。聾，徐铉本反切为“他叶切”，反切上字“他”对应的中古声纽为透纽；但切下字“叶”，中古属于三等叶韵开口。也就是说“他叶切”为类隔切。如果依据徐铉本反切，“聾”的声纽为彻类较为妥当。

定声类 366 个字中，有 358 个字的中古声纽确实当为定类，另外 8 个字的中古声纽当为澄纽。詟、褺、叠、谍、牒、褋、堞、蜨，徐铉本反切为“徒叶切”，反切上字为“徒”，对应的中古声纽确实为定纽。但这些字徐铉本反切的切下字“叶”，中古属于三等叶韵开口。也就是说“徒叶切”为类隔切。依据徐铉本反切，“詟”等在中古的声纽为澄类较为妥当。不过，詟、褺、叠、谍、牒、褋、堞，在《广韵》的反切为“徒协切”；蜨，在《集韵》中有“达协切”一音。“徒协切”“达协切”在中古属于四等帖韵开口，声纽当为定纽。在《韵镜》中，“牒”排在四等开口帖韵舌音浊下，声纽为定纽。“叠、谍、牒”的现代声纽为[t]。刘博平把“怼”“詟”等声纽定为定类，应该是既以徐铉本反切作为依据，也参考了“怼”等的实际读音。“怼”，徐铉本反切为“丈泪切”，切上字“丈”，对应的中古声纽为澄类。但切下字“泪”，中古属于四等霁韵开口，所以“丈泪切”是一个类隔切。而且，“怼”的现代声纽为[t]。刘博平把“怼”的声纽定为定类是正确的。

另外，“燂”，徐铉本反切有版本为“火甘切”，段注本为“大甘切”，刘博平也采用“大甘切”，这是正确的。“燂”从“覃”谐声，声纽当为舌音。

泥声类 86 个字中，有 83 个字的声纽确实当为泥纽，另外 3 个字的声纽当为娘类。挠，徐铉本反切为“奴巧切”；淖、婥，为“奴教切”。反切上字为“奴”，对应的中古声纽为泥纽。但切下字“巧”“教”，中古分别属于二等巧韵、效韵开口。也就是说“奴巧切”“奴教切”为类隔切，声纽当为娘声类较为妥当。与“挠”《广韵》在同一个字小韵的“獿”，《韵镜》排在二等巧韵舌音清浊位置上，这也说明“挠”等声类当归入娘类。

“緂”，徐铉本反切为“充三切”。三，《广韵》属于一等谈韵开口。从现有的研究成果来看，穿纽不与一等韵拼合，只与三等韵拼合。段注和《说文系传》“緂”为“充彡切”。彡，《广韵》属于二等衔韵。“充彡切”的声韵韵等拼合还是不相合。《广韵》有三个读音：谈韵，“緂，他酣切。色鲜”。盐韵，“緂，处占切。衣色鲜”。敢韵，“緂，吐敢切。青黄色。《说文》：‘充三切，白鲜衣皃。’”“处占切”，中古声纽为穿类，韵属于盐韵。“他酣切”“吐敢切”声纽都为透纽。《广韵》三个反切与徐铉本反切读音都不接近。《宋本玉篇》“他甘切”，与徐铉本反切读音也不接近。依据徐铉本“充三切”把“緂”声纽定为穿类没有问题。但“充三切”这个反切不是一个合乎常规的反切。

“揲”，有版本为“今折切”，刘博平采用“食折切”，与段注相同，声纽为神类。“食折切”是正确的。

（三）齿音

《古音谱》中，精声类字有 292 个。这些精声类字，没有与开口二等韵、合口二等韵、合口四等韵拼合的字。与开口一等韵拼合的有 56 个字，与合口一等韵拼合的有 39 个字；与开口三等韵拼合的有 148 个字，与合口三等韵拼合的有 25 个字；与开口四等韵拼合的有 24 个字。总计开口 228 个字，合口 64 个字。从声韵配合上看，精声类可以与一、三、四等韵拼合。

清声类字有 202 个。这些清声类字，没有与开口二等韵、合口二等韵、合口四等韵拼合的字。与开口一等韵拼合的有 32 个字，与合口一等韵拼合的有 33 个字；与开口三等韵拼合的有 83 个字，与合口三等韵拼合的有 31 个字；与开口四等韵拼合的有 23 个字。总计开口 138 个字，合口 64 个字。从声韵配合上看，清声类可以与一、三、四等韵拼合。

从声类字有 211 个。这些从声类字，没有与合口二等韵、合口四等韵拼合的字。与开口一等韵拼合的有 48 个字，与合口一等韵拼合的有 36 个字；与开口二等韵拼合的有 1 个字；与开口三等韵拼合的有 89 个字，与合口三等韵拼合的有 17 个字；与开口四等韵拼合的有 20 个字。总计开口 158 个字，合口 53 个字。从声韵配合上看，从声类多与一、三、四等韵拼合。

心声类字有 322 个字。这些心声类字，没有与开口二等韵、合口二等韵拼合的字。与开口一等韵拼合的有 47 个字，与合口一等韵拼合的有 45 个字；与开口三等韵拼合的有 133 个字，与合口三等韵拼合的有 55 个字；与开口四等韵拼合的有 4 个字，与合口四等韵拼合的有 38 个字。总计开口 184 个字，合口 138 个字。从声韵配合上看，心声类可以与一、三、四等韵拼合。

邪声类字有 103 个。这些邪声类字，没有与开口一等韵、合口一等韵、开口二等韵、合口二等韵、开口四等韵、合口四等韵拼合的字。与开口三等韵拼合的有 64 个字，与合口三等韵拼合的有 39 个字。总计开口 64 个字，合口 39 个字。从声韵配合上看，邪声类只与三等韵拼合。

庄声类字有 96 个。这些庄声类字，没有与开口一等韵、合口一等韵、合口二等韵、开口四等韵、合口四等韵拼合的字。与开口二等韵拼合的有 36 个字；与开口三等韵拼合的有 58 个字，与合口三等韵拼合的有 2 个字。总计开口 94 个字，合口 2 个字。从声韵配合上看，庄声类可以与二、三等韵拼合。

初声类字有 61 个字。这些初声类字，没有与开口一等韵、合口一等韵、开口四等韵、合口四等韵拼合的字。与开口二等韵拼合的有 29 个字，与合口二等韵拼合的有 1 个字；与开口三等韵拼合的有 24 个字，与合口三等韵拼合的有 7 个字。总计开口 53 个字，合口 8 个字。从声韵配合上看，初声类可以与二、三等韵拼合。

床声类字有 67 个字。这些床声类字，没有与合口一等韵、合口二等韵、开口四等韵、合口四等韵拼合的字。与开口一等韵拼合的有 1 个字；与开口二等韵拼合的有 35 个字；与开口三等韵拼合的有 25 个字，与合口三等韵拼合的有 6 个字。总计开口 61 个字，合口 6 个字。从声韵配合上看，床声类多与二、三等韵拼合。

疏声类字有 131 个。这些疏声类字，没有与开口一等韵、合口一等韵、合口二等韵、开口四等韵、合口四等韵拼合的字。与开口二等韵拼合的有 50 个字；与开口三等韵拼合的有 61 个字，与合口三等韵拼合的有 20 个字。总计开口字 111 个字，合口字 20 个字。从声韵配合上看，疏声类可以与二、三等韵拼合。

上面是刘博平依据徐铉本反切确定的齿音声类。我们结合现代学者所作的《广韵》反切上字表以及相关工具书，对刘博平确定的精声类 292 个字、清声类 202 个字、从声类 211 个字、心声类 322 个字、邪声类 103 个字、庄声类 96 个字、初声类 61 个字、床声类 67 个字、疏声类 131 个字进行检验，结果证明刘博平确定的这些字的声类基本是正确的。

其中“戁”，徐铉本反切为“昨闲切”，反切上字为“昨”，对应的中古声纽为从纽；切下字“闲”，中古属于二等山韵开口。精组字与二等字拼合比较少。《尔雅・释乐》：“大笙谓之巢。”《经典释文》：“孙（炎）、顾并仕交、庄交二反。孙（炎）又徂交反。”其中“徂交反”，声纽在中古属于从类，韵属于二等肴韵开口。这也是精组字与二等字拼合。

另外，篡，《说文・厶部》：“屰而夺取曰篡。从厶算声。”徐铉本为“初官切”。中古声纽属于初类，韵属于一等桓韵。从已有的研究来看，初组只与二、三等韵拼合，不与一、四等韵拼合。《经典释文》注音 29 次，都为“初患反”，中古属于二等谏韵。刘博平采用“初豢切”，中古属于三等线韵，从声韵拼合来说，是符合的，只是不知这一读音的来源。《韵镜》“篡”排在二等谏韵齿音次清的位置上。据《古音汇纂》，除徐铉本反切外，其他注音都是去声，且切下字多为“患”，《晋书音义》为“初宦切”。因此，徐铉本“初官切”当为“初宦切”，“宦”“官”形近而讹。“患”“宦”同音。

鲰，《说文·鱼部》："白鱼也。从鱼取声。"徐铉本反切为"士垢切"，声纽属于床类，韵属于一等厚韵。从已有的研究来看，床纽只与二、三等韵拼合，不与一、四等韵拼合。《史记·留侯世家》："鲰生教我距关无内诸侯。"索隐："鲰，谓小鱼也，音趋勾反。臣瓒按：《楚汉春秋》鲰生本姓解。"考证："一本此下有《集解》：'徐广曰：吕静曰：鲰，鱼也。音此垢反。'共十三字。"《史记·货殖列传》："鲰千石，鲍千钧。"正义："鲰，音族苟反，谓杂小鱼也。"《汉书·张良传》："鲰生说我距关毋内诸侯。"颜师古注："服虔曰：'鲰，音七垢反。鲰，小人也。'臣瓒曰：'《楚汉春秋》，鲰，姓。'服说是也，音才垢反。"此、七、趋，中古都属于清纽；才、族，中古属于从纽。《韵镜》"鲰"排在一等厚韵齿音浊的位置上，声纽为从纽。我们对"士垢切"这一读音持保留意见。

（四）唇音

《古音谱》中，帮声类字有 266 个。这些帮声类字，没有与合口二等韵、合口三等韵、合口四等韵拼合的字。与开口一等韵拼合的有 28 个字，与合口一等韵拼合的有 46 个字；与开口二等韵拼合的有 45 个字；与开口三等韵拼合的有 129 个字；与开口四等韵拼合的有 18 个字。总计开口 220 个字，合口 46 个字。从声韵配合上看，帮声类与一、二、三、四等韵都可以拼合。

滂声类字有 141 个。这些滂声类字，没有与合口二等韵、合口四等韵拼合的字。与开口一等韵拼合的有 13 个字，与合口一等韵拼合的有 31 个字；与开口二等韵拼合的有 24 个字；与开口三等韵拼合的有 53 个字，与合口三等韵拼合的有 3 个字；与开口四等韵拼合的有 17 个字。总计开口 107 个字，合口 34 个字。从声韵配合上看，滂声类与一、二、三、四等韵都可以拼合。

並声类字有 259 个。这些並声类字，没有与合口三等韵拼合的字。与开口一等韵拼合的有 37 个字，与合口一等韵拼合的有 54 个字；与开口二等韵拼合的有 38 个字，与合口二等韵拼合的有 2 个字；与开口三等韵拼合的有 101 个字；与开口四等韵拼合的有 2 个字，与合口四等韵拼合的有 25 个字。总计开口 178 个字，合口 81 个字。从声韵配合上看，並声类与一、二、四等及开口三等韵都可以拼合。

明声类字有 349 个。这些明声类字，没有与合口四等韵拼合的字。与开口一等韵拼合的有 53 个字，与合口一等韵拼合的有 88 个字；与开口二等韵拼合的有 55 个字，与合口二等韵拼合的有 3 个字；与开口三等韵拼合的有 89 个字，与合口三等韵拼合的有 21 个字；与开口四等韵拼合的有 40 个字。总计开口 237 个字，合口 112 个字。从声韵配合上看，明声类多与一、二、三等及开口四等韵拼合。

非声类字有 100 个。这些非声类字，没有与开口一等韵、合口一等韵、开口二等韵、合口二等韵、开口四等韵、合口四等韵拼合的字。与开口三等韵拼合的有 13 个字，与合口三等韵拼合的有 87 个字。总计开口 13 个字，合口 87 个字。从声韵配合上看，非声类多与合口三等韵拼合。

敷声类字有 75 个。这些敷声类字，没有与开口一等韵、合口一等韵、开口二等韵、合口二等韵、开口四等韵、合口四等韵拼合的字。与开口三等韵拼合的有 3 个字，与合口三等韵拼合的有 72 个字。总计开口 3 个字，合口 72 个字。从声韵配合上看，敷声类多与合口三等韵拼合。

奉声类字有 127 个字。这些奉声类字，没有与开口一等韵、合口一等韵、开口二等韵、合口二等韵、开口四等韵、合口四等韵拼合的字。与开口三等韵拼合的有 15 个字，与合口三等韵拼合的有 112 个字。总计开口 15 个字，合口 112 个字。从声韵配合上看，奉声类多与合口三等韵拼合。

微声类字有 68 个。这些微声类字，没有与开口一等韵、合口一等韵、开口二等韵、合口二等韵、开口三等韵、开口四等韵、合口四等韵拼合的字。与合口三等韵拼合的有 68 个字。总计合口 68 个字。从声韵配合上看，微声类只与合口三等韵拼合。

上面是刘博平依据徐铉本反切确定的唇音声类。我们结合现代学者所作的《广韵》反切上字表以及相关工具书，对刘博平确定的帮声类266个字、滂声类141个字、並声类259个字、明声类349个字、非声类100个字、敷声类75个字、奉声类127个字、微声类68个字进行检验，结果证明他确定的这些字的声类基本是正确的。

滂声类141个字中，有138个字的声组确实当为滂类，另外3个字的声类当为敷组。曹，徐铉本反切为“普未切”；僨，为“匹问切”；芝，为“匹凡切”。如果只看反切上字“普”“匹”，“曹、僨、芝”的声组确实为滂类。但切下字“未”“问”“凡”，中古分别属于合口三等未韵、问韵、凡韵。依据现在的研究成果，中古的帮组声组与一、二、四等韵以及开口三等韵拼合，非组声组与合口三等韵拼合。也就是说“普未切”“匹问切”“匹凡切”为类隔切。因此，“曹、僨、芝”的声组为敷类较为妥当。曹，《韵镜》排在三等合口未韵唇音次清位置上；芝，排在三等合口凡韵唇音次清位置上。从《韵镜》来看，“曹、芝”声类也为敷类。

明声类349个字中，有347个字的声组确实当为明组。唇音字声组的演变比较复杂，而明微分化尤其复杂。在《广韵》音系中，非组声组还没有从帮组声组分化出来。

在刘博平确定的明声类349个字中，有21个字徐铉本反切下字是合口三等韵拼合。沔、䤄、湎、缅，《广韵》和徐铉本反切都为“弥兖切”。丏、愐，徐铉本反切都为“弥兖切”。敃、愍、闵、潣、敏，《广韵》和徐铉本反切都为“眉殒切”。暋、鳘，徐铉本反切都为“眉殒切”。芒、宋，徐铉本反切都为“武方切”。矇、瞢，《广韵》和徐铉本反切都为“莫中切”。梦，徐铉本反切为“莫忠切”。寢，《广韵》和徐铉本反切都为“莫凤切”。目，《广韵》和徐铉本反切都为“莫六切”。坶，《集韵》和徐铉本反切都为“莫六切”。切下字“兖”“殒”“方”“中”“忠”“凤”“六”，《广韵》都属于合口三等韵字。如果结合徐铉本反切下字来确定它们的声类，这些字应当归入微类。但唇音字的开合口常相混。这些字的声组现在读［m］，并没有变成零声母。而且有些字在《广韵》中的反切与徐铉本不同，在《韵镜》中的音韵地位与按照徐铉本反切得出的音韵地位也不一样。例如：丏，《广韵》“弥殄切”，属于开口四等铣韵。沔，《韵镜》排在开口图中，与“偏、片”中古属于四等的字同等，声调不同。缅，《韵镜》排在开口图中。愍，《韵镜》排在开口三等明纽的位置。《韵镜》中真韵（赅上、去）没有合口。芒、宋，《广韵》都为唐韵合口一等。梦，《韵镜》排在东韵合口一等的位置。还有些字，例如：目，《韵镜》排在屋韵合口三等唇音清浊的位置上，与“福、蝮、伏”同一行，但“目”现在声组仍然读［m］，并没有变成零声母。

刘博平把“沔”等字声组定为明类，而没有依据徐铉本反切定为微类，是正确的。这说明刘博平确定明声类时，应该参考了有些字的现在实际读音。

鹜、鹜，徐铉本反切为“莫卜切”，属于屋韵合口一等。如果按照反切上字，“鹜、鹜”的声组当确定为明组。鹜，《经典释文》多次“音木”，也属于屋韵合口一等，意思为凫鸟属。鹜，《广韵》“亡遇切”，属于遇韵合口三等。在《广韵》中，与“鹜、鹜”同一小韵的“务”，在《韵镜》中排在屋韵合口三等清浊的位置上。而且，“鹜”现在声组属于零声母。依据《广韵》反切、《韵镜》中的音韵地位以及现代实际读音，刘博平把“鹜、鹜”声类定为明类是不正确的，当定为微类。

另外，匚、方、旊、肪、枋、邡、钫，徐铉本反切为“府良切”，“良”韵属于开口三等阳韵。鲂、瓬，徐铉本反切为“分两切”，“两”韵属于开口三等养韵。访，徐铉本反切为“敷亮切”，“亮”韵属于三等开口漾韵。纺，徐铉本反切为“妃两切”，“两”韵属于开口三等养韵。这些字的反切下字都属于开口。我们曾说到，现有的研究结果认为非组声纽分化的条件是与合口三等韵拼合。也就是说，按照一般情况，这些字的中古声纽当为帮组声纽。但“方”等现在声母读［f］，即读轻唇音。为什么这些字读轻唇音呢？王力先生也注意到这种现象，他提出："我大致赞成高氏的断案，但我比他更进一步，不仅拿《广韵》系统为根据，而且还拿谐声偏旁为根据。凡谐声偏旁，或其所谐之字，后世有变入轻唇音者，在上古即属合口呼；凡谐声偏旁，或其所谐之字，完全与后世轻唇绝缘者，在上古即属开口呼。"① 也就是说，依据王力的观点，这些字后世为轻唇音，上古开合口当为合口。"颿、犯"按照徐铉本反切也属于这种情况。颿，徐铉本反切为"符严切"，中古声纽属于奉类，韵属于三等开口严韵。《广雅·释训》："颿颿，走也。"《博雅音》："颿颿，扶严、扶泛二反。"扶，中古声纽属于奉类。犯，徐铉本反切为"防险切"，中古声纽属于奉类，韵属于三等开口琰韵。与"颿、犯"同谐声的"风、氾"等声纽属于轻唇音，现在的声母为［f］，"颿、犯"等徐铉本反切下字即使为开口，它们的声纽也当为轻唇音。

还有一些字，反切注音的切下字属于开口三等，按照这一条件，声纽当为重唇，不当为轻唇。但由于这些字开口三等在轻唇从重唇中分化出来之前已经变到合口三等虞韵中去了，因此这些字的声纽现在为轻唇音。如缶、缹，徐铉本反切为"方九切"；不、否，徐铉本反切为"方久切"。这四个字，中古声纽属于非类，韵属于三等开口有韵。覆，徐铉本反切为"敷救切"，中古声纽属于敷类，韵属于开口三等宥韵。附，徐铉本反切为"符又切"，中古声纽属于奉类，韵属于三等开口宥韵。涪、罦、橐、烰、浮、芣、罘，徐铉本反切为"缚牟切"，中古声纽属于奉类，韵属于三等开口尤韵。桴，徐铉本反切为"附柔切"，中古声纽属于奉类，韵属于三等开口尤韵。阜、䶈、负、萯、妇，徐铉本反切为"房九切"，中古声纽属于奉类，韵属于三等开口有韵。据研究："尤韵在韵图里属于开口三等，它的唇音字如'妇负浮富否'也变为轻唇，看来不合乎条件。其实不然，因为这些字在没有变为轻唇音之前即

① 王力：《上古韵母系统研究》，《王力全集》第十九卷，北京：中华书局，2013年，第79页。

已转入三等合口虞韵去了。”[①] 刘博平把“缶”等声纽都定为非组声类，是正确的。

另外，蕾，《说文·艸部》：“菖也。从艸富声。”徐铉本反切为“方布切”，韵属于一等暮韵。如果按照这个反切，中古声纽当属于帮类，《经典释文》“蕾”注音3次，都音“富”。《广韵》有“方副切、芳福切”两音。与“蕾”同一小韵的“富”，《韵镜》排三等宥唇音清的位置上，声纽为非类。“蕾”，现在声纽读［f］。刘博平用“方副切”，与“富”音同，是正确的。

刘博平将《说文》的九千多字散入声韵配合表，给这些字一一确定了声纽，这是一种微观的研究，也是一种系统的研究，具有重要的贡献。他所确定的《说文》所收字的声纽绝大部分是正确的。他采用古声类、今声类的声纽系统对《说文》所收字进行定纽，研究者想要知道一个字的上古声纽，不管是采用黄侃的古声十九纽，还是采用王力的声纽三十二纽，只需要归并就可以了。现在学者一般认同王力的古声三十二组声纽系统。我们按照刘博平确定的声纽只需把非敷奉微归并于帮滂並明，把知澈澄娘归并于端透定泥，把为归并于匣即可。所以，他对《说文》所收字声纽的确定是唐作藩1982年编撰的《上古音手册》、郭锡良1986年编撰的《汉字古音手册》出版之前对上古汉字最科学的定纽，也是《上古音手册》等著作在确定上古声纽时最具有参考意义的成果。

① 唐作藩：《汉语语音史教程》，北京：北京大学出版社，2017年，第111页。按，尤韵赅上、去。

第四章　对《说文》所收字的归部(上)

上古音研究历史上，一个新的上古韵部系统提出的同时，一般就有依据新提出的上古韵部系统进行具体字归部的实践。顾炎武的古韵十部反映在《诗本音》《易音》《唐韵正》中。江永提出古韵十三部，每部也列有《诗经》用韵字。段玉裁提出古韵十七部，反映在《古十七部谐声表》《诗经韵分十七部表》《群经韵分十七部表》中。在《说文解字注》中，段玉裁对每个字进行了归部。孔广森分古韵为十八部，著有《诗声类》。王念孙的古韵二十一部反映在《诗经楚辞韵谱》中，还有《韵谱》没有刊行。江有诰分古韵为二十一部，反映在《诗经韵读》《群经韵读》《楚辞韵读》《先秦韵读》《谐声表》中。姚文田分古韵为十七部，反映在他的《古音谱》中。严可均分古韵为十六部，反映在《说文声类》中。张成孙分古韵为二十部，反映在《说文谐声谱》中。朱骏声分古韵为十八部，反映在《说文通训定声》中。夏炘分古韵为二十二部，反映在《诗古韵表二十二部集说》中。章炳麟分古韵为二十三部，反映在《文始》等书中。黄永镇分古韵为二十九部，反映在《古韵学源流》“二十九部表第五”一节中。王力提出古韵二十九部、三十部后，除了《汉语史稿》中有对具体字的归部外，晚年还有《诗经韵读》《楚辞韵读》。何九盈、陈复华的《古韵通晓》、唐作藩的《上古音手册》、郭锡良的《汉字古音手册》都是依据王力的上古韵部系统对上古具体字进行重新归部。《上古音手册》等还对上古字的声调进行了确定；《汉字古音手册》还进行了古音构拟。

黄侃提出的古韵二十八部上古韵部系统，与之前的学者提出的韵部系统相比是一个全新的系统，这个韵部系统的入声韵部独立。黄侃建立古韵二十八部上古韵部系统之后，曾撰《古韵谱稿》。这个《古韵谱稿》应作于他任教北京大学期间，因为书末云："戊午四月，取严氏《说文声类》校一过，至五月二十夜向晨而毕。"书首有后面补写上的"己未四月以《说文》《广韵》对校"。"戊午"是1918年，"己未"是1919年。黄侃1914年秋到北京大学任教，1919年秋离开北京大学转赴国立武昌高等师范学校（今武汉大学），1919年4月还在北京大学。此书由黄侃的女婿潘重规编入《黄季刚先生遗书》，由台北石门图书公司于1980年出版。程千帆指出："《古韵谱稿》虽有过录本流传，然《遗书》所印，是先师手泽。"① 对这部书的性质，即便是黄侃弟子，也有人误以为不是自撰而是对别人著作的"手批"。如徐复称："有台湾省石门图书公司影印《黄季刚先生遗书》十四大册，收先生手批（过录）《说文》《尔雅》、手批《文始》等书，并有《古韵谱稿》（手批）、《重定唐韵考》二种。"② 李葆嘉对这部书的性质有正确的认识，对其特点把握准确，他指出："黄侃在京期间，撰《古韵谱稿》，每部内按十九声列字，与有清一代的古音著作体例皆不相同。……黄侃《古韵谱稿》不再以《诗经》押韵为古音研究的唯一依据，而是贯通《说文》谐声、《广韵》反切与等韵审音。""由于此书长久未曾刊行，人们只通过《音略》了解黄氏古音学，误以为黄说仅为纲目框架，而不知黄侃已做到古韵古纽，字字落实，具体而微。"③ 这部书是黄侃自撰，手写，故程千帆称"是先师手泽"。书以表格形式，将《说文解字》所收字纳入十九组、二十八部的古音体系，并与《广韵》对校，又用清代严可均借谐声系统研究古音的专书《说文声类》对校一遍。不过，这部书只列《说文解字》字头，部分字列反切，不录许慎说解，比较简略。

刘博平认识到黄侃上古音系统的优越性，又仿黄侃的做法而撰《说文古音谱》。他在《重写〈说文古音谱〉序》中说："曩在北京大学见先

---

① 程千帆：《黄先生遗著目录补》，《量守庐学记：黄侃的生平和学术》，北京：生活·读书·新知三联书店，1985年，第214页。

② 徐复：《黄侃声韵学未刊稿》，黄侃著，黄焯编《黄侃声韵学未刊稿》上，武汉：武汉大学出版社，1985年，前言第2—3页。

③ 李葆嘉：《清代古声纽学》，上海：上海古籍出版社，2012年，第280—281页。

师蕲春黄君散《说文》九千余文分隶其所定古本韵二十八部及古本声十九类，为表以今隶书之。余以为徐楚金之《韵谱》不过便于检阅而已，又自来言古音者或乖或合俱无能窥其全部音值。而此则以先秦本音系统贯穿形义，若网在纲有条不紊。凡音同音近音转之字纵横罗列秩秩，举目可辨，三古遗言咸能拟测，文字亲属于焉可寻，洵小学之奇觚、当代之创制也。后归武昌，教学之暇，乃默识而放造之，并依篆具载许君说解，名曰《说文古音谱》。"[①] 刘博平的《说文古音谱》在古音体系上基本依从黄侃但又有所调整，他"依篆具载许君说解"，加入字义因素，在撰写目的方面与黄侃也有不同。他一方面为《说文》所收字定纽归部，一方面还着眼于音义关系，要展现《说文解字》字词的音义网络，揭示字词的"统纪"。

在《声韵学表解》"《说文》最初声母分列古本韵二十八部"一节，刘博平把《说文》中的1391个"《说文》最初声母"，即谐声声符按照黄侃的古声十九纽、古韵二十八部的上古音系统进行了定纽归部。刘博平认为初学者可以通过谐声偏旁的读音来推上古相应谐声字的读音："盖《说文》形声字居十之七八，初学者仅记其声母在何韵部，则全书古音皆通。"[②] 由于《声韵学表解》归部中存在的问题，如把当归入物部、质部的字归入灰部，把当归入屑部的字归入没部等，《说文古音谱》已涵盖；而且《声韵学表解》归部字数有限，只有一千来字。因此，这一章及下一章我们对《声韵学表解》"《说文》最初声母分列古本韵二十八部"一节的归部不做讨论。

还需要说明的是，刘博平对《说文》所收字归部是采用黄侃上古二十八部韵部系统，而黄侃的二十八部名称与现在学界习用的王力古韵三十部的名称不完全相同。下面列出黄侃和王力上古韵部名称对应表，冒号前是黄侃的韵部名称，冒号后是王力的韵部名称。

---

① 刘赜：《重写〈说文古音谱〉序》，《说文古音谱》，北京：中华书局，2013年，第505页。

② 刘赜：《声韵学表解》，上海：商务印书馆，1934年，第181页。

歌：歌
寒：元
覃：侵
曷：月
合：缉
灰：脂、微
痕：文
没：物
先：真
添：谈
屑：质
帖：叶（盍）
齐：支
青：耕

锡：锡
模：鱼
唐：阳
铎：铎
侯：侯
东：东
屋：屋
萧：幽、觉
豪：宵
冬：冬
沃：药
咍：之
登：蒸
德：职

在下面论述的过程中，我们一般采用王力的韵部名称，在论及刘博平、黄侃的归部时，则采用黄侃的韵部名称。

一、归部的材料依据与原则

刘博平是怎样给《说文解字》九千多个字归部的，《说文古音谱》没有说。对于上古归部的材料依据，学者也是不断总结的。归纳起来主要有：押韵、谐声、异文、通假、声训、联绵词、古注、与《广韵》的对应关系。在《声韵学表解》下篇“求古音资料”一节中，刘博平列表总结求古音的资料有六种：古代韵文、古书通借、《说文》形声、重文读若、音训、方言。① 就一个具体字而言，依据不同类的材料，所归的部属有时候可能不太一致。这就涉及运用这些材料所遵循的原则

① 刘赜：《声韵学表解》，上海：商务印书馆，1934 年，第 86—87 页。

问题。

顾炎武分古韵为十部，是科学的古韵分部的开始。王力称“顾氏是清代古音学的先驱者，他的筚路蓝缕之功是不可磨灭的”①。这是因为顾炎武以系统的《诗经》《易》押韵为基础，并与《广韵》对照，找出上古音系统与中古音系统的对应关系。段玉裁研究上古韵部，提出“一声可谐万字，万字而必同部，同声必同部”② 的归部理论。“同声必同部”理论的提出，为那些上古没有出现在韵脚位置上字的归部提供了理论依据。该理论的提出也是以《诗经》等韵文的押韵为前提和基础材料的，不然就无法知道两个不同的谐声声符及其谐声字是否能归为一部。段玉裁在进行古韵分部时，也不是机械地运用这一原则。例如，他把“裘”归入他的第一部，把其他从求声的字都归入他的第三部。这告诉我们在古韵分部时，对“同声必同部”的运用不能绝对化。当依据韵文的押韵归部与依据谐声偏旁归部出现矛盾时，王力先生说：“有些字，依《诗经》用韵当属此部，而依谐声偏旁当属彼部者，则以《诗经》为准。”③ 当然，王力也不否认《说文》谐声在归部中的作用：“关于入声韵部的收字，最普通的标准是根据谐声偏旁，即声符。段玉裁说过：‘同谐声者必同部。’就一般说，我们的确可以根据这个原则，把声符相同的字归属到同一韵部里。”④ 王力也十分重视利用中古音上推古音：“‘祋’在《广韵》有丁外、丁括两切，依语音系统也该属月部。”⑤ “依语音系统看，去声祭泰夬废四韵都属月部。”⑥ “另一方面，要注意偶然的不碰头不能就认为不同韵部，因为那样做是不合逻辑的。事实上古音

① 王力：《清代古音学》，《王力全集》第六卷，北京：中华书局，2013 年，第 37 页。

② （清）段玉裁：《说文解字注》，上海：上海古籍出版社，1988 年，第 817 页。

③ 王力：《上古韵母系统研究》，《王力语言学论文集》，北京：商务印书馆，2000 年，第 73 页。

④ 王力：《上古汉语入声和阴声的分野及其收音》，《王力语言学论文集》，北京：商务印书馆，2000 年，第 138 页。

⑤⑥ 王力：《古韵脂微质物月五部的分野》，《王力语言学论文集》，北京：商务印书馆，2000 年，第 201 页。

学家们也不是处处这样拘泥的。例如谈部，《诗经》入韵字是那样少，古音学家们仍然划得出一个韵部来。兼声、佥声、㦰声等，都可以从语音系统而知道它们属于谈部。由此看来，语音系统应该是一个重要的标准。”① 他在《先秦古韵拟测问题》一文中总结说：“至于先秦古韵的拟测……一般做法是依靠三种材料：第一种是《诗经》及其他先秦韵文；第二种是汉字的谐声系统；第三种是《切韵》音系（从这个音系往上推）。”② 郭锡良在《汉字古音手册》增订本前言中说：“古韵归部的参考因素有三：一是古诗文的押韵材料，二是谐声系统，三是《切韵》对应规律。……归部参考三因素的首要因素就是诗文押韵。”③

具体到《说文古音谱》，刘博平是依据哪些材料对《说文》所收字进行归部的呢？首先应该是利用《说文》谐声。表现在他把语音具有对转关系的谐声字，归入到与谐声声符相同的韵部中，例如，“䫚、揠、甗、斡、揞、瀟、欟、齾、钀、靼、黖、怛、讦”等当归入入声韵部月部，他归入寒部；“椯、惴、瑞、揣、鼉、鞞、傩、魋、偄、譒、播、磻、鄱、皤”等当归入阴声韵部歌部，他归入寒部；“裸”等当归入阳声韵部元部，他归入歌部。第二个表现是刘博平有些归部不妥当的字，是属于同一谐声声符的所有字。例如，“厽”及从“厽”声的一级、二级谐声字“厽、絫、垒、樏、絫”等当归入微部，他归入歌部；“㲋”及从“㲋”声的“䰁、蔱、𡪢、𢡎”等当归入物部的字，他归入月部。

此外，刘博平应该也运用《说文》读若、重文进行归部。如他对“焦”及从“焦”声的字的归部。《说文·水部》：“灂，读若《夏书》‘天用剿绝’。”《说文·言部》：“诮，古文谯，从肖。《周书》曰：‘亦未敢诮公。’”剿、诮，上古属于宵部。刘博平把“剿、诮”归入豪部

① 王力：《古韵脂微质物月五部的分野》，《王力语言学论文集》，北京：商务印书馆，2000年，第203页。

② 王力：《先秦古韵拟测问题》，《王力语言学论文集》，北京：商务印书馆，2000年，第204页。

③ 郭锡良编著：《汉字古音手册》增订本，北京：商务印书馆，2010年，第11页。

（即王力宵部）。但刘博平把"焦"及从"焦"声的字没有归入豪部，而是归入了萧部，可能是依据"爑"字的读若。《说文·火部》："爑，读若焦。""秋，从禾，爑省声。""爑、秋"及从"秋"声的字、"愁"及从"愁"声的字，刘博平归入萧部。"焦"及从"焦"声的字，入韵比较少，《诗经·豳风·鸱鸮》"谯、翛、翘、摇、哓"韵。翛，上古属于幽部；翘、摇、哓，上古属于宵部。依据"灑"字的读若音以及"诮"的古文，"焦"及从"焦"声的字当归入宵部。王力也讨论过从"焦"声字的归部："'焦'声的字，段玉裁、孔广森诸人皆以入幽部，独江有诰、夏炘以入宵部，今依江、夏。按'焦''灼''燥'音义并近，'僬侥'则为謰语，又'噍'或作'嚼'，'谯'或作'诮'，'焦'声的字与宵部的关系似较深。若以《诗经》用韵为证，《鸱鸮》四章'谯'字押'翛翘摇哓'，'翛'，《正义》引定本作'消'，则亦在宵部。"①

在归部的过程中，刘博平应该还利用中古音上推古音。例如"觲、垟"。《说文·角部》："觲，用角低仰便也。从羊、牛、角。《诗》曰：'觲觲角弓。'"《说文·土部》："垟，赤刚土也。从土，觲省声。""觲觲角弓"，现存版本的《毛诗》为"骍骍角弓"。骍，上古属于真部。如果依据异文，"觲、垟"应当归入真部（黄侃、刘博平把学术界习称的真部称为先部）。刘博平没有把"觲、垟"归入先部，而是归入青部。觲、垟，古籍中用得非常少，徐铉本《说文》为"息营切"，《集韵》为"思营切"，属于清韵。刘博平的归部显然是依据中古音上推古音得来的。又如，狧，《说文·犬部》："犬食也。从犬从舌。读若比目鱼鲽之鲽。"《说文系传》："狧，从犬，舌声。"《说文·舌部》："舌，在口，所以言也、别味也。从干从口，干亦声。"鲽，上古属于叶部，刘博平归入合部。刘博平没有依据谐声把"舌"归入寒部，也没有依据《说文》读若把"狧"归入合部，而是把"舌"归入曷部，把"狧"归入帖部。

① 王力：《上古韵母系统研究》，《王力语言学论文集》，北京：商务印书馆，2000年，第85页。

狧，在较早的古籍中也很少出现。在《说文古音谱》中，“狧”字的反切刘博平采用“土盍切”，而不是徐铉本《说文》“他合切”。刘博平把“狧”归入帖部，唯一能依据的只能是中古音。又如丨，《说文·丨部》：“上下通也。引而上行读若囟，引而下行读若退。”囟，上古属于真部，刘博平将其归入先部是对的。丨，除了在字书、韵书中出现外，在早期的文献中出现较少。徐铉本《说文》、《广韵》都为“古本切”，属于混韵。刘博平没有依据《说文》读若把“丨”归入先部，而是将其归入痕部，只能是依据中古音“古本切”。中古音为“古本切”的还有“掍、绲、辊、鲧、睔”等字，上古都属于痕部。刘博平把“丨”与这些字排一起。

黄侃认为上古的声调系统与中古的声调系统不同：“古无去声，段君所说；今更知古无上声，惟有平、入而已。”① 上古平、入二声与中古的对应关系是：“古声但有阴声、阳声、入声三类，阴、阳声，皆平声也；其后入声少变而为去，平声少变而为上，故成四声。”② “然法言以前，无去不可入。”③ 依据黄侃的上古声调理论，上古的阴声韵部、阳声韵部对应的中古韵的声调为平声和上声，入声韵部对应的中古韵的声调为去声、入声。中古的韵是与声调联系在一起的。也就是说中古的上声韵字、去声韵字都是后来产生的，上声韵字在上古当为平声，去声韵字在上古当为入声。当然中古的去声阳声韵字在上古当为相应的平声。在《声韵学表解》中，刘博平接受黄侃的上古声调理论，采用平、入二声调的系统。在归部的过程中，刘博平是否利用了黄侃的声调理论进行归部呢？

从刘博平的归部，我们看不出他利用了黄侃的声调理论。例如：“頪”为一级谐声声符，构成的谐声字有“纇、類”。“類”作为声符构成的谐声字有“襰”。这些字中古都属于去声阴声韵字。如果刘博平用

---

① 黄侃：《黄侃论学杂著》，上海：上海古籍出版社，1980 年，第 62 页。
② 同上书，第 101 页。
③ 同上书，第 103 页。

了黄侃的声调理论进行归部，他就应该把“頛、纇、類、瀬”归入入声韵部没部，而不是把它们归入阴声韵部灰部。又如“胃”及从“胃”声的字、“尉”及从“尉”声的字、“惠”及从“惠”声的字、“继”及从“继”声的字、“由”及从“由”声的字、“冀”及从“冀”声的字、“季”及从“季”声的字、“蔽、郿、戾”及从“戾”声的字、“皋”及从“皋”声的字、“帅”及从“帅”声的字等，这些字中古都是属于去声，刘博平把它们都归入阴声韵部灰部，而不是归入入声韵部没部。由此可见，他没有利用黄侃的声调理论进行归部。

刘博平尽管在理论上把“古代韵文”放在“求古音资料”的首位，但在实际归部过程中，对于用《诗经》等韵文归部却重视不够，例如对“庶”及从“庶”声的字、“度”及从“度”声的字、“席”及从“席”声的字的归部。《诗经·邶风·柏舟》“石、席”韵；《小雅·皇皇者华》“骆、若、度”韵；《小雅·巧言》“作、莫、度、获”韵；《小雅·楚茨》“踖、硕、炙、莫、庶、客、错、度、获、格、酢”韵；《大雅·皇矣》“赫、莫、获、度、廓、宅”韵；《大雅·抑》“格、度、射”韵；《鲁颂·閟宫》“柏、度、尺、舄、硕、奕、作、若”韵；《离骚》“度、路”韵，“错、度”韵；《天问》“度、作”韵；《九章·思美人》“度、路”韵；《远游》“路、度”韵，与“度、庶、席”押韵的字上古都属于入声韵部铎部。《小雅·楚茨》《大雅·皇矣》《鲁颂·閟宫》的韵段都比较长，入韵的“踖、硕、炙、莫、客、错、获、格、酢、赫、廓、宅、柏、尺、舄、奕、作、若”中古都还是入声字，但刘博平把“庶”及从“庶”声的字、“度”及从“度”声的字、“席”及从“席”声的字都归入阴声韵部模部。又如《小雅·蓼莪》“鞠、畜、育、復、腹”韵，《天问》“育、腹”韵，《周易·小畜》九二、九三“復、輹、目”韵，《邶风·谷风》“鞫、覆、育、毒”韵，《小雅·小明》“奥、蹙、菽、戚、宿、覆”韵，《豳风·九罭》“陆、復、宿”韵，《小雅·我行其野》“蓫、宿、畜、復”韵，《大雅·桑柔》“迪、復、毒”韵，《九章·哀郢》“復、戚”韵。与从“复”声的字押韵的字，上古都属于觉部。如果刘博平比较注意韵文，就不会把“复”及从“复”声的字归入德部。再如，《卫风·木瓜》“桃、瑶”韵，《大雅·公刘》“瑶、刀”韵，《王风·黍离》“苗、摇”韵，《郑风·清人》“消、麃、乔、遥”韵，《桧风·羔裘》“遥、朝、忉”韵，《小雅·白驹》“苗、朝、遥”韵，《离骚》“遥、姚”韵。与从“䍃”声的字押韵的字，上古都属于宵部。如果刘博平对《诗经》等韵文材料较重视，就不会把“䍃”及从“䍃”声的字归入萧部，而会归入豪部（黄侃、刘博平把学术界习称的宵部称为豪部）。

以上是刘博平对《说文》所收字进行归部所依据的材料以及所秉持的原则，下面我们来看他归部的具体情况。

二、屑部　先部

（一）屑部

《说文古音谱》屑部字 197 个，包含《广韵》的质韵、屑韵、至韵字，以及少部分的霁韵、职韵、薛韵、辖韵、迄韵、未韵、黠韵、术韵、月韵、麦韵、栉韵、真韵、脂韵字。① 这些字有开口二等、开口三等、合口三等、开口四等，绝大多数为中古的去、入二声字。

屑部谐声声符有：

一声　聿声　律声　吉声　壹声　颉声　八声
𠔁声　屑声　穴声　血声　至声　铚声　徹声
疐声　𢧜声　戜声　日声　栗声　卩（卪）声　即声
節声　桼声　絜声　七声　疾声　悉声　毕声

① 由于刘博平把有对转关系的谐声字按谐声声符归部，因此有些入声韵部中包含属于中古阴声韵的字、阳声韵的字，有些阳声韵部中包含属于中古阴声韵的字、入声韵的字，有些阴声韵部中包含属于中古阳声韵的字、入声韵的字。下同。另，《汉字古音手册》《汉字古音表稿》在后文考释部分都一律省称作《手册》《表稿》。

必声　𥁑声　宓声　密声　乙声　曰声　　　㬈声

失声　质声　设声　瑟声

刘博平归入屑部的 197 个字中，有“抑（归）、瞲、硈、聿、筆、律、葎、𠬪、别、曰、汩、徹、剪、中、疒、胵、设、蔎、欥”等字与《手册》《表稿》归部不同。其中“胵”，刘博平应该是依据谐声归入屑部，当归入阴声韵部脂部。我们对其余字的上古部属进行考证，发现“抑（归）、硈、欥”的归部可以进一步讨论，“瞲”等字的归部可能存在不妥。

抑（归），刘博平归入屑部，段玉裁归入第十二部，朱骏声归入履部，《手册》《表稿》把“抑”的上古音归入职部。《诗经·小雅·宾之初筵》“抑、怭、秩”韵，《大雅·假乐》“抑、秩、匹”韵，《九章·怀沙》“抑、替”韵。这些韵段王力认为都是质部字押韵，《表稿》认为是职质合韵。抑（归），《慎子·外篇》：“我喜可抑，可忿可窒”，“抑、窒”韵。窒，上古属于质部。不过，“抑”与职部字关系也密切。《史记·河渠书》：“《夏书》曰：‘禹抑洪水十三年，过家不入门。’”索隐：“抑，音忆。抑者，遏也。”《释名·释形体》：“臆，犹抑也，抑气所塞也。”忆、臆，上古属于职部。我们倾向于依据押韵，把“抑”归入质部。

瞲，《说文》：“从目、矞，读若《易》曰‘勿卹’之‘卹’。”卹，上古属于质部。刘博平把“瞲”归入屑部，可能依据《说文》读若。段玉裁归入第十五部，朱骏声归入履部，《手册》《表稿》归入月部。瞲，古籍中用得非常少，《篆隶万象名义》《广韵》《宋本玉篇》的注音读音相同，折合音都为“于决切”，中古与“𥥛、𥧂”同音。从“夬”声的字上古属于月部。我们倾向于把“瞲”归入月部。

硈，《说文》称其“吉声”。吉，上古属于质部。刘博平把“硈”归入屑部，可能依据谐声。段玉裁归入第十二部，朱骏声归入履部，《手册》《表稿》把“硈”的上古音归入月部。《尔雅·释诂》：“劼，固也。”《经典释文》：“劼，苦黠反，郭苦八反，或作硈字，古黠反。”劼，上古属于质部。但《广韵》中，“硈”为“恪八切”，与“擖、轫”为同一小韵，“擖、轫”上古属于月部。我们倾向于依据谐声、注释家的注音以及异文，把“硈”归入质部。

聿、筆、律、葎，刘博平归入屑部，段玉裁归入第十五部，朱骏声归入履部，《手册》《表稿》归入物部。《诗经·小雅·蓼莪》“律、弗、卒”韵。汉代的枚乘《七发》“郁、突、律、卒”韵，扬雄《卫尉箴》“律、卒”韵，《解嘲》“筆、诎”韵，张衡《西京赋》“崒、律、出”韵。这些与“律、筆”押韵的字上古都属于物部。《大雅·文王》：“聿修厥德。”《汉书·宣元六王传》《后汉书·宦者传》引“聿”作“述”。《礼记·乐记》：“律小大之称。”《史记·乐书》“律”作“类”。率，《经典释文》注“音律”26次。《大雅·大明》：“聿怀多福。”《春秋繁露·郊祭》引“聿”作“允”。《文选·潘岳·射雉赋》：“聿采毛之英丽兮。”徐爰注：“聿，述也。一本聿作伟。”述、类、率，上古都属于物部。允，上古属于文部。伟，上古属于微部。依据押韵、注释家的注音及注释，“聿、筆、律、葎”上古当归入物部。聿，与“允”语音阳入对转，与“伟”阴入对转。

寽，《说文》称“从𠬪从乙”，为会意字。《说文系传》：“撮也，从𠬪乙声，录设反。”徐锴曰：“乙音甲乙之乙。”乙，上古属于质部。刘博平把“寽”归入屑部，可能是依据谐声。朱骏声归入履部，段玉裁归入十二部，《手册》《表稿》归入月部。寽，古籍中用得非常少，徐铉本《说文》为“力辍切”，《集韵》为“龙辍切”，两者读音相同，都属于来纽薛韵。这一音在《广韵》中与“劣、埒、锊、脟、捋、蛶、桴”属于同一小韵，“埒”等字上古属于月部。我们倾向于把“寽”归入月部。

别，刘博平归入屑部，朱骏声归入泰部，段玉裁归入十五部，王力归入月部，《手册》《表稿》归入月部。西汉刘歆《遂初赋》“别、桀”韵，东汉李尤《笔铭》“别、说、舌、灭”韵，东汉无名氏《古绝句》“绝、别”韵，这些与“别”押韵的字上古都属于月部。《周礼·夏官·大驭》：“及犯軷。”郑玄注：“杜子春云：‘軷读为别异之别。’”軷，上古属于月部。《周礼·秋官·士师》：“则以荒辩之法治之。”郑玄注：“郑司农云：‘辩读为风别之别。’”《管子·明法》：“君臣之间明别，明别则易治也。”《韩非子·有度》“别”作“辩”。《周礼·天官·小宰》：“听称责以傅别。”郑玄注：“傅别，故书作傅辨。”辩、辨，上古属于元部。依据押韵、古注以及异文，“别”上古当归入月部，与“辩、辨”语音阳入对转。

曰，《说文》：“从口乙声。”乙，上古属于质部。刘博平把“曰”归入屑部，可能依据谐声。朱骏声归入泰部，段玉裁归入十五部，王力归入月部，《手册》《表稿》归入月部。曰，《经典释文》注“音越”16次，“于月反”1次。《玉篇残卷》《篆隶万象名义》都为“禹月反”。越，上古属于月部。“于月反”“禹月反”中古都属于入声韵月韵。依据注释家的注音上推古音，我们倾向于把“曰”归入月部。

汩，《说文》：“治水也，从水曰声。”曰，刘博平归入屑部。他把“汩”归入屑部，可能依据谐声。朱骏声归入泰部，段玉裁归入十五部，《手册》《表稿》归入物部。《九章·怀沙》“汩、忽、慨、谓”韵。与“汩”押韵的字上古都属于物部。《尚书·舜典》：“作《汩作》。”孔安国传：“汩，治。”《经典释文》：“汩，音骨。”《荀子·正名》：“疾养沧热，滑铍轻重，以形体异。”杨倞注：“滑，与汩同。”《荀子·成相》：“吏谨将之无铍滑。”杨倞注：“滑，与汩同。言不使纷披汩乱也。”《淮南子·原道训》：“混混汩汩，浊而徐清。”许慎注：“汩，读曰骨也。”《国语·周语下》：“汩越九原。”贾逵本“汩”作“掘”。《尔雅·释诂》：“淈，治也。”郭璞注：“淈，《书序》作汩，音同耳。”《庄子·齐物论》：“置其滑涽。”《经典释文》：“向本作汩。”《宋本玉篇·水部》：“淈，《说文》曰：‘浊也。’一曰水出皃，亦汩字。”《汉书·律历志》：“鲧堙洪水，汩陈其五行。”颜师古注：“应劭曰：‘汩，乱也，水性流行，而鲧障塞之，失其本性，其余所陈列皆乱。’汩，音骨。”骨、滑、掘、淈，上古都属于物部。汩，本义为治水，引申为治，治有乱义，汩也有乱义。这些意义的“汩”上古当归入物部。

另，“汩”还有“于笔切”一音。《广韵·质韵》：“㶁，《说文》曰‘水流也’，于笔切，汩，上同。”《宋本玉篇》：“汩，古没切，汩没，又为笔切，水流也。”（“为笔切”与“于笔切”读音相同。）《尔雅·释水》：“所渠并千七百一川，色黄。”郭璞注：“潜流地中，汩漱沙壤，所受渠多，众水溷淆，宜其浊黄。”《经典释文》：“汩，于笔反，流水也。《方言》云：‘遥疾行也。’《字林》云：‘水声急也。’”《方言》：“汩，遥疾行也。”郭璞注：“汩汩，急皃也，于笔反。”《广雅·释诂》：“汩，疾也。”《博雅音》：“汩，于笔反。”《文选·束晳·补亡诗·南陔》：“凌波赴汩，噬鲂捕鲤。”李善注：“《字林》曰：‘汩，深水也。于笔切。’”于笔切，中古属于质韵。读音为“于笔切”的“汩”，当为“㶁”的异体字，义为水流，引申为水流快速的样子，上古当归入质部。

徹、勶、屮，刘博平都归入屑部，朱骏声归入履部，段玉裁归入十五部，《手册》《表稿》归入月部。《国语·晋语三》：“臭达于外。”《尚书·盘庚》孔疏、《左传·僖公十年》孔疏并引“达”作“徹”。达，上古属于月部。《礼记·檀弓》：“主人既祖填池。”郑玄注：“填池当为奠徹，声之误也。”池，上古属于歌部。屮，《说文》“读若徹”，徐铉本《说文》、《广韵》都为“丑列切”。徹，《经典释文》注“直列反”8次，“丑列反”1次，如字1次；《篆隶万象名义》为“直列反”；徐铉本《说文》为“丑列切”；《广韵》《宋本玉篇》都有两音，为“直列切，又丑列切”。《广韵》中“徹”与“嵽、联”同音。“嵽、联”上古都入月部。勶，徐铉本为“丑列切”，《集韵》为“敕列切”。“直列切”“丑列切”“敕列切”都属于入声韵薛韵。按照这些注音上推古音及异文，“徹、勶、屮”当归入月部，“徹”与“池”语音阴入对转。

疒，刘博平归入屑部，朱骏声归入履部，段玉裁归入十六部，《手册》《表稿》归入锡部。《汉书·霍去病传》：“雁疕为辉渠侯。”颜师古注：“疕，音匹履反。其字从疒，非庇荫之庇。疒，音女革反。”疒，《篆隶万象名义》、徐铉本《说文》、《广韵》、《宋本玉篇》的注音读音相同，折合音都为“尼戹切”，与“女革反”读音相同，属于入声韵麦韵，与“甓”同音。甓，上古属于锡部。依据语音演变的规律，“疒”上古当归入锡部。

设、蔎，刘博平都归入屑部，朱骏声归入履部，段玉裁归入十五部，《手册》《表稿》归入月部。崔骃《达旨》“制、设、灭”韵，张衡《东京赋》“列、设、铩”韵，颜延年《赭白马赋》“设、折、埒、绝”韵。与“设”押韵的字上古都属于月部。《九叹·愍命》：“怀椒聊之蔎蔎兮。”王逸注：“蔎蔎，香貌，蔎一作蔼。”蔼，上古属于月部。依据押韵与异文，“设、蔎”上古当归入月部。

欥，《说文》：“从欠从曰，曰亦声。《诗》曰：‘欥求厥宁。’”曰，刘博平归入屑部。他把“欥”归入屑部，可能是依据谐声。朱骏声归入泰部，段玉裁归入十五部，《手册》《表稿》归入物部。“欥求厥宁”，《毛诗》作“遹求厥宁”。遹，上古属于质部，中古属于术韵。“欥”与“聿”关系密切。《汉书·叙传》：“欥中龢为庶几兮，颜与冉又不得。”颜师古注：“欥，古聿字也。聿，由也。”《文选·幽通赋》作“聿中龢为庶几兮，颜与冉又不得”。聿，上古属于物部，中古属于术韵。欥，《广韵》“余律切”，中古属于术韵。我们倾向于依据较早的异文，把“欥”归入质部。

（二）先部

《说文古音谱》中，先部字 271 个，包含《广韵》的真韵（举平以赅上去，下同）、先韵、谆韵、仙韵、臻韵，以及少部分的脂韵、耕韵、山韵、痕韵、添韵、青韵、清韵、齐韵、栉韵字，这些字有开口二等、合口二等、开口三等、合口三等、开口四等，主要是中古的平、上、去声字，少数入声字是按谐声归入此部。

先部谐声声符有：

因声　㷉声　玄声　弦声　匀声　均声　钧声
臣声　臤声　坚声　天声　真声　旬声　筍声
㝵声　田声　奠声　㐱声　殄声　千声　年声

丙声	閵声	進声	粦声	聿声	津声	晋声
卂声	親声	秦声	盡声	辛声	新声	扁声
翩声	秦声	仁声	寅声	丏声	宾声	频声
民声	敃声	申声	伸声	陈声	闰声	身声
引声	寅声	夤声	人声			

刘博平归入先部的 271 个字中，有“欧、訇、赹、吞、忝、参、殄、珍、駗、趁、诊、畛、胗、袗、眕、紾、畛、轸、飻、沴、侲、贄、霣、鄭、瞦、蠡、蝨”等字，与《手册》《表稿》归部不同。其中“欧、霣、瞦、蝨”等字，刘博平应该是依据谐声归入先部。欧、蝨，当归入入声韵部质部；霣、瞦，当归入阴声韵部脂部。我们对其余字的上古部属进行考证，发现“訇”等字的归部可能存在不妥。

訇，《说文》：“从言，匀省声。又读若玄。”匀、玄，上古都属于真部。刘博平把“訇”归入先部，可能根据谐声或读若。朱骏声归入坤部，段玉裁归入十二部，《手册》《表稿》归入耕部。《史记·司马相如列传》：“湛湛隐隐，砰磅訇磕。”正义：“訇，呼宏反……皆水流鼓怒之声也。”《汉书·司马相如传》：“沉沉隐隐，砰磅訇磕。”颜师古注：“訇，音呼宏反……皆水流鼓怒之声也。”《文选·张衡·西京赋》：“奋隼归凫，沸卉軿訇。”李善注：“訇，火宏切。”《文选·张衡·东京赋》：“旁震八鄙，軯磕隐訇。”李善注：“訇，火宏切。”“呼宏反”“火宏切”读音相同，都属于庚韵。依据注释家的注音上推古音，“訇”上古当归入耕部。

赹，《说文》：“从走匀声，读若茕。”匀，上古属于真部。刘博平把“赹”归入先部，可能根据谐声。朱骏声归入坤部，段玉裁归入十一部，《手册》《表稿》归入耕部。《诗经·唐风·杕杜》：“独行睘睘。”毛传：“睘睘，无所依也。”《经典释文》：“睘睘，本亦作茕，又作焭，求营反，无所依也。”徐锴说：“诗云：‘独行䓨䓨’，本作此赹字。”睘、䓨，上古属于耕部。赹，《篆隶万象名义》为“瞿营反”，徐铉本《说文》、《广韵》都为“渠营切”，都属于清韵。依据异文以及中古音上推古音，

“趋”上古当归入耕部，真部旁转入耕部。

吞，《说文》：“从口天声。”天，上古属于真部。刘博平把“吞”归入先部，可能根据谐声。朱骏声归入坤部，段玉裁归入十二部，《手册》《表稿》归入文部。吞，《经典释文》注“敇恩反，又音天”3次。《广韵》：“吞，咽也，吐根切，又音天。”“吞，姓也，汉有吞景云，他前切，又汤门切。”徐铉本《说文》为“土根切”，《宋本玉篇》为“他恩切”，《集韵》吞咽义为“他根切”，都属于痕韵。依据中古音上推古音，“吞”上古当归入文部。

忝，《说文》：“从心天声。”天，上古属于真部。刘博平把“忝”归入先部，可能根据谐声。朱骏声归入坤部，段玉裁归入十二部，《手册》《表稿》归入谈部。《方言》：“銛，取也。”郭璞注：“谓挑取物，音忝。”銛，上古属于谈部。《经典释文》注“他簟反”3次，并引《字林》“他念反”。他簟反，中古属于忝韵；他念反，属于㮇韵。依据注释家的注音上推古音，“忝”上古当归入谈部。

“㐱”及从“㐱”声的字“殄、珍、駗、趁、诊、畛、胗、袗、跈、紾、眕、轸”中古多属于真韵（举平以赅上、去）。刘博平都归入先部；《手册》《表稿》归入文部；朱骏声把“殄”归入屯部，其余的归入坤部；段玉裁有的归入十二部，有的归入十三部。《诗经·周颂·载芟》“耘、畛”韵，《九章·惜诵》“忍、轸”韵，与“畛、轸”押韵的字上古属于文部。

上述“㐱”及从“㐱”声的字，汉代既与上古文部字关系密切，也与真部字关系密切。

郑众《婚礼谒文赞》“芬、珍”韵，班固《东都赋》“珍、文、云、震”韵，《宝鼎诗》“珍、云、缊、文”韵，张衡《思玄赋》“珍、闻、勤、殷”韵，这些与“珍”押韵的字上古都属于文部。文、云、闻，中古属于文韵；震，中古属于震韵；缊，中古属于魂韵；勤、殷，中古属于欣韵。袗，《说文》：“裖，袗或从辰。”《春秋·成公十七年》：“壬申，公孙婴齐卒于狸轸。”《经典释文》：“轸，之忍反，《左氏》作脤，《穀梁》作蜃。”《周礼・考工记・辀人》：“是故辀欲颀典。”郑玄注：“郑司农云：‘典读为殄。’”《淮南子・本经训》：“上掩天光，下殄地财。”高诱注：“殄，尽也，殄读曰典也。”《诗经・邶风・新台》：“籧篨不殄。”郑笺：“殄当作腆，腆，善也。”《仪礼・燕礼》：“寡君有不腆之酒。”郑玄注：“古文腆皆作殄。”《礼记・玉藻》：“振绨，绤不入公门。”郑玄注：“振，读为袗。袗，禅也。”辰、脤、蜃、振、典、腆，上古属于文部。

贾谊《吊屈原文》“珍、螾”韵，梁竦《悼骚赋》“珍、仁、真”韵，李尤《平乐观赋》“珍、邻”韵，张衡《东京赋》“陈、辚、畛、神”韵、“殄、尽”韵，《七辩》“榛、珍”韵，无名氏《太学中谣・八及》“珍、麟、辚、神”韵。这些与“珍、畛、殄”押韵的字，上古都属于真部。螾、尽，中古属于轸韵；仁、真、邻、陈，中古属于真韵；榛，中古属于臻韵。

李尤《河铭》“信、津、殷、邻、珍”韵。张衡《髑髅赋》“轸、巾、尘、滨”韵。这些与“珍、轸”押韵的字既有上古属于真部的字，也有属于文部的字。信，上古属于真部，中古属于震韵；津、邻，上古属于真部，中古属于真韵；殷，上古属于文部，中古属于欣韵；巾，上古属于文部，中古属于真韵；尘、滨，上古属于真部，中古属于真韵。

《说文》：“鬒，㐱或从髟真声。”《文选・谢朓・晚登三山还望京邑》：“有情知望乡，谁能缜不变。”李善注：“毛苌《诗传》曰：‘鬒，黑发也。’缜与鬒同。”《说文》：“趁，读若尘。”《诗经・小雅・小弁》：“疢如疾首。”郑笺：“疢，犹病者也。”《经典释文》：“疢如，敕觐反，病也，又作疹，同。”《大雅・云汉》：“胡宁瘨我以旱？”郑笺：“瘨，病也。”《经典释文》：“瘨，都田反，病也，沈又都荐反，《韩诗》作疹，耻吝反，云‘重也’。”《左传・哀公五年》：“二三子间于忧虞，则有疾疢。”《经典释文》：“疾疢，敕觐反，本或作疹。”《经典释文》注“畛音真”5次，“袗音真”1次。真、缜、尘、疢、瘨，上古都属于真部。鬒、缜，中古属于轸韵；真、尘，中古属于真韵；疢，中古属于震韵；

瘨，中古属于先韵。

从较早的《诗经》《楚辞》押韵来看，与从“㐱”声的字押韵的字，都属于文部，我们倾向于把“㐱”及从“㐱”声的阳声韵字上古归入文部。汉代以后，“㐱”及从“㐱”声的阳声字与上古属于真部的字关系密切，这些字多属于中古的真韵，这反映了上古属于文部、中古属于真韵的字语音向真韵的发展变化。

飻，《说文》：“从食，殄省声。”刘博平归入先部，朱骏声归入屯部，段玉裁归入十二部，《手册》《表稿》归入质部。《广雅·释诂》：“饕飻，贪也。”王念孙疏证：“《说文》‘飻，贪也’。引文十八年《左传》‘谓之饕飻’，今本飻作餮。”《博雅音》：“飻，音铁。”《文选·张衡·东京赋》：“涤饕餮之贪欲。”薛综注：“餮，他结切。”《文选·潘岳·射雉赋》：“忌上风之餮切。”徐爰注：“餮切，微动之声。餮，音铁。”铁，上古属于质部，中古属于屑韵。飻，《玉篇残卷》、《篆隶万象名义》、徐铉本《说文》、《广韵》、《宋本玉篇》都为“他结反”，属于入声屑韵。如果依据注释家的注音以及中古音上推古音，“飻”上古当归入质部。

沴，《说文》：“从水㐱声。”刘博平归入先部，朱骏声归入坤部，段玉裁归入十二部，《手册》归入物部，《表稿》归入质部。《汉书·五行志》：“唯金沴木。”颜师古注：“如淳曰：‘沴，音拂戾之戾，义亦同。’”《汉书·孔光传》：“又曰‘六沴之作’。”颜师古注：“沴，恶气也，音戾。”戾，上古属于质部，中古属于霁韵。沴，《篆隶万象名义》、徐铉本《说文》、《广韵》、《宋本玉篇》的注音读音相同，折合音都为“郎计切”，属于去声霁韵。如果依据《汉书》注音以及中古音上推古音，“沴”上古当归入质部。我们倾向于依据语音阳入对转，把“飻、沴”归入物部。注音材料出现较晚，可能是反映的后来变化的语音。

佞，《说文》：“从女，信省。”徐锴说：“臣次立曰：‘仁非声。’”刘博平归入先部，朱骏声归入坤部，段玉裁归入十一部，《手册》《表稿》归入耕部。佞，《篆隶万象名义》、徐铉本《说文》、《说文系传》、《广韵》、《宋本玉篇》的注音读音相同，折合音都为“乃定反”，属于去声径韵。佞，《经典释文》注“乃定反”6次，“音宁”1次，“如字”1次。依据这些注音上推古音，“佞”上古当归入耕部。

挚，《说文·羊部》：“从羊執声，读若晋。”執，上古属于缉部；晋，上古属于真部，中古属于震韵。刘博平可能是依据《说文》读若，把“挚”归入先部。朱骏声归入临部，段玉裁归入七部，《手册》《表稿》归入侵部。徐铉本《说文》、《广韵》、《宋本玉篇》都为“即刃切”，属于去声震韵。挚，依据谐声以及语音阳入对转，上古当归入侵部。至晚到汉代，“挚”已转入真部。

鄭，《说文》：“从邑奠声。”奠，上古属于真部。刘博平把“鄭”归入先部可能依据谐声。朱骏声归入坤部，段玉裁归入十一部，《手册》《表稿》归入耕部。《释名·释州国》：“鄭，町也，其地多平，町町然也。”町，上古属于耕部。鄭，徐铉本《说文》、《广韵》、《宋本玉篇》、《集韵》的注音读音相同，折合音都为“直正切”，属于去声劲韵。依据《释名》声训、中古音上推古音，“鄭”上古当归入耕部。

灥，《说文》：“三泉也。阙。”刘博平归入先部，朱骏声归入乾部，段玉裁没有归部，《手册》《表稿》归入文部。灥，《篆隶万象名义》、徐铉本《说文》、《说文系传》、《广韵》、《宋本玉篇》、《集韵》的注音折合音都有“详遵切”，属于谆韵合口一音，与“旬”的中古读音相同。旬，上古属于真部。刘博平可能依据中古音，把“灥”归入先部。灥，在《广韵》中“详遵切”与“循”也同音。循，上古属于文部。灥，在《广韵》还有“昌缘切”一音，也属于合口。结合“灥”的两个读音，我们倾向于把“灥”归入文部。

三、灰部　没部　痕部

（一）灰部

《说文古音谱》中，灰部字635个，包括中古的脂韵、齐韵、微韵、咍韵、灰韵、皆韵、支韵、之韵及少数佳韵、欣韵、戈韵、先韵、痕韵、魂韵、祭韵、真韵、物韵、质韵、薛韵、黠韵、术韵、屑韵、仙韵、戈韵、没韵、宵韵、尤韵字。这些字开合口四等都有，主要是中古的平、上、去三声字，也有少数入声字按谐声归入此部。

刘博平的灰部和王力的脂微两部相当。不过，刘博平还把一些本应该归入入声韵部屑部、没部的入声字，归到了阴声韵部灰部。

灰部谐声声符有：

医声　殹声　伊声　尸声　皆声　繼声　厃声

危声　𣦼声　𢁒声　豊声　惠声　旨声　耆声

几声　癸声　启声　啟声　氏声　汦声　夷声

弟声　稊声　雉声　犀声　屖声　致声　毇声

爾声　璽声　尼声　泥声　戾声　利声　黎声

朿声　齐声　二声　次声　咨声　资声　妻声

厶声　私声　匕声　比声　毘（𣬉）声　毗声　坒声

陛声　美声　米声　冞声　麋声　眉声　贰声

𣎆声　彝声　衣声　依声　畏声　威声　希声

稀声　隹声　淮声　推声　崔声　唯声　维声

𢼸声　微声　韋声　圍声　毇声　毁声　尾声

火声　回声　鬼声　褢声　幾声　豈声　𠂤声

歸声　耒声　畾声　纍声　壘声　藟声　飛声

非声　匪声　肥声　衰声　辠声　配声　追声

水声　豨声　𤞞声　尉声　贵声　胃声　㒸声

隊声　遂声　闅声　頪声　類声　帥声　季声

囗声　冀声　甶声　妥声

刘博平归入灰部的 635 个字中，有“惠、韢、橞、潓、繐、采（穗）、厃、危、祪、诡、䑊、恑、蛫、垝、⿰金危、姽、桅、洈、頠、胃、彙、谓、媦、猬、渭、煟、緭、䬐、毇、⿰王毇、帥、⿰骨胃、⿰虫胃、鼂、纆、𢁒、⿰隶希、豕、懿、衺、脪、⿰月贊、计、届、闅、⿰食豈、⿰耳閦、盭、⿱次米、玭、⿰卩卩、圮、鬻、䁐、柹、䦌、戾、莀、𫄢、豙、顡、隊、遂、椓、㒸、旞、䆳、襚、䜿、鐩、磑、䥙、邃、尉、慰、罻、蔚、季、悸、悸、䅝、䫌、類、禷、繼、檵、致、荄、撴”等字，《手册》《表稿》不是归入微部或脂部。其中“懿、衮、脪、闋、鎧、粢、玭、峁”等字，刘博平应该是依据谐声归入灰部。懿、闋、粢、峁，当归入入声韵部质部；衮、脪、鎧、玭，当归入阳声韵部文部。我们对其余字的上古部属进行考证，发现“惠”等字的归部可能存在不妥。

惠、䡞、橞、潓、繐、采（穗），刘博平归入灰部，朱骏声归入履部，段玉裁归入十五部，《手册》《表稿》归入质部。《诗经·小雅·节南山》“惠、戾、届、阕”韵，《小雅·大田》“穗、利”韵，与“惠、穗”押韵的字上古都属于质部。《大雅·瞻卬》“惠、厉（月部）、瘵（月部）、疾、届”韵，质月合韵。《韩非子·十过》：“晋平公觞之于施夷之台。”《史记·乐书》“施夷之台”作“施惠之台”。夷，上古属于脂部。依据押韵与异文，“惠、䡞、橞、潓、繐、采（穗）”上古当归入质部。“惠”与“夷”语音阴入对转。

“㕩、危”及从“危”声的字“祪、诡、䑲、恑、蛫、垝、鮠、姽、桅、洈、頠”，刘博平归入灰部，朱骏声归入解部，段玉裁归入十六部，《手册》《表稿》归入支部。“危”及从“危”声的字在《诗经》《楚辞》中都不入韵，中古多属于支韵。从其他材料来看，“危”及从“危”声的字既与上古属于歌部的字关系密切，也与上古属于支部的字关系密切。杜笃《论都赋》“移、虧、危、池”韵，李尤《铠铭》“危、为”韵，这些与“危”押韵的字上古属于歌部。移、虧、池、为，中古都属于支韵。王逸《机妇赋》“奇、宜、危、蹄、池、陂、垂、移、疲”韵。奇、宜、池、陂、垂、移、疲，上古属于歌部，中古属于支韵；蹄，上古属于支部，中古属于齐韵。崔琦《七蠲》“溪、危、枝、离”韵。溪，上古属于支部，中古属于齐韵；枝，上古属于支部，中古属于支韵；离，上古属于歌部，中古属于支韵。《外戚箴》“虧、危、斯”韵。虧，上古属于歌部，中古属于支韵；斯，上古属于支部，中古属于支韵。崔瑗《草书势》“仪、规、攲、移、驰、离、奇、危、枝、巇、垂、涯、移、宜、斯”韵。仪、攲、移、驰、离、奇、巇、垂、宜，上古属于歌部，中古属于支韵；规、枝、斯，上古属于支部，中古属于支韵；涯，上古属于支部，中古属于佳韵。蔡邕《释诲》“披、宜、珪、离、崖、危”韵。披、宜、离，上古属于歌部，中古属于支韵；珪，上古属于支部，中古属于齐韵；崖，上古属于支部，中古属于佳韵。祢衡《鹦鹉赋》“巇、危、离、知、仪、奇、宜、斯”韵。巇、离、仪、奇、宜，上古属于歌部，中古属于支韵；知、斯，上古属于支部，中古属于支韵。《史记·齐太公世家》：“长卫姬，生无诡。”索隐：“《左氏》作‘无亏’。”亏，上古属于歌部。《汉书·杜周传》：“业因势而抵陒。”颜师古注：“陒，音诡。一说陒读与戲同，音许宜反。戲，亦险也，言击其危险之处。《鬼谷》有《抵戲篇》也。”亏、戲，上古都属于歌部，中古属于支韵。《尔雅·释宫》：“垝谓之坫。”郭璞注：“在堂隅。坫，端也。”《经典释文》：“垝，居毁反，本又作庋同。”庋，上古属于支部，中古属于纸韵。从押韵、注音材料以及异文等材料来看，“危”及从“危”声的字上古当归入支部。在汉代，“危”及从“危”声的字虽然与上古属于歌部的字也押韵，但与“危”及从“危”声的字押韵的“移、亏、池、为”等字，中古都属于支韵。这正反映了上古属于歌部中古属于支韵的字，在汉代已转入支韵。

“胃”及从“胃”声的字，“彙、谓、媦、猬、渭、煟、緭、颹”中古都属于去声未韵，“喟”属于去声至韵。刘博平把它们都归入灰部，朱骏声归入履部，段玉裁归入十五部，《手册》《表稿》归入物部。“胃”及从“胃”声的字，不与平声、上声字押韵，而与去声、入声字押韵。《诗经·小雅·隰桑》“爱、谓”韵；《九章·怀沙》“汩、忽、慨、谓”韵，“喟、谓、爱、类”韵；司马相如《子虚赋》“渭、内”韵；无名氏《灶下养谚》“胃、尉”韵。与“胃、喟、谓、渭”押韵的字上古都属于物部。《荀子·宥坐》：“孔子慨然叹曰。”《孔子家语·始诛》“慨”作“喟”。《史记·司马相如列传》：“喟然兴道而迁义。”《汉书·司马相如传》《文选·上林赋》“喟”作“卉”。《尔雅·释诂》：“嘳，息也。”《经典释文》：“嘳，《字林》以为喟。”“慨、卉、嘳”也为去声字。慨、卉，上古属于物部。嘳，上古属于微部。依据押韵、异文，“胃”及从“胃”声的字上古当归入声物部，不入阴声韵部灰部。“喟”与“嘳”语音阴入对转。

彘，《说文》：“从彑矢声。”矢，上古属于脂部。刘博平把“彘、瀫”归入灰部，可能依据谐声。朱骏声归入履部，段玉裁归入十五部，《手册》《表稿》归入月部。“彘、瀫”在《诗经》《楚辞》中都不入韵，两汉也鲜见入韵。《经典释文》对“彘”注音15次，注“直例反”11次，“直制反”1次，“音滞”1次，“直吏反”1次，“直利反”1次。“直例反”“直制反”“音滞”读音相同，中古属于祭韵。“直吏反”一音中古属于志韵，这一读音应该是反映了上古月部的有些字在中古的变化发展。依据注释家的注音上推古音，“彘、瀫”上古当归入月部。

帥、膟、䗁，刘博平归入阴声韵部灰部，朱骏声归入履部，段玉裁归入十五部，《手册》《表稿》归入物部。“帥、膟、䗁”在《诗经》《楚辞》中都不入韵。“膟、䗁”在《广韵》中为入声韵字。马融《樗蒲赋》“帥、沸”韵。沸，上古属于物部。“帥、膟、䗁”与“率”及从“率”声的字关系十分密切。《说文》：“膟，膟或从率。”《诗经·唐风·蟋蟀》诗序：“《蟋蟀》，刺晋僖公也。”《经典释文》：“蟀，所律反，蟋蟀，蛬也，《说文》蟀作䗁。”《尔雅·释虫》：“蟋蟀，蛬。”郭璞注：“今促织也，亦名青蛩。”《经典释文》：“蟀，所律反，《诗》同。本或作䗁，《说文》同。”《大雅·大明》：“肆伐大商，会朝清明。”郑笺：“以天期已至，兵甲之强，师帥之武，故今伐殷，合兵以清明。”《经典释文》：“帥，所类反，亦作率。”《大雅·抑》：“修尔车马，弓矢戎兵，用戒戎作，用逷蛮方。”郑笺：“此时中国微弱，故复戒将帥之臣以治军。”《经典释文》：“帥，所类反，本或作率。”《大雅·江汉》：“江汉浮浮，武夫滔滔。匪安匪游，淮夷来求。”郑笺：“江汉之水合而东流，浮浮然。宣王于是水上命将帥遣士众，使循流而下，滔滔然。其顺王命而行。”《经典释文》："帥，所类反，或作率。"《礼记·王制》："命乡简不帥教者以告。"郑玄注："帥，循也。"《经典释文》："帥，音率。"《乐记》："众君子听鼓鼙之声，则思将帥之臣。"《经典释文》："帥，本又作率，所类反，下将帥同。"《左传·昭公二十八年》："岂将军食之，而有不足?"杜预注："魏子，中军帥，故谓之将军。"《经典释文》："军帥，所类反，本又作率同。"《论语·颜渊》："子帥以正，孰敢不正?"何晏集解："郑曰：'康子，鲁上卿，诸臣之帥也。'"《经典释文》："之帥，所类反，又所律反，字从巾，同训，并与率同。"《庄子·胠箧》："削曾史之行，钳杨墨之口，攘弃仁义，而天下之德始玄同矣。"郭象注："去其乱群之帥，则天下各复其所，而同于玄德也。"《经典释文》："之帥，本又作率同，所类反。"在古籍中，"帥"与"率"构成异文的不止50处。如《尚书·舜典》："蛮夷率服。"《汉书·景武昭宣元成功臣表》"率"作"帥"。"率"及从"率"声的字，上古属于物部。依据押韵、异文，"帥、膟、蟀"上古当归入物部。

鼊，《说文》："从黾爾声。"爾，上古属于脂部。刘博平把"鼊"归入灰部，可能依据谐声。朱骏声归入履部，段玉裁归入十六、十七部之间，《手册》《表稿》归入支部。鼊，古籍中用得很少，《诗经·邶风·新台》"得此戚施"，《说文·黾部》引"戚施"作"鼁鼊"。施，上古属于歌部，中古属于支韵。鼊，徐铉本《说文》、《广韵》、《集韵》的注音读音相同，折合音都为"式支切"，属于支韵。依据异文以及中古音上推古音，"鼊"上古当归入支部。

纚，《说文》："从糸璽声。"璽，上古属于脂部。刘博平把"纚"归入灰部，可能依据谐声。朱骏声归入履部，段玉裁归入十六部，《手册》《表稿》归入支部。纚，古籍中用得非常少，徐铉本《说文》、《广韵》、《集韵》的注音读音相同，折合音都为"式支切"，属于支韵。纚，后来别作"绝"。绝，上古属于歌部，中古属于支韵。依据异文以及中古音上推古音，"纚"上古当归入支部。

希，隸，刘博平归入灰部，可能是依据《说文》"希，读若弟"。

弟，上古属于脂部。朱骏声归入泰部，段玉裁归入十五部，《手册》《表稿》归入质部。𩫖，《说文》："从聿希声，肆，篆文𩫖。""𩫖"古籍中用得很少，用"肆"较多。《诗经·周南·汝坟》"肆、弃"韵，"弃"上古属于质部。张衡《关中诗》"肆、器、二（脂部）、肄"韵，脂质通韵。"肆"与"肄"关系密切，在《经典释文》中，"肆"作"肄"的有4次，"肄"作"肆"的有2次。肄，上古属于质部。《周礼·春官·小宗伯》："肆仪为位。"郑玄注："故书肆为肄，杜子春读肄当为肆。"《仪礼·聘礼》："问大夫之币，俟于郊，为肄，又赍皮马。"郑玄注："古文肄为肆。"《礼记·曲礼下》："君命，大夫与士肆。"《周礼·天官·掌舍》贾疏引"肆"作"肄"。《礼记·玉藻》："肄束及带。"郑玄注："肄，读为肆。""肆"与"逸"还构成异文：《尚书·盘庚》"胥及逸勤"，蔡邕《司空文烈侯杨公碑》作"胥及肆勤"。逸，上古属于质部。希、𩫖，《篆隶万象名义》、徐铉本《说文》、《广韵》、《宋本玉篇》的注音读音相同，折合音都为"余至切"，属于去声至韵。结合押韵、异文以及中古音上推古音，"希、𩫖"上古当归入入声韵部质部。

豕，《说文》："读与豨同。"豨，上古属于微部。刘博平归入灰部，可能是依据《说文》读若。朱骏声归入履部，段玉裁归入十六部，《手册》《表稿》归入支部。《尔雅·释草》："菺蘸，豕首。"郭璞注："《本草》曰：'彘颅，一名蟾蜍兰。'今江东呼豨首，可以㷉蚕蛹。"《经典释文》："豕，伤氏反。""伤氏反"中古属于纸韵。豕，《篆隶万象名义》《说文系传》《广韵》《宋本玉篇》《集韵》的注音读音相同，折合音都为"施是切"，属于纸韵。依据注释家的注音以及中古音上推古音，"豕"上古当归支部。

贙，《说文》："从虤对争贝，读若回。"回，上古属于微部。刘博平把"贙"归入灰部，可能依据《说文》读若。朱骏声归入履部，段玉裁归入十五部，《手册》《表稿》归入真部。《尔雅·释兽》："贙，有力。"《尔雅音释》："贙，音铉。"郭璞注："出西海，大秦国有养者，似狗，多力，犷恶。"《经典释文》："贙，胡犬反。"《文选·左思·魏都赋》：

“蒹葭贙。”五臣注：“贙，胡犬反。”吕向注：“贙，分别也。”铉，上古属于真部。贙，《经典释文》、《文选》、《篆隶万象名义》、徐铉本《说文》、《广韵》的注音读音相同，折合音都为“胡畎切”，属于铣韵。依据这些注音上推古音，“贙”上古当归入真部。

计，刘博平归入灰部，朱骏声归入履部，段玉裁归入十五部，《手册》《表稿》归入质部。《老子》十四章：“此三者不可致诘，故混而为一。”汉帛书甲本、乙本“诘”作“计”。诘，上古属于质部。计，徐铉本《说文》、《广韵》都为“古诣切”，属于去声霁韵。依据异文以及中古音上推古音，“计”上古当归入质部。

届，《说文》：“从凷声。塊，凷俗或从鬼。”从“鬼”声的字，上古属于微部。刘博平把“届”归入灰部，可能根据重文。朱骏声归入履部，段玉裁归入十五部，《手册》《表稿》归入质部。《诗经·小雅·节南山》“惠、戾、届、阕”韵，与“届”押韵的字上古都属于质部。《小雅·小弁》“嘒[①]、淠、届、寐（物部）”韵，《小雅·采菽》“淠、嘒、驷、届”韵，《大雅·瞻卬》“惠、厉（月部）、瘵（月部）、疾、届”韵，与“届”押韵的字中古都是去声或入声字。届，徐铉本《说文》、《广韵》都为“古拜切”，属于怪韵。依据押韵、中古音上推古音，“届”上古当归入质部。

聐，《说文》：“从耳阕声。”阕，上古属于质部。但一级谐声“癸”，上古属于脂部。刘博平把“聐”归入灰部，可能依据一级谐声。朱骏声归入履部，段玉裁归入十五部，《手册》《表稿》归入物部。聐，古籍中用得非常少，徐铉本《说文》为“五滑切”，属于黠韵；《广韵》为“五骨切”，中古属于没韵。依据中古音上推古音，我们倾向于同意《手册》《表稿》的归部，把“聐”归入物部。

盭，《说文》：“从弦省，从盩。读若戾。”戾，刘博平归入灰部。他把“盭”也归入灰部，可能是依据读若。朱骏声归入履部，段玉裁归入十五部，《手册》《表稿》归入质部。《史记·司马相如列传》：“盭夫为

① 嘒，王力《诗经韵读》入质部，《表稿》入月部。下同。

之垂涕。”集解：“徐广曰：‘盭，音戾。’”索隐：“字或作戾，盭，古戾字。”《汉书》颜师古注9次“盭，古戾字”。《文选·司马相如·上林赋》：“宛潬胶盭。”郭璞注：“盭，古戾字。”《广雅·释诂》：“盭，俏也。”《博雅音》：“盭，音戾。”戾，上古属于质部，中古属于霁韵。依据注释家的注音上推古音，“盭”上古当归入质部。

圮，重文“醇，配省声”。配，上古属于微部。刘博平把“圮”归入灰部，可能是依据重文谐声。朱骏声归入颐部，段玉裁归入一部，《手册》《表稿》归入之部。圮，《说文》：“从土己声。”从“己”声的字上古当归入之部。徐铉本《说文》为“符鄙切”。依据谐声以及徐铉本注音上推古音，“圮”当归入之部。

鬻，《说文》：“从䰜米声。”米，上古属于脂部。刘博平把“鬻”归入灰部，可能依据谐声。朱骏声归入孚部，段玉裁归入三部，《手册》《表稿》归入声觉部。《孟子·梁惠王下》：“太王事獯鬻。”《史记·周本纪》“獯鬻”作“熏育”。《文选·王褒·洞箫赋》：“桀跖鬻博儡以顿悴。”李善注：“鬻，夏育也，古字同。”鬻，《经典释文》注“音育”10次；《史记》三家注“鬻音育”3次，注“粥音育”2次；《汉书》颜师古注“鬻音育”4次，注“粥音育”1次。育，上古属于觉部，《诗经·邶风·谷风》“鞫、覆、育、毒”韵，《小雅·蓼莪》“鞠、畜、育、复、腹”韵。“鬻”上古也当归入觉部。

䀢，刘博平归入灰部，朱骏声归入孚部，《手册》《表稿》归入觉部。䀢，古籍中用得非常少，《玉篇残卷》《篆隶万象名义》《宋本玉篇》都为“扶救切”，徐铉本《说文》为“房九切”，《说文系传》为“符救反”，属于有韵或宥韵。依据这些读音上推古音，“䀢”上古当归入幽部。但《广韵》还有“扶富切”一音，中古属于去声宥韵，依据这一读音上推古音，有学者将“䀢”归入觉部。我们倾向于依据《玉篇残卷》等注音，把“䀢”归入幽部。

柹，《说文》：“从木𠂔声。”𠂔，上古入之部。刘博平归入灰部，段玉裁归入十五部，《手册》《表稿》归入之部。《礼记·内则》：“枣栗榛柹。”《经典释文》：“柹，音俟。”俟，上古属于之部。柹，《广韵》《宋本玉篇》未收，徐铉、徐锴本《说文》都为“钼里反”，《集韵》为“上史切”，属于止韵或者志韵。依据谐声、注释家的注音以及中古音上推古音，“柹”上古当归入之部。

[illegible]，刘博平归入灰部，段玉裁归入十五部，《手册》《表稿》归入物部。[illegible]，古籍中用得非常少，《篆隶万象名义》《宋本玉篇》都为“扶沸反”，徐铉本《说文》为“符未切”，《说文系传》为“符既反”，《集韵》为“父沸反”，都属于未韵。依据中古音上推古音，“[illegible]”上古当归入物部。

戾、莀、綟，刘博平归入灰部，朱骏声归入履部，段玉裁归入十五部，《手册》《表稿》归入质部。《诗经·小雅·节南山》“惠、戾、届、阕”韵，《大雅·抑》“疾、戾”韵。“惠、届、阕、疾”上古都属于质部。《小雅·雨无正》“灭（月部）、戾、勚（月部）”韵，刘歆《遂初赋》“戾、燧（物部）”韵。戾、莀、綟，中古都属于去声霁韵。我们倾向于把“戾、莀、綟”归入入声韵部质部。

“㒸”及从“㒸”声的一级、二级谐声字“䃶、隊、遂、椽、憷、旞、檖、禭、闠、鐩、磉、鐆、邃”，在《诗经》《楚辞》中很少入韵。㒸，《说文》“从八豕声”。豕，刘博平归入灰部。刘博平把“㒸”及从“㒸”声的一级、二级谐声字归入灰部，可能是依据谐声。朱骏声归入履部，段玉裁归入十五部，《手册》《表稿》归入物部。《诗经·小雅·雨无正》“退、遂、瘁、谇、荅（缉部）、退”韵，物缉合韵。汉代扬雄《将作大将箴》“贵、遂”韵，班固《东都赋》“隊、帅”韵，张衡《西京赋》“阓、隧、尉、萃、匮”韵，崔瑗《遗葛龚佩铭》“气、遂、贵”韵，王延寿《鲁灵光殿赋》“暧、邃”韵。与“遂、隊、隧、邃”押韵的字，上古属于物部或微部。《小雅·角弓》：“莫肯下遗。”《荀子·非相》引“遗”作“隧”。《左传·文公十二年》之《春秋》经文“秦伯使术来聘”，《公羊传·文公十二年》之《春秋》经文作“秦伯使遂来聘”，《汉书·五行志》引“术”作“遂”。《周礼·春官·司常》：“全羽为旞。”《释名·释兵》云：“全羽为旞。”《说文》：“旞，旞或从遗。”《礼记·月令》：“审端经术。”郑玄注：“术，《周礼》作遂。”《经典释文》：“术，依注音遂。”《学记》：“术有序，国有学。”郑玄注：“术当为遂，声之误也。”《经典释文》：“术，音遂，出注。”《史记·鲁周公世家》：“东门遂杀适立庶。”索隐：“遂，《系本》并作述。邹诞作秫。”《老子》九章：“功遂身退。”汉帛书甲本“遂”作“述”。术、秫、述，上古属于物部。遗，上古属于微部。虽然“㒸”及从“㒸”声的一级、二级谐声字在汉代及以后也与其他韵部的字合韵，如班固《答宾戏》“贵、墜、气、贰”韵，“贰”上古属于脂部，这里为物脂合韵。综合来看，“㒸”及从“㒸”声的一级、二级谐声字上古当归入入声韵部物部。

尉、慰、罻、蔚，刘博平归入灰部。朱骏声归入履部，段玉裁归入十五部，《手册》《表稿》归入物部。尉、慰、罻、蔚，徐铉本《说文》、《广韵》都为“於胃切”，属于去声未韵。《诗经·小雅·蓼莪》“蔚、瘁”韵。瘁，中古属于去声，上古属于物部。张衡《西京赋》“阓、隧、尉、萃、匮”韵，无名氏《灶下养谚》“胃、尉”韵，与“尉”押韵的字中古属于去声、上古属于物部。《礼记·大学》：“《诗》云：‘缗蛮黄鸟，止于丘隅。’”郑玄注：“就而观之，知其所止。知鸟择岑蔚安闲而止处之耳。”《经典释文》：“蔚，音鬱，又音尉。”鬱，中古属于入声物韵，上古属于物部。依据押韵以及注释家的注音，“尉、慰、罻、蔚”上古当归入入声韵部物部。

季、痵、悸，刘博平都归入灰部。段玉裁归入第十五部，朱骏声归入履部，《手册》《表稿》归入质部。季，徐铉本《说文》、《广韵》都为“居悸切”；痵、悸，徐铉本《说文》、《广韵》都为“其季切”。“居悸切”“其季切”都属于去声至韵。《诗经·卫风·芄兰》“遂（物部）、悸”韵，《魏风·陟岵》“季、寐（物部）、弃”韵，《大雅·皇矣》“对（物部）、季”韵，与“季”押韵的字中古都属于去声。因此，“季、痵、悸”上古当归入入声韵部。王延寿《鲁灵光殿赋》“暧（物部）、邃（物部）、秘、濞、悸”韵，无名氏《朱晖歌》“遂（物部）、季、惠”韵。

与“季”押韵的字上古有属于质部的，也有属于物部的。《卫风·芄兰》：“容兮遂兮，垂带悸兮。”《经典释文》：“悸兮，其季反。《韩诗》作萃，垂皃。”萃，上古属于物部。《文选·王延寿·鲁灵光殿赋》：“心猥猥而发悸。”李善注：“《说文》曰：‘悸，心动也。’渠季切，悸或为欷。”欷，上古属于微部。《说文·㝱部》：“𥧰，读若悸。”𥧰，上古属于微部。依据异文及押韵，“季、痵、悸”上古归物部也可以。我们这里遵从王力的归部，把“季、痵、悸”归入质部。《韩诗》异文“萃”与“季”声母差别较大。李善注“或为欷”，欷，中古属于开口；季，中古属于合口。这些材料可能不能作为“季”归入物部的的证。

頪、纇、類、禷，刘博平归入阴声韵部灰部。朱骏声归入履部，段玉裁归入十五部，《手册》《表稿》归入物部。除了《诗经·大雅·皇矣》“類、比”韵，“類”是与脂部字押韵外，《大雅·既醉》“匮、類”韵，《大雅·荡》“類、怼、对、内”韵，《大雅·桑柔》“隧、類、对、醉、悖”韵，《大雅·瞻卬》“類、瘁”韵，《九章·怀沙》“喟、谓、爱、類”韵，与“類”押韵的字，中古都属于去声字，上古属于物部。《礼记·缁衣》：“为下可述而志也。”《贾子新书·等齐》引“述”作“類”。《史记·孝文本纪》：“皆以此令比率从事。”《汉书·文帝纪》“率”作“類”。述、率，上古都属于物部。依据押韵及异文，“頪、纇、類、禷”上古当归入物部。

繼、檵，刘博平归入阴声韵部灰部，朱骏声归入履部，段玉裁归入十五部，《手册》《表稿》归入质部。繼、檵，《经典释文》注音都为“音计”。计，上古属于质部。《山海经·大荒北经》：“无繼子，食鱼。”郭璞注：“繼，亦当作脊。”脊，上古属于脂部。依据注释家的注音、异文，“繼、檵”上古当归入入声韵部质部。“繼”与“脊”语音阴入对转。

致、菿、撴，刘博平归入阴声韵部灰部，朱骏声归入履部，段玉裁归入十五部，《手册》《表稿》归入质部。致、菿、撴，在《诗经》《楚辞》中不入韵。有学者认为《礼记·儒行》“示、死、致”押韵，“示、死”上古属于脂部。“致”与“至”关系密切，多次形成异文。《礼记·

礼器》："有放而不致也。"《经典释文》："不致，本或作不至。"《大学》："致知在格物。" 郑玄注："此致或为至。"《公羊传·庄公十二年》："鲁侯之美恶乎至。"《春秋繁露·王道》引"至"作"致"。《老子》十章："专气致柔。"《淮南子·道应训》引"致"作"至"。《老子》十四章："此三者不可致诘，故混而为一。" 汉帛书甲本、乙本"致"作"至"。《老子》十六章："致虚极。" 河上本"致"作"至"。《老子》三十九章："故致数舆无舆。" 汉帛书乙本"致"作"至"。《老子》三十九章："其致之。" 汉帛书甲本、乙本"致"作"至"。《庄子·外物》："致黄泉。"《经典释文》："致，本亦作至。"《荀子·富国》："必至于资单国举然后已。"《韩诗外传》六"至"作"致"。《韩非子·初见秦》："大王又并军而至。"《战国策·秦策一》"至"作"致"。至，上古属于质部。依据异文，"致、蔱、撴"上古当归入质部。

（二）没部

《说文古音谱》中，没部字 272 个，包含《广韵》的物韵、没韵、黠韵、脂韵、微韵、迄韵、灰韵、薛韵、术韵字，以及少部分咍韵、皆韵、屑韵、齐韵、魂韵、泰韵、祭韵、质韵、屋韵、文韵字，开合口四等都有，主要是中古的去、入二声字，也有少数平声、上声字按谐声归入此部。

没部谐声声符有：

示声　柰声　隸声　旡声　㤅声　爱声　鬱声
骨声　勿声　忽声　曶声　卉声　未声　味声
术声　述声　卒声　翠声　綷声　兀声　出声
屈声　既声　孛声　对声　祟声　[illegible]声　[illegible]声
弗声　㣇声　沸声　费声　率声　气声　氣声
自声　臮声　隶声　隷声　四声　矞声　畀声
鼻声　[illegible]声　圣声　由声　内声　㕯声

刘博平归入没部的 272 个字中，有"䆘、矞、窬、谲、憰、潏、劀、橘、鷸、驈、噊、趫、遹、鷸、繘、蟜、内、讷、芮、汭、枘、蜹、蚋、魶、軜、纳、四、呬、牭、柶、驷、泗、憷、棣、逮、隸、殔、示、祁、视、狋、畀、箅、痹、淠、濞、鼻、自、洎、垍、濞、眉、詯、靅、旻、兡、器、弃、殔、髟、朁（替）、㡀、闭、辔、䨺（㬥）、癝、弼、兕、逯、吻”等字，与《手册》《表稿》归部不同。其中“兡、髟、吻”等字，刘博平应该是依据谐声归入没部。兡，当归入阴声韵部微部；髟、吻，当归入阳声韵部文部。我们对其余字的上古部属进行考证，发现“弼”的归部可以进一步讨论，“矞”等字的归部可能存在不妥。

矞，《说文·衣部》：“衣裾也。从衣肉声。”刘博平把“肉”及从“肉”声的字都归入没部。他可能依据谐声把“矞”也归入了没部。朱骏声归入履部，段玉裁归入十五部，《手册》《表稿》归入月部。《九歌·湘夫人》“矞、澨、逝、盖”韵，与“矞”押韵的字上古都属于月部。依据押韵，“矞”上古当归入月部。

“矞”及从“矞”得声的“窬、谲、憰、潏、劀、橘、鷸、驈、噊、趫、遹、鷸、繘、蟜”，朱骏声归入履部，段玉裁归入十五部，《手册》《表稿》归入质部。刘博平把“矞”及从“矞”得声的字归入没部，可能是因为《庄子》异文或者这些字的中古音。从“矞”得声的字中古大部分属于术韵，术韵字在上古大部属于物部（即黄侃、刘博平的没部）。《庄子·至乐》：“支离叔与滑介叔，观于冥伯之丘。”《经典释文》：“崔本作潏。”滑，上古属于物部。但张衡《东京赋》“结、节、替、谲、秩”韵，与“谲”押韵的字上古都属于质部。《文选·王延寿·鲁灵光殿赋》：“仡欺猥以雕䀢。”李善注：“《声类》曰：‘瞲，惊视也。’䀢与瞲同，呼穴切。”《诗经·小雅·小旻》：“谋犹回遹。”《经典释文》：“《韩诗》作鴥，义同。”《文选·幽通赋》李善注引《韩诗》“遹”作“穴”。《文选·西征赋》李善注引《韩诗》“遹”作“泬”。《秦风·晨风》：“鴥彼晨风。”《韩诗外传》八引“鴥”作“鷸”。䀢、穴、泬、鴥，上古都属于质部。依据汉代押韵、异文，“矞”及从“矞”声的字上古都当归入质部。

“内”以及从“内”声的字，上古的归部争议比较多。王力《诗经韵读》认为《诗经·大雅·荡》“类、怼、对、内”韵，《大雅·抑》“寐、内”韵，是物部字押韵，《表稿》认为“内”以及从“内”的字上古归入缉部，这两个韵段为物部与缉部合韵。从“内”声的字，中古有属于盍韵的“魶”（按，也入合韵），也有属于合韵的“軜、纳”，还有属于没韵的“讷”，也有属于祭韵的“芮、汭、枘、蜹、蚋”。我们认为“内、讷、芮、汭、枘、蜹、蚋”上古归入物部。“魶、軜、纳”这些中古属于盍韵、合韵的字，从上古到中古发展变化不大，上古当归入缉部。

四、呬、牭、柶、驷、泗，刘博平归入没部，朱骏声归入履部，段玉裁归入十五部，《手册》《表稿》归入质部。《诗经·小雅·采菽》“淠、嘒、驷、届”韵，与“驷”押韵的字上古都属于质部。《鄘风·干旄》“纰（脂部）、四、畀”韵，脂质通韵。牭，籀文为“𢌿”，从“貳”。貳，上古属于脂部，与质部对转。依据押韵以及异文，“四、呬、牭、柶、驷、泗”上古当归入质部。

“隶”及从“隶”声的字中，刘博平把“隶、逮”归入咍部，把“悷、棣、逮、隸、殔”归入没部。朱骏声把“隶”及从“隶”声的字都归入履部，段玉裁归入十五部，《手册》《表稿》归入质部。《诗经·秦风·晨风》“棣、檖、醉”韵，与“棣”押韵的字上古属于物部。刘博平把“隶、逮”归入咍部，可能是受中古音的影响。逮，《广韵》属于代韵。逮，《经典释文》注“音代”24次。中古的代韵字上古一部分归入之部。《远游》：“时暧曃其曭莽兮，召玄武而奔属。”王逸注：“暧曃一作晻曀。”曀，上古属于入声韵部质部。《秦风·晨风》：“山有苞棣。”《经典释文》：“棣，音悌，唐棣也。”悌，上古属于脂部，与质部阴入对转。汉代司马相如《子虚赋》“隶、至”韵。至，上古入质部。肆，本字“肆”。《春秋·庄公二十二年》：“二十有二年春，王正月，肆大眚。”《经典释文》：“肆，音四，本或作佚。”佚，上古属于质部。在

《经典释文》中，“肆”作“肄”的有4次，“肄”作“肆”的有2次。肆，上古属于质部。依据异文及注释家的注音，“隶”及从“隶”声的字上古当归入质部。

示、祁、视、狋，刘博平都归入没部，朱骏声归入履部，段玉裁归入十五部，《手册》《表稿》归入脂部。《诗经·豳风·七月》“迟、祁”韵，《小雅·大东》“匕、砥、矢、履、视、涕”韵，《九章·怀沙》“济、示”韵；汉代韦玄成《自劾诗》“视、履”韵，王褒《九怀·陶壅》“沶、师、夷”韵，王延寿《鲁灵光殿赋》“狋、跠”韵。与“示、祁、视、狋、沶”押韵的字上古都属于脂部。《礼记·仲尼燕居》“治国其如指诸掌而已乎”，《中庸》为“治国其如示诸掌而已乎”。指，上古属于脂部。《周易·坎》：“寘于丛棘。”《经典释文》：“寘，刘作示。”《周礼·秋官·朝士》郑注、《穀梁传·宣公二年》范注并引“寘”作“示”。《诗经·小雅·鹿鸣》：“示我周行。”郑笺：“示，当作寘。”《荀子·大略》：“示诸檃栝。”杨倞注：“示，读为寘。”寘，上古属于脂部。“示”以及从“示”声的字与从“氏”声的字关系密切。《说文·目部》：“眡，亦古文视。”“眡、视”常构成异文。如《周易·颐》：“虎视眈眈。”《周礼·春官·序官》郑注及贾疏并引“视”作“眡”。《仪礼·士丧礼》：“示高。”《周礼·春官·大卜》作“眡高。”《说文·虫部》：“蚳，读若祁。”《尔雅·释地》：“燕有昭余祁。”《经典释文》：“祁，孙本作底。”《汉书·地理志》：“苏示。”颜师古注：“示，读曰祇。”《列子·天瑞》：“国君卿大夫眎之，犹众庶也。”殷敬顺《释文》“眎”作“视”。从“氏”声的字上古属于脂部。从“示”声的字与微部关系也比较密切，如《诗经·召南·采蘩》“祁、归（微部）”韵，脂微合韵；《小雅·出车》“迟、萋、喈、祁、归（微部）、夷”韵，脂微合韵。但综合起来看，“示、祁、视、狋”上古当归入脂部。

畀、箅、痹、淠、濞、鼻，刘博平归入没部，朱骏声归入履部，段玉裁归入十五部，《手册》《表稿》归入质部。《诗经·小雅·采菽》“淠、嘒、驷、届”韵，质部字押韵。《鄘风·干旄》“纰（脂部）、四、畀”韵，脂质通韵。《小雅·小弁》“嘒、淠、届、寐（物部）”韵，质物合韵。汉王延寿《鲁灵光殿赋》“秘、濞、悸”韵。秘、悸，上古都属于质部。箅、痹、濞，古籍中用得很少。根据押韵，“畀、箅、痹、淠、濞、鼻”上古当归入质部。

自、洎、垍、臮、眉、詯，朱骏声归入履部，段玉裁归入十五部，《手册》《表稿》归入质部。刘博平把“自、洎、垍、臮、眉、詯”归入没部，可能是由于从自声的“臮”字常与上古属于物部的“暨”字构成异文。如《尚书·尧典》：“让于稷、契暨皋陶。”《说文·㐺部》作“臮咎繇”。从汉代押韵、注释家的注音来看，“自、洎、垍、臮、眉、詯”上古当归入质部。张衡《东京赋》“戾、洎、质”韵，与“洎”押韵的字上古属于质部。《周礼·秋官·士师》：“祀五帝，则沃尸及王盥洎，镬水。”郑玄注：“洎，谓增其沃汁。”《经典释文》：“洎，其器反，或音冀。”冀，上古属于质部。

覤，朱骏声归入履部，段玉裁归入十五部，《手册》《表稿》归入质部。刘博平把“覤”归入没部，可能是依据中古音。覤，古籍中用得非常少，徐铉本《说文》、《广韵》都为“虚器切”，中古与“呬”字同音，属于至韵。呬，刘博平归入没部。呬，上古当归入质部，“覤”上古也当归入质部。

旻，《说文·旻部》：“举目使人也。从攴从目，读若䬀。”䬀，上古属于物部。刘博平把“旻”归入没部，可能是依据读若。朱骏声归入履部，段玉裁归入十五部，《手册》《表稿》归入月部。旻，古籍中用得非常少，《说文系传》为“隳悦反”，属于薛韵；《集韵》有一音为“许月切”，属于月韵。依据中古音上推古音，“旻”上古当归入月部。

器，刘博平归入没部，朱骏声归入履部，段玉裁归入十五部，《手册》《表稿》归入质部。汉代《关中诗》“肆、器、二（脂部）、肄”韵，脂质通韵。张衡《东京赋》“器、位（物部）、肆、辔”韵，质物合韵。器，徐铉本《说文》、《广韵》都为“去冀切”，属于去声至韵。依据中古音上推古音以及汉代押韵，我们倾向于把“器”归入质部。

弃，刘博平归入没部，朱骏声归入履部，段玉裁归入十五部，《手册》《表稿》归入质部。《周南·汝坟》“肄、弃”韵。肄，上古属于质部。扬雄《长杨赋》：“故平不肆险，安不忘危。”李善注：“服虔曰：‘肆，弃也。’”王褒《洞箫赋》“惠、弃、肆”韵。惠、肆，上古属于质部。依据押韵，“弃”上古当归入质部。

㚔，古籍中用得非常少，刘博平归入没部，朱骏声归入履部，段玉裁归入一部，《手册》《表稿》归入之部。《汉字古音表稿》说：“怪㚔（怪韵，guài），《手册》根据王力《诗经韵读·谐声表》将两字列在之部。王先生在注中说：‘怪声依语音系统应入物部，但《楚辞·九章·怀沙》协“怪”“态”，《远游》协“怪”“来”，故从段玉裁归之部，存疑。’”① 我们遵从段玉裁、王力等的归部，把“㚔”归入之部。

䕻（替），《说文·竝部》：“废，一偏下也。从竝白（zì）声。”白（自），刘博平归入没部。他把“䕻”归入没部，可能是依据谐声。朱骏声归入履部，段玉裁归入十二部，《手册》《表稿》归入质部。《九章·怀沙》“抑、替”韵，张衡《东京赋》“结、节、替、谲、秩”韵，与“替”押韵的字上古都属于质部。依据押韵，“替”上古当归入质部。

𦒻，刘博平归入没部，朱骏声归入泰部，段玉裁归入十五部，《手册》《表稿》归入质部。《说文》：“《虞书》曰：‘𦒻类于上帝。’”今本“𦒻”作“肆”。《春秋·庄公二十二年》：“二十有二年春，王正月，肆大眚。”《经典释文》：“肆，音四，本或作佚。”四、佚，上古属于质部。《周礼·春官·小宗伯》：“肄仪为位。”郑玄注：“故书肄为肆，杜子春读肆当为肄。”《仪礼·聘礼》：“问大夫之币，俟于郊，为肆，又赍皮马。”郑玄注：“古文肆为肄。”《礼记·曲礼下》：“君命，大夫与士肄。”《周礼·天官·掌舍》贾疏引“肄”作“肆”。《礼记·玉藻》：“肆束及带。”郑玄注：“肆读为肄。”肄，上古属于质部。依据注释家的注音上推古音以及异文，“𦒻”上古当归入质部。

① 郭锡良编著，雷瑭洵校订：《汉字古音表稿》，北京：中华书局，2020 年，第 7 页。

闭，刘博平归入没部，朱骏声归入履部，段玉裁归入十五部，《手册》《表稿》归入质部。《诗经・鄘风・载驰》："视尔不臧，我思不閟。"毛传："閟，闭也。"《鲁颂・閟宫》："閟宫有侐，实实枚枚。"毛传："閟，闭也。"《秦风・小戎》："交韔二弓，竹闭绲縢。"《经典释文》："闭，悲位反，本亦作鞑，郑注《周礼》云：'弓檠曰鞑。'弛则缚于弓里，备损伤也，以竹为之，鞑，音悲位反，徐边惠反，一音必结反。"《周礼・考工记・弓人》郑注引"竹闭绲縢"作"竹鞑绲縢"。《仪礼・既夕礼》郑注引"竹闭绲縢"作"竹柲绲縢"。《汉书・五行志》："今命以时卒，閟其事也。"颜师古注："閟，闭也。"《史记・韩王信卢绾列传》"绾愈恐，闭匿"，《汉书・卢绾传》作"绾愈恐，閟匿"，颜师古注："閟，闭也。闭其踪迹，藏匿其人也。閟，音祕。"《穆天子传》卷五："曰'我徂黄竹，□负閟寒'。"郭璞注："閟，闭也，音祕。"閟、鞑、柲，上古属于质部。依据古注、注释家的注音以及异文，"闭"上古当归入质部。

辔，刘博平归入没部，朱骏声归入履部，段玉裁归入十五部，《手册》《表稿》归入质部。《尔雅・释器》："载辔谓之轙。"郭璞注："车轭上环，辔所贯也。"《经典释文》："辔，音祕。"祕，上古属于质部。依据《尔雅》注音，"辔"上古当归入质部。

䰝（䨦）、癓，刘博平归入没部，朱骏声归入履部，段玉裁归入十五部，《手册》《表稿》归入质部。《淮南子・坠形训》："食木者多力而䰝。"高诱注："䰝，读内䰝于中国之䰝，近鼻也。"鼻，上古属于质部。䰝，徐铉本《说文》、《广韵》都为"平秘切"；癓，徐铉本《说文》也为"平秘切"，属于至韵。依据高诱注以及中古音上推古音，"䰝（䨦）、癓"上古当归入质部。

弼，朱骏声归入泰部，段玉裁归入十五部，《手册》《表稿》归入质部。刘博平归入没部，可能是依据《经典释文》等注音。《诗经・周颂・敬之》："佛时仔肩，示我显德行。"毛传："佛，大也。"《经典释文》："佛时，毛符弗反，大也，郑音弼，辅也。"《论语・阳货》："佛肸召，子欲往。”《经典释文》：“佛，音弼。”《庄子·则阳》：“至有所拂者，而有所宜。”《经典释文》：“所拂，扶弗反，戾也，又音弗，又音弼。”佛、拂，上古属于物部。《说文》：“粤，并古文弼。”奔，《说文》：“读若‘予违，汝弼’。”《尚书·益稷》“汝弼”，《史记·夏本纪》作“女匡拂予”。《史记·太史公自序》：“辅拂股肱之臣配焉。”《汉书·司马迁传》“拂”作“弼”。《东方朔传》：“上以拂主之邪。”颜师古注：“拂与弼同。”《盖宽饶传》：“匡拂天下。”颜师古注：“拂，读曰弼。”《王莽传》：“甄丰为太阿右拂。”颜师古注：“拂，读曰弼。”《荀子·臣道》：“谓之拂。”杨倞注：“拂，读为弼。”《文选·东方朔·非有先生论》：“上以拂人主之邪。”李善注：“拂，与弼同。”《经典释文》的有些注音又体现“弼”与上古属于质部的字关系密切。《春秋·宣公十二年》：“夏六月乙卯，晋荀林父帅师及楚子战于邲。”《经典释文》：“于邲，扶必反，一音弼。”《穀梁传·庄公十年》：“绝之也。何为绝之？获也。中国不言败。”范宁注：“据宣十二年‘晋荀林父帅师及楚子战于邲，晋师败绩’，不言败晋师。”《经典释文》：“于邲，皮必反，又扶必反，一音弼。”《僖公十八年》：“战不言伐，客不言及。言及，恶宋也。”范宁注：“宣十二年夏，‘晋荀林父帅师及楚子战于邲，晋师败绩’是也。”《经典释文》：“于邲，蒲必反，一音弼。”邲，上古属于质部，中古属于质韵。弼，徐铉本《说文》、《广韵》都为“房密切”，属于质韵开口。我们倾向于把“弼”归入质部，“弼”虽然与“佛、拂、粤、奔”关系密切，但“佛、拂、粤、奔”是合口。

兕，刘博平归入没部，朱骏声归入履部，段玉裁归入十五部，《手册》《表稿》归入脂部。《诗经·小雅·吉日》“矢、兕、醴”韵，汉代李尤《铠铭》“矢、兕”韵，与“兕”押韵的字上古都属于脂部。兕，徐铉本《说文》、《广韵》都为“徐姊切”，属于阴声韵上声旨韵。依据押韵以及中古音上推古音，“兕”上古当归入脂部。

𣬈，刘博平归入没部，朱骏声归入颐部，段玉裁归入十二部，《手册》《表稿》归入职部。𣬈，《说文》：“读若虙羲氏之虙。”虙，上古属于职部。依据《说文》读若，“琭”上古当归入职部。

（三）痕部

《说文古音谱》中，痕部字 472 个，包含《广韵》的真韵、欣韵、魂韵、文韵、谆韵、臻韵，部分痕韵、山韵、先韵字，以及少部分元韵、微韵、仙韵、删韵、灰韵、桓韵，以及极个别的没韵、豪韵、齐韵、脂韵、支韵字，开口一等、合口一等、开口二等、合口二等、开口三等、合口三等、开口四等字都有，合口四等字没有，主要是中古的平、上、去三声字，也有个别入声字是按谐声归入此部。

痕部谐声声符有：

殷声　　垔声　　甄声　　𦥑声　　㥯声　　隱声　　𥁕声
温声　　熏声　　军声　　君声　　群声　　斤声　　近声
沂声　　狺声　　欣声　　昏声　　暋声　　艮声　　云声
雲声　　圂声　　昆声　　堇声　　䍜声　　侖声　　囷声
麇声　　困声　　门声　　典声　　䇅声　　敦声　　屯声
萅（春）声　　屍声　　殿声　　盾声　　豚声　　文声　　吝声
闵声　　薦声　　尊声　　夋声　　陖声　　酸声　　俊声
刃声　　忍声　　西声　　寸声　　存声　　允声　　先声
孫声　　本声　　分声　　份声　　岔声　　釁声　　贲声
豩声　　燹声　　员声　　辰声　　晨声　　脣声　　尹声
舛声　　舜声　　川声　　隼声　　𡴀声　　奮声　　糞声
鰥声　　鲧声　　㭘声　　免声

刘博平归入痕部的 472 个字中，有“谆、镦、憞、倩、绮、㭘、憖、𩩮、鞔、晩、冕、鮸、勉、浼、𡡉、挽、娩、晚、輓、狻、酸、𩅿、葰、恨、暋、䫬、鹍、揞、缗、鍲、恩、𡊄、媪、沂、䜩、闾、腯、敏、莽、沇、龀、㹈、牲、屾、䕌、燊、穙”等字，与《手册》《表稿》的归部不同。其中“谆、镦、憞、葰、𡊄、沂、腯、莽、穙”等字，刘博平应该是依据谐声归入痕部。谆、镦、憞、葰、沂、莽、穙，当归入阴声韵部微部；嗢、腯，当归入入声韵部物部。我们对其余字的上古部属进行考证，发现“秫、愁、鰲、狻、瞖、谿、鸖、揟、缗、鐇、礬、閶、龇、鼕”等字的归部可以进一步讨论，“倩”等字的归部可能存在不妥。

倩、绮，《说文》都为“青声”。青，上古归耕部。刘博平把“倩、绮”归入痕部，朱骏声归入鼎部，段玉裁归入十一部，《手册》《表稿》归入耕部。王力认为《诗经·卫风·硕人》“倩、盼”韵是真文合韵，《表稿》认为是耕文合韵。《卫风·硕人》：“巧笑倩兮。”毛传：“倩，好口辅。”《经典释文》：“倩兮，本亦作蒨，七荐反，好口辅也。《韩诗》云：‘仓白色。’”《论语·八佾》：“子夏问曰：‘巧笑倩兮，美目盼兮，素以为绚兮’何谓也？”何晏集解：“马曰：‘倩笑貌。’”《经典释文》：“倩兮，七练反。”《庄子·刻意》：“故素也者，谓其无所与杂也；纯也者，谓其不亏其神也。”郭象注：“则虽龙章凤姿，倩乎有非常之观，乃至素也。若不能保其自然之质，而杂乎外饰，则虽犬羊之鞹，庸得谓之纯素哉！”《经典释文》：“倩乎，七练反。”《史记·货殖列传》：“若千亩卮茜。”集解：“茜，音倩。一名红蓝。其花染缯，赤黄也。”《文选·司马相如·子虚赋》：“倏眒倩浰。”五臣注：“倩，墙练反。”郭璞注：“张揖曰：‘皆疾貌。’倩，千见切。”《汉书》给“倩”字注音，当“倩”为“人名或者字”义时，都注“千见反”。“七荐反”“七练反”“千见反”读音相同，中古属于霰韵，上古当归入真部。

《史记·扁鹊仓公列传》：“黄氏诸倩见建家京下方石，即弄之。”集解：“徐广曰：‘倩者，女婿也。’骃案《方言》曰：‘东齐之间婿谓之倩。’郭璞曰‘言可假倩也。’”正义：“倩，音七姓反。”《广雅·释亲》：“婿谓之倩。”《博雅音》：“倩，取令反。”“七姓反”与“取令反”读音相同，中古属于劲韵。依据这些注音上推古音，“倩”上古也当有耕部音一读。

绮，上古不入韵。《仪礼·士丧礼》：“陈袭事于房中，西领，南上，不绮。”郑玄注：“绮，读为綪。綪，屈也。”《经典释文》：“不绮，注作綪，侧庚反，后皆同，《说文》云：‘綪，萦绳也。’”《既夕礼》：“器，西南上，綪。”郑玄注：“陈明器，以西行南端为上。綪，屈也，不容则屈而反之。”《经典释文》：“上綪，侧耕反。”《礼记·玉藻》：“齐则綪结佩而爵韠。”郑玄注：“綪，屈也。”《经典释文》：“綪，侧耕反，结也，屈也。”《史记·楚世家》：“王綪缴兰台。”集解：“徐广曰：‘綪，萦也，音争。’”正义：“郑玄云：‘綪，屈也。’”綪、争，上古都属于耕部。“侧庚反”中古属于庚韵；“侧耕反”中古属于耕韵。依据注释家的注音上推古音以及注释，“綪”为“屈也、萦也”义时，上古当归入耕部。

《左传·定公四年》：“分康叔以大路、少帛、綪茷、旃旌。”杜预注：“綪茷，大赤，取染草名也。”《经典释文》：“綪，七见反。”《文选·张衡·东京赋》：“鸾旗皮轩，通帛綪斾。”李善注：“綪，音蒨，綪茷，韦昭曰：‘綪茷，大赤也。’”五臣本“綪”作“蒨”。《文选·宋玉·风赋》：“楚襄王游于兰台之宫。”李善注：“襄王曰：‘王綪缴兰台。’徐广曰：‘綪，萦也。’七见切。”《管子·山权数》：“梁山之阳，綪緤夜石之币，天下无有。”房玄龄注：“綪，千见反。”《群经音辨》：“綪，赤缯也，七见切，《春秋传》：‘綪茷旃旌’；綪，屈也，仄庚切，《礼》：‘陈袭事于房中，西领南上，不綪。’”“七见切”“千见反”中古属于霰韵。依据古注及注释家的注音上推古音，“綪”为“大赤”义，上古当归入真部。

猌、憖、甐，朱骏声归入坤部，段玉裁归入十二部，《手册》《表稿》归入真部。刘博平归入痕部，可能是依据《说文》“猌，读若银”。银，上古属于文部。猌、甐，古籍中用得非常少。猌，《篆隶万象名义》为“牛吝反”，徐铉本《说文》为“鱼仅切”，《广韵》为“鱼觐切”，这些注音读音相同，都属于疑纽震韵。甐，《篆隶万象名义》为“力因反”，徐铉本《说文》、《广韵》都为“力珍切”，这两个反切读音相同，都属于来纽真韵。憖，《经典释文》注音的首音为“鱼靳反”“鱼觐反”，折合音也为疑纽震韵。《汉书·五行志》：“旻天不吊，不憖遗一老。”颜师古注：“应劭曰：‘憖，且辞也。’……憖，音鱼觐反。”《文选》五臣注都为“鱼靳反”。《方言》：“憖，伤也。”郭璞注：“《诗》曰‘不憖遗一老’，亦恨伤之言也。慭，鱼吝反。”《广雅·释诂一》：“慭，忧也。”《博雅音》：“慭，牛觐反。”《释诂二》：“慭，愓也。”《博雅音》：“慭，鱼靳反。”鱼吝反，中古属于震韵。中古震韵字，上古属于真部、文部的都有。“鰲”字段注说：“《周礼》‘其动物宜鳞物’刘本作鰲，音鳞。按刘本叚鰲为鳞耳。”鳞，上古属于真部。我们倾向于依据《说文》读若把“猌、慭、鰲”归入文部。

从“免”得声的字“鞔、晚、冕、鮸、勉、浼、嬔、娩、娩、晚、輓”，上古的归部争议较大。刘博平归入痕部，朱骏声归入屯部，段玉裁归入第十三、十四部都有，《手册》《表稿》归入元部。王力认为《诗经·邶风·新台》“洒、浼、殄”韵是文部字押韵，《表稿》认为是元文合韵。《礼记·檀弓》“不没其身”，《国语·晋语》作“不免其身”。《诗经·邶风·谷风》：“黾勉同心。”《文选·为宋公求加赠刘前军表》李善注引《韩诗》“黾勉”作“密勿”。《小雅·十月之交》：“黾勉从事。”《汉书·楚元王传》、《后汉书·傅毅传》李注引“黾勉”作“密勿”。没、勿，上古属于物部。《邶风·新台》：“河水浼浼。”《经典释文》：“浼浼，《韩诗》作浘浘。”浘，上古属于微部。微部、物部与痕部语音对转。

《论语·子罕》：“冕衣裳者。”《经典释文》：“郑本作弁，云：‘鲁读弁为絻。’”《乡党》：“见冕者。”《经典释文》：“郑本作弁。”《史记·封禅书》：“黄帝得宝鼎宛朐。”《汉书·郊祀志》“宛朐”作“冕侯”。《吕氏春秋·重己》：“胃充则中大鞔。”高注：“鞔，读曰懑。”《史记·孔子世家》：“鄹人挽父之母。”《礼记·檀弓》“挽”作“曼”。《远游》：“玉色頩以脕颜兮。”考异：“脕，一作曼。”弁、宛、懑、曼，上古都属于元部。《周礼·春官·巾车》：“革路，龙勒，条缨五就，建大白，以即戎，以封四卫。”郑玄注：“革路，鞔之以革而漆之。”《经典释文》：“鞔，莫干反。”“莫干反”中古属于寒韵。寒韵字上古属于元部。我们倾向于把“免”及从“免”得声的字归入文部，与元部字有关的语音材料可能反映了这些字的语音变化发展。

狻，《说文·犬部》："狻麑，如虦猫，食虎豹者。从犬夋声。"夋，上古属于文部。刘博平把"狻"归入痕部，可能是依据谐声。朱骏声归入屯部，段玉裁归入十四部，《手册》《表稿》归入元部。《穆天子传》卷一："狻猊□野马走五百里。"郭璞注："狻猊，师子，亦食虎豹野马，亦如马而小。狻，音俊。"俊，上古属于文部。郭璞注是较早的注释，"狻"上古也有可能属于文部。

《尔雅·释兽》："狻麑，如虦猫，食虎豹。"郭璞注："即狮子也，出西域。汉顺帝时，疏勒王来献犎牛及狮子，《穆天子传》曰：'狻猊日走五百里。'"《经典释文》："狻，先官反。"《汉书·西域传》："而有桃拔、狮子、犀牛。"颜师古注："狮子，即《尔雅》所谓狻猊也。狻，音酸。"《文选·班固·西都赋》："挟狮豹，拖熊螭。"李善注："《尔雅》曰：'狻猊，如虦猫，食虎豹。'郭璞曰：'即狮子也。'狻，先丸切。"《文选·张衡·西京赋》："揸狒猬，批窳狻。"李善注："狻，狻猊也。……狻，音酸。"酸，上古属于元部。"先官反""先丸切"中古属于桓韵，上推古音"狻"当归入元部。

酸，《说文》"夋声"。霰，《说文·雨部》："小雨也。从雨酸声。"夋，上古属于文部。刘博平把"酸、霰"归入痕部，可能是依据谐声。朱骏声归入屯部，段玉裁归入十四部，《手册》《表稿》归入元部。《礼记·表记》："故君子之接如水，小人之接如醴。君子淡以成，小人甘以坏。"郑玄注："酒醴相得则败。淡，无酸酢少味也。"《经典释文》："酸，悉官反。"《孝经·丧亲》："食旨不甘，此哀戚之情也。"郑玄注："不尝咸酸而食粥。"《经典释文》："酸，素丸反，《礼》：'三年之丧，食无盐酸。'""悉官反""素丸反"中古属于桓韵，上推古音当归元部。离汉代比较近的西晋欧阳建的《临终诗》"蛮、盘、患、关、官、端、宽、安、寒、难、观、叹、肝、酸、残、环、澜"韵，与"酸"押韵的字上古都属于元部。因此，我们把"酸"的上古音归入元部。霰，古籍中用得非常少，徐铉本《说文》、《广韵》都为"素官切"，属于桓韵，上古也当归入元部。

怋，《说文·心部》：“㥾也。从心民声。”民，上古属于真部。刘博平把“怋”归入痕部，可能是依据徐铉本注音。朱骏声归入坤部，段玉裁归入十二部，《手册》《表稿》归入真部。怋，古籍中用得非常少，徐铉本《说文》为“呼昆切”，属于魂韵。“怋”与“昏、殙、惛、阍、婚”的反切相同，它们在《说文古音谱》中排在一起。怋，《广韵》为“弥邻切”，属于真韵。依据谐声以及《广韵》注音上推古音，“怋”上古当归入真部。

暋、䃉、䳟、揾、缗、錉，刘博平归入痕部，段玉裁归入第十三部，朱骏声归入屯部，《手册》《表稿》归入真部。但《表稿》又认为《诗经·召南·何彼襛矣》“缗、孙”韵，为文部押韵。《尚书·盘庚》：“乃不畏戎毒于远迩，惰农自安，不昬作劳。”孔安国传：“昬，强。”《经典释文》：“昬，马同，本或作敃，音敏。《尔雅》昬敃皆训强，故两存。”《尚书·康诰》：“暋不畏死，罔弗憝。”孔安国传：“暋，强也。”《经典释文》：“敃，音敏。”《周书·立政》：“其在受德暋。”《经典释文》：“敃，眉谨反，徐亡巾反，一音闵。”《庄子·外物》：“慰暋沉屯。”郭象注：“非清夷平畅也。”《经典释文》：“慰敃，武巾反。李音昬，又音泯。慰，郁也；敃，闷也。”《尔雅·释诂》：“暋，强也。”郭璞注：“驰骛事务皆曰勉强。”《经典释文》：“敃，音闵，或作旻。”《史记·平准书》：“异时算轺车贾人缗钱皆有差。”集解：“李斐曰：‘缗，丝也。以贯钱也，一贯千缗，出二十算也。’”索隐：“缗，音旻。”《绛侯周勃世家》：“攻爰戚、东缗。”索隐：“小颜音昬，非也。《地理志》‘山阳有东缗县’，音旻。然则户牖之为东缗，音昬。是属陈留者，音昬；属山阳者，音旻也。”正义：“缗，眉贫反。《括地志》云：‘东缗故城汉县也，在兖州金乡县界。’”《司马相如列传》：“于是乎周览泛观，瞋盼轧沕。”集解：“徐广曰：‘盼，一作缗。’”《汉书·地理志》：“县二十三昌邑……东缗。”颜师古注：“《春秋·僖二十三年》‘齐侯伐宋围缗’，即谓此，音旻。”《方言》：“缗绵，施也。”郭璞注：“相覆及之名也，音旻。”《山海经·大荒南经》：“故曰季厘之国，有缗渊。”郭璞注：“音昏。”《广雅·释诂》：“鍲，税也。”《博雅音》：“鍲，音旻。”《释言》：“鍲，算也。”敏，中古属于轸韵；昏、闵、旻、盼，上古都属于文部。依据押韵、谐声、注释家的注音以及异文，“暋、䫉、䳟、捪、缗、鍲”上古当归入文部。

恩，《说文》称“因声”，朱骏声归入坤部，段玉裁归入十三部，《手册》《表稿》归入真部。从“因”声的“茵”等字，刘博平上古归入先部。他把“恩”字归入痕部，可能是受到徐铉本注音的影响。恩，徐铉本《说文》为“乌痕切”，属于痕韵。先秦“恩”字不入韵，赵壹《穷鸟赋》“贤、怜、西、恩、天、年、孙”韵。“孙”上古属于文部，其余的字上古属于真部。贤、怜、天、年，中古属于先韵；西，中古属于齐韵；孙，中古属于魂韵。《诗经·豳风·鸱鸮》：“恩斯勤斯，鬻子之闵斯。”孔颖达疏：“恩之言殷也。”殷，上古属于文部。《文选·张衡·思玄赋》：“阽焦原而跟止。”五臣注：“跟，古恩反。”“跟”中古属于痕韵。这说明至晚在唐代，“恩”已入痕韵。我们倾向于依据谐声，把“恩”归入真部。

媪，《说文·女部》：“女老称也。从女𥁕声。”𥁕，上古属于痕部。刘博平把“媪”归入痕部，可能是依据谐声。朱骏声归入屯部，段玉裁归入十三部，《手册》《表稿》归入幽部。《史记·高祖本纪》：“父曰太公，母曰刘媪。”集解：“文颖曰：‘幽州及汉中皆谓老妪为媪。’孟康曰：‘长老尊称也。左师谓太后曰：媪爱燕后贤长安君。’《礼·乐志》：‘地神曰媪。’媪，母别名也。音乌老反。”《外戚世家》：“秦时与故魏王宗家女魏媪通。”索隐：“媪，音乌老反。然媪是妇人之老者通号，故赵太后自称媪。及刘媪、卫媪之属是也。”《汉书·高帝纪》：“姓刘氏，母媪。”颜师古注：“孟康曰：‘媪，母别名，音乌老反。’师古曰：媪，女老称也，孟音是矣。”《文选·陆机·汉高祖功臣颂》：“皇媪来归。”五臣注：“媪，乌老反。”李善注：“《汉书音义》曰：‘媪，母别名也。’”《文选·班彪·王命论》：“初，刘媪妊高祖。”五臣注：“媪，乌老反。”《广雅·释亲》：“媪，母也。”《博雅音》：“媪，乌道反。”《篆隶万象名义》："媪，乌道反，女老称，母别名。"《广韵》："媪，女老称，乌晧切。""乌老反""乌道反""乌晧切"读音相同，中古属于阴声晧韵。依据这些注音上推古音，"媪"上古当归入幽部。

譬，《说文·虤部》："两虎争声。从虤从曰。读若憖。"憖，刘博平归入痕部。刘博平把"譬"也归入痕部，可能是依据《说文》读若。朱骏声归入坤部，段玉裁归入十二部，《手册》《表稿》归入真部。譬，古籍中用得非常少，徐铉本《说文》、《广韵》都为"语巾切"，《篆隶万象名义》为"牛巾反"，与"语巾切"读音相同，属于真韵。我们倾向于依据《说文》读若，把"譬"归入文部。

訚，《说文·言部》："和说而诤也。从言门声。"门，上古属于文部。刘博平把"訚"归入痕部，可能依据谐声。朱骏声归入屯部，段玉裁归入第十三部，《手册》和《表稿》归入元部。《汉书·万石君传》："僮仆訢訢如也。"颜师古注："晋灼曰：'许慎云：古欣字也。'晋说非也。此'訢'读与'訚訚'同，谨敬之貌也，音牛巾反。"《文选·李康·运命论》："揖让于规矩之内，訚訚于洙泗之上。"五臣注："訚訚，音银。"刘良注："訚訚，和乐貌。"欣、银，上古属于文部。依据注释家的注音以及谐声，"訚"上古当归入文部。

敏，《说文·攴部》："疾也。从攴每声。"每，上古属于之部。朱骏声归入颐部，段玉裁归入一部，《手册》《表稿》归入之部。刘博平把"敏"归入痕部，可能是依据中古音。敏，徐铉本《说文》、《广韵》都为"眉殒切"，属于阳声韵轸韵。《诗经·小雅·甫田》"止、子、亩、喜、右、否、亩、有、敏"韵，《大雅·生民》"祀、子、敏、止"韵，与"敏"押韵的字上古都属于之部。从《诗经》押韵来看，"敏"上古当归入之部。

沇，《说文·水部》："水。出河东东垣王屋山，东为泲。从水允声。沿，古文沇。"允，上古属于文部。刘博平把"沇"归入痕部，可能依据谐声。朱骏声归入屯部，段玉裁归入十四部，《手册》《表稿》归入元部。《尚书·禹贡》："导沇水东流为济。"孔安国传："泉源为沇，流去为济。"《经典释文》："沇，音兖，又以转反。"《汉书·礼乐志》："沇沇四塞，假狄合处。"颜师古注："孟康曰：'沇，音兖。'"《汉书·地理志》："道沇水东流为泲。"颜师古注："泉出王屋山名为沇，流去乃为泲也。沇，音弋脔反。"《列子·汤问》："貉逾汶则死矣。"殷敬顺《释文》："郦元《水经》曰'济水出王屋山为沇'，音兖。"兖、沿，上古属于元部。"以转反""弋脔反"都属于狝韵。依据异文以及注释家的注音上推古音，"沇"当归入元部。

另外，《文选·司马相如·上林赋》："沇溶淫鬻。"李善注："张揖曰：'水流溪谷之间也。'沇，以水切。"《文选·扬雄·羽猎赋》："萃傱沇溶。"李善注："《埤苍》曰：'沇溶，盛多之貌也。'沇，以水切。""以水切"中古属于阴声韵旨韵。依据这两个注音上推古音，"沇"上古当有微部一读。

龀，朱骏声归入坤部，段玉裁归入十七部，《手册》《表稿》归入真部，刘博平把"龀"归入痕部。龀，徐铉本《说文》为"初堇切"，属于隐韵；《广韵》为"初覲切"，属于震韵。依据中古音上推古音，"龀"上古既可归入真部，也可归入文部。龀，《释名·释长幼》："毁齿曰龀。龀，洗也，毁洗故齿更生新也。"洗，上古属于文部。依据声训，"龀"上古当归入文部。我们倾向于归入文部。

兟，朱骏声归入屯部，段玉裁归入十三部，《手册》《表稿》归入真部。刘博平把"兟"归入痕部，可能依据中古音。徐铉本《说文》、《广韵》都为"所臻切"，属于臻韵。《文选·宋玉·高唐赋》："縰縰莘莘，若生于鬼，若出于神。"李善注："《诗》曰：'鱼在在藻，有莘其尾。'毛苌曰：'莘，众多也。'莘，所巾切，字或作兟，往来貌，若出于神。"莘，上古属于真部。依据异文，"兟"上古当归入真部。

甡，朱骏声归入鼎部，段玉裁归入十二部，《手册》《表稿》归入真部。刘博平把"甡"归入痕部，可能是依据中古音。甡，古籍中用得非常少，徐铉本《说文》、《广韵》都为"所臻切"，属于臻韵。《诗经·大雅·桑柔》："瞻彼中林，甡甡其鹿。"毛传："甡甡，众多也。"《经典释文》："甡甡，所巾反，众多也。《声类》云：'聚貌。'"孔颖达疏："甡即诜字。诜诜，群聚之貌，故为众多也。"诜，上古属于文部。不过，《宋本玉篇》："甡，所巾切，众也，或作莘。"莘，上古属于真部。我们采用段玉裁等的归部，把"甡"归入真部。

屾，古籍中也用得非常少，徐铉本《说文》、《广韵》都为"所臻切"。我们把"屾"也归入真部。

驫，《说文·木部》："众盛也。从木驫声。"驫，上古属于幽部。段玉裁依据谐声归入第三部，朱骏声归入孚部，《手册》《表稿》归入幽部。刘博平把"驫"归入痕部，可能是依据中古音上推古音。驫，古籍中用得非常少，徐铉本《说文》为"所臻切"，《广韵》也有一音为"所臻切"，属于臻韵。我们倾向于依据谐声把"驫"归入幽部。

燊，《说文·焱部》："从焱在木上。读若《诗》'莘莘征夫'。"莘，上古属于真部。朱骏声归入坤部，段玉裁归入十二、十三部，《手册》《表稿》归入真部。刘博平把"燊"归入痕部，可能是依据中古音。燊，古籍中用得非常少，徐铉本《说文》、《广韵》都为"所臻切"，属于臻韵。我们倾向于依据《说文》读若，把"燊"归入真部。

四、歌部　曷部　寒部

（一）歌部

《说文古音谱》中，歌部字380个，包含《广韵》的歌韵、支韵、戈韵、麻韵、齐韵、佳韵、灰韵、脂韵字，以及少数桓韵、微韵、锡韵、皆韵字。开口一等、合口一等、开口二等、合口二等、开口三等、合口三等、开口四等字都有，主要是中古的平、上、去三声字，也有入声字是按谐声归入此部。

歌部谐声声符有：

蠡声　可声　阿声　何声　苛声　奇声　旖声

加声　　枷声　　委声　　多声　　侈声　　移声　　宜声
冎声　　咼声　　過声　　果声　　義声　　羲声　　我声
禾声　　爲声　　皮声　　匕声　　化声　　干声　　䰙声
哥声　　朵声　　它声　　𠂹声　　垂声　　巵声　　𢀩声
隋声　　憜声　　隓声　　隨声　　也声　　施声　　离声
離声　　羅声　　𣎆声　　羸声　　𠂇声　　左声　　𡍮声
差声　　沙声　　𧴪声　　罷声　　麻声　　靡声　　吹声
炊声　　叉声　　虘声　　麗声　　厽声　　絫声

刘博平归入歌部的380个字中，有“竵、裸、巍、柰、渿、詈、隸、𣞙、麗、𤺊、覼、邐、𢿢、酈、䕻、儷、驪、鱺、躧、纚、釃、籭、曬、灑、蠡、欚、𩼩、厽、絫、垒、樏、𡫯、磊、陲”等字，与《手册》《表稿》归部不同。其中“裸”，刘博平应该是依据谐声归入歌部，当归入阳声韵部元部。我们对其余字的上古部属进行考证，发现“詈、麗、𤺊、覼、邐、𢿢、酈、䕻、儷、驪、鱺、躧、纚、釃、籭、曬、灑、蠡、欚、𩼩”等字的归部可以进一步讨论，“竵”等字的归部可能存在不妥。

竵，《说文·立部》：“不正也。从立𦐇声。”𦐇，上古属于歌部。刘博平把“竵”归入歌部可能是依据谐声。朱骏声归入随部，段玉裁归入十六部，《手册》《表稿》归入支部。《尔雅·释虫》：“果蠃，蒲卢。”《说文·虫部》作“蜾蠃”。果，上古属于歌部。从“𦐇”声的“蠕”，上古属于歌部。竵，在文献中用得很少，一般认为是“歪”的异文，徐铉本《说文》为“火鼃切”，《广韵》为“火娲切”，都属于佳韵合口。依据中古音上推古音，“竵”当归入支部。

巍，《说文·嵬部》：“高也。从嵬委声。”委，上古属于歌部。刘博平把“巍”归入歌部，可能依据谐声。朱骏声归入履部，段玉裁归入十六部，《手册》《表稿》归入微部。《释名·释船》：“其前立柱曰桅。桅，巍也。”《诗经·小雅·谷风》：“维山崔嵬。”《中论·修本》引“嵬”作“巍”。《九章·涉江》：“冠切云之崔嵬。”考异：“嵬，一作巍。”《孟子·尽心下》："勿视其魏魏然。"《经典释文》："魏，丁云：'当作巍。'"《九叹·远游》："貌揭揭以巍巍。"考异："巍，《释文》作魏。"槐、嵬、魏，上古属于微部。依据声训以及异文，"巍"上古当归入微部。

柰，《说文·木部》："果也。从木示声。"渿，《说文·水部》："沛之也。从水柰声。"示，上古属于脂部。刘博平把"柰、渿"归入歌部，朱骏声归入履部，段玉裁归入十五部，《手册》《表稿》归入月部。柰，虽然古籍中用得比较多，但是注音很少。渿，古籍中用得非常少。柰、渿，徐铉本《说文》、《广韵》都为"奴带切"，《说文系传》为"能大反"，都属于泰韵。按照中古音上推古音，"柰、渿"上古归入月部。

詈，刘博平归入歌部，朱骏声归入随部，段玉裁归入十六部，《手册》《表稿》归入支部。王力认为《诗经·大雅·桑柔》"可、詈、歌"韵是歌部字押韵。《释名·释言语》："詈，历也，以恶言相弥历也。亦言离也，以此挂离之也。"《礼记·檀弓》："吾离群而索居亦已久矣。"《经典释文》："离，音詈。"离，上古属于歌部。依据声训以及注音，"詈"上古归入歌部。

隸，《说文·隶部》："附着也。从隶柰声。"柰，刘博平归入歌部，他把"隸、棣"也归入歌部。朱骏声归入履部，段玉裁归入十五部，《手册》《表稿》归入质部。《周礼·地官·师氏》："使其属帅四夷之隸。"郑注："故书隸或作肆，郑司农云：'读为隶。'"肆，上古属于质部。隸、棣，徐铉本《说文》、《广韵》都为"郎计切"，属于霁韵。依据异文以及中古音上推古音，"隸、棣"上古当归入质部。

"麗"及从"麗"声的"癰、覼、邐、𪏭、酈、蘼、儷、驪、鱺、躧、纚、醨、籭、曬、灑"，刘博平归入歌部。朱骏声归入随部；《手册》《表稿》归入支部；段玉裁把"麗"归入十五部，其余字归入十六部。"麗"及从"麗"声的字在《诗经》中不入韵，王力认为《离骚》"蕊、纚"韵是歌部字押韵，《表稿》认为是支歌合韵。在汉代，"麗"及从"麗"声的字既与上古属于支部的字押韵，也与上古属于歌部的字押韵。刘向《九叹・思古》“离、灑”韵，司马相如《大人赋》“麗、倚”韵，扬雄《羽猎赋》“麗、靡”韵，崔琦《外戚箴》“虧、池、麗”韵，班固《西都赋》《东都赋》“麗、侈”韵。这些与“灑、麗”押韵的字上古都属于歌部。张衡《西京赋》“差、离、罴、篪、蛇、麾、襹”韵、“伎、氏、绮、豸、罣、纚”韵，蔡邕《弹棋赋》“麗、企、驰”韵。这些与“襹、纚、麗”押韵的字中，篪、伎、氏、豸、企，上古属于支部；差、离、罴、蛇、麾、罣、驰，上古属于歌部。离、虧、池、差（参差）、罴、篪、蛇、罣、驰，中古属于支韵；倚、侈、靡、伎、氏、豸、企，中古属于纸韵。罗常培、周祖谟认为：“西汉音此字与‘靡倚’等字同属歌部，至东汉始转入支部。”① 从古读与异文等来看，从“麗”声的字与上古属于歌部、支部的字关系都密切。《周礼・秋官・小司寇》：“以八辟麗邦法。”郑注：“杜子春读麗为羅。”《说文・见部》：“覼，求也。从见，麗声。读若池。”《吕氏春秋・顺民》“鄜其手”，《论衡・感虚》引“鄜”作“麗”，《三国志・蜀志・郤正传》引“鄜”作“攦”。《战国策・燕策一》：“犹释弊躧。”汉帛书本“躧”作“沙”。《尚书・禹贡》：“九泽既陂。”《史记・河渠书》引“陂”作“灑”。《文选・左思・吴都赋》：“轻脱躧于千乘。”李善注：“《声类》曰：‘躧或作韃。’”《文选・司马相如・长门赋》“蹝履起而彷徨”。李善注：“臣瓒《汉书注》曰：‘蹑跟为跕，挂趾为躧。’……《苍颉篇》曰：‘躧，徐行貌。’蹝与躧音义同。”《庄子・让王》：“原宪华冠縰履。”《经典释文》：“縰，《三苍解诂》作躧。”《荀子・非十二子》：“离纵而跂訾者也。”杨倞注：“或曰纵当为縰，传写误耳。縰与躧同。”《史记・封禅书》：“吾视去妻子如脱躧耳。”《汉书・郊祀志》“躧”作“屣”。《史记・货殖列传》：“女子则鼓鸣瑟，跕屣。”《汉书・地理志》“屣”作“躧”。《汉书・地理志》：“女子弹弦跕躧。”颜注：“躧字与屣同。”《文选・左思・魏都赋》：“岌岌冠縰。”李善注：“郑玄《礼记注》曰：‘纚，今之帻也。’纚

① 罗常培、周祖谟：《汉魏晋南北朝韵部演变研究》，北京：中华书局，2007年，第153页。

与縰同。”《文选·宋玉·高唐赋》：“縰縰莘莘。”李善注：“《说文》曰：‘纚，冠织也。’縰与纚同。”《文选·扬雄·解嘲》：“戴縰垂缨而谈者，皆拟于阿衡。”李善注：“郑玄《仪礼注》曰：‘纚与縰同。’”《文选·司马相如·难蜀父老》：“灑沈澹灾。”李善注：“灑或作澌。”《史记·河渠书》：“乃厮二渠。”索隐：“厮，《汉书》作灑，《史记》旧本亦作灑。”《汉书·沟洫志》“厮”作“釃”。縰、蹝、鞢、屣、澌、厮上古属于支部。羅、沙、鄜、池、陂上古属于歌部。“麗”及从“麗”声的字中古多属于支韵（赅上、去）、齐韵字，我们认为“麗”及从“麗”声的字上古当归入歌部，后来语音发展转入中古的支韵。与“麗”及从“麗”声的字构成异文、上古属于歌部的字，其中“羅”中古属于歌韵，“沙”中古属于麻韵。中古的歌韵字、麻韵字在上古与支部字不发生关系。“麗”及从“麗”声的字上古属于歌部时，才会与“羅”“沙”等语音相近，才能与羅”“沙”等构成异文。

蠡、欚、鱶，刘博平归入歌部，朱骏声归入履部，段玉裁归入十六部，《手册》《表稿》归入支部。扬雄《长杨赋》“驼、蠡”韵。驼，上古属于歌部，中古属于歌韵。《周易·说卦》：“为蠃为蚌。”《经典释文》：“蠃，力禾反，姚作蠡。”《周礼·春官·鬯人》：“禜门用瓢赍。”郑玄注：“杜子春‘瓢谓瓠蠡也’。”《经典释文》：“蠡也，力兮反，或郎戈反。”《左传·桓公六年》：“谓其不疾瘯蠡也。”《经典释文》：“蠡，力果反，《说文》作瘰，云：‘瘯瘰，皮肥也。’”力果反，中古属于果韵。瘰，上古属于歌部，中古属于戈韵。蠡，《经典释文》注“音礼”3 次。礼，上古属于脂部，中古属于荠韵。《史记·匈奴列传》：“置左右贤王，左右谷蠡王。”集解：“服虔曰‘蠡，音离’。”蠃、离，上古属于歌部，其中“蠃”中古属于戈韵，“离”属于支韵。力兮反，中古属于齐韵；郎戈反，中古属于戈韵。《方言》：“参、蠡，分也。”郭璞注：“谓分割也，音麗。”《汉书·宣帝纪》：“遣弟谷蠡王入侍。”颜师古注：“韦昭曰：‘蠡，音如麗反。’师古曰：蠡，音洛奚反。”《汉书·霍去病传》：“右谷蠡王自立为单于。”颜师古注：“蠡，音卢奚反。”《汉书·东方朔传》:“以蠡测海。”颜师古注:“蠡,音来奚反。”《汉书・匈奴传》:“置左右贤王,左右谷蠡。”颜师古注:“蠡,音卢奚反。”麗,中古属于支韵,“卢奚反”“来奚反”读音相同,中古属于齐韵。《文选・班昭・东征赋》:“谅不登樔而椓蠡兮。”李善注:“蠡与羸古字通。”羸,上古属于歌部。《韩诗外传》七:“为之烹鱺鱼。”《说苑・杂言》“鱺”作“鲵”。鲵,上古属于支部,中古属于齐韵。《方言》:“会稽之间谓艖为欚。”郭璞注:“欚,音礼。”礼,上古属于脂部,中古属于荠韵。《方言》:“甗,陈楚宋魏之间或谓之箄。”郭璞注:“瓠勺也,音麗。”麗,中古属于支韵,我们认为其上古音属于歌部,《手册》《表稿》上古属于支部。从押韵以及注音材料来看,“蠡、欚、鱺”既与上古属于脂部的字关系密切,也与上古属于支部的字关系密切,还与上古属于歌部的字关系密切。综合这些材料,再结合语音变化发展的规律,“蠡、欚、鱺”上古当归入歌部。“蠡、欚、鱺”与上古属于支部、脂部的字关系密切,这正反映了上古属于歌部的“蠡、欚、鱺”向中古齐韵的语音变化。

厽、絫、垒、樏、壨,刘博平都归入歌部,朱骏声归入解部,段玉裁归入十六部,《手册》《表稿》归入微部。厽、絫、垒、樏、壨在《诗经》《楚辞》中不入韵。《左传・昭公二十九年》“刘累”,《汉书・古今人表》作“刘絫”。《史记・六国年表》“韩相侠累”,《汉书・古今人表》作“韩相侠絫”。《史记・鲁仲连邹阳列传》:“恐死而负累。”《汉书・邹阳传》“累”作“絫”。《史记・袁盎晁错列传》:“吾不可以累公。”《汉书・爰盎传》“累”作“絫”。《史记・吴王濞列传》:“今胁肩累足,犹惧不见释。”《汉书・吴王濞传》“累”作“絫”。《史记・司马相如列传》:“杂遝累辑。”《汉书・司马相如传》《文选・上林赋》“累”作“絫”。《汉书・古今人表》:“刘絫。”颜注:“絫,古累字。”《郊祀志》:“爵位重絫。”颜注:“絫,古累字。”《吴王濞传》:“胁肩絫足。”颜注:“絫,古累字也。”《楚元王传》:“吾幸得同姓末属,絫世蒙汉厚恩。”颜注:“絫,古累字。”《娄敬传》:“积德絫善十余世。”颜注:“絫,古累字。”《爰盎传》:“吾不足絫公。”颜注:“絫,古累字也。”《贾山传》:

“絫世广德。”颜注：“絫，古累字。”《邹阳传》：“鸷鸟絫百。”颜注：“絫，古累字。”《景十三王传》：“臣闻悲者不可为絫欷。”颜注：“絫，古累字。”《董仲舒传》：“皆积善絫德之效也。”颜注：“絫，古累字。”《司马相如传》：“絫台增成。”颜注：“絫，古累字。”《于定国传》：“久絫丁壮，奈何?”颜注：“絫，古累字也。”《平当传》：“絫迁长信少府。”颜注：“絫，古累字。”《谷永传》：“絫亲疏。”颜注：“絫，古累字。”《佞幸传》：“亦絫巨万。”颜注：“絫，古累字也，其下亦同。”《酷吏传》：“家絫千金。”颜注：“絫，古累字。”《叙传》：“丰功厚利积絫之业。”颜注：“絫，古累字。”《九叹》：“愁哀哀而累息。”考异：“累，一作絫。”《九叹》：“行唫累欷，声喟喟兮。”考异：“累，一作絫。”《文选·司马相如·上林赋》：“杂袭絫辑。”郭注：“相重被也。”李善注：“絫，古累字。”《山海经·海内经》：“黄帝娶雷祖。”《汉书·古今人表》“雷”作“絫”。《史记·司马相如列传》：“系累号泣。”《汉书·司马相如传》“累”作“絫”。《左传·哀公二十七年》：“鄅魁垒。”《汉书·古今人表》作“鄅魁絫”。《淮南子·要略》：“禹身执虆垂，以为民先。”《北堂书钞》九二引“虆”作“絫”。“雷、垒、累、虆”及从“累”声的字，上古属于微部。依据异文等材料，“厽、絫、垒、樏、絫”上古当归入微部。

磊，刘博平归入歌部。朱骏声归入履部，段玉裁归入十六部，《手册》《表稿》归入微部。《文选·嵇康·琴赋》：“踸踔磥硌。”李善注：“磥与磊同。”《尔雅·释木》：“枹，遒木，魁瘣。”郭璞注：“谓树木丛生，根枝节目盘结磈磊。”《经典释文》：“磊，本或作儡，力罪反。”《隶释》十《朱龟碑》：“磥落焕炳。”洪适释以“磥落”为“磊落”。磥、儡，上古属于微部。依据《文选》注释及异文，“磊”上古当归入微部。

陲，《说文·𨸏部》：“磊也。从𨸏，𠂹声。”𠂹，《宋本玉篇》：“今作垂。”段注：“引申为凡下𠂹之称。今字‘垂’行而‘𠂹’废矣。”垂，上古属于歌部。刘博平把“陲”归入歌部，可能是依据谐声。朱骏声归入随部，段玉裁归入十六、十七部，《手册》《表稿》归入微部。陲，古籍中用得非常少，《篆隶万象名义》《宋本玉篇》都为“力罪反”，徐铉本《说文》为“洛猥切”，《集韵》为“鲁猥切”。“力罪反”“洛猥切”“鲁猥切”读音相同，属于贿韵。依据中古音上推古音，“㔼”上古当归入微部。

（二）曷部

《说文古音谱》中，曷部字 548 个，包含《广韵》的夬韵、泰韵、月韵、祭韵、曷韵、辖韵、黠韵、霁韵、末韵、屑韵、薛韵、废韵、怪韵及少数换韵、代韵、至韵、未韵、旱韵、队韵、没韵、术韵、谆韵、仙韵、愿韵、卦韵、祃韵、物韵字，开合口一、二、三、四等字都有，主要有中古的去、入二声字，也有少数平声字是按谐声归入。

曷部谐声声符有：

豙声　屮声　頪声　曷声　葛声　渴声　[illegible]声
[illegible]声　夬声　决声　缺声　抉声　丯声　㓞声
契声　瘛声　会声　戉声　威声　歲声　乚声
戊声　介声　害声　韏声　劊声　薊声　劂声
蹷声　匃声　欮声　厥声　𠂢声　𠯑声　铦声
活声　臬声　乂声　艾声　埶声　熱声　辥声
月声　带声　叕声　窡声　大声　羍声　达声
兑声　说声　夺声　萬声　蠆声　厲声　赖声
列声　刺声　寽声　祭声　察声　毳声　斲声
绝声　截声　最声　世声　贯声　癶声　癹声
發声　犮声　市声　贝声　㡀声　敝声　昔声
莧声　蔑声　櫗声　末声　衛声　彗声　桀声
制声　筮声　曳声　殺声　叡声　㕟声　伐声
㾜声　叡声　省声　乙声

刘博平归入曷部的 548 个字中，有“乞、瘛、瘞、竪、擘、戛、叡、䶩、忍、豙、毅、蘱、頪、懒、𣪠、𩮜、蔽、竅、憠、𧓍、戌、韐、鷩、鷩、摰、墊、乀、𧾷、璿、萬、矌”等字，与《手册》《表稿》归部不同。其中“鋻、擘、懒、璿、萬、購”等字，刘博平应该是依据谐声归入曷部，当归入阳声韵部元部。我们对其余字的上古部属进行考证，发现“窫、瘱、瘞、戌、韏、鶖、鷙、摯、褺”等字的归部可以进一步讨论，“戛”等字的归部可能存在不妥。

窫，《说文・穴部》：“空大也。从穴乙声。”乙，上古属于月部。刘博平把“窫”归入曷部，可能是依据谐声。朱骏声归入泰部，段玉裁归入十五部，《手册》《表稿》归入物部。窫，古籍中用得比较少。《广雅・释诂》：“窫，深也。”《博雅音》：“窫，乙八反。”《篆隶万象名义》：“窫，乙八反，空、深。”《广韵》黠韵下有两个读音：“窫，手窫为穴，乌八切；窫，《说文》云：‘空大也。’乌黠切。”这两个读音反切上字相同，韵只有开合口的差别。谐声声符“乙”，为开口。“窫”也可以依据谐声归入月部。

瘱，《说文・心部》：“静也。从心疾声。”疾，上古属于叶部。刘博平把“瘱”归入曷部，可能是依据中古音。段玉裁漏掉了“瘱”字的归部，把“瘞”归入第十五部；朱骏声把“瘱、瘞”都归入谦部；《手册》《表稿》把“瘱”归入叶部，把“瘞”归入月部。瘱、瘞，古籍中用得非常少。瘱，徐铉本《说文》、《广韵》都为“于计切”，属于霁韵。瘞，徐铉本《说文》、《广韵》都为“于罽切”，属于祭韵。“瘱、瘞”中古音都不属于闭口音的入声韵，我们倾向于把它们都归入月部。

戛，《说文・戈部》：“戟也。从戈从百。读若棘。”棘，上古属于职部。刘博平归入曷部，朱骏声归入颐部，段玉裁归入十五部，《手册》《表稿》归入质部。《尚书・益稷》：“戛击鸣球。”孔安国传：“戛，击。”《经典释文》：“戛，居八反，徐古八反，马云：‘擽也。’”《尚书・康诰》：“不率大戛。”孔安国传：“戛，常也。”《经典释文》：“戛，简八反。”《周礼・春官・大司乐》：“以六律、六同、五声、八音、六舞大合乐，以致鬼神示，以和邦国，以谐万民，以安宾客，以说远人，以作动物。”郑玄注：“《虞书》云：‘夔曰：戛击鸣球，搏拊琴瑟以咏，祖考来格。’”《经典释文》：“戛击，居八反，刘古八反。”《尔雅・释诂》：

“戛，常也。”郭璞注：“庸、戛、职、秩义见《诗》《书》，余皆谓常法耳。”《经典释文》：“戛，居黠反，郭苦八反。”《尔雅·释言》：“戛，礼也。”郭璞注：“谓常礼。”《经典释文》：“戛，居八反。”《汉书·地理志》：“三百里内戛服。”颜师古注：“戛，槁也，言服者谓有役则服之耳。戛，音工黠反。”《后汉书·马融传》：“故戛击鸣球。”李贤注：“戛，敔也。音古八反。形如伏兽背，上有二十七刻。以木长尺栎之，所以止乐击柷也。”《广雅·释器》：“戛、戈，戟也。”《博雅音》：“戛，古八反。”《汉书·楚元王传》：“其子信为羹颉侯。”颜师古注：“颉，音戛，言其母戛羹釜也。”颉，上古属于质部。徐铉本《说文》、《广韵》都为“古黠切”。“居八反”“古八反”“简八反”“居黠反”“古黠切”“工黠反”读音相同，都为见纽黠韵开口；“苦八反”为溪纽黠韵开口。根据这些读音上推古音，“戛”上古当归入质部。

䝨，《说文·奴部》：“奴探坚意也。从奴从贝。读若概。”概，上古属于物部。墍，《说文·土部》：“囚突出也。从土䝨声。”刘博平把“䝨、墍”归入月部，朱骏声归入泰部，段玉裁归入十五部，《手册》《表稿》归入物部。《广雅·释诂》：“䝨，耦也。”《博雅音》：“䝨，下迈反。”徐铉本《说文》为“古代切”，《广韵》也有“古代切”一音，属于夬韵。夬韵字上古一般归入月部。代，属于代韵。代韵有一部分字上古属月部。但中古为“古代切”一音的还有“概、溉、摡”等，“概、溉、摡”等上古属于物部。墍，《广韵》有一音为“苦骨切”，属于没韵，上推古音也当归入物部。我们倾向于把“䝨、墍”归入物部。

忍、豙、毅、藙、顡，刘博平归入曷部，朱骏声归入履部，段玉裁归入十五部，《手册》《表稿》归入物部。除了“毅”之外，其余的在古籍中都用得不多，《广韵》都为“鱼既切”，属于未韵。忍、豙、藙，《篆隶万象名义》、徐铉本《说文》注音都为“鱼既切”，属于未韵。《尚书·皋陶谟》：“扰而毅。”孔安国传：“致果为毅。”《经典释文》：“毅，五既反。”《尚书·泰誓》：“尔众士其尚迪果毅，以登乃辟。”孔安国传：“杀敌为果，致果为毅。”《经典释文》：“毅，牛既反。”《礼记·儒行》：

“其刚毅有如此者。”《经典释文》：“刚毅，鱼既反。”《左传·宣公二年》：“戎，昭果毅以听之之谓礼。”《经典释文》：“果毅，鱼既反。”《论语·泰伯》：“士不可以不弘毅。”何晏集解：“毅，强而能断也。”《经典释文》：“弘毅，鱼气反。”《论语·子路》：“刚、毅、木、讷近仁。”何晏集解：“王曰：‘刚无欲，毅果敢。’”《经典释文》：“刚毅，鱼既反。”“五既反”“牛既反”“鱼气反”“鱼既反”读音相同，属于疑母未韵。依据注释家的注音，“忍、豙、毅、藙、顡”上古当归入物部。

叡、䫂、藾、窾、愵，朱骏声归入履部，段玉裁归入十五部，《手册》《表稿》归入物部。刘博平把“叡、䫂、藾、窾、愵”归入曷部，可能是依据《说文》读若或者中古音。《说文·又部》：“叡，读若赘。”《说文·心部》：“愵，读若毳。”赘、毳，上古都属于月部。叡、䫂、藾、窾、愵，古籍中用得比较少。叡，徐铉本《说文》为“之芮切”，属于祭韵；䫂，徐铉本为“祖外切”，属于泰韵；藾、窾，徐铉本为“麤最切”，属于泰韵；愵，徐铉本为“此芮切”，属于祭韵。《说文·又部》：“楚人谓卜问吉凶曰叡。从又持祟，祟亦声。”《篆隶万象名义》：“叡，诸芮反，祟字。”祟，上古属于物部。依据谐声，“叡、䫂、藾、窾、愵”当归入物部。

惷，《说文·心部》：“精戅也。从心毳声。”毳，上古属于月部。刘博平把“惷”归入曷部，可能依据谐声。朱骏声归入泰部，段玉裁归入十五部，《手册》《表稿》归入物部。《广雅·释诂》：“惷，觉也。”《博雅音》：“惷，音忽。”忽，上古属于物部。惷，《篆隶万象名义》为“呼没反”，《广韵》为“呼骨切”，两者读音相同，属于没韵。依据这些注音上推古音，“惷”上古当归入物部。

戌，刘博平归入曷部，可能是依据从“戌”得声的“歲”等上古属于月部。朱骏声归入泰部，段玉裁归入十二部，《手册》《表稿》归入物部。《释名·释天》：“戌，恤也，物当收敛，矜恤之。”《礼记·檀弓》：“见桓司马自为石椁，三年而不成。”郑玄注：“桓司马，宋向戌之孙，名魋。”《经典释文》：“戌，音恤。”《左传·文公二年》：“冬，晋先且居，宋公子成、陈辕选、郑公子归生伐秦。”《经典释文》：“公子成，音城。本或作戌，音恤。”《成公十五年》：“右师讨犹有戌在。”杜预注：“向戌，桓公曾孙，言其贤，华元必不讨。”《经典释文》：“戌在，音恤。”《襄公十六年》：“于是叔孙豹、晋荀偃、宋向戌、卫宁殖、郑公孙虿、小邾之大夫盟。”《经典释文》：“向戌，舒亮反，下音恤。”《襄公二十六年》：“穿封戌囚皇颉。”《经典释文》：“穿封戌，音恤。”《昭公四年》：“宋向戌、郑公孙侨在，诸侯之良也。”杜预注：“选择所用。”《经典释文》：“向戌，舒亮反，下音恤。”《昭公八年》：“使穿封戌为陈公。”杜预注：“戌，楚大夫，灭陈为县，使戌为县公。”《经典释文》：“封戌，音恤。”《春秋·昭公十年》：“十有二月甲子，宋公成卒。”《经典释文》：“宋公成，音城，何休音恤。”《左传·昭公十九年》：“鄅夫人，宋向戌之女也。”《经典释文》：“向戌，伤亮反，下音恤。”《昭公十九年》：“沈尹戌曰：‘楚人必败。’”杜预注：“戌，庄王曾孙，叶公诸梁父也。”《经典释文》：“沈尹戌，音恤。”《昭公二十七年》：“左司马沈尹戌帅都君子与王马之属以济师。”《经典释文》：“沈尹戌，音恤。”《春秋·成公十五年》：“癸丑，公会晋侯、卫侯、郑伯、曹伯、宋世子戌、齐国佐、邾娄人同盟于戚。”《经典释文》：“世子戌，音恤。本或作成。”《春秋·襄公十五年》：“十有五年春，宋公使向戌来聘。”《经典释文》：“向戌，音恤。”《庄子·大宗师》：“成然寐，蘧然觉。”《经典释文》：“成然，如字，崔同。李云：‘成然县解之貌。本或作戌，音恤。’简文云：‘当作灭。’本又作眓，呼括反，视高貌。本亦作俄然。”《文选·司马相如·子虚赋》：“衯衯裶裶，扬袘戌削。”五臣注：“戌，音邺。”李善注：“张揖曰：‘戌削，裁制貌也。’”《文选·司马相如·上林赋》：“眇阎易以邺削。”李善注：“郭璞曰：‘邺削，言如刻画作之也。’”五臣本“邺”作“戌”。恤、邺，上古属于质部，中古属于术韵合口。戌，中古也属于术韵合口。依据声训、异文以及注音上推古音，“戌”上古当归入质部。

鞶、鷙、鷙、摯、墊，《说文》都为“執声”。朱骏声归入泰部，《手册》《表稿》都归入缉部。段玉裁把“鞶、鷙、摯、墊”归入十五部，把“鷙”归入十二部。刘博平把“驇、鷙、摯、贄”归入屑部，把“輊”归入曷部。“執、輊、鷙、摯、贄”都含有“至”义。執，《说文·幸部》：“捕罪人也。从丮从幸，幸亦声。”捕罪人手要触及罪人，紧紧地抓住犯罪之人，即为“執”。《说文·手部》：“摯，握持也。从手从執。”握持，手要触及所握持之物。鷙，就是凶猛的能用爪子紧紧抓住东西的鸟。《离骚》：“鷙鸟之不群兮。”王逸注：“鷙，執也。”《玉篇·鸟部》：“鷙，猛鸟也。”贄，《说文·女部》：“至也。读若摯同。”輊，《说文·马部》：“抵也。”这也要触及所抵之物。“輊、驇”也关系密切。《说文·马部》：“驇，马重皃。”段注：“车之前重曰輊，马重曰驇，其音义一也。”輊、驇，徐铉本《说文》、《广韵》都为“陟利切”；鷙、摯、贄，徐铉本《说文》、《广韵》都为“脂利切”，属于至韵，都不属于闭口音入声韵。至，中古也为“脂利切”，上古属于质部。《天问》“摯、说”韵，王力认为是月部字押韵。我们倾向于把“輊、驇、鷙、摯、贄”都归入月部。

乁，刘博平归入曷部，朱骏声归入解部，段玉裁归入十六部，《手册》《表稿》归入支部。乁，古籍中用得非常少。《说文系传》：“徐锴音曳也。”曳，上古属于月部。但从乁得声的“氏”，上古属于支部。我们倾向于把“乁”归入支部。

𧾩，《说文·走部》：“走皃。从走叡声。读若纼。”叡，上古属于月部；纼，上古属于文部。刘博平把“𧾩”归入曷部，可能是依据谐声。朱骏声归入泰部，段玉裁归入十三部，《手册》《表稿》归入真部。𧾩，古籍中用得非常少，徐铉本《说文》为“祥遵切”，《广韵》为“详遵切”，两者读音相同，属于谆韵。上推古音既可以归入真部，也可以归入文部。考虑到“睿”等字在上古的韵等，“𧾩”上古当归入真部。

（三）寒部

《说文古音谱》中，寒部字 919 个，包含《广韵》的寒韵、删韵、元韵、先韵、仙韵、桓韵、山韵、魂韵字，以及少部分支韵、曷韵、黠韵、末韵、月韵、薛韵、废韵、劲韵、术韵、辖韵、曷韵、歌韵、戈韵、真韵、文韵、佳韵、昔韵、屑韵、麻韵、谆韵字，开合口四等字都有，主要有中古的平、上、去三声字，也有少数入声字是按谐声归入此部。

寒部谐声声符有：

犬声 安声 晏声 匽声 燕声 焉声 㗊声
㬎声 㫃声 倝声 韓声 斡声 乾声 榦声
官声 䜌声 攣声 夗声 宛声 冤声 肙声
丸声 顯声 憲声 爰声 鬳声 獻声 亘声
宣声 奐声 吅声 雚声 鸛声 歎声 漢声
见声 睘声 還声 缳声 圜声 干声 岸声
旱声 厂声 雁声 寒声 褰声 幵声 山声
萈声 彖声 篆声 间声 简声 閺声 原声
萑声 縣声 元声 完声 建声 肩声 薾声
姦声 柬声 湅声 闌声 蘭声 采声 𢍏声
卷声 毌声 贯声 卵声 辛声 言声 侃声
書声 遣声 虔声 衍声 彦声 産声 𤔔声
亂声 丹声 单声 旦声 亶声 耑声 遄声
段声 延声 扇声 善声 連声 叀声 專声
旋声 斷声 聯声 耎声 肰声 然声 㕣声
次声 羨声 拲声 前声 湔声 戔声 棧声
赞声 隽声 全声 算声 㕟声 叩声 巽声
删声 彝声 鲜声 㪔声 散声 反声 祘声
半声 辡声 般声 番声 潘声 旛声 弁声
臱声 邊声 便声 面声 曼声 蔓声 㒼声
滿声 珏声 衰声 展声 廛声 䍃声 𠬝声
赧声 孨声 棥声 樊声 焚声 烦声 緐声

㸑声 蹇声

刘博平归入寒部的919个字中，有"竘、揠、斡、揞、甗、焆、骪、喙、譞、趩、䬟、讦、衮、瀫、欁、虋、轕、怛、炟、䵎、靼、屵、雃、䡕、疃、椯、惴、瑞、揣、鼍、䪿、傩、魖、偄、譒、播、磻、鄱、皤、篙、觯、覵、槜、霹、溁、髻、蕲、纂"等字，与《手册》《表稿》归部不同。其中"竘、揠、斡、揞、甗、焆、骪、喙、讦、瀫、欁、虋、轕、雃、屵、䡕、怛、炟、䵎、靼、椯、惴、瑞、揣、鼍、䪿、傩、魖、覵、偄、譒、播、磻、鄱、皤、篙、溁、纂"等字，刘博平应该是依据谐声归入寒部。竘、揠、斡、揞、甗、焆、喙、讦、瀫、欁、虋、轕、屵、䡕、怛、炟、䵎、靼、溁、纂，当归入入声韵部曷部；骪、雃、椯、惴、瑞、揣、鼍、䪿、傩、魖、覵、偄、譒、播、磻、鄱、皤、篙，当归入阴声韵部歌部。我们对其余字的上古部属进行考证，发现"霹、槜"的归部可以进一步讨论，"譞"等字的归部可能存在不妥。

譞、趩、䬟，《说文》都为"敻声"，朱骏声归入乾部。段玉裁把"譞"归入十四部，把"趩、䬟"归入十五部。《手册》《表稿》把"譞"归入真部，把"趩、䬟"归入质部。刘博平开始的时候把"敻、瓊、藑、譞、趩、䬟"都归入寒部，可能依据《说文》重文。《说文·玉部》："琁，瓊或从旋省。"旋，上古属于寒部。刘博平对于一些字的归部"朝夕䌷绎"①，不断地进行调整。《说文古音谱》后附《说文古音谱订误》，又把"敻移青部诇后，群纽琼藑及睘移青部茕后"②。但"譞、趩、䬟"的归部没有变。譞、趩、䬟，古籍中用得非常少。趩，《说文》："读若繘。"䬟，《说文》："鐍，䬟或从金矞。"繘、鐍，上古属于质部。"趩、䬟"上古当归入质部。譞，徐铉本《说文》为"火縣切"，属于先韵或霰韵；《广韵》为"许縣切"，属于阳声韵霰韵。依据异文、

① 刘赜：《重写〈说文古音谱〉序》，《说文古音谱》，北京：中华书局，2013年，第505页。

② 刘赜：《说文古音谱订误》，《说文古音谱》，北京：中华书局，2013年，第546页。

语音阳入对转以及中古音上推古音，“譠”上古当归入真部。

衮，朱骏声归入屯部，段玉裁归入十四部，《手册》《表稿》归入文部。刘博平把“衮”归入寒部，可能是由于“衮”与“卷”关系密切。《诗经·豳风·九罭》：“衮衣绣裳。”《经典释文》：“衮，字或作卷。”《礼记·礼器》：“天子龙衮。”《经典释文》“衮”作“卷”，云：“本又作衮。”但仔细分析《经典释文》对“卷”字的注音，“衮”上古当归入文部。如《礼记·王制》：“制：三公一命卷。”郑玄注：“卷，俗读也。其通则曰衮。”《经典释文》：“卷，音衮，古本反。”《周礼·春官·典同》：“高声硍。”郑注：“郑大夫读硍为衮冕之衮。”《吕氏春秋·大乐》：“浑浑沌沌。”高诱注：“浑，读如衮冕之衮”。硍、浑，上古都属于文部。依据注释家的注音，“衮”上古当归入文部。

疃，《说文·田部》：“禽兽所践处也。《诗》曰：‘町疃鹿场。’从田童声。”童，上古属于东部。刘博平把“疃”归入寒部，朱骏声归入豐部，《手册》《表稿》归入东部。段注：“土短切，十四部，此音之转也。古音盖在九部。”《诗经·豳风·东山》：“町畽鹿场，熠耀宵行。”《经典释文》：“町，他典反，或他顶反。字又作圢，音同。畽，本又作疃，他短反。町畽，鹿迹也。字又作墥。”他短反，中古属于缓韵。疃，古籍中用得很少，《广韵》作“暖”的异体字。但是“畽”及“重”声字、“童”及其他“童”声字，没有元部字，东部字与元部字也很少发生关系，我们倾向于把“疃”归入东部。孙玉文认为“町畽”原来可能只是双声联绵词，后来变成双声兼叠韵联绵词。[①] 也就是说，“疃”的部属可能发生了变化。

觶，《说文·角部》：“乡饮酒角也。《礼》曰：‘一人洗，举觶。’觶受四升。从角单声。觗，觶或从辰。”单，上古属于元部。刘博平可能依据谐声，把“觶”归入寒部。朱骏声归入乾部，段玉裁归入十六部，《手册》《表稿》归入支部。段注：“支义切，十六部。……支义切，由

---

① 孙玉文：《先秦联绵词的语音研究》，《上古音丛论》，北京：北京大学出版社，2015 年，第 199—200 页。

古文本作觗从氐声，后递变其形从辰、从单为声，而古音终不改也。”《仪礼·士冠礼》：“有篚实勺、觯、角柶。”《经典释文》：“觯，之豉反，爵容三升也。《字林》音支。”《礼记·曾子问》：“布奠于宾，宾奠而不举。”郑注：“布奠，谓主人酬宾，奠觯于荐北。”《经典释文》：“觯，之豉反。《字林》音支。”《礼记·乡饮酒义》：“盥洗扬觯。”《经典释文》：“觯，之豉反。《说文》云：‘乡饮酒用也。’《字林》音支。”支，上古属于支部。“之豉反”中古属于寘韵。段玉裁的解释与《经典释文》的注音具有一致性。依据段注以及注释家的注音，“觯”上古当归入支部。

槜，《说文·木部》：“从木隽声。《春秋传》曰：‘越败吴于槜李。’”隽，上古属于元部。刘博平归入寒部，可能是依据谐声。朱骏声归入乾部，段玉裁归入十三、十五部，《手册》《表稿》归入支部。《春秋·定公十四年》：“五月，于越败吴于槜李。”《经典释文》：“槜，音醉，依《说文》从木。”《左传·哀公元年》：“吴王夫差败越于夫椒，报槜李也。”《经典释文》：“槜，音醉。”醉，上古属于物部，中古属于至韵合口。徐铉本《说文》为“遵为切”，属于支韵。依据徐铉本注音以及语音阴阳对转，“槜”上古当归入歌部。依据《经典释文》注音上推古音，“槜”上古又当归入物部。

霹，《说文·雨部》：“雨财零也。从雨鲜声。读若斯。”鲜，上古属于元部。刘博平可能依据谐声，把“霹”归入寒部。朱骏声归入乾部，段玉裁归入十六部，《手册》《表稿》归入支部。《尔雅·释天》：“雨霓为霄雪。”郭璞注：“诗曰：‘如彼雨雪，先集维霓。’霓，水雪杂下者，谓之霄雪。”《经典释文》：“霓，本或作霰、霹，同，悉练反。”《广韵》：“霰，雨雪杂。又作霓、霹。《释名》曰：‘霰，星也，水雪相搏如星而散。’《说文》云：‘霰，稷雪也。’苏佃切，霓、霹，并上同。”霓，上古属于元部。以此看来，“霹”上古当有元部一音。

霹，《说文》：“读若斯。”斯，上古属于支部，中古属于支韵。这说明在许慎那时，“霹”有阴声韵一读。徐铉本《说文》为“息移切”，

《广韵》另一音也为“息移切”，《宋本玉篇》“思移切”。“思移切”“息移切”读音相同，属于支韵。依据中古音以及语音阴阳对转，“霹”上古当有歌部一读。《说文》读若音应该反映了上古属于歌部、中古属于支韵的字向中古支韵的语音变化。

䰆，朱骏声归入解部，段玉裁归入十六部，《手册》《表稿》归入锡部。刘博平把“䰆”归入元部，可能是依据徐铉本《说文》“尼见切”这一反切注音上推古音。䰆，古籍中用得非常少，《篆隶万象名义》《宋本玉篇》都为“女厄反”，《广韵》为“尼戹切”，都属于入声麦韵。依据这些注音上推古音，“䰆”上古当归入锡部。

𣫓，《说文·申部》：“从申，柬声。”柬，上古属于元部。刘博平把“𣫓”归入寒部，可能是依据谐声。朱骏声归入坤部，段玉裁归入十四部，《手册》《表稿》归入真部。《诗经·周颂·有瞽》：“应田县鼓。”《经典释文》：“田，毛如字，大鼓也。郑作𣫓，音胤，小鼓也。”《周礼·春官·大师》：“令奏鼓𣫓。”《经典释文》：“𣫓，音胤，小鼓也。”《礼记·乐记》：“弦匏笙簧，会守拊鼓。”郑注：“《周礼·大师职》曰：‘下管播乐器，合奏鼓𣫓。’”《经典释文》：“𣫓，音胤。”田、胤，上古属于真部。依据异文以及注释家的注音，“𣫓”上古当归入真部。

五、齐部　锡部　青部

（一）齐部

《说文古音谱》中，齐部字 270 个，包含《广韵》的佳韵、麻韵、支韵、齐韵、脂韵字，以及少部分屑韵、青韵、锡韵、职韵、皆韵、麦韵、耕韵、陌韵、之韵、清韵、先韵、宵韵、真韵、庚韵、仙韵、昔韵字，开口二等、合口二等、开口三等、合口三等、开口四等、合口四等字都有，主要是中古的平、上、去三声字，也有少数入声字是按谐声归入此部。

齐部谐声声符有：

圭声　恚声　窐声　鼃声　烓声　耿声　奚声

规声　巂声　系声　鯀声　兮声　支声　枝声

兒声　是声　虒声　只声　伿声　此声　斯声

卑声　箄声　弭声　氏声　知声　徙声

刘博平归入齐部的 270 个字中，有“奊、茾、耿、褧、迟、䧞、烓、齞、鶪、厑、覤、萆、鬹、屐、澌、谥、寔、湜”等字，与《手册》《表稿》归部不同。其中“耿、褧、迟、鶪、厑、覤、萆、屐、澌、谥、寔、湜”等字，应该是刘博平依据谐声归入齐部。耿、褧，当归入阳声韵部青部；迟、鶪、厑、覤、萆、屐、澌、谥、寔、湜，当归入入声韵部锡部。我们对其余字的上古部属进行考证，发现“䧞、烓”的归部可以进一步讨论，“奊、茾、齞、鬹”等字的归部可能存在不妥。

奊，《说文·矢部》：“头衺、骫奊态也。从矢圭声。”圭，上古属于支部。刘博平把“奊”归入齐部，可能是依据谐声。朱骏声归入解部，段玉裁归入十六部，《手册》《表稿》归入质部。《左传·襄公二十八年》：“麻婴为尸，庆奊为上献。”杜预注：“上献，先献者。”《经典释文》：“庆奊，户结反。”《汉书·贾谊传》：“奊诟亡节。”颜师古注：“奊诟，谓无志分也。奊音胡结反。”《广雅·释诂》：“奊，衺也。”《博雅音》：“奊，胡结反。”《集韵》：“奊，或作㚚。”㚚，上古属于质部。“胡结反”“户结反”读音相同，中古属于入声屑韵。依据注释家的注音以及异文，“奊”上古当归入质部。

茾，《说文·丫部》：“戾也。从丫而兆。”《说文·丫部》：“丫，读若茾。”丫，刘博平归入齐部，他把“茾”也归入齐部，可能依据读若。朱骏声归入解部，段玉裁归入十六部，《手册》《表稿》归入微部。茾，古籍中用得很少，《篆隶万象名义》、徐铉本《说文》、《广韵》都为“古怀切”，属于皆韵。依据中古音上推古音，“茾”上古当归入微部。

䧞，《说文·危部》：“䧞，𡿧也。从危支声。”支，上古属于支部。刘博平把“䧞”归入齐部，可能是依据谐声。朱骏声归入解部，段玉裁归入十六部，《手册》《表稿》归入歌部。《文选·左思·魏都赋》：“舆骑朝猥，蹀攱其中。”李善注：“《说文》曰：‘攱，陒也。’丘知反。”《篆隶万象名义》：“攱，丘知反，陒攲字。”“丘知反”属于支韵。“攲”字下段玉裁说：“盖后人借为攱字，从危读，去奇切也。攲，奇声，古在十七部。攱，支声，古在十六部。”去奇切，是《广韵》的读音。依据这些注音、谐声以及段注，“攱”上古当归入支部。

烓，《说文·火部》：“行灶也。从火圭声。读若冋。”圭，上古属于支部；冋，上古属于耕部。刘博平归入齐部，可能是依据谐声。朱骏声归入解部，段玉裁归入十六部，《手册》《表稿》归入耕部。《诗经·小雅·白华》：“樵彼桑薪，卬烘于煁。”毛传：“煁，烓灶也。”《经典释文》：“烓灶，音恚，又丘弭反。郭云：‘三隅灶也。’《说文》云：‘行灶也。’吕沈同，音口颎反；何康莹反；顾野王口井、乌携二反。”《尔雅·释言》：“煁，烓也。”郭璞注：“今之三隅灶，见《诗》。”《经典释文》：“烓，郭音恚，《字林》口颖反。《说文》云：‘行灶也。’顾口井、乌携二反。”《方言》：“烓，明也。”郭璞注：“烓，口类反。”《广雅·释诂》：“烓，明也。”《博雅音》：“烓，乌携、乌缺、圭惠、口井四音。”徐铉本《说文》为“口迥切”。《广韵》：“烓，《说文》曰‘行灶也’，《尔雅》曰‘煁烓’，郭璞云‘今之三隅灶’，乌携切；烓，行灶，口迥切，又乌圭切。”恚，上古属于支部。“丘弭反”属于纸韵；“乌携反”“乌圭切”属于齐韵；“圭惠反”属于霁韵；“口颎反”“口迥切”读音相同，属于迥韵；“口颖反”“口井反”读音相同，属于静韵；“康莹反”属于庚韵；“乌缺反”属于薛韵。可见“烓”的读音较多，既有阴声韵读音，也有阳声韵读音。再结合谐声以及读若，“烓”上古当既有支部一读，也有耕部一读。

齞，《说文·齿部》：“口张齿见。从齿只声。”只，上古属于支部。刘博平归入齐部，可能是依据谐声。朱骏声归入解部，段玉裁归入十六部，《手册》《表稿》归入真部。齞，古籍中用得非常少，徐铉本《说文》为“研茧切”，《广韵》为“研岘切”，两者读音相同，属于疑纽铣韵。依据中古音上推古音，“齦”上古当归入真部。

顰，《说文·频部》：“涉水顰蹙。从频卑声。”卑，上古属于支部。刘博平归入齐部，可能是依据谐声。朱骏声归入解部，段玉裁归入十六部，《手册》《表稿》归入真部。《周易·复》：“频复，厉，无咎。”王弼注：“频，频蹙之貌也。”《经典释文》：“频复，如字，本又作嚬，嚬眉也。郑作顰，音同。马云：‘忧频也。’”频、嚬，上古属于真部。顰，徐铉本《说文》、《广韵》都为“符真切”，属于阳声韵真韵。依据这些注音以及异文，“顰”上古当归入真部。

（二）锡部

《说文古音谱》中，锡部字 197 个，包含《广韵》的昔韵、支韵、麦韵、锡韵、佳韵、齐韵字，以及少部分的先韵、青韵、脂韵、质韵、清韵、陌韵、仙韵字，开口二等、合口二等、开口三等、合口三等、开口四等、合口四等字都有，主要是中古的去、入二声字，也有少数平声字是按谐声归入此部。

锡部谐声声符：

益声	糸声	戹声	解声	鬲声	畫声	毄声
繫声	狊声	鶂声	朿声	敇声	刺声	帝声
啻声	適声	责声	易声	赐声	狄声	秝声
厤声	歷声	脊声	亦声	解声	析声	辟声
𠂢声	脈声	冖声	冥声	鼏声	買声	役声
册声						

刘博平归入锡部的 197 个字中，有“覭、䴘、柴、佪、洄、絅（细）、堉、冥、鄍、覭、溟、媜、螟、瞑、䨩、買、澛、瞶、賣、彳、豸、鷹、鰲、碭、豰”等字，与《手册》《表稿》归部不同。其中“柴、冥、鄍、覭、溟、媜、螟、瞑、碭”等字，刘博平应该是依据谐声归入锡部。柴，当归入阴声韵部齐部；冥、鄍、覭、溟、媜、螟、瞑，当归入阳声韵部青部。我们对其余字的上古部属进行考证，发现“鰲、豰”

的归部可以进一步讨论，“鞙”等字的归部可能存在不妥。

鞙，《说文·革部》：“从革，见声。”见，上古属于元部。刘博平归入锡部，朱骏声归入乾部，段玉裁归入十四部，《手册》《表稿》归入月部。鞙，古籍中用得非常少，《篆隶万象名义》《宋本玉篇》都为“呼结反”，《广韵》为“虎结切”，属于入声韵屑韵。根据中古音上推古音以及语音阳入对转，“鞙”上古当归入月部。

蠲，《说文》称“益声”。益，上古属于锡部。刘博平把“蠲”归入锡部，可能依据谐声。朱骏声归入解部，段玉裁归入十六部，《手册》《表稿》归入元部。《尚书·多方》：“图厥政，不蠲烝，天惟降时丧。”孔安国传：“纣谋其政，不絜进于善，故天惟下是丧亡，谓诛灭。”《经典释文》：“不蠲，吉玄反，马云：‘明也。’一音圭。”《尚书·吕刑》：“上帝不蠲，降咎于苗。”孔安国传：“天不絜其所为，故下咎罪，谓诛之。”《经典释文》：“不蠲，吉缘反。”《诗经·小雅·天保》：“吉蠲为饎，是用孝享。”毛传：“蠲，絜也。”《经典释文》：“吉蠲，古玄反，旧音圭，絜也。”《周礼·天官·宫人》：“为其井匽，除其不蠲，去其恶臭。”郑玄注：“蠲，犹洁也。”《经典释文》：“不蠲，音圭，又古玄反，絜也。”《秋官·蜡氏》：“凡国之大祭祀，令州里除不蠲。”郑玄注：“蠲，读如‘吉圭惟饎’之圭。圭，洁也。”《经典释文》：“不蠲，古玄反，旧音圭，絜也。”《左传·成公九年》：“郑人使伯蠲行成。”杜预注：“明杀行人例。”《经典释文》：“伯蠲，古玄反，又音圭。”《襄公十一年》：“郑人赂晋侯以师悝、师触、师蠲。”杜预注：“悝、触、蠲，皆乐师名。”《经典释文》：“师蠲，古玄反，又音圭。”《尔雅·释言》：“蠲，明也。”郭璞注：“蠲，清明貌。”《经典释文》：“蠲，古玄反，又音圭。”《释虫》：“蜫，马蝬。”郭璞注：“马蠲蚼，俗呼马蠖。”《经典释文》：“蠲，古玄反，《说文》云：‘《明堂月令》：腐草为蠲。’”《吕氏春秋·季夏纪》：“腐草化为蚈。”高诱注：“《说文》引《明堂月令》曰：‘腐艸为蠲。’蠲即蚈也。”《汉书·陈胜传》：“胜故涓人将军吕臣，为苍头军。”颜师古注：“涓，洁也。涓人，主洁除之人。涓，音蠲。”《万石君传》："以奋为中涓，受书谒。"颜师古注："中涓，官名，主居中而涓洁者也。外有书谒，令奋受之也。涓，音蠲。"《方言》："或谓之瘳，或谓之蠲。"郭璞注："蠲，亦除也。音涓，又一圭反。"蚈、涓，上古都属于元部。"吉缘反"中古属于仙韵，"古玄反"中古属于先韵。圭，上古属于支部。"一圭反"，中古属于齐韵。依据注释家的注音以及异文，"蠲"上古当有元部一读，还当有支部一读。

佌，《说文》称"囟声"。囟，上古为真部。刘博平归入锡部，朱骏声归入坤部，段玉裁归入十六部，《手册》《表稿》归入支部。《诗经·小雅·正月》："佌佌彼有屋，蔌蔌方有谷。"毛传："佌佌，小也。"《经典释文》："佌佌，音此，小也。《说文》作佌，音徙。"佌、徙，上古属于支部。依据异文及《经典释文》注音，"佌"上古当归入支部。

洇、細（细），《说文》均称"囟声"。囟，上古为真部。刘博平归入锡部，朱骏声归入坤部，《手册》《表稿》归入脂部。段玉裁把"洇"归入十二部，把"細（细）"归入十五部。洇，段注说："古音当在十二部，《前志》及郦作细。洇、细古今字。皆从囟声也。"《尔雅·释诂》："黄发、齯齿、鲐背、耇老，寿也。"郭璞注："黄发，发落更生黄者。齯齿，齿堕更生细者。鲐背，背皮如鲐鱼。耇犹耆也。皆寿考之通称。"《经典释文》："细，先计反。""先计反"中古属于阴声韵霁韵。依据注音以及谐声语音阴阳对转，"洇、細（细）"上古当归入脂部。

壻，《说文·士部》："夫也。从士胥声。读与细同。"细，刘博平归入锡部。他把"壻"归入锡部，可能是依据《说文》读若。朱骏声归入豫部，段玉裁归入十六部，《手册》《表稿》归入鱼部。"胥"及从"胥"声的"湑"，上古属于鱼部。壻，《经典释文》注"息计反"1次，"悉计反"2次，"音细"3次，中古都属于霁韵。徐铉本《说文》、《广韵》均为"苏计切"，属于霁韵。壻，依据谐声，上古当归入鱼部；依据注音上推古音，上古当归入脂部。我们倾向于依据谐声归入鱼部。

蠠，《说文·蚰部》："蠭甘饴也。一曰螟子。从蚰鼏声。"鼏，《说文·鼎部》："从鼎冖声。"冖，刘博平归入锡部。他把从鼏声的"蠠"

也归入锡部，可能是依据一级谐声。朱骏声归入鼎部，段玉裁归入十二部，《手册》《表稿》归入质部。“𪓰”的或体“蜜”，从“宓”得声。从“宓”得声的字，上古属于质部。𪓰，《广韵》为“弥毕切”，属于质韵。依据异文以及中古音上推古音，“𪓰”上古当归入质部。

買、濆、瞶、賣，刘博平归入锡部，朱骏声归入解部，段玉裁归入十六部，《手册》《表稿》归入支部。買、濆、瞶、賣，古籍中关于它们的注音材料比较少。買、濆，徐铉本《说文》、《广韵》都为“莫蟹切”，属于上声蟹韵。瞶，徐铉本《说文》、《广韵》都为“莫佳切”，属于平声字佳韵。賣，徐铉本《说文》为“莫懈切”，《广韵》为“莫邂切”，两者读音相同，属于去声卦韵。依据中古音上推古音，“買、濆、瞶、賣”上古当归入支部。

彳，刘博平归入锡部，朱骏声归入豫部，段玉裁没有注明韵部，《手册》《表稿》归入铎部。《故训汇纂》：“彳亍，踯躅也，《别雅》卷五。”踯，上古属于锡部。但是，《别雅》也可能是以近义词或者同义词来解释“彳亍”，并不能证明“彳亍”与“踯躅”为同音同义的同一个词。《汉书·礼乐志》：“沇沇四塞，假狄合处。”颜师古注：“假狄，远夷也。合处，内附也。假即遐字耳，其字从彳。彳音丑益反。”《文选·潘岳·射雉赋》：“彳亍中辍，馥焉中镝。”徐爰注：“彳亍，止貌也。彳，丑亦切；亍，丑录切。”“彳”为“小步”义时，《篆隶万象名义》、徐铉本《说文》、《广韵》、《宋本玉篇》都为“丑亦切”。“丑益反”“丑亦切”读音相同，属于昔韵。依据这些注音上推古音，“彳”当归入铎部。

豸，刘博平归入锡部，朱骏声归入解部，段玉裁归入十六部，《手册》《表稿》归入支部。《汉书·司马相如传》：“柴池茈虒，旋还乎后宫。”颜师古注：“如淳曰：‘茈，音此。虒，音豸。’”虒，上古属于支部。豸，《经典释文》注“丈尔反”1次，“直氏反”3次。“丈尔反”“直氏反”读音相同，中古都属于澄纽纸韵。依据注释家的注音上推古音，“豸”上古当归入阴声韵部支部。

廌，刘博平归入锡部，朱骏声归入解部，段玉裁归入十六部，《手册》《表稿》归入支部。《史记·司马相如列传》："弄解豸。"《汉书·司马相如传》"豸"作"廌"。《广雅·释诂》："廌，灋也。"王念孙疏证："廌亦作豸。"《说文》："豸，兽长脊，行豸豸然，欲有所司杀形。"段注："古多叚豸为解廌之廌，以二字古同音也。"《宋本玉篇》："廌，直倚、宅买二切。解廌，兽似牛而一角，古者决讼令触不直者，见《说文》，或作豸。"豸，上古入支部。依据异文，"廌"上古当归入支部。

縈，《说文·惢部》："垂也。从惢糸声。"糸，上古属于锡部。刘博平把"縈"归入锡部，可能依据谐声。朱骏声归入解部，段玉裁归入十六部，《手册》《表稿》归入歌部。《礼记·曲礼》："立视五巂。"郑玄注："立，平视也。巂，犹规也，谓轮转之度。巂或为縈。"《经典释文》："为縈，本又作縈，如捶反，徐而媿反。"《左传·哀公十三年》："佩玉縈兮余无所系之。"《经典释文》："縈，而捶反，又而水反。"巂，上古属于支部，中古属于齐韵。"如捶反""而捶反"读音相同，中古属于纸韵；"而媿反"中古属于至韵；"而水反"中古属于旨韵。依据《经典释文》异文及注音，"縈"上古当归入支部。

舓，《说文·舌部》："以舌取食也。从舌易声。䑛，舓或从也。"易，上古属于锡部。刘博平把"舓"归入锡部，可能依据谐声。朱骏声归入解部，段玉裁归入十六部，《手册》《表稿》归入支部。重文"䑛"，"也"如果是声符，上古当归入歌部。不过，《庄子·列御寇》："舐痔者，得车五乘。"《经典释文》："舐，字又作䑛，食纸反。""舐"也是"䑛"的异文。"舐"从"氏"声，上古当归入支部。"食纸反"属于纸韵。依据注音以及异文上推古音，"舓"上古当归入支部。

豛，《说文·豕部》："上谷名猪豭。从豕，役省声。"役，上古属于锡部。刘博平把"豛"归入锡部，可能依据谐声。朱骏声归入解部，段玉裁归入十六部，《手册》《表稿》归入觉部。豛，在古籍中用得非常少。徐铉本《说文》、《广韵》、《宋本玉篇》都为"营只切"，属于昔韵。依据谐声以及中古音上推古音，"豛"上古当归入锡部。

另外，"豛"在《集韵》中有"椎毄物也，都毒切"一音，显然是与

“豞”字形近而音混淆了。豛，《说文·殳部》：“椎毃物也。从殳豖声。”《广韵》《宋本玉篇》没有收。徐铉本《说文》为“冬毒切”，属于沃韵。《集韵》有“都木、竹角”两切，属于屋韵或觉韵。豛，段玉裁入第三部。豛，《手册》《表稿》没收，以“豛，《集韵》都毒切”入觉部。从“豖”声的字上古当归入屋部。我们倾向于依据谐声把“豛”归入屋部。

（三）青部

《说文古音谱》中，青部字307个，包含《广韵》的清韵、耕韵、庚韵、青韵字，以及少部分齐韵、先韵、咍韵、仙韵字，开口一等、开口二等、合口二等、开口三等、合口三等、开口四等、合口四等字都有，中古的平、上、去三声字都有。

青部谐声声符有：

賏声	嬰声	荧声	莹声	荣声	营声	巠声
輕声	敬声	冋声	磬声	丁声	成声	顷声
霝声	令声	生声	星声	青声	靓声	争声
静声	平声	苹声	正声	盈声	贞声	寍声
寧声	省声	井声	荆声	并声	屏声	幸声
壬声	廷声	呈声	聖声	觲声	甹声	蚩声
定声	嬴声					

刘博平归入青部的307个字中，有“笄、枅、研、羿（羿）、甹、蚩”等字，与《手册》《表稿》归部不同。我们对这些字的上古部属进行考证，发现“笄、枅”的归部可以进一步讨论，“研”等字的归部可能存在不妥。

笄、枅，《说文》都为“幵声”。从“幵”声的一部分字上古属于耕部，例如“邢”。刘博平把“笄、枅”归入青部，可能是依据谐声。朱骏声归入履部；《手册》《表稿》归入脂部；段玉裁把“笄”归入十二部，把“枅”归入十五部。《诗经·召南·采蘋》毛诗序：“采蘋，大夫妻能循法度也。”郑笺：“十有五而笄，二十而嫁。”《经典释文》：“笄，古兮反。”《仪礼·丧服》：“布总，箭笄，髽，衰，三年。”《经典释文》：“笄，音鸡。”《礼记·曲礼》：“女子许嫁，笄而字。”《经典释文》：“笄，古兮反。”《礼记·檀弓》：“鲁妇人之髽而吊也，自败于台鲐始也。”郑注：“士之妻则疑衰与？皆吉笄无首素总。”《经典释文》：“笄，音鸡。”《尔雅·释宫》：“閞谓之槉。”郭璞注：“柱上欂也，亦名枅，又曰楮。”《经典释文》：“枅，音鸡。《字林》音肩，云：‘柱上方木也。’”《庄子·齐物论》：“大木百围之窍穴，似鼻，似口，似耳，似枅，似圈，似臼，似洼者，似污者。”《经典释文》：“枅，音鸡，又音肩。《字林》云：‘柱上方木也。’简文云：‘欂栌也。’”《淮南子·精神训》：“而尧朴桷不斫，素题不枅。”高诱注：“枅，读鸡。”《淮南子·主术训》：“短者以为朱儒枅栌。”高诱注：“枅，读曰鸡也。”鸡，上古属于支部。“古兮反”“音鸡”中古都属于见纽齐韵。肩，上古属于元部，与歌部对转。从这些注音来看，“笄、枅”当为阴声韵字，既可以归支部，也可以归入脂部，还可以归入歌部。我们倾向于归入支部。

盰，《说文》“幵声”。从“幵”声的一部分字上古属于耕部，例如“邢”。刘博平把“盰”归入青部，可能是依据谐声。朱骏声归入履部，段玉裁归入十六部，《手册》《表稿》归入支部。盰，古籍中用得非常少，《说文》：“读若携手。”携，上古属于支部；《广韵》为“户圭切”，属于齐韵。依据《说文》读若以及中古音上推古音，“盰”上古当归入支部。

羿（羿）、萛，《说文》都为“幵声”。从“幵”声的一部分字，上古属于耕部，例如“邢”。刘博平把“羿（羿）、萛”归入青部，可能是依据谐声。朱骏声归入履部；《手册》《表稿》归入质部；段玉裁把“羿”归入十五部，把“萛”归入十一部。《尚书·五子之歌》：“有穷后羿，因民弗忍。”《经典释文》：“羿，五计反，徐胡细反。”《左传·襄公四年》：“《夏训》有之曰：‘有穷后羿。’”《经典释文》：“后羿，音诣。”《昭公二十八年》：“有穷后羿灭之，夔是以不祀。”《经典释文》：“后羿，音诣。”诣，《广韵》为“五计切”，属于疑纽霁韵。萛，古籍中用得非常少。羿（羿）、萛，徐铉本《说文》、《广韵》都为“五计切”，上古归入脂部还是质部，学者有不同的意见。这里遵从《手册》《表稿》的归部，归入入声韵部质部。

蚩，《说文·虫部》："虫曳行也。从虫中声。读若骋。"中，上古属于月部；骋，上古属于耕部。刘博平把"蚩"归入青部，可能依据《说文》读若。朱骏声归入鼎部，段玉裁归入十一部，《手册》《表稿》归入元部。蚩，古籍中用得非常少，《篆隶万象名义》、徐铉本《说文》、《广韵》、《宋本玉篇》都为"丑善切"，属于狝韵。依据中古音上推古音以及语音阳入对转，"蚩"上古当归入元部。

六、模部　铎部　唐部

（一）模部

《说文古音谱》中，模部字 650 个，包含《广韵》的模韵、鱼韵、虞韵、麻韵、铎韵字，以及少部分肴韵、昔韵、麦韵、支韵、谈韵、歌韵、烛韵、业韵、唐韵、陌韵、尤韵、药韵字。开口一等、合口一等、开口二等、合口二等、开口三等、合口三等字都有，主要是中古的平、上、去三声字，也有少数入声字是按谐声归入此部。

模部谐声声符：

乌声　亏（于）声　雩声　污声　夸声　瓜声　孤声
狐声　亞声　虍声　虘声　虚声　虏声　虑声
鬳声　盧声　午声　無声　虎声　羽声　乎声
虖声　華声　户声　所声　雇声　古声　苦声
胡声　固声　辜声　酤声　互声　下声　叚声
豭声　家声　居声　豦声　遽声　贾声　吕声
䀠声　奭声　瞿声　厶声　去声　禹声　五声
吾声　巨声　矩声　榘声　渠声　吴声　虞声
魚声　鱻声　穌声　御声　牙声　邪声　者声

屠声　箸声　奢声　猪声　诸声　土声　舍声
余声　除声　奴声　鲁声　且声　租声　祖声
虘声　沮声　菹声　助声　麤声　疋声　疏声
胥声　女声　如声　挐声　父声　布声　甫声
尃声　傅声　浦声　溥声　薄声　博声　巴声
虎声　马声　雨声　宁声　盂声　予声　与声
與声　旟声　舁声　輿声　夫声　武声　巫声
鼓声　步声　席声　度声　庶声

刘博平归入模部的650个字中，有“恶、諲、晵、庶、度、渡、剫、蔗、嗻、樜、䗪、蹠、席、蓆、虘、步、荹、踄、嘑、博、䪙、髆、搏、镈、䶈、膊、䳶、缚、䒄、镈、虩、涸、箇、貑、擢、虧、嚎、礡”等字，与《手册》《表稿》归部不同。其中“恶、諲、晵、嘑、博、䪙、髆、搏、镈、䶈、膊、䳶、缚、䒄、镈、涸、擢、嚎、礡”等字，刘博平可能依据谐声归入模部，它们当归入入声韵部铎部。我们对其余字的上古部属进行考证，发现“庶”等字的归部可能存在不妥。

“庶”及从“庶”声的一级二级谐声字“度、渡、剫、蔗、嗻、樜、䗪、蹠、席、蓆”，刘博平都归入模部。朱骏声归入豫部，段玉裁归入五部，《手册》《表稿》归入铎部。《诗经·邶风·柏舟》“石、席”韵，《郑风·缁衣》“席、作”韵，《小雅·皇皇者华》“骆、若、度”韵，《小雅·巧言》“作、莫、度、获”韵，《小雅·楚茨》“踖、硕、炙、莫、庶、客、错、度、获、格、酢”韵，《大雅·皇矣》“赫、莫、获、度、廓、宅”韵，《大雅·抑》“格、度、射”韵，《鲁颂·闷宫》“柏、度、尺、舄、硕、奕、作、硕、若”韵，《离骚》“度、路”韵、“错、度”韵，《天问》“度、作”韵，《九章·思美人》“度、路”韵，《远游》“路、度”韵，《九章·哀郢》“蹠、客、薄、释”韵，与“席、度、庶、蹠”押韵的字上古都属于铎部。

《尚书·尧典》：“宅西，曰昧谷。”《周礼·天官·缝人》郑注引“宅”作“度”。《尚书·禹贡》：“三危既宅。”《史记·夏本纪》作“三危既度”。《尚书·立政》：“文王惟克厥宅心。”《汉石经》“宅”作“度”。《尚书·立政》：“则克宅之，克由绎之。”《汉书艺文志考证》引“宅”作“度”。《尚书·顾命》：“恤宅宗。”《后汉书·班固传》李贤注“宅”作“度”。《诗经·大雅·皇矣》：“此维与宅。”《潜夫论·班禄》引“宅”作“度”。《大雅·文王有声》：“宅是镐京。”《礼记·坊记》引“宅”作“度”。《史记·五帝本纪》：“五流有度。”正义：“度，《尚书》作宅。”《管子·国蓄》：“先王为其途之远，其至之难，故托用于其重。”《揆度》“托”作“度”。《文选·张衡·思玄赋》：“愿得远渡。”渡，五臣本作“度”。《尔雅·释器》：“木谓之剫，玉谓之雕。”《尔雅释音》：“剫，音铎。”郭璞注：“《左传》曰：‘山有木，工则剫之。’”《经典释文》：“剫，徒各反。”《宋本玉篇·木部》引“剫”作“榜”。

《史记·司马相如列传》：“诸蔗猼且。”《汉书·司马相如传》《文选·子虚赋》“蔗”作“柘”。《招魂》：“有柘浆些。”考异“柘”一作“蔗”。《山海经·北山经》：“发鸠之山，其上多柘木。”《说文》“柘木”作“樜木”。《方言》：“蟒，宋魏之间谓之蚮，南楚之外谓之蟅蟒。”郭璞注：“蟅音近诈，亦呼咤蜢。”《广雅·释虫》：“蟅蟒，蝗也。”《博雅音》：“蟅，音柘。”《史记·齐太公世家》：“盗跖日杀不辜。”索隐：“蹠与跖同，并音之石反。盗跖，柳下惠弟，见《庄子》，为篇名。”《汉书·贾谊传》：“又苦跖盭。”颜师古注：“跖，古蹠字，音之石反。足下曰蹠，今所呼脚掌是也。”王逸《九思·伤时》：“蹠飞杭兮越海。”注：“蹠，一作跖。”（按，后人以为：“逸不应自为注解，恐其子延寿之徒为之尔。”）《文选·傅毅·舞赋》：“蹠地远群，闟跳独绝。”蹠，五臣本作“跖”。李善注：“许慎《淮南子》注曰：‘蹠，踏也。’”《文选·张协·七命》：“下无跖实之蹊。”李善注：“《淮南子》曰：‘兽蹠实而走高。’”《吕氏春秋·重言》：“有执蹠痛而上视者。”《说苑·权谋》“蹠痛”作“柘杵”。《淮南子·氾论训》：“蹠距者举远。”《文子·上义》：“度巨者誉远。”《文选·宋玉·高唐赋》：“陬互横啎，背穴偃蹠。”五臣注：“蹠，音隻。”李善注：“偃蹠，言山石之形，背穴偃蹇，如有所蹈也。

许慎《淮南子》注曰：‘蹠，踏也。’”《文选·马融·长笛赋》：“气喷勃以布覆兮，乍跱蹠以狼戾。”五臣注：“蹠，之石反。”李善注：“跱蹠，言其声跱立，如有所蹠蹋也。”《文选·张衡·西京赋》：“高掌远蹠，以流河曲。”李善注：“蹠，之石切。”《广雅·释诂》：“蹠，行也。”《博雅音》：“蹠，只石反。”《广雅·释诂》：“蹠，履也。”《博雅音》：“蹠，只石反。”《周礼·秋官·赤友氏》：“凡隙屋除其狸虫。”郑玄注：“狸虫，䗪肌求之属。”《经典释文》：“䗪，章夜反。”《广雅·释诂》：“剫，分也。”《博雅音》：“剫，徒各反。”

《仪礼·士虞礼》：“藉用苇席。”郑玄注：“藉，犹荐也，古文藉为席。”《礼记·曲礼》：“毋践屦，毋踖席。”《经典释文》：“毋踖，在亦反，一音席，躐也。”《汉书·贾捐之传》：“相枕席于道路。”颜师古注：“如淳曰：‘席，音藉。’师古曰：席即藉也，不劳借音。”《诗经·郑风·缁衣》：“缁衣之蓆兮，敝予又改作兮。”毛传：“蓆，大也。”《经典释文》：“蓆兮，音席，大也。《韩诗》云：‘储也。’《说文》云：‘广多。’”《尔雅·释诂》：“蓆，大也。”《经典释文》：“蓆，音席。”

宅、托、铎、檡、柘、诈、咤、跖、踱、柘、藉、踖，上古都属于铎部。徒各反，中古属于铎韵。“之石反”“章夜反”“只石反”读音相同，中古属于入声昔韵。依据押韵、异文以及注音，“庶”及从“庶”声的一级二级谐声字上古当归入入声韵部铎部。

虘，《说文·虘部》：“古陶器也。从豆虍声。”虍，上古属于鱼部。刘博平把“虘”归入模部，可能依据谐声。朱骏声归入豫部，段玉裁归入十六、十七部，《手册》《表稿》归入歌部。虘，古籍中用得非常少，徐铉本《说文》、《广韵》都为“许羁切”，《说文系传》为“许移反”，《宋本玉篇》为“欣宜切”，这些注音读音相同，属于支韵。中古支韵字上古不与鱼部发生关系。“虘”上古当归入歌部，这样与谐声声符“虍”的读音才相近。

步、荹、踄，刘博平归入模部，朱骏声归入豫部，段玉裁归入五部，《手册》《表稿》归入铎部。《离骚》“路、步”韵，“路”上古属于铎部。步、荹，徐铉本《说文》、《广韵》都为“薄故切”，属于去声暮韵。踄，《篆隶万象名义》为“蒲阁反”，徐铉本《说文》为“旁各切”，《广韵》为“傍各切”，这些注音都属于入声韵。依据押韵以及中古音上推古音，“步、荹、踄”上古当归入入声韵部铎部。

虎去，《说文·虎部》：“虓属。从虎去声。”去，上古属于鱼部。刘博平归入模部，可能是依据谐声。朱骏声归入豫部，《手册》《表稿》归入谈部。虎去，古籍中用得很少，《广雅·释诂》：“虎去，怒也。”《博雅音》：“虎去，苦暂反。”“苦暂反”中古属于闭口阚韵。徐铉本《说文》为“呼滥切”，属于闭口阚韵。《广韵》为“口敢切”，属于闭口敢韵。依据这些注音上推古音，“虎去”上古当归入谈部。

貈，刘博平归入模部，可能是依据《说文·水部》“涸，读若狐貈之貈”。涸，刘博平归入模部。朱骏声归入孚部，段玉裁归入三部，《手册》《表稿》归入铎部。《尔雅·释虫》：“莫貈，蟷螂，蛑。”《经典释文》：“貈，本又作貉，孙户各反，下同。”《尔雅·释兽》：“貈子，貆。”郭璞注：“其雌者名貗，今江东呼貉为豼貁。”《经典释文》：“貈，乎各反，《字林》云：‘似狐，善睡，本作貉，亡白反。’《字林》云：‘北方人也，非兽也。’”《周礼·考工记》：“貉逾汶则死。”《经典释文》：“貉，依字当作貈。”《淮南子·原道训》“貉”作“貈”。《论语·子罕》：“与衣狐貉者立。”《经典释文》：“貉，依字当作貈。”《汗简》：“古《论语》貉作貈。”《乡党》：“狐貉之厚以居。”《说文·豸部》引“貉”作“貈”。貉，上古属于铎部。“户各反”“乎各反”读音相同，中古属于铎韵。“亡白反”中古属于陌韵。依据异文以及注释家的注音上推古音，“貈”上古当归入铎部。

虧，《说文·亏部》：“气损也。从亏虐声。”虐，上古属于鱼部。刘博平把“虧”归入模部，可能是依据谐声。朱骏声归入豫部，段玉裁归入十七部，《手册》《表稿》归入歌部。《离骚》“离、虧”韵，《九歌·大司命》“何、虧、为”韵，《天问》“加、虧”韵，《九章·抽思》“仪、虧”韵。与“虧”押韵的字上古都属于歌部。依据押韵，“虧”上古当归入歌部。

（二）铎部

《说文古音谱》中，铎部字 235 个，包含《广韵》的陌韵、暮韵、铎韵、药韵、麦韵、麻韵、昔韵字，以及少部分锡韵、屋韵、觉韵、职韵、仙韵字，开口一等、合口一等、开口二等、合口二等、开口三等、合口三等、开口四等字都有，主要是中古的去、入二声字，也有少数平声字是按谐声归入此部。

铎部谐声声符：

夜声	虢声	蒦声	若声	赤声	赦声	各声
客声	洛声	路声	靃声	矍声	亭声	郭声
屰声	罗声	逆声	庰声	昔声	耤声	籍声
乍声	作声	舄声	石声	橐声	睪声	擇声
㬰声	谷声	卻声	白声	百声	乇声	秅声
宅声	托声	霏声	㲋声	射声	索声	炙声
夕声						

刘博平归入铎部的 235 个字中，有“㲋、㮝、䖸、秅”等字，与《手册》《表稿》归部不同。其中“秅”，刘博平应该是依据谐声归入铎部，当归入阴声韵部模部。我们对其余字的上古部属进行考证，发现“㲋、㮝”的归部可以进一步讨论，“䖸”的归部可能存在不妥。

㲋，《说文·㲋部》：“兽也。似兔，青色而大。象形。头与兔同，足与鹿同。”㮝，《说文·木部》：“木叶陊也。从木㲋声。读若薄。”薄，上古属于铎部。刘博平把“㲋、㮝”归入铎部，可能是依据“㮝”的读若。朱骏声归入小部；《手册》《表稿》归入药部；段玉裁把“㲋”归入二部，把“㮝”归入二部或五部。㲋、㮝，古籍中用得非常少。㲋，徐铉本《说文》为“丑略切”，中古属于药韵，与“辵、婼”同音。婼，上古属于铎部。《宋本玉篇》：“欃，仕杉切，木兰也。又楚咸切，说也。㮝，同上，又音托，落也，与箨同。”托、箨，上古属于铎部。我们倾向于依据《说文》读若以及《宋本玉篇》注音，把“㲋、㮝”的上古音归入铎部。

䴡，《说文·虎部》："白虎也。从虎，昔省声。读若鼏。"昔，上古属于铎部。鼏，上古属于锡部。刘博平把"䴡"归入铎部，可能是依据谐声。朱骏声归入鼎部，《手册》《表稿》归入锡部。䴡，古籍中用得非常少，徐铉本《说文》、《广韵》、《集韵》都为"莫狄切"，与"觅"同音，属于锡韵。《宋本玉篇》："虪，音觅，俗䴡字。"虪，从字形来看，可能为从"冥"声的形声字。"冥"上古属于耕部。"虪"可能是由于语音阳入对转转入入声韵部锡部。依据《说文》读若、中古音以及异文，"䴡"上古当归入锡部。

（三）唐部

《说文古音谱》中，唐部字 504 个，包含《广韵》的阳韵、庚韵、唐韵、铎韵、模韵字，以及少部分缉韵、青韵、歌韵、登韵、麻韵、耕韵、觉韵、虞韵字。开口一等、合口一等、开口二等、合口二等、开口三等、合口三等字都有，主要是中古的平、上、去三声，也有少数入声字是按谐声归入此部。

唐部谐声声符有：

央声　英声　盎声　皀声　鄉声　䖆声　量声
行声　亡声　忘声　巟声　荒声　良声　郎声
向声　兄声　况声　亢声　黄声　横声　廣声
光声　竟声　丙声　更声　庚声　唐声　康声
强声　畕声　畺声　彊声　卬声　羊声　羕声
羌声　京声　景声　网声　罔声　㐺声　㒳声
尚声　當声　堂声　黨声　甞声　賞声　倉声
昜声　湯声　募声　碭声　暘声　鍚声　傷声
殤声　陽声　章声　商声　昌声　長声　象声
方声　旁声　相声　皿声　孟声　朢声　望声
爽声　丈声　㲄声　㐮（襄）声　釀声　刅声　梁声
匠声　彭声　桑声　竝声　永声　杏声　爿声

醬声 將声 壯声 牀声 戕声 牆声 鼃声
明声 噩声 王声 皇声 㞷声 狂声 匡声
往声 䠶声 莫声 詰声

刘博平归入唐部的 504 个字中，有“莫、嫫、模、蟆、谟、摹、慕、募、墓、慔、鬘、膜、鄚、镆、漠、瘼、蓦、幕、募、貘、蓦、嗼、駫、蟥、暜（普）、觵、攴”等字，与《手册》《表稿》归部不同。其中“莫、嫫、模、蟆、谟、摹、慕、募、墓、慔、鬘、膜、鄚、谟、漠、瘼、蓦、幕、募、貘、蓦、嗼、蟥、暜（普）、攴”等字，刘博平应该是依据谐声归入唐部。嫫、模、蟆、谟、摹、暜（普）、攴，当归入阴声韵部模部；莫、慕、募、墓、慔、鬘、膜、鄚、镆、漠、瘼、蓦、幕、募、貘、蓦、嗼、蟥，当归入入声韵部铎部。我们对“觵、駫”的上古部属进行考证，发现“觵”的归部可以进一步讨论，“駫”的归部可能存在不妥。

駫，《说文·马部》：“马盛肥也。从马光声。《诗》曰：‘四牡駫駫。’”光，上古属于唐部。刘博平把“駫”归入唐部，可能依据谐声。朱骏声归入壮部，段玉裁归入十部，《手册》《表稿》归入耕部。“四牡駫駫”应该是逸诗，现存版本《诗经》中的“四牡騑騑”“四牡骙骙”“四牡翼翼”“四牡庞庞”“四牡痯痯”“四牡蹻蹻”“四牡业业”“四牡彭彭”“四牡奕奕”这些诗句中，没有字形和读音与“駫”相近的字。駫，古籍中用得非常少，《篆隶万象名义》、徐铉本《说文》都为“古荧切”，《广韵》为“古萤反”。“古荧切”“古萤切”读音相同，属于青韵。依据这些注音上推古音，“駫”上古当归入耕部。

觵，《说文·角部》：“角长皃。从角爿声。”爿，上古属于阳部。刘博平把“觵”归入唐部，可能是依据谐声。朱骏声归入壮部，《手册》《表稿》归入屋部。觵，古籍中用得非常少，徐铉本《说文》为“士角切”，《集韵》为“仕角切”，两者读音相同，都属于入声韵觉韵。依据这些注音上推古音，“觵”上古当归入药部。

第五章　对《说文》所收字的归部（下）

一、萧部

（一）萧部

《古音谱》中，萧部字 689 个，包含《广韵》的幽韵、尤韵、豪韵、肴韵、萧韵、屋韵、沃韵、觉韵、烛韵、脂韵、宵声、虞韵、锡韵、侯韵字，以及少部分魂韵、冬韵、东韵字，开口一等、合口一等、开口二等、开口三等、合口三等、开口四等、合口四等字都有，中古的平、上、去、入四声字都有。萧部与王力的幽、觉两部对应。

萧部谐声声符有：

幼声	惪声	憂声	丝声	幽声	休声	好声
孝声	丂声	臭声	丑声	狃声	九声	尻声
冃声	冒声	畜声	告声	造声	皋声	臼声
丩声	收声	簋声	殷声	翏声	漻声	膠声
麀声	夰声	裘（求）声	咎声	舂声	鸟声	周声
勹声	包声	匋声	櫜声	舀声	攸声	脩声
條声	儵声	肃声	道声	卯声	贸声	留声
搯声	辣声	曹声	流声	爊声	秋声	愁声
孚声	叉声	蚤声	酉声	酋声	猶声	柔声
夒声	保声	乍声	秀声	莠声	由声	汓声
卤声	卤声	歔声	缶声	早声	妾声	嫂声
百声	守声	罾声	戊声	弁声	舟声	受声

朝声 雔声 州声 帚声 彡声 肘声 手声
壽声 籌声 彪声 牟声 矛声 阜声 楙声
敄声 婺声 務声 瞀声 奥声 臼声 學声
覺声 祝声 竹声 筑声 籍声 籟声 匊声
鞠声 六声 尖声 坴声 奄声 毒声 就声
尗声 戚声 叔声 俶声 劉声 宿声 肉声
育声 㬎声 焦声 朝声 猋声 䍃声 䚻声
繇声 糕声

刘博平归入萧部的 689 个字中，有“猋、𣄠、飙、焦、醮、趭、潐、蕉、鷦、醮、燋、鐎、灂、谯、噍、樵、爑、糕、楙、懋、蕕、敄、蓩、瞀、楘、醟、婺、蓩、鹜、帑、嵍、骛、霧、婺、務、鍪、鞪、楘、露、夰、昦、昪、嫪、朝、裘、舊、鼌、𪓰、鑣、䍃、瑤、㘥、踰、榣、歋、搖、媱、䳆、䚻、傜、繇、蘨、䌛、蘨、邎、櫾”等字，《手册》《表稿》不是归入幽部或觉部。我们对这些字的上古部属进行考证，发现“楙、懋、蕕、嫪”的归部还可以进一步讨论。“猋、𣄠、飙、焦、醮、趭、潐、蕉、鷦、醮、燋、鐎、灂、谯、噍、樵、爑、糕、敄、蓩、瞀、楘、醟、婺、蓩、鹜、帑、嵍、骛、霧、婺、務、鍪、鞪、楘、露、夰、昦、昪、朝、裘、舊、鼌、𪓰、鑣、䍃、瑤、㘥、踰、榣、歋、搖、媱、䳆、䚻、傜、繇、蘨、䌛、蘨、邎、櫾”等字，刘博平归部可能存在不妥。

“猋”及从“猋”声的字“𣄠、飙”，刘博平归入萧部，可能是依据《说文》重文。《说文》：“颮，飙或从包。”包，上古属于幽部。朱骏声归入小部；《手册》《表稿》归入宵部；段玉裁把“猋、𣄠”归入二部，把“飙”归入三部。左思《魏都赋》“猋、彯、霄、寮、遥、朝”韵，与“猋”押韵的字在上古都属于宵部字。《礼记·月令》：“猋风暴雨总至。”郑玄注：“回风为猋。”《经典释文》：“猋，必遥反，徐芳遥反，本又作飘。”《淮南子·氾论训》“猋”作“飘”。《史记·司马相如列传》：“武节飘逝。”《文选·司马相如·封禅文》“飘”作“猋”。《春秋·襄公二十六年》：“卫宁喜弑其君剽。”《汉书·古今人表》作“卫殇公猋”。《文选·班固·答宾戏》：“其余猋飞景附，霅煜其间者，盖不可胜载。”李善注：“猋与熛古字通，并必遥切。”“飘、剽、熛”上古都属于宵部字。芳遥反、必遥切，中古属于宵韵。依据异文、注音以及押韵，“猋”及从“猋”声的字“旚、飙”在上古当归入宵部。

“焦”及从“焦”声的字“醮、趭、潐、蕉、鷦、醮、燋、镳、灑、谯、噍、樵、爑”，入韵比较少。刘博平归入萧部，朱骏声归入孚部，段玉裁归入二部，《手册》《表稿》归入宵部。《诗经·豳风·鸱鸮》“谯、翛（幽部）、翘、摇、哓”韵，除“翛”外，其他字上古属于宵部。汉代无名氏《皑如山上雪》“樵、樵、骄”韵。《说文》：“诮，古文谯，从肖。《周书》曰：‘亦未敢诮公。’”“谯、诮”相比，换了声符。从“肖”声的字，上古都属于宵部。灑，《说文》：“读若《夏书》‘天用勦绝’。”勦，上古属于宵部字。《礼记·内则》：“魴、鱮烝、雏烧，雉芗，无蓼。”郑玄注：“烧，烟于火中也。”《经典释文》：“烧，如字，一音焦，皇绝句。”《史记·黥布列传》：“数使使者诮让召布。”《汉书·英布传》“诮”作“谯”。《史记·樊郦滕灌列传》：“是日微樊哙犇入营，诮让项羽，沛公事几殆。”索隐：“诮，责也，亦或作谯。”《史记·万石张叔列传》：“子孙有过失，不谯让。”《汉书·万石君传》“谯”作“诮”。《韩非子·内储说下》：“文公召宰人而谯之。”《艺文类聚》十七引“谯”作“诮”。《吕氏春秋·疑似》：“酒醒而诮其子。”《太平御览》八八三引“诮”作“谯”。《方言》：“谯，让也。”郭璞注：“谯，字或作诮。”《汉书·陈胜传》：“独守丞与战谯门中。”颜师古注：“谯，亦呼为巢……谯巢声相近，本一物也。”《淮南子·主术训》：“擒之焦门。”高诱注：“焦或作巢。”《韩非子·外储说左上》：“故父子或怨噪。”《说文》“噪”作“谯”。“烧、诮、巢、噪”上古都属于宵部字。嶕峣，叠韵联绵词，高也。鷦鷯，叠韵联绵词，《庄子·逍遥游》：“鷦鷯巢于深林，不过一枝。”《经典释文》：“鷦，子遥反。鷯，音辽。李云：‘鷦鷯，小鸟也。’郭璞云：‘鷦鷯，桃雀。’”依据《说文》重文、读若以及注释家们的注音，“焦”及从“焦”声的字在上古当归入宵部。

穛，《说文》从“焦”声。焦，上古属于幽部。刘博平可能依据谐声，把“穛”归入萧部。朱骏声归入孚部，段玉裁归入二部，《手册》《表稿》归入药部。穛，古籍中用得很少，徐铉本《说文》、《广韵》都为“侧角切”，属于觉韵。依据这一注音以及语音阴入对转，“穛”在上古当归入药部。

楙，《说文》从“矛”声。矛，上古属于幽部。刘博平把“楙”以及从“楙”声的字归入萧部，可能是依据谐声。朱骏声归入孚部；《手册》和《表稿》归入侯部；段玉裁把“楙”归入四部，把“懋、蕀”归入三部。“楙”以及从“楙”声的字“懋、蕀”在《诗经》《楚辞》中不入韵，中古属于候韵。司马相如《子虚赋》“抱、楙”韵。抱，上古属于幽部，中古属于皓韵。《汉书·食货志》：“楙迁有无，万国作乂。”颜师古注：“楙与茂同，勉也。”《史记·司马相如列传》：“夸条直畅，实叶葰茂。”《汉书·司马相如传》作“夸条直畅，实叶葰楙”，颜师古注：“楙，古茂字也。”《诗经·卫风·木瓜》：“投我以木瓜，报之以琼琚。”毛传：“木瓜，楙木也。”《经典释文》：“楙，音茂，字亦作茂。《尔雅》云：‘楙，木瓜也。’”《经典释文》给《尚书》中的“懋”注音10次，均音“茂”。《尚书·皋陶谟》：“懋哉懋哉。”《汉书·董仲舒传》引“懋”作“茂”。《尚书·康诰》：“懋不懋。”《左传·昭公八年》引“懋”作“茂”。茂，上古属于幽部，《集韵》属于候韵。依据汉代押韵及异文等材料，“楙”以及从“楙”声的字“懋、蕀”上古当归入幽部。

敄，《说文·攴部》：“强也。从攴矛声。”矛，上古属于幽部。刘博平把“敄”以及从“敄”声的一级二级谐声字“蓩、瞀、楘、鍪、婺、務、鶩、嵍、堥、騖、霧、婺、務、鞪、鞪、桑、霿”归入萧部，可能是依据谐声。朱骏声归入孚部；段玉裁把“霿”归入九部，把其余的归入三部；《手册》《表稿》把“霿”归入东部，把“鞪、桑”归入屋部，把其余的归入侯部。王逸《九思·怨上》“務、投”韵，《鼎铭》“具、務”韵，张衡《七辩》“趣、務”韵，桓麟《七说》“驱、骤、霧

（霿）”韵。与“務、霧（霿）”押韵的字在上古都属于侯部字。《左传·哀公十一年》：“公叔務人见保者而泣。”《礼记·檀弓下》“公叔務人”作“公叔禺人”：“公叔禺人遇负杖入保者息。”《经典释文》：“禺，音遇，又音務，注同。”《山海经·海内东经》：“汉水出鲋鱼之山。”《海外北经》“鲋鱼”作“務隅”。《吕氏春秋·有始览》：“其星婺女、虚、危、营室。”《淮南子·天文训》“婺女”作“须女”。《史记·司马相如传》：“烦鹜鷛䴔。”集解：“徐广曰：‘烦鹜，一作番蠓。’”蠓，上古属于东部，侯东对转。《广雅·释言》：“菽，葆也。”《博雅音》：“菽，莫老反。”《释器》：“𩞄，酱也。”《博雅音》：“𩞄，莫候反。”《释训》：“蕏蕏，茂也。”《博雅音》：“蕏蕏，亡豆、亡老二反。”鲋、禺、遇、须，上古都属于侯部。“莫候反、亡豆反”读音相同，中古属于候韵；“莫老反、亡老反”读音相同，中古属于皓韵。

霿，《尚书·洪范》：“曰蒙，恒风若。”《史记·宋微子世家》作：“曰雾，常风若。”《晋书·五行志》引“蒙”也作“雾”。《后汉书·五行志》引“蒙”作“霿”。蒙，上古属于东部字。再依据字书、韵书反切以及阴阳对转，霿，上古当归入东部。

楘、鞪，《秦风·小戎》：“小戎俴收，五楘梁辀。”毛传：“楘，历录也。”《经典释文》：“五楘，音木，本又作鞪，历录也，曲辕上也。”《周礼·冬官·辀人》：“辀人为辀。”郑玄注：“辀，车辕也。诗云：‘五楘梁辀。’”《经典释文》：“五楘，音木，本又作鞪，同。”《汉书·地理志》：“及《车辚》《四戴》《小戎》之篇，皆言车马田狩之事。”颜师古注：“其诗曰：‘小戎俴收，五楘良辀。’楘音木。”木，上古属于屋部。依据注音以及字书、韵书反切，“楘、鞪”上古当归入屋部。

从汉代及以后的押韵材料来看，“務”声、“敄”声字与上古侯部、鱼部字押韵较多。如班固《东都赋》“驱、鹜、御、遇、去”韵。驱，上古属于侯部，中古属于虞韵；御，上古属于鱼部，中古属于御韵；遇，上古属于侯部，中古属于遇韵；去，上古属于鱼部，中古属于语韵。《答宾戏》“驭、鹜”韵。驭，上古属于鱼部，中古属于御韵。蔡邕

《释诲》“诛、鹜、惧”韵。诛，上古属于侯部，中古属于虞韵；惧，上古属于侯部，中古属于遇韵。我们认为，務声、敄声字上古当归入侯部、屋部或东部。它们中的一些字在中古多属于遇韵或候韵字，在汉代与上古属于鱼部的字关系密切，体现了上古属于侯部的務声、敄声字语音从上古的侯部向中古的遇韵的变化。

“夰”及从“夰”声的“奡、昦”，上古不入韵，在古籍中用得也不多。刘博平归入萧部。朱骏声归入孚部；《手册》《表稿》归入宵部；段玉裁把“夰、奡”归入二部，把“昦”归入三部。《尚书·益稷》：“无若丹朱傲。”《经典释文》：“傲，五报反，字又作奡。”《说文·夰部》引“傲”作“奡”，言“读若傲”。《左传·襄公四年》：“生浇及豷。”《汉书·古今人表》“浇”作“奡”。《离骚》：“浇身被服强圉兮。”王逸注：“浇，一作奡。”《尔雅·释天》：“夏为昊天。”《说文·夰部》：“春为昦天。”傲、浇、昊，上古属于宵部。昦，只在字书韵书中出现，徐铉本《说文》和《广韵》都为“古老切”，与“夰”同音，属于皓韵。依据异文以及中古音，“夰”及从“夰”声的“奡、昦”在上古当归入宵部。

嬦，《说文·女部》：“竦身也。从女篙声。读若《诗》‘纠纠葛屦’。”篙、纠，上古属于幽部。刘博平把“嬦”归入萧部，可能依据谐声或者《说文》读若。朱骏声归入孚部，段玉裁归入三部，《手册》《表稿》归入宵部。《表稿》认为：“‘嬦’字旁转入宵部，中古在小韵。”①嬦，在古籍中用得很少。《篆隶万象名义》：“嬦，居黝反，材，竦身。”“居黝反”中古属于黝韵。依据谐声、读若以及《篆隶万象名义》注音，“嬦”上古当归入幽部。

朝，《说文·倝部》：“旦也。从倝舟声。”舟，上古属于幽部。刘博平把“朝、廟”归入萧部，可能依据谐声。朱骏声归入孚部，段玉裁归入二部，《手册》《表稿》归入宵部。《卫风·硕人》“敖、郊、骄、镳、朝、劳”韵，《卫风·河广》“刀、朝”韵，《桧风·羔裘》“遥、朝、

① 郭锡良编著，雷瑭洵校订：《汉字古音表稿》，北京：中华书局，2020年，第37页。

忉”韵，《小雅·白驹》“苗、朝、遥”韵，《小雅·渐渐之石》“高、劳、朝”韵，“朝”都是与宵部字押韵。扬雄《逐贫赋》“骄、高、峤、朝”韵，《兖州箴》“朝、笑”韵，也是与宵部字押韵。《春秋·昭公十五年》“蔡朝吴出奔郑”，《公羊传》“朝吴”作“昭吴”。《左传·昭公七年》“史朝”，《通志·氏族略五》作“史鼂”。《左传·昭公二十二年》“王子朝”，《通志·氏族略一》“朝”作“鼂”。《史记·太史公自序》“而贾生、鼂错明申商”，《汉书·司马迁传》“鼂”作“朝”。《汉书·景帝纪》：“斩御史大夫鼂错以谢七国。”颜师古注：“鼂，古朝字。”《文选·司马相如·上林赋》：“鼂采琬琰，和氏出焉。”李善注：“鼂，古朝字。”《文选·扬雄·羽猎赋》：“于是天子乃以阳鼂始出乎玄宫。”李善注：“朝、鼂古字同也。”《文选·马融·长笛赋》：“山鸡晨群，野雉鼂雊。”李善注：“鼂，古朝字。”昭、鼂，上古都属于宵部。廟，《说文·广部》：“尊先祖皃也。从广朝声。庿，古文。”苗，上古属于宵部。依据押韵和异文，“朝、廟”在上古当归入宵部。

裘，《说文·裘部》：“从衣求声。一曰象形。”从“求”声的其他字，在上古都属于幽部。刘博平把“裘”归入萧部，可能是依据谐声。朱骏声归入孚部，段玉裁归入一部，《手册》《表稿》归入之部。《秦风·终南》“梅、裘、哉”韵，《豳风·七月》“狸、裘”韵，《小雅·大东》“来、裘”韵，“裘”都是与之部字押韵。依据《诗经》押韵，“裘”在上古当归入之部。

舊，《说文·萑部》：“雎舊，舊留也。从萑臼声。”臼，在上古属于幽部。刘博平把“舊”归入萧部，可能是依据谐声。朱骏声归入孚部，段玉裁归入一部，《手册》《表稿》归入之部。《大雅·荡》“时、舊”韵，《大雅·召旻》“里、哉、舊”韵，“舊”都是与之部字押韵。依据《诗经》押韵，“舊”在上古当归入之部。

鼂，《说文·黽部》：“匽鼂也。读若朝。从黽从旦。”刘博平把“朝”归入萧部，他把“鼂”也归入萧部，可能是依据《说文》读若。朱骏声归入孚部，段玉裁归入二部，《手册》《表稿》归入宵部。《左传·昭公七年》“史朝”，《汉书·古今人表》作“史鼂”。《左传·昭公二十二年》“王子朝”，《汉书·古今人表》作“王子鼂”。《左传·昭公二十四年》“王子朝用成周之宝珪于河”，《汉书·五行志》引“王子朝”作“王子鼂”。《史记·吴王濞列传》“鼂错为太子家令”，《汉书·司马迁传》“鼂”作“朝”。《史记·酷吏列传》“王朝，齐人也”，《汉书·百官公卿表》“朝”作“鼂”。《汉书·严助传》：“鼂不及夕。”颜师古注：“鼂，古朝字也。”《汉书·司马相如传》：“鼂采琬琰。”颜师古注：“鼂，古朝字也。”《汉书·鼂错传》颜师古注：“鼂，古朝字，其下作朝，盖通耳。”《汉书·五刑志》：“尹氏、召伯、毛伯事王子鼂。”颜师古注：“鼂，古朝字。”《天问》：“会鼂争盟，何践吾期。”洪兴祖补注：“鼂、晁并朝夕之朝。”考异：“一作会晁请盟。”晁，从“兆”声。从“兆”声的字，在上古属于宵部。上文已证明“朝”在上古当归入宵部，“鼂”在古代常与“朝”形成异文，在上古也当归入宵部。

㲋，《说文·兔部》：“疾也。从三兔。阙。”刘博平归入萧部，朱骏声归入豫部，段玉裁归入三部，《手册》《表稿》归入屋部。㲋，古籍中用得很少。徐铉本《说文》“芳遇切”、《篆隶万象名义》“孚句反”，都属于遇韵。段注：“《玉篇》《广韵》皆曰：‘急，疾也。今作趚。’《少仪》曰：‘毋拔来，毋报往。’注云：‘报读为赴疾之赴，拔赴皆疾也。’按赴、趚皆即㲋字。今字㲋、趚皆废矣。”依据这些注音上推古音，㲋，上古当归入侯部或屋部。又段注“赴、趚皆即㲋字”，因此，“㲋”上古归入屋部较为妥当。

鑣，《说文·金部》：“温器也。一曰金器。从金麀声。”麀，上古属于幽部。刘博平把“鑣”归入萧部，可能是依据谐声。朱骏声归入孚部，段玉裁归入三部，《手册》《表稿》归入宵部。《广雅·释器》：“鑣，釜也。”《博雅音》：“鑣，乌高反。”徐铉本《说文》和《广韵》都为“於刀切”。“乌高反”“於刀切”读音相同，中古属于豪韵。依据这些注音上推古音，“鑣”当归入宵部。

“䍃”及从“䍃”声的字“瑶、嗂、踰、榣、䍃欠、摇、媱、鷂”，刘博平归入萧部，可能是依据谐声。䍃，《说文·缶部》："瓦器也。从缶肉声。"肉，上古属于觉部。"䍃"及从"䍃"声的字朱骏声归入孚部，《手册》《表稿》归入宵部。段玉裁将"䍃"归入三部，将"瑶、嗂、踰、榣、摇、媱、鹞"归入二部，以"歙"归入二部、三部皆可。《卫风·木瓜》"桃、瑶"韵，《大雅·公刘》"瑶、刀"韵，《王风·黍离》"苗、摇"韵，《郑风·清人》"消、麃、乔、遥"韵，《桧风·羔裘》"遥、朝、忉"韵，《小雅·白驹》"苗、朝、遥"韵，《离骚》"遥、姚"韵。《豳风·鸱鸮》"谯、翛（幽部）、翘、摇、哓"韵，宵幽合韵。司马相如《大人赋》"旄、髾、摇"韵，阙名《郊祀歌》"膏、摇"韵，王逸《伤时》"谣、媱"韵，张衡《思玄赋》"摇、劳"韵，《西京赋》"摇、梢、旄"韵，《骷髅赋》"劳、消、毛、刀、逃、遥"韵，《四愁诗》"刀、瑶、遥、劳"韵，蔡邕《周勰碑》"寮、遥、教、霄、高、苗、昭"韵。与"摇、遥、瑶、谣、媱"押韵的字上古都属于宵部字。《尔雅·释训》："欢欢、愮愮，忧无告也。"郭璞注："贤者忧惧，无所诉也。"《经典释文》："愮愮，音遥，本又作摇，樊本作遥，又作恌，恌与愮同训也。《书》云：'愮愮，忧无告也。'《广雅》云：'愮，乱也。'"《战国策·燕策一》："则莫如遥伯齐而厚尊之。"汉帛书本"遥"作"招"，《史记·苏秦列传》"遥"作"挑"。《荀子·荣辱》："其功盛姚远矣。"杨倞注："姚与遥同。"《王霸》："佻其期日而利其巧任。"杨倞注："佻与傜同，缓也。"《史记·卫将军骠骑列传》："大将军受诏与壮士，为剽姚校尉。"索隐："剽姚，荀悦《汉纪》作票鹞。"恌、招、挑、姚、佻，上古属于宵部字。依据押韵、异文，"䍃"及从"䍃"声的字上古当归入宵部。

䚻，《说文·言部》："徒歌。从言、肉。"是会意字。"䚻"与从"䚻"声的一级二级谐声字"傜、繇、蘨、䌛、鷂、邎、櫾"在上古不入韵，在古籍中用得比较少。刘博平归入萧部；朱骏声归入孚部；《手册》《表稿》归入宵部；段玉裁把"䚻、傜、鷂"归入二部，其余的归入三部。《史记·天官书》"谣俗车服，观民饮食"，《汉书·天文志》

“谣”作“䚻”。《尔雅·释乐》：“徒歌谓之谣。”《说文·言部》云：“䚻，徒歌。”《山海经·中山经》：“又东二百里，曰姑媱之山。”《博物志》“姑媱”作“古䚻”。《山海经·中山经》：“化为䔄草，其叶胥成。”《博物志》“䔄草”作“䚻草”。《方言》：“自山而西，凡物细大不纯者谓之傜。”《说文·人部》：“自关以西，物大小不同谓之㑾。”𢐀，《说文·弓部》：“弓便利也。从弓䌛声。读若烧。”䌛，《说文·系部》：“随从也。从系䚻声。”臣铉等曰：“今俗从䍃。”即作“繇”。臕，《说文》：“读若繇。”䚻、㑾、䌛、䌛，徐铉本《说文》都为“余招切”，与“摇、瑶”同音，属于宵韵。谣、媱、䔄、傜、䍃、烧、臕，上古属于宵部。依据异文以及《说文》读若，“䚻”与从“䚻”声的一级二级谐声字上古当归入宵部。

二、侯部　屋部　东部

（一）侯部

《古音谱》中，侯部字 333 个，包含《广韵》的侯韵、虞韵、尤韵字，以及少部分鱼韵、江韵、觉韵、烛韵、屋韵、钟韵、东韵、号韵、咍韵、灰韵、德韵、祭韵、宵韵字，开口一等、合口一等、开口二等、开口三等、合口三等字都有。这些字主要为中古的平、上、去声三声字，也有少数入声字是按谐声归入此部。

侯部谐声声符有：

區声	后声	句声	昫声	竘声	後声	㫗声
侯声	冓声	口声	具声	寇声	娄声	数声
禺声	豆声	丶声	主声	朱声	俞声	取声
聚声	丵声	需声	音声	部声	须声	尌声
臾声	芻声	付声	府声	㼌声	乳声	屚声
几声	殳声	奏声	兜声	斲声	㔷声	壴声

刘博平归入侯部的333个字中，有“咅、剖、醅、菩、倍、脴、部、瓿、篰、箁、掊、錇、棓、髻、培、陪、涪、趞、踣、槑、縣、毚、蹶、䍧、瓝、瘟、講、斠、餯、喁、顒、鋊、叢、藂、傹、罜、愷、劣、皃”与《手册》《表稿》归部不同。其中“槑、縣、毚、蹶、䍧、講、斠、餯、喁、顒、鋊、叢、藂、罜”等字，刘博平应该是依据谐声归入侯部。“槑、縣、毚、蹶、䍧、斠、餯、罜”当归入入声韵部屋部，“講、喁、顒、鋊、叢、藂”当归入阳声韵部东部。我们对其余字的上古部属进行考证，发现“瓝、瘟、劣、皃”的归部还可以进一步讨论。“咅、剖、醅、菩、倍、脴、部、瓿、篰、箁、掊、錇、棓、髻、培、陪、涪、趞、踣、傹、愷”等字，刘博平归部可能存在不妥。

咅，《说文·丶部》：“相与语，唾而不受也。从丶从否，否亦声。”否，上古属于之部。刘博平把“咅”及从“咅”声的一级二级谐声字“剖、醅、菩、倍、脴、部、瓿、篰、箁、掊、錇、棓、髻、培、陪、涪、趞、踣”归入侯部，可能是依据中古音。朱骏声把它们归入颐部。段玉裁把“醅、陪”归入一部四部，把“菩、倍、趞、掊、培”归入一部，把“剖、踣、脴、部、瓿、篰、箁、錇、棓、髻”归入四部，把“涪”归入三部。咅，《表稿》之部、侯部两收：“‘咅’字有舌音、唇音两读。大徐本《说文》引《广韵》‘天口切’，作为舌音‘咅’，段玉裁列归侯部，这是对的。《集韵》又收有唇音‘普后切’一读，却宜列归之部。”①《手册》《表稿》把“剖、醅、菩、倍、脴、部、瓿、篰、箁、掊、錇、髻、培、陪、涪”归入之部，把“棓”归入东部，把“踣、趞”归入职部。

咅，徐铉本《说文》“天口切”，属于厚韵。“天口切”上推古音当归入侯部。趞，《说文》：“从走咅声，读若匐。”匐，上古属于职部。徐铉本《说文》“朋北切”，属于入声德韵。依据注音、读若以及语音阴入对转，“趞”在上古当归入入声韵部职部。

① 郭锡良编著，雷瑭洵校订：《汉字古音表稿》，北京：中华书局，2020年，第46页。

踣，《说文》“从足音声”。《经典释文》注音有“皮北反”1次，“步北反”1次，“蒲北反”11次，“蒲侯反”1次，“薄杯反”1次，“孚豆反”1次，“普豆反”1次，“敷豆反”2次，“芳附反”1次，音“赴”1次。“薄杯反”中古属于並纽灰韵，上古当属于之部，与职部阴入对转。“皮北反、步北反、蒲北反”中古读音相同，属于并纽德韵；“蒲侯反、孚豆反、普豆反、敷豆反”中古属于侯韵或候韵；“芳附反”中古属于遇韵；“赴”上古属于屋部，中古属于遇韵。《后汉书·蔡邕传》：“荣显未副，从而颠踣。”李贤注：“踣，音步北反，叶韵音赴。”《文选·枚乘·七发》：“直使人踣焉。”五臣注：“踣，蒲北反。”李善注：“《尔雅》曰‘踣，前覆也’，薄北切。”“步北反、蒲北反、薄北切”中古读音相同，属于並纽德韵。依据这些注音以及语音阴入对转，“踣”在上古当归入入声韵部职部，中古为侯韵或候韵应该是语音变化发展的体现。

菩，《周礼·夏官·大驭》：“犯軷，遂驱之。”郑玄注：“行山曰軷，犯之者，封土为山象，以菩刍棘柏为神主。”《经典释文》：“菩，刘音负，一音倍。”《吕氏春秋·孟夏纪》：“王菩生，苦菜秀。”毕沅校注：“王菩旧本并注皆讹作王善。案《月令》‘王瓜生’注云：‘今《月令》云王萯生。’此书必本作菩，古菩萯通用，郭璞注《穆天子传》‘茅萯’云：‘萯今菩字，音倍。’《集韵》音蓓，与萯通。”负，上古属于之部字。醅，庾信《春赋》：“石榴聊泛，蒲桃酦醅，芙蓉玉碗，莲子金杯。”“醅、杯”押韵，“杯”在上古属于之部字。倍，《史记·鲁仲连邹阳列传》：“天子吊，主人必将倍殡棺，设北面于南方，然后天子南面吊也。”索隐：“倍，音佩，谓主人不在殡东，将背其殡棺立西阶上，北面哭，是背也。”《史记·刺客列传》：“桓公怒，欲倍其约。”索隐：“倍音佩。”《山海经·中山经》：“中次三经萯山之首，曰敖岸之山。”郭璞注：“萯音倍。”《穆天子传》卷二：“爰有藿苇、莞蒲、茅萯。”郭璞注：“萯，今菩字，音倍。”《史记·鲁周公世家》：“周公之代成王治，南面倍依以朝诸侯。”集解：“《礼记》曰：‘天子负斧依。’郑玄曰：‘……负之为言倍也。’”《郦食其列传》：“项王负约不与。”《新序·善谋》“负”作“倍”。《汉书·东方朔传》：“长杨、五柞、倍阳、宣曲尤幸。”颜师古注：“倍阳即萯阳也，其音同耳。”《老子》十九章：“绝圣弃智，民利百倍。”汉帛书甲本“倍”作“负”。《汉书·宣帝纪》：“冬十二月，行幸萯阳宫属玉观。”颜师古注：“李斐曰：萯音倍。”《成帝纪》：“宿萯阳宫。”颜师古注：“萯音倍。”《地理志》：“右扶风县二十一……鄠……有萯阳宫。”颜师古注：“萯音倍。”《荀子·大略》：“兰茝、稾本，渐于蜜醴，一佩易之。”杨倞注：“佩或为倍，谓其一倍也。”“负、萯、佩”上古都属于之部字。棓，《汉书·爰盎传》：“乃之棓生所问占。”颜师古注：“苏林曰：‘音栝。’文颖曰：‘音陪，秦时贤士善术者也。’师古曰：苏音文说是。”《山海经·海内北经》：“蛇巫之山，上有人操杯而东向立。”郭璞注：“杯或作棓，字同。”“栝、杯”上古都属于之部字。培，《国语·齐语》：“筑葵兹、晏、负夏、领釜丘。”《管子·小匡》“负”作“培”。《九辩》：“凤亦不贪喂而妄食。”王逸注：“颜阖凿坏而逃亡也。坏，一作培。”《礼记·月令》：“蛰虫坏户。”《经典释文》：“坏，音培。”负、坏，上古属于之部字。陪，《尚书·禹贡》“至于陪尾”，《史记·夏本纪》作“至于负尾”。《汉书·扬雄传》：“或凿坏以遁。”颜师古注：“苏林曰：‘坏，音陪。’”其余从“咅”声的字语音材料很少。从“咅”声的字中古有一部分入厚韵，如“剖、部、脴、瓿、锫、篰”；也有入咍、海韵，如“髻、掊、箁、倍、蓓”；还有入灰韵的，如“栝、醅、培、陪”；“涪”入尤韵；“趥、踣”入入声德韵。根据这些语音材料、异文以及谐声，“剖、醅、蓓、倍、脴、部、瓿、篰、箁、掊、锫、棓、髻、培、陪、涪”在上古归入之部比较妥当，中古为厚韵的从“咅”的字可能反映了上古之部到中古侯韵、厚韵的变化发展。

瓜、窳，刘博平归入侯部，段玉裁归入四部，朱骏声归入豫部，《手册》和《表稿》归入鱼部。“瓜”在古籍中用得不多。《说文》“读若庾”，徐铉本《说文》和《广韵》都为“以主切”，属于麌韵。庾，上古属于侯部，中古属于麌韵。窳，《大雅·召旻》：“皋皋訿訿，曾不知其玷。”毛传：“訾訾，窳不供事也。”《经典释文》：“窳，音庾。裴骃云：病也。《说文》云：懒也。一本作众。”《尔雅·释诂》：“愉，劳也。”郭璞注：“愉，今字或作窳，同。”《经典释文》：“窳，羊主反。《字林》云：污也，音乌。《说文》云：污窬也。案污窬犹污邪也。”《史记》三家注“窳”音“庾”4次。《汉书》颜师古注“窳”音“庾”2次、音“愈”1次、音“弋主反”1次，引如淳注音“庾”1次。《文选》李善注“窳”音“庾”1次、音“余乳切”1次、音“以主反”1次，引晋灼注音“余乳反”1次，音“庾”1次。还有异文，《史记·匈奴列传》：“后北服浑庾、屈射、丁灵、鬲昆、薪犁之国。”索隐：“《魏略》……又云：匈奴北有浑窳国。”《汉书·匈奴传》作“后北服浑窳、屈射、丁零、隔昆、龙新犂之国”。《文选·马融·长笛赋》“惆怅怨怼，窳圔窴赧”，“窳”五臣作“窊”，乌瓜切。羊主反、弋主反、余乳反、以主反、愈，读音相同，属于麌韵。乌，上古属于鱼部，中古属于模韵。乌瓜切，上古属于鱼部，中古属于麻韵。依据异文、注音，“呱、窳”上古当归入侯部。与上古鱼部有关的语音材料，体现了上古属于侯部、中古属于麌韵的“呱、窳”在汉以后向中古音发展，与鱼韵语音逐渐接近。这也符合王力在《汉语语音史》“汉代音系”部分中所说的：“鱼部范围改变。先秦侯部‘符庾珠……’等字转入鱼部。”①

偄，朱骏声归入随部，段玉裁归入十六部，《手册》《表稿》归入歌部。段玉裁《说文解字注》说：“此与懦儒二字义略同，而音形异。懦儒皆需声，偄，耎声也。二声转写多淆，所当核正矣。偄从人亦或从心，《左传》《穀梁传》皆曰宫之奇之为人也偄，注皆云弱也。《左传音义》曰：‘偄本又作耎，乃乱反，又乃货反，弱也。’《字林》愞音乃乱反，懦音让夫反，云弱也。按《左传》此音义今本讹甚，考正之如此：古者耎声本在元寒部，而入歌戈部，需声本在侯部，而入虞部，分别划然。古假耎为偄，《考工记》：‘马不契耎。’郑云：‘耎，读为畏偄之

① 王力：《汉语语音史》，《王力全集》第二卷，北京：中华书局，2013年，第82页。

偄。’自唐初，耎已讹需。”从“需”谐声的其他谐声字的读音来看，段玉裁的分析是对的，如“儒、孺”等经师注音不与元部发生关系，上古属于侯部，“懦”上古也当归入侯部，“偄”上古当归入歌部。

憘，《说文·心部》：“小怒也。从心壴声。”壴，上古属于侯部。刘博平把“憘”归入侯部，可能是依据谐声。朱骏声归入需部，《手册》《表稿》归入月部。憘，古籍中用得少，徐铉本《说文》“充世切”，《广韵》“尺制切”，两者读音相同，中古与“瀿”等同音，属于祭韵。依据这些注音上推古音，“憘”上古当归入月部。

尌，《说文》：“读若树。”树，上古属于侯部。刘博平把“尌”归入侯部，可能依据读若。朱骏声归入需部，段玉裁归入四部，《手册》《表稿》归入物部。尌，在古籍中用得少，徐铉本《说文》为“常句切”，属于遇韵。依据读若以及中古音上推古音，我们认为“尌”上古当归入侯部。

凫，《说文·几部》：“舒凫，鹜也。从鸟几声。”几，上古属于侯部。刘博平把“凫”归入侯部，可能是依据谐声。朱骏声归入需部，段玉裁归入四部，《手册》和《表稿》归入鱼部。《后汉书·刘玄传》：“掘凫茈而食之。”李贤注：“凫茈，《续汉书》作符訾。”符，上古属于侯部。《经典释文》对“凫”注音 13 次，音“扶”3 次，“房孚反”1 次，音“苻”1 次，音“符”8 次。扶，上古属于鱼部，中古属于虞韵。房孚反，中古属于虞韵。“苻”“符”上古属于侯部，中古属于虞韵。凫，徐铉本《说文》和《广韵》都为“房无切”，属于虞韵。我们认为“凫”在上古属于侯部，后来转入鱼部。

（二）屋部

《古音谱》中，屋部字 163 个，包含《广韵》的屋韵、觉韵、烛韵、侯韵、宥韵、沃韵字，以及少部分的江韵、肿韵、遇韵字，开口一等、合口一等、开口二等、开口三等、合口三等字都有，主要为中古的去、入二声字，也有少数平声字、上声字是按谐声归入此部。

屋部谐声声符有：

屋声	角声	青声	殸声	㱿声	局声	獄声
玉声	曲声	嶽声	鹿声	录声	豖声	木声
卜声	菐声	僕声	束声	欶声	速声	足声
辱声	族声	賣声	瀆声	谷声	欲声	蜀声
屬声						

刘博平归入屋部的163个字中，“冢、朒”与《手册》《表稿》归部不同。其中“冢”，刘博平应该是依据谐声归入屋部，当归入阳声韵部东部。我们对“朒”字的上古部属进行考证，发现刘博平对“朒”字的归部可能存在不妥。

朒，《说文·月部》：“朔而月见东方谓之缩朒。从月肉声。”肉，上古属于觉部。刘博平把“朒”归入屋部。朱骏声归入履部，段玉裁归入三部，《手册》《表稿》归入觉部。《周礼·春官·保章氏》：“保章氏掌天星，以志星辰日月之变动，以观天下之迁，辨其吉凶。”郑玄注：“月有盈亏朓侧匿之变。”《经典释文》：“侧匿，女力反，刘吐则反。朔而月见东方曰侧匿，亦名朒。朒，女六反。”《汉书·五行志》：“王侯缩朒不任事。”颜师古注：“朒，音女六反。”女六反，中古与“衄”等同音，属于屋韵三等。“衄”等上古属于觉部。依据谐声以及注释家们的注音，“朒”上古当归入觉部。

(三) 东部

《古音谱》中，东部字261个，包含《广韵》的钟韵、东韵、江韵字，以及少部分烛韵、冬韵字，合口一等、开口二等、合口三等字都有，主要为中古的平、上、去三声字，也有少数入声字是按谐声归入此部。

东部谐声声符有：

邕声	雝声	公声	翁声	松声	凶声	匈声
兇声	嵏声	工声	巩声	邛声	江声	项声

空声	共声	廾声	東声	重声	童声	龍声
弄声	用声	甬声	庸声	同声	從声	囪声
悤声	蔥声	茸声	舂声	容声	冢声	蒙声
尨声	丰声	夆声	逢声	奉声	封声	雙声
宂声	豐声					

刘博平归入东部的261个字中，有“赣、藾、黍、𡡐、豐、豑、酆、𩫖”与《手册》《表稿》归部不同。其中“黍”，刘博平应该是依据谐声归入东部，当归入入声韵部屋部。我们对其余字的上古部属进行考证，发现“𡡐、豐、豑、酆、𩫖”归部还可以进一步讨论。“赣、藾”等字刘博平归部可能不妥。

赣，《说文・贝部》：“赐也。从贝，竷省声。贑，籀文赣。”藾，《说文・艸部》：“艸也。从艸贑声。一曰薏苢。”竷，上古属于侵部。刘博平把“赣、藾”归入东部，可能是依据中古音。朱骏声归入谦部，《手册》《表稿》归入侵部。段玉裁把“赣”归入八部，认为“藾”是七部、八部转入。《尚书・顾命》：“尔无以钊冒贡于非几。”《经典释文》：“贡，如字，马郑王作赣，音敕用反，马云‘陷也’。”《礼记・乐记》：“子赣见师乙而问焉。”郑玄注：“子赣，孔子弟子。”《经典释文》：“子赣，音贡。”《礼记・祭义》：“子赣问曰。”《经典释文》：“子赣，音贡。”《左传・昭公十九年》：“莒子奔纪鄣。”杜预注：“东海赣榆县东北，有纪城。”《经典释文》：“赣榆，古弄反，如淳音耿弇反，下音俞。”徐铉本《说文》“古送切”，《广韵》也有一音“古送切”。贡，上古属于东部，中古属于送韵。“古送切、古弄反”读音相同，中古属于送韵。“敕用反”中古属于用韵。“耿弇反”中古属于闭口韵琰韵。如淳的注音较早，“赣”的韵尾还是-m尾。赣，在上古可能当归入侵部，后来变化发展到中古送韵、用韵。

藾，在古籍中用得很少。徐铉本《说文》“古送切、古禫切”。《广韵》两音都为闭口韵“古禫切”“古暗切”，《宋本玉篇》：“赣，古送切，赐也，又古禫切，县名。”依据徐铉本注音、《宋本玉篇》注音“古送切”，中古属于送韵。依据这些注音，我们倾向于把“蘔”归入侵部，中古送韵读音可能是由侵部读音发展变化而来。

䀛，《说文·见部》：“突前也。从见、冃。”刘博平把“䀛”归入东部，可能是依据中古音。朱骏声归入豐部，段玉裁归入二部、三部，《手册》《表稿》归入幽部。䀛，在古籍中用得比较少。《国语·周语中》：“夫戎狄冒没轻儳。”《众经音义》引“冒”作“䀛”。徐铉本《说文》有“莫红切”，中古属于东韵。冒，上古属于觉部。依据异文，“䀛”在上古归入觉部比较妥当。

“豐”及从“豐”声的“豔、酆、豐”，刘博平都归入东部。段玉裁归入九部，朱骏声归入豐部。《表稿》把“豐”及从“豐”声的“豔、酆、豐”归入侵部，但又认为《大雅·文王有声》“功、豐”韵和《九章·怀沙》“豐、容”韵是东部字押韵。王力《诗经韵读》《楚辞韵读》把“豐”归入东部，除了认可上述押韵外，还认为《郑风·豐》“豐、巷、送”韵也是东部字押韵。《左传·僖公二十四年》：“管、蔡、郕……酆、郇，文之昭也。”《经典释文》：“酆，音风。”我们认为“豐”及从“豐”声的“豔、酆、豐”在上古当归入东部。《经典释文》的注音可能是说“酆”与魏晋南北朝时“风”的读音相同，而不是与上古“风”的读音相同。

三、豪部　沃部　冬部

（一）豪部

《古音谱》中，豪部字380个，包含《广韵》的萧韵、宵韵、豪韵、肴韵、觉韵字，以及少部分沃韵、屋韵、药韵、锡韵、虞韵、鱼韵、铎韵、屋韵、之韵字，开口一等、合口一等、开口二等、开口三等、合口三等、开口四等字都有，主要为中古的平、上、去三声字，也有少数入声字是按谐声归入此部。

豪部谐声声符有：

少声	眇声	交声	要声	巨声	夭声	芙声
淏声	高声	蒿声	歊声	嚣声	乔声	号声
號声	垚声	尧声	晓声	爻声	教声	肴声
颢声	枭声	羔声	毛声	敖声	刀声	召声
沼声	昭声	照声	到声	弔声	庫声	肇声
攴声	兆声	尞声	橑声	劳声	臬声	巢声
小声	肖声	捎声	稍声	削声	票声	麃声
苗声	暴声	㬥声				

刘博平归入豪部的 380 个字中，有“淏、鋈、熇、翯、毃、塙、屩、唬、驳、較、罹、炬、褭、荦、骹、暴、曓（暴）、㬥（㬥）、瀑、襮、爆、鸔、謈、㕭、䅦、覞、掣、箾、橾”与《手册》《表稿》归部不同。其中“淏、鋈、熇、翯、毃、塙、屩、驳、較、炬、荦、骹、㕭、䅦、掣、箾”等字，刘博平应该是依据谐声归入豪部，当归入入声韵部药部。我们对其余字的上古部属进行考证，发现“褭”的归部还可以进一步讨论。“唬、罹、暴、曓（暴）、㬥（㬥）、瀑、襮、爆、鸔、謈、覞、橾”等字，刘博平归部可能存在不妥。

唬，《说文·口部》：“嗁声也。一曰虎声。从口从虎。读若暠。”《说文》说解“唬”为会意字。暠，上古属于宵部。刘博平把“唬”归入豪部，可能依据《说文》读若。段玉裁认为“虎亦声”，归入第五部，朱骏声归入小部，《手册》《表稿》归入鱼部。唬，古籍中用得很少，徐铉本《说文》“呼讶切”，属于虞韵；《广韵》“呼讶反”，属于祃韵。依据这些中古音上推古音，“唬”上古当归入鱼部。

罹，《说文·隹部》：“覆鸟令不飞走也。从网、隹。读若到。”到，上古属于宵部。刘博平把“罹”归入豪部，可能是依据《说文》读若。朱骏声归入小部，段玉裁归入二部，《手册》《表稿》归入药部。罹，古籍中用得比较少，《宋本玉篇》称“或作罩”。罩，上古属于药部。依据异文，“罹”上古归入药部比较妥当。

褭，《说文·衣部》“以组带马也，从衣从马”，为会意字。刘博平归入豪部，段玉裁归入二部，朱骏声归入小部，《手册》《表稿》归入幽部。《周礼·夏官·廋人》：“马八尺以上为龙，七尺以上为騋，六尺以上为马。”郑注：“大小异名。《尔雅》曰：‘騋：牝，骊；牡，玄；驹，褭骖。’”《经典释文》：“褭，奴了反，刘音绕，郭璞音同。刘义异郑。”《尔雅·释畜》：“驹，褭骖。”《经典释文》：“褭，奴了反，又而绍反，《字林》云：‘騕褭，良马。’”《史记·司马相如列传》：“罥騕褭，射封豕。”集解：“郭璞曰：‘騕褭，神马，日行万里。两音窈袅。封豕，大猪。’”《汉书·武帝纪》：“今更黄金为麟趾褭蹄，以协瑞焉。”颜师古注：“褭，音奴了反。”《后汉书·张衡传》：“斥西施而弗御兮，羁要袅以服箱。”李贤注：“袅，音奴了反。”《吕氏春秋·离俗》：“飞兔、要褭，古之骏马也。”高诱注：“褭字读如曲挠之挠也。”《文选·张衡·东京赋》：“何惜騕褭与飞兔。”六臣注：“褭，宁小切。”《文选·司马相如·上林赋》：“罥騕褭，射封豕。”六臣注：“褭，奴鸟切。”《文选·张衡·思玄赋》：“絷騕褭以服箱。”六臣注：“褭，奴了切。”“绕、挠”上古属于宵部。“奴了反、奴鸟反”中古都属于筱韵，“宁小切”中古属于小韵。依据注释家们的注音，“褭”上古归入宵部比较妥当。

㬥，《说文·日部》“晞也，从日从出从収从米”，为会意字。暴（暴），《说文·夲部》：“疾有所趣也。从日出夲廾之。”“㬥（㬥）、瀑、襮、爆、鸔、暴”均从“暴”声。刘博平把“㬥、暴（暴）、㬥（㬥）、瀑、襮、爆、鸔、暴”都归入豪部，可能是依据《说文》重文。《说文·日部》：“麔，古文㬥，从日麃声。”麃，上古属于宵部。朱骏声归入小部，《手册》《表稿》归入药部，段玉裁把“襮、爆”归入三部，把“㬥、暴（暴）、㬥（㬥）、瀑、鸔、暴”归入二部。“㬥、暴（暴）、㬥（㬥）、瀑、襮、爆、鸔、暴”在中古多属于去声或者入声。《唐风·扬之水》“凿、襮、沃、乐”韵，与“襮”押韵的都为药部字。《左传·宣公十二年》：“今我使二国暴骨，暴矣。”《经典释文》：“暴骨，蒲卜反，本或作曝。”《周礼·地官·司虣》：“禁其斗嚣者与其虣乱者。”孙诒让疏：

“虣，古暴字。《说文·夲部》云：‘暴，疾有所趣也。’引申为暴戾字。”《尚书·仲虺之诰》：“殖有礼，覆昏暴。”《经典释文》：“暴，蒲报反，字或作虣。”《左传·成公二年》：“所以敬亲昵，禁淫慝也。”杜预注：“淫慝，谓虣掠百姓，取囚俘也。”《经典释文》：“虣，本又作暴，薄报切。”虣，上古属于药部。《尔雅·释鸟》：“鴇，乌鸔。”郭璞注：“鸔，音驳。”驳，上古属于药部。《汉书·东方朔传》：“舍人不胜痛，呼謈。”颜师古注：“服虔曰：‘謈，音暴。’邓展曰：‘呼，音髐箭之髐，謈，音瓜瓝之瓝。’师古曰：邓音是也。痛切而叫呼也，与《田蚡传》呼报音义皆同。一曰：邓音近之。謈，自冤痛之声也。舍人榜痛乃呼云‘謈’，今人痛甚则称‘阿謈’，音步高反。”瓝，上古属于药部。襮，《经典释文》：“《字林》方沃反。”方沃反，上推古音也当归入药部。依据《诗经》押韵以及注释家们的注音，“暴、㬥（暴）、㦹（㬥）、瀑、襮、爆、鸔、謈”上古当归入药部。

覞，《说文·覞部》“并视也，从二见”，为会意字。覞，段注认为“䚀不见于许书，盖即覞字”，“覞，应古苋切，十四部”。朱骏声归入小部，《手册》和《表稿》归入药部。覞，古籍中用得非常少，徐铉本《说文》“弋笑切”、《说文系传》“异召反”、《广韵》“弋照切”，中古属于笑韵。依据这些注音上推古音，“覞”可以入阴声韵部宵部。

橾，《说文·木部》：“车毂中空也。从木喿声。读若薮。”喿，上古属于宵部；薮，上古属于侯部。刘博平把“橾”归入豪部，可能是依据谐声。朱骏声归入小部，段玉裁归入二部，《手册》《表稿》归入侯部。橾，古籍中用得非常少，徐铉本《说文》为“山枢切”，《广韵》有一音为“山刍切”，两个读音相同，中古属于虞韵。依据《说文》读若以及中古音上推古音，“橾”上古当归入侯部。

（二）沃部

《古音谱》中，沃部字124个，包含《广韵》的药韵、觉韵、铎韵、锡韵、萧韵、宵韵、肴韵字，以及少部分的麦韵、沃韵、屋韵、豪韵、遇韵字，开口一等、合口一等、开口二等、合口二等、开口三等、合口三等、开口四等字都有，主要为中古的去、入二声字，也有平声字、上声字是按谐声归入此部。

沃部谐声声符有：

敫声　嗷声　隺声　勺声　约声　樂声　翟声

糴声　虐声　弱声　爵声　丵声　鑿声　皃声

卓声　龠声　籥声

刘博平归入沃部的 124 个字中，“芍、覈、璬、皦、憿、墽”与《手册》《表稿》归部不同。其中“芍、璬、皦、憿、墽”等字，刘博平应该是依据谐声归入药部，当归入阴声韵部宵部。我们对“覈”字的上古归部进行考证，发现“覈”字刘博平归部可能存在不妥。

覈，《说文·襾部》：“实也。考事，襾笮邀遮，其辞得实曰核。从襾敫声。”敫，上古属于药部。刘博平把“覈”归入沃部，可能是依据谐声。朱骏声归入小部，段玉裁归入二部，《手册》《表稿》归入锡部。《文选·张衡·西京赋》：“化俗之本，有与推移。何以覈诸?”六臣注：“覈，乎革切。”李周翰注：“覈，验也。”徐铉本《说文》和《广韵》都为“下革切”。“乎革切”“下革切”中古读音相同，与礊、翮等同音，属于麦韵。上古药韵一般没有麦韵字，再结合注释家们的注音，“覈”在上古当归入锡部。

（三）冬部

《古音谱》中，冬部字 57 个，包含《广韵》的江韵、东韵、冬韵、钟韵字，以及个别豪韵字，开口一等、合口一等、开口二等、合口三等字都有，有中古的平、上、去三声字。

冬部谐声声符有：

夅声　降声　隆声　躬声　宫声　竆声　冬声

宗声　眾声　戎声　中声　農声　蟲声

刘博平归入冬部的 57 个字，与《手册》归部完全一致。

四、咍部　德部　登部

（一）咍部

《古音谱》中，咍部字 395 个，包含《广韵》的咍韵、之韵、灰韵、尤韵、皆韵、脂韵、侯韵字，以及少部分屋韵、微韵、德韵、泰韵、支韵、职韵、登韵、戈韵、肴韵、豪韵、质韵、轸韵、麦韵、虞韵字，开口一等、合口一等、开口二等、合口二等、开口三等、合口三等字都有，主要为中古的平、上、去三声字，也有少数入声字是按谐声归入此部。

咍部谐声声符有：

市声	矣声	喜声	亥声	𦣝声	又声	有声
囿声	右声	尤声	己声	忌声	之声	蚩声
寺声	時声	待声	巳声	巸声	母声	每声
里声	狸声	𠩺声	灰声	丌声	其声	欺声
綦声	久声	㠯声	台声	枲声	能声	龜声
丘声	止声	疑声	臺声	来声	史声	吏声
子声	宰声	兹声	才声	在声	𢦏声	再声
采声	而声	耳声	司声	思声	畐声	不声
丕声	否声	某声	负声	士声	仕声	甾声
巛声	畀声	怠声				

刘博平归入咍部的 395 个字中，“郁、劾、核、刻、企、隶、逮、特、柿、猜、冃、坶、恧、异、侮”与《手册》《表稿》归部不同。其中“郁、劾、核、刻、特、柿、坶、恧、异”等字，刘博平应该是依据谐声归入咍部，当归入入声韵部德部。我们对其余字的上古部属进行考证，发现对“猜”的归部还可以进一步讨论。“企、隶、逮、冃、侮”等字的归部可能存在不妥。

企，《说文·人部》："举踵也。从人止声。"止，上古属于之部。刘博平可能依据谐声，把"企"归入咍部。朱骏声归入解部，段玉裁归入十六部，《手册》《表稿》归入支部。《孝经·丧亲》："丧不过三年，示民有终也。"郑玄注："三年之丧，天下达礼，使不肖企及，贤者俯从。"《经典释文》："不肖者企，丘豉反。"《老子》第二十四章："企者不立。"王弼注："物尚进则失安，故曰企者不立。"《经典释文》："企者，苦赐反，河上作跂。"《尔雅·序》："辄复拥彗清道，企望尘躅者。"《经典释文》："企，丘豉反。"《释鸟》："其踵企。"郭璞注："飞即伸其脚跟企直。"《经典释文》："企，去豉反，字或作□。"《小雅·斯干》："如跂斯翼。"毛传："如人之跂竦翼尔。"《经典释文》："如跂，音企。"《庄子·德充符》："闉跂支离无脤说卫灵公。"《经典释文》："跂，音企，郭其逆反。"《庄子·秋水》："掇而不跂。"郭象注："掇，犹短也。"《经典释文》："跂，如字，一本作企，下注亦然。"《史记·匈奴列传》："上及飞鸟，跂行喙息蠕动之类。"索隐："跂，音岐，又音企，言虫鸟之类，或以踵而行，或以喙而息，皆得其安也。"《文选·郭璞·江赋》："渠黄不能企其景。"李善注："《毛诗》曰：'跂予望之'，郑玄曰：'举足则望见之'，企与跂通。"《文选·陆机·叹逝赋》："望旸谷之企予，惜此景之屡戢。"五臣注："企，遣智反。"李善注："《毛诗》曰：'企予望之'，郑玄曰：'跂足则可望见之'，企与跂同。"《文选·王粲·赠蔡子笃诗》："瞻望遐路，允企伊伫。"李善注："《毛诗》曰：'跂予望之'，郑玄曰'跂足可以望见之'，跂与企同。"《文选·陆机·拟古诗十二首·拟迢迢牵牛星》："跂彼无良缘。"五臣注："跂，音企。"李善注："《毛诗》曰：'跂彼织女，终日七襄。'"《山海经·东山经》："行五百里有山焉，曰跂踵之山。"郭璞注："跂，音企。"《山海经·中山经》："其状如鸮而一足彘尾，其名曰跂踵。"郭璞注："跂踵音企。"《山海经·海外北经》："跂踵国在拘缨东。"郭璞注："跂，音企。"《方言》："蹑、郅、跂，登也。"郭璞注："跂，音企。"《卫风·河广》"跂予望之"，《九叹》王逸注引"跂"作"企"。《小雅·斯干》"如跂斯翼"，《玉篇·人部》引

"跂"作"企"。《礼记·檀弓》"不至焉者，跂而及之"，《后汉书·陈蕃传》李注引"跂"作"企"。《史记·高祖本纪》"日夜跂而望归"，《汉书·高帝纪》"跂"作"企"。"丘豉反"与"去豉反"读音相同，中古属于寘部。跂，上古属于支部。依据注释家的注音、异文，"企"上古当归入支部。

隶、逮、悷、棣、逮、隸、殔，朱骏声归入履部，段玉裁归入十五部，《手册》《表稿》归入质部。刘博平把"隶、逮"归入咍部，把从隶声的"悷、棣、逮、隸、殔"都归入了没部。把"隶、逮"归入咍部，可能是依据中古音。《大雅·桑柔》"僾、逮"韵，《秦风·晨风》"棣、檖、醉"韵，"逮、棣"与入声物部字押韵。隶、逮，徐铉本《说文》都为"徒耐切"，中古属于代韵。隶，《广韵》"羊至切"，中古属于至韵。《经典释文》对"逮"注音，有24次音"代"，这可能是变化后的读音。《经典释文》对"逮"注音也有20次，注为大计反，中古为去声霁韵。《远游》："时暧曃其曭莽兮，召玄武而奔属。"王逸注："暧曃，一作晻曀。"曀，上古属于入声质部字。综合这些材料，我们倾向于把"逮"等上古归入质部。

猜，《说文·犬部》："恨贼也。从犬青声。"青，上古属于耕部。刘博平把"猜"归入咍部，段玉裁归入十一部，朱骏声归入鼎部，《手册》《表稿》归入耕部。《左传·僖公九年》："送往事居，耦俱无猜，贞也。"杜预注："送死事生，两无疑恨，所谓正也。"《经典释文》："无猜，七才反，疑也。"《昭公三年》："寡君猜焉。"杜预注："猜，疑也。"《经典释文》："猜焉，七才反，疑也。"《昭公七年》："虽吾子亦有猜焉。"杜预注："言季孙亦将疑我不忠。"《经典释文》："有猜，七才反。"《昭公二十年》："其家事无猜，其祝史不祈。"杜预注："家无猜疑之事，故祝史无求于鬼神。"《经典释文》："无猜，七才反。"七才反，中古属于咍韵。我们依据《经典释文》注音认为"猜"上古当归入之部。

冃，在古籍中用字少。《说文·冃部》："读若艸苺之苺。"苺，上古属于之部。《篆隶万象名义》为"亡保切"，徐铉本《说文》为"莫保切”，属于皓韵。“冃”根据《说文》读若，当归入之部；根据字书、韵书注音以及语音变化的系统性，当归入幽部。段玉裁认为是一、二部之间，朱骏声归入孚部，《表稿》归入幽部。我们倾向于归入幽部。

侮，《说文·人部》：“伤也。从人每声。”每，上古属于之部。刘博平可能依据谐声，把“侮”归入咍部。朱骏声归入颐部，段玉裁归入一、五部，《手册》《表稿》归入侯部。《小雅·正月》“愈、后、口、口、侮”韵，《大雅·皇矣》“附、侮”韵，《大雅·行苇》“句、鍭、树、侮”韵，都为侯部字押韵。《大雅·绵》“附、后、奏、侮”韵，“附、后、侮”侯部字与屋部“奏”通韵。依据上古押韵，“侮”当归入侯部。

（二）德部

《古音谱》中，德部字196个，包含《广韵》的之韵、皆韵、职韵、屋韵、德韵、麦韵、咍韵、脂韵、尤韵字，以及少部分的觉韵、昔韵、质韵、缉韵、暮韵字，开口一等、合口一等、开口二等、合口二等、开口三等、合口三等字都有，主要为中古的去、入二声字，也有个别平声字、上声字是按谐声归入此部。

德部谐声声符有：

匿声	意声	啻声	意声	或声	戜声	國声
亟声	黑声	革声	戒声	棘声	克声	导声
悳声	力声	勒声	阞声	则声	畟声	䆃声
塞声	息声	弋声	代声	贷声	式声	北声
畐声	富声	䵺声	复声	復声	𠬝声	服声
葡声	伏声	直声	啬声	異声	翼声	戠声
食声	皕声	陟声	仄声			

刘博平归入德部的196个字中，有“祴、㢈、棐、复、鍑、腹、複、鍑、蝮、輹、寝、覆、復、蕧、椱、𥨍”与《手册》《表稿》归部不同。其中的“祴、㢈”刘博平可能是依据谐声归入德部，当归入阴声

韵部咍部。我们对其余字的上古部属进行考证，发现“棐”的归部还可以进一步讨论。“复、鳆、腹、複、鍑、蝮、輹、窫、覆、復、蕧、椱、𥂓”等字，刘博平归部可能存在不妥。

棐，《手册》《表稿》都无。《说文系传》：“棐，恶米。从米，北声。《周书》曰‘棐誓’。臣锴按，古文《尚书·费誓》如此。《春秋》作费，鲁地名，今沂州费县。笔媚反。”宋王应麟《困学纪闻》卷二：“《费誓》，《说文》作《棐誓》，《史记》作肸。”由《说文系传》和《困学纪闻》可知“棐”是“费”的异文。《广韵》“粊、费”在同一小韵，兵媚切。粊，《广韵》至韵：“恶米，又鲁东郊地名，《说文》作‘棐’。”可见“棐”为“粊”的讹误字。兵媚切，中古属于至韵。从谐声及异文来看，“粊”当从比声，在脂部。

复，《说文》：“从畐省声。”畐，上古属于职部。刘博平可能是根据谐声，把“复”及从“复”声的“鳆、腹、複、鍑、蝮、輹、窫、覆、復、蕧、椱、𥂓”归于德部。朱骏声归入孚部，段玉裁归入三部，《手册》《表稿》归入觉部。《周易·小畜》九二、九三“復、輹、目”韵，《大畜》九二、九三、六四“輹、逐、牿”韵，《邶风·谷风》“鞠、覆、育、毒”韵，《小雅·小明》“奥、蹙、菽、戚、宿、覆”韵，《豳风·九罭》“陆、復、宿”韵，《小雅·我行其野》“蓫、宿、畜、復”韵，《大雅·桑柔》“迪、復、毒”韵，《九章·哀郢》“復、戚”韵，《小雅·蓼莪》“鞠、畜、育、復、腹”韵，《天问》“育、腹”韵，《左传·宣公二年》“目、腹、復”韵。上古与从“复”声的字押韵的都为觉部字；中古“复”及从“复”声的字除“鍑、𥂓”为去声宥韵，其余都为入声屋韵字。依据押韵以及中古音，“复”及从“复”声的字上古都当归入觉部。

（三）登部

《古音谱》中，登部字129个，包含《广韵》的蒸韵、登韵、耕韵、东韵字，以及少部分欣韵、咍韵、庚韵、臻韵、灰韵、侵韵、肿韵、清韵字，开口一等、合口一等、开口二等、合口二等、开口三等、合口三等字都有，有中古的平、上、去三声字。

登部谐声声符有：

灷声　䧹声　興声　厷声　弘声　瞢声　夢声
薨声　恒声　弓声　丞声　烝声　蒸声　登声
朕声　腾声　乃声　徵声　夌声　曾声　爯声
蝇声　升声　冫声　冯声　椉（乘）声　朋声　崩声

刘博平归入登部的 129 个字中，有“卺、黱、乃、鼐、朕、栚、⿰黹并、潧”与《手册》《表稿》归部不同。其中“黱、乃、鼐”等字，刘博平可能依据谐声归入登部，“黱”当归入入声韵部德部，“乃、鼐”当归入阴声韵部咍部。我们对其余字的上古部属进行考证，发现“卺、朕、栚、⿰黹并、潧”等字刘博平的归部可能存在不妥。

卺，刘博平归入登部，朱骏声归入升部，段玉裁归入十三部，《手册》《表稿》归入文部。《说文・己部》：“谨身有所承也。从己、丞。”《仪礼・士昏礼》：“实四爵，合卺。”郑玄注：“合卺，破匏也。”《经典释文》：“合卺，音谨，刘羌愍反，《字林》作𢀩，居敏反，蠡也。以此卺为警身所奉之警。”《礼记・昏义》：“合卺而酳。”《经典释文》：“卺，徐音谨，破瓢为杯也。《说文》作𢀩，云‘蠡也’。《字林》几敏反，以此卺为警身有所承，《说文》云‘读若赤舄几’。”𢀩，《说文》从“蒸”省声。蒸，上古属于蒸部。羌愍反，中古属于轸韵；居敏反、几敏反，读音相同，也属于轸韵。“谨”上古属于文部；徐铉本《说文》和《广韵》都为“居隐切”，属于隐韵。卺，依据注音，上古当归入文部。

朕，很多从“朕”声的字上古属于登部，例如“腾”等，刘博平可能据此把“朕”归入登部。朱骏声归入升部，段玉裁归入六部，《手册》《表稿》归入侵部。《周礼・考工记・弓人》：“挢角欲孰于火而无燂。”郑注：“故书燂或作朕，郑司农云：‘字从燂。’”燂，上古属于侵部。依据异文，“朕”上古当归入侵部。

栚，《说文・木部》：“槌之横者也。关西谓之㯳。从木灷声。”刘博平归入登部。从“弅”声的字上古有些归入登部，例如“倴”。但“栚”在上古当归入侵部。《吕氏春秋·季春纪》：“具栚曲籧筐。”高诱注：“栚读曰朕。”朕，上古属于侵部。依据高诱注，“栚”上古当归入侵部。

䨇，《说文·毳部》：“羽猎韦绔。从毳弅声。”其他从“弅”声的字，刘博平归入登部，可能据此他把“䨇”归入登部。朱骏声归入升部，《手册》《表稿》归入东部。䨇，段玉裁认为“则倴、塍、胜、腾、縢、滕、螣、幐、賸皆在六部，䨇本音盖在六部，转入九部也”。䨇，古籍中用得很少，徐铉本《说文》“而陇切”；《广韵》也有“而陇切”一音，属于肿韵。《说文系传》“乳孔反”，属于董韵。依据这些注音上推古音，“䨇”当归入东部。

潧，《说文·水部》：“水。出郑国。从水曾声。《诗》曰：‘潧与洧，方涣涣兮。’”曾，上古属于登部。刘博平可能依据谐声把“潧”归入登部。朱骏声归入升部，段玉裁归入十二部，《手册》《表稿》归入真部。《郑风·褰裳》：“褰裳涉溱。”《经典释文》：“溱，《说文》作潧。”《郑风·溱洧》：“溱与洧，方涣涣兮。”《说文·水部》引“溱”作“潧”。《国语·郑语》：“主芣騩而食溱洧。”《水经注·潧水》引“溱”作“潧”。溱，在上古属于真部。依据异文，“潧”在上古当归入真部。

五、合部　覃部　帖部　添部

（一）合部

《古音谱》中，合部字155个，包含《广韵》的合韵、缉韵、洽韵、添韵、叶韵字，以及少部分的业韵、狎韵、感韵、覃韵、帖韵、屋韵、薛韵、职韵字，开口一等、开口二等、开口三等、合口三等、开口四等字都有，主要为中古的去、入二声字，也有个别平声字、上声字是按谐声归入此部。

合部谐声声符有：

邑声	合声	拾声	翕声	荅声	及声	沓声
眔声	遝声	立声	显声	咠声	戢声	雥声
雧声	翌声	十声	入声	习声	㚔声	執声
龖声	皀声	譶声	㬎声	纳声	枼声	葉声

刘博平归入合部的155个字中，有“龛、㬎、⿱穴執、⿱雨執、墊、叠、枼、葉、谍、牒、褋、堞、屧、䐑、揲、韘、箑、鍱、偞、渫、媟、疌、㚔、詟”与《手册》《表稿》归部不同。其中“龛、⿱穴執、⿱雨執、墊”等，刘博平可能是依据谐声归入合部，当归入阳声韵部覃部。我们对其余字的上古部属进行考证，发现“㬎、渫、媟”的归部还可以进一步讨论，“叠、枼、葉、谍、牒、褋、堞、屧、䐑、揲、韘、箑、鍱、偞、疌、㚔、詟”等字刘博平的归部可能存在不妥。

㬎，刘博平归入合部。朱骏声归入临部，段玉裁归入十四部，《手册》《表稿》归入元部。徐铉本《说文》为“五合切”；《广韵》也有“五合切”一读，属于入声合韵。《说文》从“㬎”谐声的“濕、⿰土㬎、溼、隰”在中古都为闭口入声韵。依据中古音上推古音，“㬎”当归入缉部。㬎，《广韵》有“呼典切”一读。从“㬎”谐声的还有“顯”及从“顯”谐声的“韅”，上古都属于元部字。以此看来，“㬎”在上古当有元部一音。

叠，《说文》“从晶从宜”，为会意字。刘博平归入合部，朱骏声归入临部，段玉裁归入八部，《手册》《表稿》归入叶部。“叠”在《诗经》《楚辞》等文献中都不入韵。《周颂・时迈》：“薄言震之，莫不震叠。”毛传：“叠，惧。”《经典释文》：“震叠，徒协反，惧也。”《尔雅・释诂》：“从、申、神、加、弼、崇，重也。”郭璞注：“随从、弼辅、曾崇，皆所以为重叠，神所未详。”《经典释文》：“叠，音牒。”牒，上古当归入叶部，刘博平归入合部。《汉书・陈胜项籍传赞》：“蹑足行伍之间。”颜师古注：“如淳曰：‘蹑，音叠。’师古曰：蹑，音女涉反。”《文选・贾谊・过秦论》：“蹑足行伍之间，俯起阡陌之中。”李善注：“如淳曰：‘蹑，音叠。’”《篆隶万象名义》：“叠，徒协反，惧也。”蹑，上古属于叶部。徒协反，中古属于帖韵。依据这些注音材料，“叠”上古当归入叶部。

刘博平把“枼”及从“枼”声、“葉”声的“谍、牒、褋、堞、屟、瞸、揲、韘、葉、箠、鍱、偞”归入合部，把从“枼”声的“渫、媟”归入曷部。刘博平这样归部可能是受中古音的影响。这些字朱骏声归入谦部，《手册》《表稿》归入叶部，段玉裁把“谍、鍱”归入七部，把“揲、渫、媟”归入十五部，其余的归入八部。渫、媟，《广韵》及徐铉本《说文》都为“私列切”，属于入声薛韵，不属于闭口入声韵。《周易·井》：“井渫不食。”王弼注：“渫，不停污之谓也。”《经典释文》：“渫，息列反，徐又食列反，黄云治也。”《小雅·湛露》：“厌厌夜饮，不醉无归。”郑笺：“宗子将有事，则族人皆侍。不醉而出，是不亲也；醉而不出，是渫宗也。”《经典释文》：“渫，息列反。”《礼记·曲礼》：“葱渫处末。”郑玄注：“渫，烝葱也。”《经典释文》：“葱渫，以制反，烝葱也。”《小雅·宾之初筵》序：“幽王荒废，媟近小人，饮酒无度。”《经典释文》：“媟，息列反。”《小雅·宾之初筵》：“曰既醉止，威仪怭怭。”毛传：“怭怭，媟嫚也。”《经典释文》：“媟，息列反。”《左传·昭公二十七年》：“子仲之子曰重，为齐侯夫人，曰：‘请使重见。’”杜预注：“子仲，鲁公子慭也，十二年谋逐季氏不能，而奔齐。今行饮酒礼，而欲使重见，从宴媟也。”《经典释文》：“媟，息列反。”列，中古属于薛韵；制，中古属于祭韵。依据这些注音，我们倾向于在上古把“渫、媟”归入月部。

“枼”及从“枼”声、“葉”声的“谍、牒、褋、堞、屟、瞸、揲、韘、葉、箠、鍱、偞”的中古反切都为闭口入声叶韵或帖韵。葉，《诗经》入韵。《邶风·匏有苦叶》“葉、涉”韵，《卫风·芄兰》“葉、韘、韘”韵，《商颂·长发》“葉、业”韵。与“葉”押韵的“涉、业”在上古为叶部字。“枼”及从“枼”声、“葉”声的其他字，其中有很多在古籍中用得非常少，例如“褋、屟、枼、箠”等。有些字有注释家的注音。例如：《周礼·夏官·环人》：“巡邦国，搏谍贼。”郑玄注：“谍贼，反间为国贼。”《经典释文》：“谍，音牒。”《秋官·士师》：“三曰邦谍。”郑玄注：“为异国反间。”《经典释文》：“邦谍，音牒。”《左传·襄公六年》：“甲寅，堙之环城，傅于堞。”杜预注：“堞，女墙也。”《经典释文》：“堞，音牒，女墙也。一名俾，亦谓之俾倪。徐养涉反。”《襄公十年》：“主人悬布，堇父登之，及堞而绝之。”音义：“及堞，音牒，徐养涉反。”《广雅·释器》：“鏶谓之鍱。”《博雅音》：“鍱，音葉。”《方言》：“奕、偞，容也。自关而西凡美容谓之奕，或谓之偞。”郭璞注：“奕、偞，皆轻丽之皃。偞，音葉。”《广雅·释诂四》：“僷，诎也。”《博雅音》：“僷，音葉。”《周礼·天官·醢人》：“王举，则共醢六十瓮，以五齐、七醢、七菹、三臡实之。”郑玄注：“全物若腜为菹。《少仪》曰：‘麋鹿为菹，野豕为轩。’皆腜而不切。”《经典释文》：“若腜，直辄反。皆腜，之涉反，本或作牒，下同。”《礼记·内则》：“肉腥细者为脍，大者为轩。”郑玄注：“言大切、细切异名也。脍者必先轩之，所谓聂而切之也。”《经典释文》：“聂而，本又作摄，又作腜，皆之涉反，下同。”《广雅·释器》：“拾、捍、鞲，韘也。”《博雅音》：“韘，音摄。”牒、摄、聂，上古都属于叶部。养涉反、直辄反、之涉反，中古都属于叶韵。依据押韵以及注音，“枼”及从“枼”声、“葉”声的“谍、牒、褋、墣、屟、腜、揲、韘、葉、箂、鍱、僷”在上古当归入叶部。

疌，《说文·止部》：“机下足所履者。从止从又，入声。”入，上古属于缉部。刘博平把“疌”归入合部，可能是依据谐声。朱骏声归入临部，段玉裁归入八部，《手册》《表稿》归入叶部。疌，在古籍中用得少，徐铉本《说文》、《广韵》都为“尼辄切”，与“聂”等字读音相同，属于叶韵。依据这个读音上推古音，“疌”上古当归入叶部。

㚔，《说文》“从大从羊”，为会意字。刘博平把“㚔”归入合部，可能是依据中古与㚔同音的“疌”等。朱骏声归入临部，段玉裁归入七部，《手册》《表稿》归入叶部。㚔，在古籍中用得少，徐铉本《说文》、《广韵》都为“尼辄切”，《玉篇残卷》“女涉反”与“尼辄切”同音，与“聂”等字读音相同，属于叶部。《说文》：“读若籋。”籋，上古属于叶部。依据字书、韵书注音以及《说文》读若，“㚔”上古当归入叶部。

讋，《说文·言部》：“失气言。一曰不止也。从言，龖省声。傅毅读若慑。”“龖”“慑”上古都属于缉部。刘博平可能是依据《说文》谐声或者读若，把“讋”归入合部。朱骏声归入临部，段玉裁归入七部，《手册》《表稿》归入叶部。《汉书·霍去病传》：“历五王国，辎重人众摄讋者弗取。”颜师古注：“摄讋，谓振动失志气。言距战者诛，服者则赦也。讋，音之涉反。”《篆隶万象名义》：“讋，章叶反，失气，不止。”摄讋，可能是一个叠韵联绵词，摄，上古属于叶部。之涉反、章葉反，中古属于叶部。依据注音材料，“讋”归入叶部比较妥当。

（二）覃部

《古音谱》中，覃部字258个，包含《广韵》的侵韵、覃韵、咸韵、盐韵、衔韵、添韵、东韵字，以及少部分霰韵、蒸韵、严韵、帖韵、凡韵、谈韵、合韵、缉韵、洽韵字，开口一等、合口一等、开口二等、合口二等、开口三等、合口三等、开口四等字都有，主要为中古的平、上、去三声字，也有少数入声字是按谐声归入此部。

覃部谐声声符有：

音声	闇声	今声	岑声	念声	酓声	金声
钦声	含声	贪声	陰声	咸声	箴声	缄声
冘声	沈声	肬声	鹹声	覃声	甚声	氽声
林声	禁声	先声	殑声	朁声	鬵声	壬声
任声	羊声	南声	亩声	嶔声	凡声	風声
罙声	深声	彡声	参声	孒声	審声	心声
侵声	寑声	㝷声	品声	臨声		

刘博平归入覃部的258个字中，有“衔、矜、湆、瞮、敜、斟”与《手册》《表稿》归部不同。其中“湆、瞮、敜、斟”等字，刘博平可能是依据谐声归入覃部，当归入入声韵部缉部。我们对其余字的上古部属进行考证，发现“衔、矜”等字刘博平的归部可能存在不妥。

衔，《说文·金部》："马勒口中。从金从行。衔，行马者也。"《说文》为会意字。刘博平归入覃部，段玉裁归入七部，朱骏声归入临部，《手册》和《表稿》归入谈部。《礼记·檀弓》："衔君命而使。"《经典释文》："衔，音咸。"《礼记·檀弓》："孔子恶野哭者。"郑注："《周礼》：'衔枚氏掌禁野叫呼、叹呼于国中者。'"《经典释文》："衔枚，上音咸，下木坏反。"《史记·外戚世家》："景帝恚，心嗛之而未发也。"索隐："嗛，音衔，《汉书》作衔，衔犹恨也。"《史记·大宛列传》："乌嗛肉蜚其上。"集解："徐广曰：'读嗛与衔同。'"《史记·佞幸列传》："太后由此嗛嫣。"集解："徐广曰：'读嗛与衔同。'"咸，上古属于侵部。嗛，上古属于谈部。依《经典释文》注音，"衔"上古当归入侵部；依《史记》注释，"衔"上古当归入谈部。衔，中古属于衔韵，从语言演变规律来看，衔韵字上古都归入谈部。

矜，《说文·矛部》："矛柄也。从矛，今声。"今，上古属于侵部。刘博平把"矜"归入覃部，可能是依据谐声。朱骏声归入坤部，《手册》《表稿》归入真部。《小雅·菀柳》"天、臻、矜"韵，《小雅·何草不黄》"玄、矜、民"韵，《大雅·桑柔》"填、天、矜"韵。与"矜"押韵的都是真部字。依据押韵，"矜"上古当归入真部。

（三）帖部

《古音谱》中，帖部字126个，包含《广韵》的狎韵、盍韵、业韵、帖韵、洽韵、叶韵字，以及少部分的添韵、感韵、合韵、缉韵、乏韵、盐韵、凡韵、肿韵字，开口一等、合口一等、开口二等、开口三等、合口三等、开口四等字都有，主要为中古的去、入二声字，也有少数平声字、上声字是按谐声归入此部。

帖部谐声声符有：

甲声　夹声　盍声　劦声　脅声　劫声　業声
曡声　闟声　巤声　妾声　聂声　臿声　耴声
疌声　乏声　曄声

刘博平归入帖部的126个字中，有"敟、扂、帀、导、贬、窆、砭、芝、覂、泛、図、豔"与《手册》《表稿》归部不同。其中"敟、贬、窆、砭、芝、覂、泛、豔"等字，刘博平可能依据谐声归入帖部，当入阳声韵部添部。我们对其余字的上古部属进行考证，发现"扂"的归部还可以进一步讨论。"帀、导、図"等字刘博平的归部可能存在不妥。

扂，《说文·户部》："闭也。从户，劫省声。"劫，上古属于叶部。刘博平把"扂"归入帖部，可能是依据谐声。朱骏声归入谦部，段玉裁归入五部，《手册》《表稿》归入鱼部。《仪礼·士丧礼》："君使人吊，彻帷。"郑注："彻帷，扂之，事毕则下之。"《经典释文》："扂，刘羌据反，闭也。"《礼记·杂记》："朝夕哭，不帷。"郑注："既出，则施其扂，鬼神尚幽暗也。"《经典释文》："扂，《字林》户臘反，闭也。《纂文》云：'古阖字。'《玉篇》羌据、公荅二反，云：'闭也。'"段玉裁认为："《士丧礼注》曰：'彻帷，扂之，事毕则下之。'《杂记注》曰：'既出，则施其扂，鬼神尚幽暗也。'据此二注，扂为褰举之义，与《东都赋》'祛黼帷'同。疑闭当作开。一说扂在开闭之间，故兼此二义。……按'劫省声'，疑当作去声。《仪礼音义》刘昌宗'羌据反'可据也，《玉篇》亦有'羌据'一反。"从较早的注音《字林》"户臘反"以及《说文》谐声来看，"扂"上古当归入叶部。

帀，刘博平归入帖部，朱骏声归入谦部，段玉裁归入七部、八部，《手册》《表稿》归入缉部。《公羊传·哀公十四年》："何以终乎哀十四年？曰：'备矣。'"何休解诂："人道浃，王道备，必止于麟者。"《经典释文》："浃，子协反，一本作帀。"浃，上古属于叶部。《礼记·檀弓》："四者皆周。"郑注："周，帀也。"《经典释文》："帀，本又作迊，同。子合反。"《左传·哀公元年》："元年春，楚子围蔡，报柏举也。里而栽，广丈、高倍。"杜预注："栽，设板筑为围垒，周帀去蔡城一里。"《经典释文》："周帀，子合反。"帀，《篆隶万象名义》、徐铉本《说文》、《说文系传》、《广韵》都为"子荅切"。"子合反""子荅切"读音相同，中古属于合韵开口。依据语音演变的规律，合韵开口在上古当归入缉部，所以我们倾向于把“帀”归入缉部。

㞢，《说文》：“杜林说以为贬损之贬。”贬，上古属于谈部。刘博平把“㞢”归入帖部，可能是因为他把“贬”归入帖部。朱骏声归入谦部，段玉裁归入七部，《手册》《表稿》归入谈部。㞢，古籍中徐铉本《说文》和《广韵》都为“方敛切”，中古属于琰韵，上推古音当归入谈部。

㕷，《说文·口部》“下取物缩藏之。从口从又，读若聂”，为会意字。聂，上古属于叶部。刘博平归入帖部，可能是依据《说文》读若。朱骏声归入谦部，段玉裁归入七部，《手册》《表稿》归入缉部。㕷，在古籍中用得非常少，《篆隶万象名义》、徐铉本《说文》、《说文系传》、《广韵》都为“女洽切”，中古属于洽韵。《表稿》认为中古洽韵开口上古归入缉部，合口归入叶部。从《说文》读若来看，“㕷”为开口。因此，“㕷”上古归入缉部比较妥当。

（四）添部

《古音谱》中，添部字282个，包含《广韵》的盐韵、覃韵、衔韵、谈韵、咸韵、添韵、凡韵、帖韵字，以及少部分狎韵、叶韵、业韵、严韵、合韵、东韵、江韵、先韵、侵韵、祭韵字，开口一等、合口一等、开口二等、开口三等、合口三等、开口四等字都有，主要为中古的平、上、去三声字，也有少数入声字是按谐声归入此部。

添部谐声声符有：

奄声　弇声　佥声　敛声　臽声　阎声　甘声
拑声　兼声　廉声　峆声　监声　斩声　渐声
马声　函声　欠声　戋声　韱声　毚声　夾声
占声　沾声　燮声　炎声　剡声　詹声　冉声
敢声　厰声　严声　㐱声　染声　奀声　甜声
㔾声　氾声　笵声　猒声　厭声

刘博平归入添部的282个字中，有“厣、壓、鞥、韐、马、東、函、菡、頷、涵、涵、霠、饏、䜗、鞊、帖、燮、瓔、燮、熊、茜”与《手册》《表稿》归部不同。其中“厣、壓、鞥、韐、鞊、帖、燮、瓔、燮”等字，刘博平应该是依据谐声归入添部，当归入入声韵部帖部。我们对其余字的上古部属进行考证，发现“马、東、函、菡、頷、涵、涵、霠、饏、䜗、熊、茜”等字刘博平的归部可能存在不妥。

《说文》“東、函”从“马”声，“菡、頷、涵、涵、霠”从“函”声。刘博平把它们和“马”都归入添部。朱骏声归入谦部。《手册》《表稿》归入侵部。段玉裁把“菡、涵、霠”归入八部，把“马、東、函、頷、涵”归入七部。“马、東、涵”在古籍中用得非常少。马，《说文》：“读若含。”《大雅·行苇》：“醓醢以荐，或燔或炙。嘉淆脾臄，或歌或咢。”毛传：“以肉曰醓醢。臄，函也。”《经典释文》：“函，胡南反，何又户感反，本又作肣，同。《说文》云：‘函，舌也。’又云：‘口里肉也。’《通俗文》云：‘口上曰臄，口下曰函。’”《周颂·载芟》：“播厥百谷，实函斯活。”《经典释文》：“函，户南反，含也，下篇同。”《周礼·春官·大司乐》：“乃奏蕤宾，歌函钟，舞《大夏》。”《经典释文》：“函钟，胡南反。函钟，林钟也。”《秋官·伊耆氏》：“伊耆氏掌国之大祭祀，共其杖咸。”郑注：“咸，读为函。”《经典释文》：“函，音咸。”《冬官·考工记》：“粤无镈，燕无函。”郑注：“郑司农云：函读如国君含垢之含。函，铠也。”《经典释文》：“函，户南反，铠也，后同。”《礼记·曲礼》：“若非饮食之客，则布席，席间函丈。”《经典释文》：“函，胡南反，容也。”《礼记·曲礼》：“天子之六工，曰土工、金工、石工、木工、兽工、草工，典制六材。”郑注：“兽工，函、鲍、韗、韦、裘也。”《经典释文》：“函，音含，函人为甲铠。”《礼记·文王世子》：“凡侍坐于大司成者，远近间三席，可以问。”郑注：“席之制，广三尺三寸三分，则是所谓函丈也。”《经典释文》：“函，胡南反。”《礼记·少仪》：“剑则启椟，盖袭之。”郑注：“椟，谓剑函也。”《经典释文》：“函，音咸。”《左传·僖公三十年》：“晋军函陵，秦军氾南。”《经典释文》：“函陵，音咸。”《春秋·宣公十一年》：“秋，晋侯会狄于欑函。”《经典释文》：“函，音咸。”《左传·襄公十六年》：“庚寅，伐许，次于函氏。”《经典释文》：“函氏，音咸。”《左传·昭公十八年》：“使祝史徙主祏于周庙。”杜预集解：“祏，庙主石函。”《经典释文》：“函，音咸。”《左传·哀公四年》：“叶公诸梁致蔡于负函。”《经典释文》：“函，音咸。”《哀公十六年》：“使贰车反祏于西圃。”杜预注：“祏，藏主石函。”《经典释文》：“函，音咸。”《公羊传·隐公元年》：“所见异辞，所闻异辞，所传闻异辞。”何休注：“宣十一年秋，晋侯会狄于欑函。”《经典释文》：“欑函，才官反，下音咸。”《庄子·庚桑楚》：“夫函车之兽，介而离山，则不免于网罟之患。”《经典释文》：“函，音含。”《释名·释丧制》：“缄，函也。”《史记·礼书》：“函及士大夫。”集解：“函，音含。”《史记·天官书》：“若与斗，大战，客胜。兔过太白，间可椷剑。”集解：“苏林曰：‘椷，音函，函，容也。’”《郑风·山有扶苏》：“山有扶苏，隰有荷华。”毛传：“荷华，扶渠也，其华菡萏。”《经典释文》；“菡，本又作欿，又作莟，户感反。”《陈风·泽陂》：“彼泽之陂，有蒲菡萏。”《经典释文》：“菡，本又作莟，又作欿，户感反。”《尔雅·释草》：“其华菡萏，其实莲。”《经典释文》：“菡，户感反。”《广雅·释亲》：“顄颐，颔也。”疏证：“《方言》：‘颔、颐，颔也。南楚谓之颔，秦、晋谓之頜。颐，其通语也。’郭璞注云：‘谓颔车也。’颔与顄同。”《小雅·巧言》：“乱之初生，僭始既涵。”《经典释文》：“涵，毛音含，容也。郑音咸，同也。《韩诗》作减，减，少也。”《方言》：“潜、涵，沉也。楚郢以南曰涵，或曰潜。潜，又游也。”郭璞注：“涵，音含，或古南反。”《文选·左思·吴都赋》：“涵泳乎其中。”五臣注：“涵，胡南切。”李善注：“涵，音含。”《广雅·释言》：“霐、霠，霖也。”《博雅音》：“霐，音含。”含、莟、颔、咸、缄、椷、减，上古属于侵部。古南反、胡南反、户南反，中古属于覃韵；户感反，中古属于感韵。依据异文、注音，“马、柬、函”以及从“函”声的字上古当归入侵部。

赣，《说文·夊部》：“繇也舞也。乐有章。从章从夅从夊。”䪫，

《说文·酉部》："酒味淫也。从酉，竷省声。读若《春秋传》曰'美而艳'。"艳，上古属于谈部。刘博平可能依据《说文》读若把"竷、䫲"归入添部。朱骏声归入谦部，段玉裁认为从"夅"声应归入第八部，《手册》《表稿》归入侵部。《小雅·伐木》："坎坎鼓我，蹲蹲舞我。"《经典释文》："坎，如字。《说文》作竷，音同，云'舞曲也'。"坎，上古属于谈部。竷、䫲，在古籍中用得都很少。䫲，《篆隶万象名义》、徐铉本《说文》和《广韵》都为"古禫切"，属于感韵。依据《说文》读若以及异文，"竷、䫲"当归入谈部；依据中古音以及谐声，"竷、䫲"当归入侵部。我们倾向于认为"竷"从"夅"声，把"竷、䫲"归入侵部。

熊，《说文·熊部》："兽似豕。山居，冬蛰。从能，炎省声。"炎，上古属于谈部，刘博平把"熊"归入添部，可能是依据谐声。朱骏声归入豐部，段玉裁归入八部，《手册》《表稿》归入蒸部。《小雅·无羊》"蒸、雄、兢、崩、肱、升"韵，《小雅·正月》"陵、惩、梦、雄"韵。与"雄"押韵的都是蒸部字。《尚书·禹贡》："厥贡璆、铁、银、镂、砮、磬，熊、罴、狐、狸织皮。"《经典释文》："熊，音雄。"《尚书·康王之诰》："则亦有熊罴之士，不二心之臣，保乂王家。"《经典释文》："熊，音雄。"《小雅·斯干》："吉梦维何？维熊维罴。"《经典释文》："熊，于弓反。"《大雅·韩奕》："有熊有罴，有猫有虎。"《经典释文》："熊，音雄。"《礼记·王制》："天子诸侯，祭因国之在其地而无主后者。"郑注："晋侯梦黄能入国，而祀夏郊。此其礼也。"《经典释文》："黄能，乃登反。本又作熊，音雄。"《左传·文公十八年》："高辛氏有才子八人：伯奋、仲堪、叔献、季仲、伯虎、仲熊、叔豹、季狸。"《经典释文》："熊，音雄。"《春秋·昭公十二年》："楚杀其大夫成熊。"《经典释文》："熊，音雄。"《左传·昭公十三年》："丙辰，弃疾即位，名曰熊居。"《经典释文》："熊，音雄。"《左传·哀公十六年》："市南有熊宜僚者，若得之，可以当五百人矣。"《经典释文》："熊，音雄。"《尔雅·释兽》："貘，白豹。"郭璞注："似熊，小头，庳脚，黑白驳。"《经典释文》："熊，音雄。"《史记·五帝本纪》："教熊罴貔貅貙虎。"正义："熊，音雄。"雄，上古属于蒸部。依据谐声以及注释家们的注音，"熊"上古当归入蒸部。

茜，《说文·艸部》："以艸补缺。从艸丙声。读若陆。或以为缀。"丙，上古属于谈部。刘博平把"茜"归入添部，可能依据谐声。朱骏声归入谦部，段玉裁"读如侠，在八部；读如缀，在十五部"，《手册》《表稿》归入月部。茜，古籍中用得少，《说文》"或以为缀"，缀，上古属于月部。《广雅·释诂四》："茜，补也。"《博雅音》："茜，丈例反。"《篆隶万象名义》为"丈例反"，徐铉本《说文》和《广韵》为"直例切"。"丈例反""直例切"读音相同，中古属于定纽祭韵。依据这些注音，"茜"上古当归入月部。

六、归部的贡献与不足

在《清代古音学》中，王力指出："段玉裁的古韵十七部，在清代古音学上达到了一个新的高峰。……清代古韵之学到段玉裁已经登峰造极，后人只在韵部分合之间有所不同（主要是入声独立），而于韵类的畛域则未能超出段氏的范围。"① 戴震虽然把有些入声韵部独立，但"该分立的不分立。段氏幽侯分立，真文分立……戴氏拘于'审音'之说，把它们混同起来，则是错误的"②。黄侃在前人研究的基础上，提出古韵二十八部的上古韵部系统，建立与阴声韵、阳声韵相配的独立的入声韵部系统"德、沃、屋、锡、铎、屑、没、合、帖"等。黄侃的古韵二十八部，阴声韵、阳声韵分部兼有段玉裁之长，入声韵部又独立，因此，其上古韵部系统在当时是最有见地、最科学的。

一个新的上古韵部系统的提出，按照新的韵部系统对上古字进行

---

① 王力：《清代古音学》，《王力全集》第六卷，北京：中华书局，2013 年，第 134 页。

② 同上书，第 139 页。

归部是上古韵部研究历史上一个不可或缺的环节。在前面几节，我们介绍了刘博平对《说文》所收字归部的情况。刘博平对《说文》所收字的归部实践，对于上古音研究有重要贡献。具体表现在以下三个方面。

一、刘博平的归部结果绝大部分是妥当的，对于后来的学者进行上古字归部，有较大借鉴意义。

随着上古音研究的发展，学界对上古韵部系统的建立逐渐达成共识，进而对上古出现的绝大多数字进行归部。在《汉语史稿》中，王力定古声为三十二组、古韵为二十九部后，唐作藩于1982年推出了《上古音手册》，收字约八千；郭锡良于1986年推出了《汉字古音手册》，收字约八千多个；1987年，陈复华、何九盈出版《古韵通晓》，"收罗先秦典籍中常用字一万多个"①。这三部书都是依据王力的上古声组系统、上古韵部系统对上古字进行定组归部。《上古音手册》于2013年增订再版，收字约一万，比初版增加了约两千字。《汉字古音手册》2010年修订再版，"增订本比初版增收单字四千四百多个，单字总数在一万一千七百字左右"②。郭锡良2020年出版《汉字古音表稿》，"收先秦两汉的字一万二千来个"③。

虽然在《说文古音谱》之前，黄侃也撰写了《古韵谱稿》，权少文也著有《说文古均二十八部声系》，对《说文》所收字进行归部，但黄侃和权少文的归部著作直到20世纪80年代才出版。他们的归部结果是否妥当暂且不论，这些归部结果在20世纪80年代之前是不为学术界大多数人所知晓的。刘博平的《说文古音谱》是自黄侃古韵二十八部韵部系统建立之后迄于20世纪80年代《上古音手册》《汉字古音手册》等书出版之前不可多得的对上古字按照入声韵部独立的上古二十八部韵

① 陈复华、何九盈：《古韵通晓》，北京：中国社会科学出版社，1987年，第129页。

② 郭锡良编著：《汉字古音手册》增订本，北京：商务印书馆，2010年，前言第23—24页。

③ 郭锡良编著，雷瑭洵校订：《汉字古音表稿》，北京：中华书局，2020年，例言第1页。

部系统进行归部的公开出版著作。

上文我们介绍刘博平对《说文》所收字归部的时候，同时把刘博平的归部与《手册》《表稿》的归部进行了比较。刘博平归入屑部的197个字中，只有19个字与《手册》《表稿》不同，其中有1个应该是刘博平按照同一声符的字归入一部而归入屑部的。归入先部的271个字中，只有27个字与《手册》《表稿》不同，其中有4个应该是刘博平按照同一声符的字归入一部而归入先部的。归入灰部的635个字中，只有89个字与《手册》《表稿》不同，其中有8个应该是刘博平按照同一声符的字归入一部而归入灰部的。归入没部的272个字中，只有70字与《手册》《表稿》不同，其中有3个应该是刘博平按照同一声符的字归入一部而归入没部的。归入痕部的472个字中，只有47个字与《手册》《表稿》不同，其中有9个应该是刘博平按照同一声符的字归入一部而归入痕部的。归入歌部的380个字中，只有34个字与《手册》《表稿》不同，其中有1个应该是刘博平按照同一声符的字归入一部而归入歌部的。归入曷部的548个字中，只有31个字与《手册》《表稿》不同，其中有6个应该是刘博平按照同一声符的字归入一部而归入曷部的。归入寒部的919个字中，只有48个字与《手册》《表稿》不同，其中有38个应该是刘博平按照同一声符的字归入一部而归入寒部的。归入齐部的270个字中，只有18个字与《手册》《表稿》不同，其中有12个应该是刘博平按照同一声符的字归入一部而归入齐部的。归入锡部的197个字中，只有25个字与《手册》《表稿》不同，其中有9个应该是刘博平按照同一声符的字归入一部而归入锡部的。归入青部的307个字中，只有6个字与《手册》《表稿》不同。归入模部的650个字中，只有38个字与《手册》《表稿》不同，其中有19个应该是刘博平按照同一声符的字归入一部而归入模部的。归入铎部的235个字中，只有4个字与《手册》《表稿》不同，其中有1个应该是刘博平按照同一声符的字归入一部而归入铎部的。归入唐部的504个字中，只有27个字与《手册》《表稿》不同，其中有25个应该是刘博平按照同一声符的字归入一部而归入唐部的。归入萧部的689个字中，只有66个字与《手册》《表稿》不同。归入侯部的333个字中，只有39个字与《手册》《表稿》不同，其中有14个应该是刘博平按照同一声符的字归入一部而归入侯部的。归入屋部的163个字中，只有2个字与《手册》《表稿》不同，其中有1个应该是刘博平按照同一声符的字归入一部而归入屋部的。归入东部的261个字中，只有8个字与《手册》《表稿》不同，其中有1个应该是刘博平按照同一声符的字归入一部而归入东部的。归入豪部的380个字中，只有29个字与《手册》《表稿》不同，其中有16个应该是刘博平按照同一声符的字归入一部而归入豪部的。归入沃部的124个字中，只有6个字与《手册》《表稿》不同，其中有5个应该是刘博平按照同一声符的字归入一部而归入沃部的。归入冬部的57个字中，没有与《手册》归部不同的。归入咍部的395个字中，只有15个字与《手册》《表稿》不同，其中有9个应该是刘博平按照同一声符的字归入一部而归入咍部的。归入德部的196个字中，只有16个字与《手册》《表稿》不同，其中有2个字应该是刘博平按照同一声符的字归入一部而归入德部的。归入登部的129个字中，只有8个字与《手册》《表稿》不同，其中有3个应该是刘博平按照同一声符的字归入一部而归入登部的。归入合部的155个字中，只有24个字与《手册》《表稿》不同，其中有4个应该是刘博平按照同一声符的字归入一部而归入合部的。归入覃部的258个字中，只有6个字与《手册》《表稿》不同，其中有4个应该是刘博平按照同一声符的字归入一部而归入覃部的。归入帖部的126个字中，只有12个字与《手册》《表稿》不同，其中有8个应该是刘博平按照同一声符的字归入一部而归入帖部的。归入添部的282个字中，只有21个字与《手册》《表稿》不同，其中有9个应该是刘博平按照同一声符的字归入一部而归入添部的。我们从刘博平的归部与《手册》《表稿》的归部比较中可以看出，其归部绝大部分与《手册》《表稿》相同，归部结果绝大部分是妥当的，这无疑对于后来上古字的归部有重要参考意义。

在黄侃之前，入声韵部的字附属于相应的阴声韵部。黄侃古韵二十八部，入声韵部独立。入声韵部独立，主要涉及中古的阴声韵去声字的归部问题，这是归部中的难点。是归入阴声韵部，还是归入入声韵部？哪些归入阴声韵部，哪些归入入声韵部？王力先生在《上古韵母系统研究》《汉语史稿》《古韵脂微质物月五部的分野》等较早的论著中，也有对上古具体字的归部。在《上古韵母系统研究》一文中，他把“殪、噎、咥、弃、戾、泣、肄、嚏、疐、致、轾、至、鼻、淠、畀、闭、毖、泌、穗、季、惠、侐”归入质部，把“二、贰、稚、媚、配、穧”归入脂部，这都是经得起语言事实检验的归部。但是他把“继、懿、替、逮、棣、谮、闳、自”等归入脂部，就不那么妥当。后来，在《汉语史稿》中，王力对这些字的归部进行了修正，把这些字归入质部。又如郭锡良先生新出版的《汉字古音表稿》对《汉字古音手册》有些字的归部进行修正，提出一些归部原则，好多就涉及去声字归部的问题。如“鬣、晋”属于《广韵》去声祃韵，《手册》归鱼部，《表稿》归铎部。刘博平所归的入声韵部字对于后来上古字归部的借鉴意义尤大。

二、在归部过程中，刘博平利用谐声，但是不拘泥于谐声，这一点是值得我们学习的。

刘博平在归部过程中，虽然充分利用谐声进行归部，但对于段玉裁的“凡同谐声者必同部”归部理论不能绝对化有较为清楚的认识。在《说文古音谱·凡例》中，刘博平说：“亦有同从一声母之字分属两部者，以其各有所隶也。”[①] 这一原则强调了尊重语音事实，“分属两部”的原因是依据谐声字的实际情况。《重订〈汉语言文字音系略例〉》一文在分析了“那”当从“冉”会意而各本误加“声”字、“雁”各本于“痦省”下误加“声”字之后，刘博平列举了《说文》有些谐声有误的例子：“它如配、妃、圮之从己声，妻、疌之从中声，疑、疾之从矢声，牡从土声，弭从耳声，弼从丙声，麸从来声，必从弋声，允从以声，斯从其声，顯从㬎声，参从㐱声，嵍从未声，息从自声，羸从羸声，孰从

① 刘赜：《说文古音谱》，北京：中华书局，2013 年，凡例第 1 页。

章声，耎从而声，龹从廾声，奥从釆声，少从丿声，思从囟声，曼从冒声之类，或以会意为声，或因形误，皆不可从也。”① 这说明，《说文》有些谐声解说不可从，当然也不能依据此类说解归部。

因此，刘博平在归部上对于谐声比较警惕，有时候并没有按照谐声归部。如刘博平把“延”归入寒部，把“系”归入齐部，把“緐”归入痕部，把“奚”归入齐部，把“虒”归入齐部，把“沓”归入合部，把“鰥”归入痕部，把“褱”归入灰部，把“元”归入寒部，把“离、離”声的字归入歌部，把“妻”归入灰部，把“疌”归入帖部，把“鞾”归入青部，把“奥”归入萧部，把“曼”归入寒部，把“允、夋”归入痕部，把“毒”归入萧部，把“耎”归入寒部，把“斯”归入齐部，把“弭”归入齐部，把“员”归入痕部，把“叀、袁、専”归入寒部，把从“幵”声的“刑、邢、形、钘、并”归入青部，把“戜”归入屑部，把“肙”归入寒部，把“難（鸈）”归入寒部，这些归部都没有按照《说文》谐声。

刘博平在归部问题上对谐声的处理避免了黄侃、权少文归部的一些不足。

黄侃《古韵谱稿》归部十分重视谐声。例如：从“延”声的“筵、郔、埏、诞、硟、裢、挻、梴、脡、铤、蜑、唌”，黄侃都归入曷部。很显然，这些字当归入元部。黄侃为什么把这些字归入曷部，究其原因就是谐声。他把“厂”归入曷部，认为“延”也从“厂”声，因而把“延”及从“延”声的字都归入曷部。他还认为“系”从“厂”声，把本当归入支部的“系”及从“系”声的“係、奚”也归入曷部；认为本当归入文部的“緐”也从“系”声，归入曷部；把从“奚”声的字也归入曷部；认为“虒”也从“厂”声，把本当归入支部的“虒”及从“虒”声字归入曷部。又如：黄侃把“隶”归入没部。《说文系传》：“眔，从目，隶省声。”② 黄侃认为“眔”从“隶”省声，把“眔”及从

① 刘赜：《重订〈汉语言文字音系略例〉》，《武汉大学学报》1962 年第 1 期。

② 徐铉本为“从目，从隶省”。

“罘”声的字都归入没部，这其中包括当归入缉部的“遝”及从“遝”声的字，当归入文部的“鰥”及从“鰥”声的字，当归入微部的“褱”及从“褱”声的字。“元”本为象形字，黄侃认为“元”从“兀”声，从而把“元”及从“元”声的字都归入没部。

黄侃在归部的过程中株守《说文》谐声从而导致归部不妥当的情况很多。例如黄侃把上古的“中”归入曷部，认为“离”从“中”声，把从“离”声及“離”声的字都归入曷部。“离”可能为象形字，徐铉本《说文》：“离，从厹从中。臣铉等曰：‘从中，义无所取，疑象形。’”从“離”声的字多为平声字，“離”当归入阴声韵歌部。黄侃认为“妻”从“中”声，把“妻”及从“妻”声的字都归入曷部；认为“疌”从“中”声，把“疌”及从“疌”声的字都归入曷部；认为“蚩”从“中”声，认为“鞺”从“蚩”声，把“蚩、鞺”都归入曷部。奥，《说文》：“从宀类声。”类，《说文》：“从廾釆声。釆，古文辨字。读若书卷。”黄侃认为“奥”从“类”声，把当归入觉部的“奥”及从“奥”声的字归入寒部。衮，《说文》：“从衣，公声。”黄侃认为“衮”从“公”声，把“衮”归入东部。黄侃把“冒”归入萧部。《说文》：“曼，从又，冒声。”黄侃认为“曼”从“冒”声，把当归入元部的“曼”及从“曼”声的字都归入到萧部。黄侃把“㠯”归入“咍”部。《说文》：“允，从儿，㠯声。”黄侃认为“允”从“㠯”声，“夋”从“允”声，把“允、夋”及从“允”声、“夋”声的字都归入咍部。实际上，“允、夋”当归入文部，“葰”当归入微部，“狻、酸、霰”当归入元部。黄侃把“毒”归入咍部。《说文系传》：“毒，从中，毐声。”黄侃认为“毒”从“毐”声，把当归入觉部的“毒”及从“毒”声的“祷、薵”都归入咍部。黄侃把“而”归入咍部。《说文》：“耎，从大，而声。”黄侃认为“耎”从“而”声，把当归入歌部的“偄”、当归入元部的“耎”及其他从“耎”声的字都归入咍部。黄侃把“其”归入咍部。《说文》：“斯，从斤，其声。”黄侃认为“斯”从“其”声，把当归入支部的“斯”及从“斯”声的字都归入咍部。黄侃把“耳”归入咍部。《说文》：“弭，从弓，耳声。”黄侃认为“弭”从“耳”声，把当归入支部的“弭”及从“弭”声的字都归入咍部。从“弭”的重文为“彌”来看，“弭”不一定就是谐声字。黄侃把“母”归入咍部，把从“母”声的“每”也归入咍部。《说文》：“緐，从糸，每声。”黄侃把当归入元部的“緐”及从“緐”声的字都归入咍部。黄侃把“虍”归入模部。《说文》：“䖒，从豆，虍声。”《说文》：“鬳，从鬲，虍声。”黄侃把当归入歌部的“䖒”及从“䖒”声的“戲”归入模部，把当归入元部的“鬳”及从“鬳”声的“獻、甗”归入模部，把从“獻”声当归入元部的“瓛”、从“獻”声当归入月部的“櫵、䡾、鬳、瀛”也归入模部。

《说文》对谐声字的解说大部分是正确的，但是有些解说是可疑的。王力说：“《说文》说‘季’字‘从子，从稚，稚亦声’。按‘稚’同‘稺’，‘稺’从屖声。……甲骨文和金文的‘季’都从禾从子，并无稚声的痕迹。”① 王力论及朱骏声归部对于谐声的利用时谈道：“他又拘泥于不可靠的谐声偏旁，把入声与非入声混在一起。例如由于《说文》说‘褱’从衣，眔声，又说眔从目，隶省声（依小徐本），就把隶声的字和褱声的字混在一起。其实大徐本‘眔’字下只说‘从目从隶省’，并无‘声’字，小徐本不一定可信（段玉裁就不信）。又如由于《说文》说‘曳’从申，丿声，又说‘系’从糸，丿声，而‘奚’又从系省声，就把曳声的字和系声的字混在一起。其实‘曳’所从的丿，应作厂，余制切（依段玉裁说），而‘系’和奚本来都是象形字……‘曳’当属月部，而‘系’和‘奚’当属支部。”②

因此，在对上古字归部时，要利用《说文》谐声，但固守《说文》谐声是不妥当的。

权少文对于《说文》谐声，虽然没有黄侃那么固守，但有些归部还是囿于《说文》谐声。这表现在为了照顾《说文》谐声，权少文把一些

① 王力：《古韵脂微质物月五部的分野》，《王力语言学论文集》，北京：商务印书馆，2000 年，第 183 页。

② 同上书，第 176—177 页。

字两部皆收。例如“憲”，为了照顾“憲”从“害”声，月部“害”声符下收；“憲”又是“䜋、蘬”的谐声声符，在元部也出现。“奧”既出现在元部“弮”声符下，也作为谐声声符出现在觉部“燠”等字前。“寽”字月部、质部两入，“戌”字质部、月部两入，“疌”字月部、叶部两入，“员”字微部、文部两入，“委”字歌部、微部两入，“巂”字物部、支部两入，“烓”字支部、耕部两入，“匿”字铎部、职部两入，“普”字鱼部、阳部两入，“麦”字之部、职部两入，“褱”字微部、缉部两入，“兲、覞”元部、侵部两入，“龇”字歌部、文部两入，“思”字真部、之部两入，“鬿”字微部、之部两入，“耎”字之部、元部两入，“漦”及从“漦”声的字物部、之部两入。权少文可能也发现这些字的谐声说解不合理，试图用不同韵部两收来调和《说文》谐声与归部的矛盾。在这一点上，刘博平比权少文要果断，没有一字分入两部的情况。

三、《说文古音谱》按照一个较为科学的上古韵部系统进行归部，归部字数比较多，这便于发现归部过程中存在的难点以及上古音研究中更深层次的问题，有利于归部理论的总结，从而推动上古音研究的发展。

刘博平在20世纪60年代出版的《说文古音谱》一书，对《说文》正字和重文一万多字进行归部。《古音谱》采用的韵部系统最接近王力的古韵三十部，是《上古音手册》《汉字古音手册》之前公开出版的归部字数最多的著作。归部字数多，就便于发现归部过程中存在的难点。

王力在《汉语史稿》中修正了他的《上古韵母系统研究》一文中对有些字的归部。在《上古韵母系统研究》一文中，王力说：“典声垔声的字，段玉裁以入谆部，江有诰以入寒部，今暂时从江氏，以待再考。鬈声的字，段、江皆入寒部，而朱骏声入屯部，今从段、江。”①《汉语史稿》把“典”归入文部，把“禋”归入文部。《上古韵母系统研究》说：“‘笄’字，严可均、朱骏声以入脂部，黄侃以入支部，从黄氏，以

① 王力：《上古韵母系统研究》，《王力语言学论文集》，北京：商务印书馆，2000年，第99页。

待再考。”[①]《汉语史稿》将“笄”归入脂部。《上古韵母系统研究》说：“今按‘弭’‘敉’常相通假，则‘弭’当归入脂部。”[②]《汉语史稿》将“弭”归入支部。在《上古韵母系统研究》中，“美”被归入微部，《汉语史稿》中将其归入脂部。在《上古韵母系统研究》中，“荐”被归入寒部，《汉语史稿》将其归入文部。在《上古韵母系统研究》中，“胤”被归入文部，《汉语史稿》将其归入真部。在《上古韵母系统研究》中，“浼、晚”被归入文部，《汉语史稿》将“免、冕、勉、晚”归入寒部。在《上古韵母系统研究》中，“璊”被归入文部，《汉语史稿》将“满”归入寒部。在《上古韵母系统研究》中，“川”被归入寒部，《汉语史稿》将其归入文部。在《上古韵母系统研究》中，“玖”被归入幽部，《汉语史稿》将“久”归入之部。在《上古韵母系统研究》中，“殄、畛”被归入文部，在《汉语史稿》中“珍”被归入真部。在《上古韵母系统研究》中“橘、驈、遹”被归入物部，《汉语史稿》将“橘、鷸、谲”归入质部。在《汉语史稿》中，“夔”被归入脂部；在《古韵脂微质物月五部的分野》中，“夔”被归入微部。

《上古音手册》初版把“奡”归入幽部，修订版归入宵部；初版把“辵”归入药部，修订版归入铎部；初版把“逮”归入月部，修订版归入质部；初版把“玷、坫、阽”归入侵部，修订版归入谈部；初版把“瞀”归入幽部，修订版归入侯部；初版把“戾”等归入月部，修订版归入质部，等等。《汉字古音表稿》与《汉字古音手册》相比，对有些字的归部也有调整。例如，冎，《手册》归入鱼部，《表稿》归入歌部；矞，《手册》归入文部，《表稿》归入真部；广、颇，《手册》归入歌部，《表稿》归入支部；鋖，《手册》归入微部，《表稿》归入歌部；羞，《手册》归入铎部，《表稿》归入歌部；臾、斞、諛，《手册》归入幽部，《表稿》归入鱼部；臛，《手册》归入铎部，《表稿》归入药部；樴，《手册》归入之部，

---

① 王力：《上古韵母系统研究》，《王力语言学论文集》，北京：商务印书馆，2000年，第105页。

② 同上书，第110页。

《表稿》归入职部；肸，《手册》归入物部，《表稿》归入质部。

王力等学者对有些字的上古部属前后有调整，说明对上古字的归部不是一项简单的工作，需要仔细思考，反复揣摩。同时也说明对上古字归部要有一定的数量，才能遇到这些较难归部的字，从而才能去研究这些字究竟应该怎样归部。

段玉裁提出“同声必同部”的理论，王力认为不能机械地固守。上古谐声系统非常复杂。上古有些谐声字，在中古有一部分属于去声。对于中古的阴声韵去声谐声字在上古是归入到同一部中，还是归入到阴声韵、入声韵两部中去呢？这都需要做具体的、深入的研究。例如，“利”及从“利”声的字，郭锡良在《表稿》中说：“利飏痢涖（至韵，lì），《手册》依照王力《汉语音韵》《诗经韵读》将利声字列在质部，《表稿》改归脂部。《说文》：‘利，铦也……秎，古文利。’《手册》收秎声字 15 个，都在平声，5 个在脂韵，10 个在齐韵；所收利声字只此 4 个。将利声列在质部，就因为《诗・小雅・大田》三章有一处‘穗利’押韵，‘穗’在质部。利声字与入声相涉的只此一处，只宜视为脂质通韵。”[①] 又如“贵”及从“贵”声的字，郭锡良说：“贵（未韵，guì）和贵声字《手册》列物部，《表稿》改列微部。因为贵声无入声字，却有很多平声字。《手册》收有平声字 8 个：颓瘣隤蹪儨（灰韵，tuí），蘈（灰韵，tuī），遗（脂韵，yí），蟦（脂韵，wéi）。还有《诗经》贵声字押微部韵的有 3 章：《周南・卷耳》二章‘嵬隤垒怀’，《小雅・谷风》二章‘颓怀遗’，《大雅・云汉》三章‘推雷遗遗畏摧’。”[②] 再如“觉”，属于入声字，从“觉”声的“搅”字，中古属于上声巧韵字。王力说上古声类平上为一类，去入为一类。但《上古音手册》《汉字古音手册》把“搅”归入入声觉部。郭锡良说：“澩（巧韵，xiào），搅（巧韵，jiǎo），学声、觉声在觉部，都无平声被谐字，二字读上声，《手册》列

① 郭锡良编著，雷瑭洵校订：《汉字古音表稿》，北京：中华书局，2020 年，第 102 页。

② 同上书，第 121 页。

觉部是对的。”① 郭锡良对这些字的归部，是建立在对这些字的上古谐声系统完整把握的基础上，研究这些谐声字在中古的声调，再结合上古押韵等材料进行归部。他对归部理论的总结，就需要收集大量的上古字，归纳出谐声字的完整谐声系统。

又如黄永镇的《古韵学源流》，只对《诗经》韵脚字进行归部，支部入韵字只有“支、觿、知、斯、枝、提、伎、雌、衹、篪、卑、疷、圭、携”等字。《古音谱》的支部字虽然不多，也有259个。

对上古字归部字数多有利于发现上古音研究中更深层次的问题，从而推动上古音研究的发展。

郭锡良在把《汉字古音手册》修纂成《汉字古音表稿》的过程中，孙玉文等帮助设计表格，在把上古同一韵部的字按开合、韵等、声纽、声调、韵不同而排列填入表格的时候，发现“上古同一韵部中，包括了相当多的中古同声母、同开合、同等而读音有区别的韵或韵类”。孙玉文把这种情况叫作“韵重”。例如“黠、齂”上古都属于质部。黠，中古反切为“胡八切”，声纽为匣纽，韵为开口二等黠韵。齂，中古反切为“胡辖切”，声纽为匣纽，韵为开口二等辖韵。它们中古读音是不同的，但按照中古音与上古音的对应关系，它们在上古声纽和韵的配合表格中处于同一位置。上古同一韵部中，也包括中古属于同一韵中重纽的对立。例如上古质部开口三等，影纽短入下，有“一、壹”，中古反切为“於悉切”，学者称为质A，也有“乙、鳦”，中古反切为“於笔切”，学者称为质B。这样的例子还很多。孙玉文根据这些材料，提出：“上古唇舌齿喉（包括中古牙音）都有甲乙两类三等韵，中古的重纽是上古甲乙两类三等韵的继承和发展，中古的重纽三等韵不能机械地上推到上古；上古一二等韵可能也要各分甲乙两类，四等只有一类。”② 这一

① 郭锡良编著，雷瑭洵校订：《汉字古音表稿》，北京：中华书局，2020年，第30页。

② 孙玉文：《上古汉语韵重现象研究——为庆祝郭锡良先生八十五华诞而作》，北京大学中国语言学研究中心《语言学论丛》编委会编《语言学论丛》第五十五辑，北京：商务印书馆，2017年，第1—71页。

研究既解决了中古韵中长期争论不休的重纽现象，也推动了上古韵部内部语音系统研究的深入。孙玉文之所以能够发现上古语音的这一现象，是建立在对上古出现的字尽可能多地收集并妥当地归部基础之上。

刘博平《说文古音谱》归部字数多，对有些字的归部与王力的归部以及《手册》《表稿》的归部不同，从提出问题的角度说也是有意义的。如，囿，王力归入职部，刘博平归入咍部，现在看来当归入咍部。能，王力归入蒸部，刘博平归入咍部，现在看来当归入咍部。奏，王力归入屋部，刘博平归入侯部，现在看来当归入侯部。也，王力归入鱼部，刘博平归入歌部，现在看来当归入歌部。解、懈，王力归入支部，刘博平归入锡部，现在看来当归入锡部。霓、系，王力归入锡部，刘博平归入齐部，现在看来当归入齐部。牝，王力归入真部，刘博平归入灰部，现在看来当归入脂部。尹，王力归入真部，刘博平归入痕部，现在看来当归入痕部。委，王力归入微部，刘博平归入歌部，现在看来当归入歌部。演，王力归入寒部，刘博平归入先部，现在看来当归入先部。

又如“麗”及从“麗”声的字，刘博平归入歌部，《手册》《表稿》归入支部。我们结合语音的变化发展来看，可能归入歌部合适一些。

再如“咅”及从“咅”声的字，刘博平都归入侯部，徐铉本《说文》“天口切”，中古属于厚韵。从“咅”得声的“部、瓿、篰、掊、䍌、髻”在中古属于侯韵或厚韵，“䋛”在中古属于麌韵。这些说明刘博平把“咅”及从“咅”声的字归入侯部是有一定道理的。段玉裁把“咅”及从“咅”声的字有的归入第一部，有的归入第三部，有的归入第四部，可见段玉裁的不一致之处。朱骏声统统归入颐部。郭锡良在《汉字古音表稿》中说：“‘咅’字有舌音、唇音两读。大徐本《说文》引《广韵》‘天口切’，作为舌音‘咅’，段玉裁列归侯部，这是对的。《集韵》又收有唇音‘普后切’一读，却宜列归之部。我们知道，从‘咅’得声的字16个（《手册》所收剖倍涪培等字），都在之部。只有一个‘䋛’字，也读唇音（芳武切，麌韵，fǔ），中古却在麌韵，以归入侯部为宜。还有一个‘棓’字，《说文》：‘棁也。从木，咅声。’段注：

‘棓棒，正俗字……《淮南》书“韩浞杀羿于桃棓”。’大徐本：‘步项切。’段注：‘按音声在四部，合韵也。’这就是说，作为‘棒’义的‘棓’是侯东通转的关系。‘棓’又作姓氏，《广韵》灰韵‘蒲回切’，古音在之部。”① 可见对“音”及从“音”声字的归部是一件难事，需要做仔细的分析。刘博平归部不妥当，或与他之前学者归部不同，但至少可以算一家之言，可以引起研究者的思考，从而把对上古字归部的研究引向深入。

当然，刘博平对《说文》所收字的归部也有明显的不足。除了前面提到的他在归部的过程中对《诗经》等押韵材料利用不充分外，还有以下不足。

其一，没有充分吸收前人的研究成果。比如“律、葎、筆、聿、欥”，段玉裁就归入第十五部，而不是第十二部；“参”及从“参”声的字朱骏声归入坤部；“危”及从“危”声的字段玉裁归入第十六部，朱骏声归入解部；“鬻、鬻”段玉裁归入第三部，朱骏声归入孚部；“豕”段玉裁归入第十六部；“䀠”朱骏声归入孚部；“孷”段玉裁归入第一部；“甡”段玉裁归入第十二部；“狻、酸、霰”段玉裁归入第十四部；“桑”朱骏声归入坤部；“彌”段玉裁归入第十六部；“桼、漆”段玉裁归入第十五部；“叡”朱骏声归入履部；“趨”段玉裁归入第十三部；“璿”段玉裁归入第十四部；“衮”朱骏声归入屯部；“鬌”段玉裁归入第十六部，朱骏声归入解部；“觶”段玉裁归入第十六部；“鞞”朱骏声归入坤部；“焚”段玉裁归入第十三部，朱骏声归入屯部；“緻”段玉裁归入第十五部；“壻、彳”朱骏声归入豫部；“盱”段玉裁归入第十六部；“戏、亏”段玉裁归入第十七部；“梟”朱骏声归入小部；“焦”及从“焦”声的字段玉裁归入第二部；“焱、旚”段玉裁归入第二部，朱骏声归入小部；“楙”段玉裁归入第四部；“霿”段玉裁归入第九部；“庙、朝、鼂、䍃”及从“䍃”声的字段玉裁归入第二部；“褎、旧”段

① 郭锡良编著，雷瑭洵校订：《汉字古音表稿》，北京：中华书局，2020 年，第 46 页。

玉裁归入第一部；“唬”段玉裁归入第五部；“企”段玉裁归入第十六部，朱骏声归入解部；“隶、逮”朱骏声归入履部；“冃”朱骏声归入孚部；“复”及从“复”声的字段玉裁归入第三部，朱骏声归入孚部；“栚”段玉裁归入第七部；“叠、雪、夌”段玉裁归入第八部；“丵”段玉裁归入第八部，朱骏声归入谦部；“冈”段玉裁归入第七部。段玉裁、朱骏声对这些字的归部较为妥当，很富有启示性。

现代学者王力在讨论有些字的归部时，一般先看前代的音韵学家是怎样归部的。他说：“毚声，占声，欠声的字，严可均归侵类，占声的字，段玉裁归侵部；今依江有诰都归入谈部。”① 郭锡良《汉字古音表稿》的归部，也参考了段玉裁等人的归部结论，他说：“‘旧、裘’应归之部，段玉裁、王力的谐声表都是如此处理。”② 古韵分部从清初顾炎武开始历经了几百年，有些研究成果是不同学者用毕生精力研究而得。我们在进行归部之时，若能认真吸收前代学者的意见，反复琢磨，定会有所得。如段玉裁把“吻”的声符入声字“勿”归入第十五部，把阳声韵字“吻”归入第十三部；把阳声韵字“饐”归入第十三部，把“饐”的声符阴声韵字“豈”归入第十五部；把入声韵字“榕”归入第十二部（第十二部本为阳声韵部，相当于后来的真韵），把“榕”的谐声声符“咨”归入第十五部。不同的阳声韵部第十二部、第十三部对应的阴声韵部却都为第十五，其中就蕴含着问题。仔细研究，对于脂微分部是有启发的。

其二，是把语音与谐声声符有对转关系的谐声字归入到与谐声声符相同的韵部中去。例如，湜，在中古仍然为入声职韵字，刘博平归入平声韵部支部。裸，“果”声，阴阳对转当归入元部，刘博平归入歌部。懒，“赖”声，阳入对转当归入元部，刘博平归入曷部。掔、竖，“臤”

---

① 王力：《上古韵母系统研究》，《王力语言学论文集》，北京：商务印书馆，2000年，第128页。

② 郭锡良编著，雷瑭洵校订：《汉字古音表稿》，北京：中华书局，2020年，第7页。

声，阳入对转当归入元部，刘博平归入曷部。蚩，阳入对转当归入元部，刘博平归入曷部。頞，“安”声，阳入对转当归入月部，刘博平归入寒部。揠，“匽”声，阳入对转当归入月部，刘博平归入寒部。讦，“干”声，阳入对转当归入月部，刘博平归入寒部。炟、黵、怛、靼，“旦”声，阳入对转当归入月部，刘博平归入寒部。黦，“冤”声，阳入对转当归入月部，刘博平归入寒部。斡，“倝”声，阳入对转当归入曷部，刘博平归入寒部。捾，“官”声，阳入对转当归入月部，刘博平归入寒部。潩、纂，“算”声，阳入对转当归入月部，刘博平归入寒部。鞸，“单”声，阴阳对转当归入歌部，刘博平归入寒部。椯、惴、瑞、揣，“耑”声，阴阳对转当归入歌部，刘博平归入寒部。覶，“𤔔”声，阴阳对转当归入歌部，刘博平归入寒部。磻、播、譒、鄱、皤，“番”声，阴阳对转当归入歌部，刘博平归入寒部。篿，“𦞤”声，阴阳对转当归入歌部，刘博平归入寒部。骫，“丸”声，阴阳对转当归入歌部，刘博平归入寒部，等等。这些是不妥当的。当然，刘博平可能是为了照顾《说文古音谱》的音义关系有意而为之：“朝夕细绎，粗谙音义相关之理，久之又渐悟推寻音义相关之术，又久之渐明音义相关之用，并深感前人之治许书者即病在支离破碎，不能贯通全书音义，以探语言之本真……《略例》所言，大氐以语言文字皆史为主旨，以声音系联形义为方法，以阐绎许书精蕴及先民高深文化为区区私愿。”① “但其与声母异韵而相通转者，仍从声母列入。”②

其三，没有从系统性以及理论层面对有些字的归部、对黄侃的上古韵部系统进行深入探究。《说文古音谱》对《说文》所收字进行归部之后，没有从系统性方面再进行理论研究，完善其归部以及反思其所依据的上古韵部系统。比如对于萧部字的归部，“薁、篽、澳、墺、匊、菊、趜、鞠、鵴、蝌、蘜、籟、鞽、窾、鞫、蘜、迪、䌷、笛、邮、妯、

① 刘赜：《重写〈说文古音谱〉序》，《说文古音谱》，北京：中华书局，2013 年，第 505—506 页。

② 刘赜：《说文古音谱》，北京：中华书局，2013 年，凡例第 1 页。

苗、六、宍、𢍏、坴、𪂵、稑、陸、宋、㴚、㪁、歒、夙、宿、摍、缩、莤、竹、筑、築、茿”等字为入声字，但他可能囿于“古本音”理论，依然把这些字归入萧部，而没有分出另外一部。又如有些谐声是能够反映脂部与真部对转关系的，刘博平没有注意到。如“屖”，从“辛”声，刘博平把“屖”归入灰部，把“辛”归入先部，没有注意到两者的对转关系，从而从灰部中分出脂部来。他按照谐声，把同一谐声声符的归入一部，就使灰部中蕴含着与先部、屑部相关的蛛丝马迹淹没无痕。如“䛈”，从“臣”声，徐铉本反切为“职雉切”，读若“指”。依据反切和读若，“䛈”当入脂部，谐声声符“臣”为真部字。刘博平把“䛈、臣”都归入了先部。楶，从“咨”声，徐铉本反切为“子结切”。《经典释文》卷第二十九《尔雅音义》：“楶，作截反，又音节。本或作楶，同。”依据《经典释文》注音和反切，“楶”当入屑部；谐声声符“咨”为灰部字。刘博平把“楶、咨”都归入了灰部。

此外，由于刘博平对韵的开合口、韵等认识有偏差，在古韵分部的过程中他也不可能从开合口、韵等方面来反观其归部结果。如灰部见纽平声，既有三等脂韵的“肌、飢”字，也有三等微韵的“璣、嘰、趩、譏、膙、饑、機”。这样归部就不能解释“肌、飢”与“璣、嘰、趩、譏、膙、饑、機”到中古为什么发展变化到不同的韵。

再如，刘博平把“示、祁、视”归入没部，“示”虽为去声，但不是入声，而且“祁”是平声，“视”为上声，“示、祁、视”无论如何也不应当归入入声韵部。后来，郭锡良对上古属于同一谐声声符中古声调不同的阴声韵谐声字的归部，从理论方面就有所总结。当然，刘博平的有些不足，我们也不能太苛求他。

总的看来，刘博平的归部是上古音研究历史上必不可少的环节，他的归部结果对后来的古音研究有重要参考价值。

第六章　音韵学教材建设

对于中国学术来说，20世纪前半叶是一个变化剧烈的时代。在这之前的学术研究风格与传统学术研究更为接近。梁启超在《中国近三百年学术史》中说："民国的十来年（笔者按，指辛亥革命后建立中华民国至1923年这一段时间），也可以算清学的结束和蜕化。"① 这一时期，中国的教育也发生了很大变化。废除科举之后，教育机构由原来的国子监、府学、州学、县学、社学、义学、私塾等逐渐变为学校。伴随传统教育向现代教育转型，教学方式与教学内容也随之而变。在适应这些变化的过程中，不同门类、不同层次的教材也应运而生。刘博平的音韵学教材——《声韵学表解》就是在这一背景下撰写出来的。

一、《声韵学表解》的主要内容

1929年，刘博平到国立武汉大学工作，教授音韵学、训诂学、文字学等课程。在音韵学教学过程中，刘博平撰写了《声韵学表解》。该书有章炳麟、黄侃题名，章炳麟题词。从黄侃题名、章炳麟题词以及刘博平的《叙》所署时间看，该书在1932年初已写成。1934年，该书作为国立武汉大学丛书之一，由商务印书馆出版。在《叙》中，刘博平明确说明了该书的用途：窃欲以为大学教程或学者自修之用。这表明该书的性质为教材。刘博平在《叙》中还强调了音韵学这一门学科的功用：故声韵学者，通语言文字之阶路也。

《声韵学表解》分上、下两篇。上篇"今音之属"，下篇"古音之

① 梁启超：《中国近三百年学术史》，北京：东方出版社，2004年，第1页。

属”。“今音之属”有二十三节，“古音之属”有十三节。

《声韵学表解》每一节先以表格的形式直观地呈现教学内容。

表 6-1 《声韵学表解》上篇“今音之属”第二节“发音部位”

唇		齿		舌				牙	喉	大别
轻唇	重唇	正齿	齿头	半齿	半舌	舌上	舌头	牙	喉	细分

这个表格告诉我们发音部位从大的方面来说从内到外有五个：喉、牙、舌、齿、唇。古代声纽的分类与发音部位密切相关，声纽就分为喉音、牙音、舌音、齿音、唇音五音，细分又分为喉音、牙音、舌头音、舌上音、半舌音、半齿音、齿头音、正齿音、重唇音、轻唇音十类，又称为十音。

每一节的表格后或者表格下方配以文字说解。例如下篇“古音之属”“二十八部与诸家古韵部居次第标目对照”一节，表格列了郑庠、顾炎武、江永、段玉裁、戴震、孔广森、王念孙、江有诰、张惠言、严可均、刘逢禄、黄以周、章炳麟、黄侃等各家的古韵分部；在表格之后，刘博平配以文字说明：“此表为钱玄同君所立。章君二十三部原列王念孙二十一部之下，兹移今处。又补列刘逢禄二十六部于严黄二家之间。钱君论诸家标目之异同曰：‘郑庠《古音辨》，惟见于戴段诸家称引，其原书标目若何，无从审知。顾氏之书，未尝别立标目，即以并合《广韵》之部题识，如曰东冬钟江第一，支脂之微齐佳皆灰咍第二之类，今从略，仅举其首韵曰东一支二。任举《广韵》韵目一字以标者，为王章严黄（以周）四家，黄氏兼举四声，如曰第一唐荡宕部，第二耕耿诤部之类，今从略，仅举其第一韵曰唐一耕二。孔江（有诰）二家标目，十之八九用《广韵》韵目之一字，间有他字者，如孔氏原丁辰緌，江氏之中，是也。孔氏书名《诗声类》，必以《诗》中有用韵之字为标，故寒耕真侵四字未见《诗》中用韵，不得不改为原丁辰緌。江氏之改，则未知其审。江（永）段两家皆无标目，以第一第二……名部。张氏则用本韵中在《诗经》最先见韵之字题识，皆晦涩难瞭。其意以为陆书非古，宁自改作。然即其新定之名，亦岂周秦旧标耶。戴氏标目二十五文，皆用影声字。此最合于韵之原质。因影声字自发至收始终如一，与欧洲之元音无异，故标目以此为最宜。黄季刚二十八部虽亦用《广韵》韵目为标，然与王章严黄（以周）四家任举一字者迥异。……因《广韵》二百六部中，此三十二韵原是古本韵，黄氏既于《广韵》中求得古本韵之韵，故即用古本韵韵目题识。此古本韵韵目三十二字，实为陆法言所定之古韵标目。今遵用之，正其宜也。’案自郑庠始分古韵为六部，最为粗略。顾氏而后，递加详尽。盖后人因考辨而积悟，余杭章君所谓‘前修未密，后出转精’者也。蕲春黄君于《广韵》中求得古本韵二十八部，适与顾江以来古韵诸家之说吻合，而奄有众长，此其所以为神覈也。至诸家分部之故，其书具存，兹不烦引。”①

《声韵学表解》各节表后的文字说解，有的追溯研究的历史，有的补充例证。总之，表格与说解浑然一体，展示该节的学习内容。下面我们来看每一节的具体内容。②

上篇“今音之属”二十三节。

一、音之构成。这一节主要介绍汉字字音的构成。刘博平说：“故凡一音之出，显分上下两段，其所从发而作势（即上段）谓之声，其收入喉（即下段）谓之韵。声与韵相合为音。”他以“烘”字为例说：“其始发如呴气者然，即所谓声，其后收以翁，即所谓韵。”

音韵学在古代属于小学，“声”“韵”这些原来不用讲、不需讲的概念，在现代要给学生讲清楚，不是一件容易的事。刘博平在撰写《声韵学表解》时可能考虑到当时学生的基础以及知识结构已与古代有了很大不同，因此，他要简单介绍“声”“韵”这两个概念，并举例说明。

① 刘赜：《声韵学表解》，上海：商务印书馆，1934 年，第 127—128 页。

② 下面逐节进行介绍，多引用教材原文。但由于每节篇幅不大，查检原文方便，为避免繁琐，引文不出脚注。

他举例说明发音，虽然没有像现代语言学那样描述，但他联系自身发音实际经验进行描述，由浅入深，先从日常大家所熟悉的汉字说起。

在当时，西方语言学也渐渐传入中国，刘博平介绍了西方表音文字的子音 Consonants（按，也译为辅音）就是中国的声，母音 Vowels（按，现多译为元音）就是中国的韵。可见他也在与时俱进。

二、发音部位。这一节介绍声纽（声母）的发音部位。发音部位从大的方面来说可分为喉、牙、舌、齿、唇，即传统所说的五音；细分则为喉、牙、舌头、舌上、半舌、半齿、齿头、正齿、重唇、轻唇，即传统所说的十音。刘博平认为半舌实同舌头，半齿实同舌上，应当归并。他描述怎样发这些音："曰喉，音出喉中，曰牙，牙根用力，曰舌头，舌端击腭，曰舌上，舌上黏腭，曰齿头，举舌逼齿，音在齿尖，曰正齿，作势微轻，曰重唇，两唇相搏，曰轻唇，唇齿相切。"他的描述与江永的《音学辨微》有的相同，如舌头、齿头、重唇；也有不相同的：江永认为喉音"音出中宫"，牙音"气触牡牙"，舌上音"舌上抵腭"，正齿音"音在齿上"，轻唇音"音穿唇缝"。显然刘博平的描述更容易使人理解，也更准确。他说轻唇音是"唇齿相切"，这一描述学生一看就明白发轻唇音的部位及方法。

三、发送收及清浊。这一节介绍声纽的发音方法，指出其有发送收及清浊之别。发送收是采用前代学者的说法。对于喉、牙、舌头、舌上、齿头、正齿、重唇、轻唇等几组声纽，前代学者根据发音时的用力情况将每一类声纽分发、送、收三类，从这三类中再分清浊。《通雅》卷五十说："横有唇、舌、腭、齿、喉、半喉舌之七声，其为初发声、送气声、忍收声之三迭也。"① 刘博平引用陈澧《切韵考·外编》说："发声者，不用力而出者也；送气者，用力而出者也；收声者，其气收敛者也。"现代学者已不这样分析。

对于清浊，刘博平说："清者其声轻而上，浊者其声重而下。"现在

---

① （明）方以智：《通雅》卷五十《切韵声原》，侯外庐主编《方以智全书》第一册下，上海：上海古籍出版社，1988 年，第 1471 页。

用声带振动与否来描述清音、浊音，声轻、声重是与声带振动与否有关系的。

四、《广韵》声类。这一节是根据前两小节的内容，列表说明《广韵》四十一声类的发音部位、发送收、清浊，并附例字和反切。说解部分说明四十一声类的来源："番禺陈君《切韵考》据《广韵》切语上字以定声类，为数四十。陈君以重唇收音之浊与轻唇收音之浊两类合并，今仍分之，共计四十一类。"

不过，刘博平虽然把这一节的标题叫作"《广韵》声类"，事实上并没有列出《广韵》声类，而是以例字的声类作代表。我们依据《音略》、"今音之属"的第六节以及这一节表后的解说文字可知，刘博平所言《广韵》声类为影、晓、匣、喻、为、见、溪、群、疑、端、透、定、泥、来、知、彻、澄、娘、日、照、穿、神、审、禅、精、清、从、心、邪、庄、初、床、疏、帮、滂、並、明、非、敷、奉、微等四十一声类。

从举例来看，四十一声类中每一大类的次清声母、全浊声母，刘博平作为送音清浊。例如胞，匹交切，刘博平作为送音清声的例字；庖，薄交切，作为送音浊音的例字。这种安排需要再斟酌一番。

五、双声。这一节介绍古代双声，将其区分为正例"同声类异韵双声"和变例"声类不尽相同异韵双声"。"同声类异韵双声"容易理解。对"声类不尽相同异韵双声"，刘博平说："其声类之相近而不尽同者，在古亦得谓之双声，盖其变例也。"从举例来看，刘博平的声类相近包括：同部位而不同发送收及清浊、同部位及发送收而不同清浊、同部位及清浊而不同发送收、不同部位而同发送收及清浊、不同部位及发送收而同清浊、不同部位及清浊而同发送收。黄侃《声韵通例》中也说："凡古音同位者，或相变。""凡清浊音同类者，亦互相变。"①

同一发音部位的声组之间属于音近，这是学术界都认同的。喉音、牙音这两类声组发音部位相近不相同，也算作音近，学术界也认同。但

① 黄侃：《黄侃论学杂著》，上海：上海古籍出版社，1980年，第141页。

是发音部位不相同而同发送收或清浊是否能算作音近，学术界有不同看法，大部分倾向于否定。

上古谐声存在少数声纽大类不同的谐声现象，这本质上与双声变例声纽的关系类似。刘博平对这样双声变例的语音分析，或许可以给我们提供一个思考上古声纽语音关系的一个维度。

六、三十六字母及四十一声类标目（附罗马字母比较）。这一节主要是把三十六字母与四十一声类进行比较，并配以罗马字母。将《广韵》四十一声类与三十六字母相比，把三十六字母的照穿神审禅这组声纽分为两类：章昌船书禅和庄初崇山。章组黄侃、刘博平仍然叫照穿神审禅，庄组黄侃、刘博平叫庄初床疏。在文字解说部分，刘博平论说了声纽不采用“字母”而采用“声类”这一名称的缘由：声纽的实质是“类聚双声之字”，守温始定三十六字母，其后“相沿不废”；而“又西土子音母音俱制成符号，连书子音母音以成一字，取其有相生之义，故谓之字母。（《西儒耳目资》称声类为字父，韵部为字母，声与韵拼出之音为字子。）若声类标目而名之曰字母，则殊未当”。他还引用钱大昕《十驾斋养新录》中的观点作为佐证：“声同者互相切，本无子母之别，于同声之中偶举一字以为例，而尊之为母，此名不正而言不顺者也。”

刘博平把影、喻、为声类与罗马字母的 AEIOU 配，认为影、喻、为三纽是零声母：“凡影喻为三纽之音即为韵母，其声类可以省去矣。”这是对零声纽字实际读音的思考和探索，虽然影、喻、为声类在中古不一定都为零声母。

刘博平一般把一组声纽中的送气清音和浊音只与一个罗马字母配，可见这时他或者这一时期很多学者对于古代声纽的送气清音以及浊音本质的认识不是十分清楚。

七、四十一声类发音及其标目读法。这一节主要描述四十一声类如何发音。如晓、匣：“自此以下发音，作势与收入于喉两段始显。此两类呫气而出。”刘博平的描述反映了他从现代如何发音出发，探索中古声纽的实际发音。

八、四十一声类正变。这一节介绍《广韵》四十一声类中哪些声纽为“正声”，哪些声纽为“变声”，并说明变化的类型：“清浊相变”“轻重相变”。正变的关系是：“正为本有，变由正生。”刘博平采用黄侃的观点认为“正声”是从上古到中古本有的声纽，“变声”是后来产生的声纽，是由“正声”变化而来。“正声”为影、晓、匣、见、溪、疑、端、透、定、泥、来、精、清、从、心、帮、滂、並、明十九声类，“变声”为喻、为、群、知、彻、澄、娘、日、照、穿、神、审、禅、庄、初、床、疏、邪、非、敷、奉、微二十二声类。

九、韵母（附罗马字母比较）。这一节刘博平探索用反切和罗马字母描写中古的韵母。刘博平先对“韵母”下定义：“韵母者，即一切字音收音之区域。”然后定韵母为十四个：“今定为十四韵母，以范围众韵。阴声阳声各七。”阴声韵为 A、I、U、O、AI、AU、OU 七个，阳声韵为 UNG、ANG、ENG、EN、AN、INM、ANM 七个。这些拟音参考了钱玄同的《文字学音篇》。在解说中，刘博平对影类字的韵母的认识十分正确：“凡一韵之影类字音，即其韵之韵母也。”当然，现在看来，刘博平对中古韵母系统的构拟显然十分粗疏。

十、等呼。这一节介绍《广韵》的等呼。刘博平认为：“按收音有开合齐撮四等，至易分辨，童孺能知。刘氏以欸意乌于四字合之，矜为独创，其实按此等呼，任举四字皆可。宋以后等韵家取韵书之字依三十六字母之第次而为之图，开合各分四等，遂启后人一等洪大二等次大三四皆细而四尤细之谬说。”所以他采用黄侃的观点：“等韵之弊，在于破碎，音之出口，不过开合，开合两类，各有洪细，其大齐唯四而已。而等韵分开口、合口各有四等。今试举寒桓先类音质之，为问寒（开洪）桓（合洪）贤（开细）玄（合细）四音之间，尚能更容一音乎？此缘见《广韵》分韵太多，又不解洪细相同必分二韵之故，因创四等之说以济其穷。然其分等又谓皆由声分不由韵分，一声或兼备四等，或但有一等，故《广韵》同类之字，等韵或分为三等而犹有时疐碍难通，令人迷乱。顾其理有暗与古会者，则其所谓一等音由今验之皆古本音也。此等韵巧妙处，其他则缤纷连结不可猝理。”①

从这里可见，刘博平对于开合、洪细的关系认识清楚，但是对于开合与韵等、洪细与韵等关系的认识与其师黄侃一样，不是十分科学。从现存最早的韵图《韵镜》可见，中古韵存在二呼八等是确凿的事实。

十一、四十一声类字音之等呼（无其音者规识之）。这一节列表介绍四十一声类与韵的拼合情况。表中帮滂並明只与合口洪音、细音相拼合，这是不正确的。我们知道帮滂並明可以与一二四等及开口三等韵拼合，非敷奉微与合口三等韵拼合。

刘博平认为四十一声类中每一声类与韵的拼合情况并不相同，这无疑是正确的。但由于刘博平认为开合没有四等，只有洪细，因此表中展现出来端透定泥和知彻澄娘与韵拼合的情况是相同的，都是可以与开合洪细拼合，不能表明端透定泥是与一四等韵拼合、知彻澄娘与二三等韵拼合这一区别。

十二、四声。这一节介绍《广韵》的声调。《广韵》有平上去入四声，刘博平引用夏燮《述韵》的看法，将四声又分为两类：“平上去入分为四声，四声之中又分两类。昔人谓上去入为仄声，与平声为两类。燮谓平上去一类，入声一类，平上去三声以同音谐，入声之于平上去以转音谐。”刘博平还对四声和韵类进行了界定：“大氐平声之音舒而长，短而扬之则为上，重而抑之则为去，急促言之则为入。”“将一韵母而区别其开合洪细及平上去入，是为韵类。”并强调“初学于一字之平上去三声易知，于入声难审”。

现代实验语音学的应用，使我们能准确掌握普通话声调的调值。但古代的声调调值如何，我们不得而知。刘博平对《广韵》声调的描述，不管对错与否，他想使学习者掌握古代四声的努力是值得肯定的。

十三、叠韵。这一节介绍叠韵，分为正例同韵类异声的叠韵、变例韵类不尽相同异声的叠韵两类。叠韵正例容易理解。但变例韵类怎样不尽相同，才能算叠韵呢？刘博平举了“笑傲”“绸缪”“蕃衍”三个例子

① 刘赜：《声韵学表解》，上海：商务印书馆，1934年，第24—25页。

来说明变例韵类不尽相同异声的叠韵。笑，《广韵》属于三等去声笑韵；傲，《广韵》属于一等去声号韵，“笑”“傲”上古都属于宵部，刘博平认为是洪细不同。“绸”“缪”《广韵》都属于三等尤韵，上古都属于幽部，刘博平认为是开合不同。蕃，《广韵》属于平声合口三等元韵；衍，《广韵》属于上声开口三等獮韵，“蕃”“衍”都属于元部，刘博平认为是四声不同。

分析叠韵，首先要注意时代。不同的时代，语音系统不相同，根据不同时代的语音系统分析具体的叠韵例子，结果不尽相同。例如，匍匐，在上古属于双声联绵词，用现代语音分析却属于叠韵。笑傲，两个音节上古都属于宵部，但所属的中古韵韵等不同，这可能不仅仅是介音不同，还有主元音开口度大小的差别。绸缪，中古所属韵、开合是相同的，即使“缪”为唇音字，开合不太好区分，但我们知道叠韵是不区别介音的。例如“辗转”，有开合口的差别，但它们是叠韵联绵词，而且是双声兼叠韵联绵词。所以，刘博平认为“绸缪”是变例韵类不尽相同的叠韵，是不对的。蕃衍，中古所属的韵不同，声调也不相同，但在中古构成变例叠韵，应该主要是因为中古所属的韵不同。声调不同，是可以构成叠韵的。例如“茉莒”是叠韵联绵词，一个是平声，一个是上声。由此可见，刘博平对于韵类相近的认识不是十分正确。

刘博平用两个章节来介绍双声、叠韵，可见他注意到在古代语音中双声、叠韵的重要性。古代注音直音、反切、读若等都包含了双声、叠韵之理。

十四、《广韵》韵目及其四声相配。这一节讲《广韵》二百六韵四声相配，入配阳声。解说部分刘博平解释了韵母数少，但《广韵》韵有206个之多的原因：“韵母之数，上表所列阴声阳声各七，今演为二百六韵之多，其故有三：以四声之不同而分一也，以等呼之不同而分二也，以古今沿革之不同而分三也。”这个解释是中肯的，虽然刘博平构拟的《广韵》韵母系统不一定准确。

十五、二百六韵分类（合口仅有唇音者规识其旁）。这一节采用黄侃系联所得韵类来介绍《广韵》二百六韵的韵类。

如果不考虑唇音，这个韵类数从总数讲是对的。但由于黄侃对中古韵韵等的认识不是十分妥当，就看不出有些韵类间的区别。如清韵属于三等韵，有开合口两个韵类；青韵属于四等韵，也有开合口两个韵类。黄侃认为中古韵只有开合洪细的区别，即开合齐撮，清韵、青韵的韵类都为齐齿和撮口，就看不出两韵的区别。不过，黄侃认为“唇音介于开合之间”，这一认识是正确的。

十六、二百六韵正变。这一节介绍二百六韵中哪些韵是正韵，哪些韵是变韵：“正为本有，韵中无变声。变由正生，而韵中有变声。”这是采用黄侃的观点，以《广韵》中的东（一等）、冬、模、齐、灰、咍、魂、痕、寒、桓、先、萧、豪、歌、戈（一等）、唐、青、登、侯、覃、添、屋、沃、铎、锡、没、德、屑、曷、末、合、帖这些一四等韵为正韵。

声韵是相拼合的，一四等韵也只能与可以与一四等韵相拼合的声纽拼合。《广韵》四十一声类中，可以与一四等韵相拼合的声纽有影、晓、匣、见、溪、疑、端、透、定、泥、来、精、清、从、心、帮、滂、並、明等十九纽。因此，这些韵中只有这些声纽，没有喻等“变声”。从现在的研究来看，黄侃、刘博平所讲的《广韵》二百六韵的正变，是不合理的。这在第二章已论述过，不再赘述。

十七、入声分配阴声阳声。这一节介绍《广韵》二百六韵以入声为枢纽相配，入配阴阳。如，入声觉韵与阴声肴韵、阳声江韵相配。这是采用黄侃的观点。

上古音系，入配阴阳，谐声字、押韵等语音材料都可以证明。黄侃的古韵二十八部，以入声为枢纽，入配阴阳，其上古韵部系统是对上古音研究的一大贡献。《广韵》中入声韵是与阳声韵相配。把《广韵》二百六韵也入配阴阳，似乎没有必要。而且，从韵类来看，有些韵阴阳入相配并不合理。如刘博平以入声德韵与阴声咍韵、阳声登韵相配，但咍韵只有开口一等一个韵类，德韵、登韵都有开合一等两个韵类。

不过，刘博平的说解部分梳理了上古音研究过程中入配阴阳研究的历史，对于古音学习是有帮助的。

十八、二百六韵归并（附韵母及韵摄对照）。在前面第九节，刘博平把韵母拟为十四个。这一节，刘博平介绍如何从《广韵》二百六韵中归并出十四个韵母。

这一节表格中所列有些韵所属的韵摄与《四声等子》等并不相同，与钱玄同的韵摄表也不相同。如刘博平把江摄并入宕摄，把曾摄并入梗摄，把齐、灰、祭、废韵归入止摄。钱玄同认为祭、泰、夬、废为一个韵摄，齐、支、脂、之、微、灰为一个韵摄，佳、皆、咍为一个韵摄。刘博平以齐、支、脂、之、微、灰、祭、废为一个韵摄，佳、皆、咍、泰、怪为一个韵摄。这应该是受到现代音的影响。但现代音曾摄与梗摄韵母也不相同。

十九、音之异同及其概数。这一节介绍《广韵》的音节概数。这一概数把有音无字的情况也算在内。

由于刘博平认为《广韵》只有四等，而不是开合各四等，这样这个计算结果差别就比较大。但他试图从理论上计算《广韵》音节的极限数目，这一探索行为是有意义的。

二十、反切。这一节介绍反切的基本原理及相关知识。刘博平总结反切的原理为："案反切合二字以为一字之音，上一字定声，下一字定韵，即本之一音而含一声一韵之原理。"一个音节包含声和韵两部分，反切上字与被切字声类相同，清浊相同；反切下字与被切字同韵类，等呼及四声相同。对于反切的起源，刘博平认为："是以反切之法虽起于汉末，而古时语言有徐呼之为二音疾呼之为一音者所在可考。"此外，刘博平也对类隔切、反切改良的原因谈了自己的看法。

这一节属于对反切基础知识的介绍，刘博平的解说基本上是科学的。

二十一、《广韵》切语上字常用字及其音读。这一节的表为《广韵》反切上字用字表。在解说部分，刘博平介绍了陈澧系联反切上字的同用、互用、递用条例，分析条例，补充条例，以说明其所得四十一声类及 451 个切语上字的由来。他还说明了《广韵》声类只有四十一类、反切上字用字有 451 个的原因："切语上字，既为用以表所切字之声，则凡与所切字为双声者皆可用之。故同一声类之切语，其用字有多至二十余者，少亦五六字或三四字。计四十一声类切语上字，共用字四百五十一。"

二十二、《广韵》切语下字分类（一韵只一类或另一类只有唇音者不录）。这一节的表格反映了《广韵》反切下字的用字情况。在解说部分，刘博平介绍了陈澧系联反切下字的同用、互用、递用条例，分析条例，补充条例，以说明《广韵》韵类的由来。这个表是对陈澧的所分韵类有未尽合者的订正。

《广韵》音系无论是对于音韵学教学还是音韵学研究都十分重要。《声韵学表解》二十一、二十二两节列出《广韵》反切上字用字和反切下字用字，同时说明了《广韵》音系声纽、韵类得来的方法，这是十分必要和重要的。

二十三、注音符号与声类韵母比较。这一节介绍如何用当时的注音字母来表示《广韵》四十一声类与十四韵母。《汉语拼音方案》还未颁布时，通行的注音方式是用注音字母。

下篇"古音之属"十三节。

一、音之变迁。这一节介绍音变，指出：有属于地者，即方言流变；有属于时者，即古今异读。解说部分举例说明属于地者的音变、属于时者的音变，并引用黄侃之说从五个方面明音之变迁：（一）据《说文》谐声偏旁与被谐字的音义关系及经传用例；（二）根据押韵材料；（三）据《方言》所记载的方言情况以及对应的现代方言的情况；（四）根据异读及异读的语音关系；（五）根据声调及其演变规律。

二、求古音资料。这一节举例说明求古音的六种材料：古代韵文、古书通借、《说文》形声、重文读若、音训、方言。解说部分刘博平引用黄侃的《论据〈说文〉以求古音之正变》和《论据〈诗经〉以考古音之正变》两文说明古之声韵不同于后世《广韵》及字母家所言，论述怎样据《说文》《诗经》以求古音之正变。

在《论据〈说文〉以求古音之正变》一文中，黄侃先说明自吴棫以来据古有韵之文以求古音之真存在三种弊病，接着论述据《说文》求古音之术："一、《说文》形声字为数至多，据偏旁以求音，除后世变入他韵者，大概可以得其鰓理。……此依形声得声之本之一术也。二、《说文》重文字为数至多，可以得韵类同部之关系。……此依重文得声之本之又一术也。三、《说文》训释往往取之同音……要之《说文》说解中字与声韵无干者至尠。此依说解得声之本之又一术也。"然后说明据《说文》求音变之术："一据重文，二据说解，三据读若，四据无声字而细索其音，五据有声之字而推其变。据重文者，重文之字取声多在同部，而亦有在异部者，则其变也。……据说解者，说解兼用叠韵双声，而用双声者即可得韵之变。……据读若者，《说文》取读，大氐用彼时之音，而古音与汉世之异，于斯可得。其本在同部者不必论也，转入异部，即可知韵转之理。……据无声字者，《说文》之字，有本有声而不言声者……有本有声，而得声之后已转，因而不言者……由此推测声音之变，皦然若合符之复析。据无声字以推音变，此类是也。据有声者，如祼从果声而读古玩反，是由歌转寒。……此类变化，与前者其实同科，不过一则《说文》言声，一则《说文》不言声耳。"

在《论据〈诗经〉以考古音之正变》一文中，黄侃先论述了《诗经》在研究上古音系统中的地位，接着梳理了历史上对古今音变的认识。黄侃认为据《诗经》以考古音之正变的方法有："（一）就诗句末字以求韵，或就句中连字对字以求韵，参伍比较，定其孰为正孰为通。（二）就诗之连字或对字以求声类相通之常例。（三）就诗之连字或对字以求声类相通之变例。"他强调"就《诗》文求声较之求韵其用尤大"。

刘博平还补充提出用拟声词以求古音："然语言文字之音有变，而物之声音则无变，设就不变者以求之，其资料尤为足据。……此亦考古音者所不可废也。"

在研究古文字时，《说文》是不可或缺的参考书。对于研究上古音，《说文》也同样重要。《说文》中有丰富的谐声字，是研究上古音的重要材料。此外，《说文》中含有的大量的声训、同源词、联绵词、读若材料、直音，都可以运用到上古音研究中去。《说文》中还保存了许多字的或体，比如有些或体与《说文》字头义符相同、声符不同，这些也可以运用于古音研究。

清代以来，研究上古韵部系统，《诗经》押韵是十分重要的语音材料。此外，《诗经》中有许多联绵词，这些联绵词中也蕴含了许多语音规律。比如叠韵联绵词往往同调。孙玉文的《先秦联绵词的声调研究》《先秦联绵词的语音研究》就是利用《诗经》等典籍中的联绵词研究上古语音。《诗经》中还蕴含了许多其他的语音现象，值得进一步探究。比如《诗经·周南·关雎》第一句三个见母字，第二句两个章母字。近年来，研究又有深入，如有学者研究《诗经》隔章双声等。

三、求古音方式及其系统。这一节主要介绍古音研究的历史。古音研究分总的研究、古韵研究、古声研究。早在汉代，郑玄、刘熙就注意到古今音异。徐邈、沈重诸人有“协韵取韵协句之说”。陆德明认为“古人韵缓不烦改字”。吴棫就《唐韵》注通转，朱熹注谐音。戴侗、焦竑、陈第力陈叶音之谬。刘博平评价戴侗、焦竑、陈第说：“古今音异之理，至此复炳焉大明。惟三君之言，亦粗具归纳证明之方，仍无综核条贯之术。故所得偏而未全。古今韵部异同，亦未尝道及。”郑庠是“首言古韵部居者”，然“盖专就《唐韵》求其合，不能析《唐韵》求其分，宜无当也”。顾炎武“始能离析《唐韵》以求古韵，而知其入声可以他转，上下古今，考其异同。其所作《古音表》，分古韵为十部，离合处虽未能精，则婺源江氏之所谓‘考古之功多，审音之功浅’耳”。江永“知数韵同一入”。戴震“更明阴阳配合之理”。孔广森、严可均继续完善阴阳对转理论。章太炎、黄侃把阴阳对转理论扩展为阴阳入对转，并提出旁转等理论。声纽研究首推钱大昕。徐用锡也论及古声。章太炎提出古音娘、日二纽归泥。黄侃“解诸家之纷难，集斯学之大成”，

“定古本声十九类，古本韵二十八部”。

古音教学介绍古音研究的历史与现状，是十分必要的。刘博平的介绍简明扼要，突出主要音韵学家的最重要特点与贡献。

四、声韵条例古今同异。这一节引用黄侃的《论声韵条例古今同异》介绍上古音与中古音声韵条例的异同：“一、发声之处有五，曰喉牙舌齿唇，古今所同也。……二、声有清浊，古今所同也。……三、韵有开合，古今所同也。……四、韵有洪细，古今所同也。……五、韵有阴阳有对转异平同入，古今所同也。……六、一字或有数音，古今所同也。……其异者，一、五音之变，古今有异也。二、声类数目，古今有异也。三、韵部多少，古今有异也。四、四种声势阙完，古今有异也。古声于开合齐撮中，或止有开合，或止有齐撮，或只有开而无齐，有合而无撮；今声则一韵之中，往往兼备四者，如麻韵庚韵是也。五、阴阳声多少，古今有异也。古声但有阴声阳声入声三类，阴阳声皆平也。其后入声少变轻而为去，平声少变重而为上，故成四声。四声成就甚迟，晋宋间人诗尚去入通押。近世段君始明古无去声，然儒者尚多执古有四声之说，其证明古止二声者，亦近日事也。”

应该来说，这些条例，除了关于上古声调的论述不充分之外，其他的条例基本是正确的。

五、声之通转。这一节介绍上古声纽五音相转的情况：“一曰同类相转，特清浊或发送收之异耳。二曰喉牙相转，三曰舌齿相转，二者蜕化最近。四曰喉牙与舌齿唇相转，则为疏远矣。”刘博平引用章太炎的《古双声说》，运用谐声、音训、异文、词语双声、读若、读为、读如等语音材料证“此喉音为牙也”“此牙音为喉也”“此喉牙发舒为舌音也”“此舌音遒敛为喉牙也”“此喉牙发舒为齿音也”“此齿音遒敛为喉牙也”“此喉牙发舒为唇音也”“此唇音遒敛为喉牙也”，并认为：“百音之极必返喉牙……撢钩元始，喉牙足以衍百音，百音亦终trans复喉牙。”

上古声纽不同大类间的关系比较复杂。喉音、牙音由于发音部位比较接近，相互构成谐声的比较多，这是学者都认同的。但有学者依据一些谐声等语音材料，把上古有些声纽构拟成复辅音，这是值得商榷的。这方面的研究正在深入。章太炎注意到上古声纽间的复杂关系，对于上古音研究是有意义的。

六、古本声十九类。这一节介绍上古声纽十九纽：影、晓、匣、见、溪、疑、端、透、定、泥、来、精、清、从、心、帮、滂、並、明。这是采用黄侃的上古声纽系统。说解部分证明这些声纽与中古的哪些声纽为同一声纽，即“正声与变声在古皆合用无别”。

七、韵之通转（举平以赅上去）。这一节意在介绍《广韵》二百六韵之间的关系远近：“通者，言今分而古实同。转者，言今合而古有别。”例如东韵，通钟江，余由冬登覃萧转入。

应该来说，上古属于同一韵部的中古韵关系最近，其次是有对转关系的上古韵部所包含的中古韵关系，再其次是有旁转关系的上古韵部所包含的中古韵关系。而且，语音是变化发展的，例如中古的江韵与东、冬、钟韵在上古关系近，而宋代李之仪的《鹧鸪天·收尽微风不见江》“江、光、忙、长、裳、乡”押韵，江韵字与阳韵字、唐韵字押韵。刘博平所列的中古韵间的通转关系，理据和证据不足。

八、古二声。这一节采用黄侃的上古平入两个声调理论介绍上古声调系统。黄侃提出：“四声，古无去声，段君所说；今更知古无上声，惟有平、入而已。”“古声惟有二类：曰平，曰入。”黄侃有《诗音上作平证》一文。在《声韵略说》中，黄侃说：“古有平、入而已，其后而有上、去。然法言以前，无去不可入；《切韵》之后，去、入始有严介。”[①]这说明黄侃认为中古的去声在上古为入声。

根据后来学者的研究，黄侃上古只有平、入两个声调的观点是不正确的。王力对黄侃古无上、去声的观点提出批评：“黄侃说上古只有平入两声，等于否认有声调，因为入声字和平声字的差别只是有无塞音韵尾，并不就是声调的差别。古无上去两声的说法是不能成立的。”[②]

---

① 黄侃：《黄侃论学杂著》，上海：上海古籍出版社，1980年，第103页。

② 王力：《汉语语音史》，《王力全集》第二卷，北京：中华书局，2013年，第71页。

据孙玉文研究，先秦叠韵联绵词中，音节含有中古上声的叠韵联绵词有 72 个，两个音节都为上声的有 66 个，另外 6 个平上结构的 3 个、上平结构的 2 个、去上结构的 1 个。中古去声的叠韵联绵词有 30 个，两个音节都为去声的有 28 个，另外 2 个为去平、去入结构。由此可见，中古的上声、去声在上古叠韵联绵词中稳定性非常强，上声音节虽与平声音节、去声音节虽与入声音节构成叠韵联绵词，但是数量很少，上推古声调在上古也当有上声、去声声调。孙玉文根据上古联绵词的情况，提出上古有五个声调："上古汉语阴声韵和阳声韵有平上去三声。上古汉语可能有长入和短入两种声调。"①

《诗经》《楚辞》的押韵情况是：《曹风·候人》"咮、媾"韵，《小雅·常棣》"豆、饫、具、孺"韵，《大雅·板》"坏、畏"韵、"怒、豫"韵，《大雅·抑》"漏、觏"韵，《大雅·瞻卬》"诲、寺"韵，《天问》"到、照"韵、"故、惧"韵、"怒、固"韵，《九章·惜诵》"志、态"韵，《九章·怀沙》"怪、态"韵、"济、示"韵，都是阴声韵去声字押韵，应该不用读如平或者读如上。唐作藩《上古汉语有五声说——从〈诗经〉用韵看上古的声调》一文，也根据《诗经》押韵认为上古有五个声调。②

孙玉文的《从出土文献和长韵段等视角看上古声调》一文，通过先秦至西汉的长韵段论证上古有五个声调，又从《北京大学西汉竹书（四）》所收《妄稽》《反淫》两篇赋的残简所用韵脚字论证了西汉初有五调。③

唐作藩的《上古音手册》（增订本）、郭锡良的《汉字古音表稿》都

---

① 孙玉文：《先秦联绵词声调研究》，《上古音丛论》，北京：北京大学出版社，2015 年，第 162—191 页。

② 唐作藩：《上古汉语有五声说——从〈诗经〉用韵看上古的声调》，北京大学中国语言学研究中心《语言学论丛》编委会编《语言学论丛》第三十三辑，北京：商务印书馆，2006 年，第 1—31 页。

③ 孙玉文：《从出土文献和长韵段等视角看上古声调》，《字学咀华集》，北京：北京大学出版社，2020 年，第 98—126 页。

采用的是平、上、去、长入、短入五个声调系统。

因此，黄侃的上古只有平、入两个声调的理论与上古语音事实不相符。

九、古本韵二十八部及其对转旁转。这一节的表为古韵二十八部阴声韵、入声韵、阳声韵相配表。黄侃古韵二十八部为：屑先，灰没痕（魂），歌（戈）曷（末）寒（桓），齐锡青，模铎唐，侯屋东，萧，豪沃冬，咍德登，合覃，怗添。解说部分介绍了黄侃的对转、旁转、旁对转理论："凡阴声阳声互相转，曰对转。阴声阳声自类音近相转者曰旁转。由旁转以得对转者曰旁对转。而其理即具于《广韵》中。今先举一阴声为例……又有碕字，碕字本音在歌韵，故知灰与歌为旁转。又有晖辉等字，其本音在魂韵，故知灰与魂对转。"刘博平又举《诗经》《易》《楚辞》《礼记》《荀子》《文子》押韵、读若、异文等材料以证对转、旁转、旁对转之理。

黄侃的韵部名称采用《广韵》平声韵、入声韵中的一四等韵的名称，他认为这些韵是"古本韵"。关于黄侃的"古本韵"，前面已讨论过。古韵二十八部系统在当时来说是最科学的。不过二十八部中的冬部当与萧部配。如慒，在《广韵》有"藏宗切"和"似尤切"两音，这两音在上古对应的韵部一个是冬部，一个是幽部。孔广森的十八部，已经是幽冬对转。后来，王力也是用幽部（即黄侃的萧部）与冬部相配。

至于韵部各大类间的关系，《古韵谱稿》的排列顺序为歌曷寒，灰模痕，屑先，齐锡青，模铎唐，侯屋东，萧，豪沃冬，咍德登，合覃，帖添。其中，屑先，齐锡青，模铎唐，侯屋东排在一起是对的，比《声韵学表解》中的排列科学。黄侃把豪沃冬、咍德登排在一起，可能是受其"古本音"理论的影响，咍、豪都为一等韵。

十、二百六韵之离合分隶二十八部。这一节介绍上古韵部系统以及与《广韵》的对应关系：屑部（屑三分之二、质三分之二、栉、术半、黠三分之一、薛三分之一），先部（先举平以赅上去，下同三分之二、真三分之二、臻、谆半），灰部（灰三分之二、齐半、微三分之二、支三分之一、脂)，没部（没、迄、物、术半、质三分之一、祭三分之一)，痕部（痕、魂、欣、文、谆半、真三分之一、微三分之一)，歌部（歌、戈、支三分之一、麻半)，曷部（曷、末、月、辖、泰、怪、废、祭三分之二、黠三分之二、薛三分之二、屑三分之一)，寒部（寒、桓、元、山、删、仙、先三分之一)，齐部（齐半、支三分之一、佳)，锡部（锡半、昔半、陌三分之一、麦三分之一)，青部（青、清、庚半、耕半)，模部（模、鱼、麻半、虞半)，铎部（铎半、药半、陌三分之二、麦三分之一、昔半)，唐部（唐、阳、庚半)，侯部（侯、虞半)，屋部（屋三分之一、烛、觉三分之一)，东部（东半、钟、江)，萧部（幽、萧半、肴半、豪半、尤三分之二)，屋部（屋三分之一、沃半、觉三分之一、锡四分之一)，豪部（豪半、萧半、宵、肴半)，沃部（沃半、觉三分之一、药半、铎半、锡四分之一)，冬部（冬、东半)，咍部（咍、之、灰三分之一、尤三分之一)，德部（德、职、麦三分之一、屋三分之一)，登部（登、蒸、耕半)，合部（合、缉、洽半、业半)，覃部（覃、侵、咸半、衔半、凡半)，怗部（怗、叶、盖、洽半、狎、乏、业半)，添部（添、盐、谈、咸半、衔半、凡半、严)。

这一节采用黄侃的上古韵部系统。二十八部每部所包含的中古韵是《黄侃论学杂著·音略》“古韵”一节中没有的。

值得注意的是，刘博平将屋部分为两类，一类与侯部相配，一类与萧部相配。与萧部相配的屋部除含中古的屋韵的部分字、觉韵的部分字外，还含沃韵的部分字以及锡韵的部分字。黄永镇《古韵学源流》“二十九部表第五”每部下也是先列所包含的中古韵。其中肃部下所列的中古韵与刘博平在这一节中所列的中古韵相同。刘博平20世纪50年代用的未出版的讲义——《汉语声韵图说》中也是将屋部分为两类，每一类所含的中古韵与《声韵学表解》相同。从现在的研究来看，觉部所含的中古入声韵确实是屋韵、觉韵、沃韵、锡韵四个入声韵的部分字。《声韵学表解》下篇第十三节“《说文》最初声母分列古本韵二十八部”只是对《说文》谐声声符定纽归部，由于字数少，屋部、萧部中都没有中古沃韵字和锡韵字。“《说文》最初声母分列古本韵二十八部”以及《说文古音谱》把后来学者认为的觉部字不是归入屋部而是归入萧部，可见刘博平很清楚这部分字与可以和侯部、东部对转的那部分屋部字是不相同的。这部分归入萧部的字中，有的是谐声声符，而且中古属于入声的字。刘博平一定知道这些字当归入入声韵部，而将其归入萧部可能是受“古本音”理论的影响，《广韵》中没有合适的四等入声“古本韵”可与萧部相配。

十一、二十八部与诸家古韵部居次第标目对照。这一节列诸家古韵分部表以为对照，表袭自钱玄同而略有调整。钱玄同之表原列有郑庠、顾炎武、江永、段玉裁、戴震、孔广森、王念孙、章炳麟、江有诰、张惠言、严可均、黄以周、黄侃，刘博平把章太炎的古韵二十三部从王念孙下移到黄以周之后黄侃之前，同时在黄以周之前增加了刘逢禄的古韵二十六部。刘博平认为黄侃的古韵二十八部最为精核：“蕲春黄君于《广韵》中求得古本韵二十八部，适与顾、江以来古韵诸家之说吻合，而奄有众长，此其所以为神核也。”

各家古韵分部不仅分部多少不同，所用的韵部名称也不相同。钱玄同讨论了各家韵部标目，认为黄侃的古韵标目是“因《广韵》二百六部中，此三十二韵原是古本韵，黄氏既于《广韵》中求得古本韵之韵，故用古本韵韵目题识。此古本韵韵目三十二字，实为陆法言所定之古韵标目。今遵用之，正其宜也”。

这一节实际上是对古韵分部历史的一个简单介绍。

十二、古本音读法。这一节介绍黄侃关于上古字读音的一些原则：凡变韵中之变声字当改为本声而后以本音读之；凡变韵中之本音字当改从本音读之，其一韵兼有古两韵以上字者，各归本部以本音读之，其本韵中兼有他韵字者，当改他韵本音读之；凡今四声字读古二声，各从本音，本音为平，虽上去入亦读平，本音为入，虽平上去亦读入；凡变音字若读本音，则从本韵之等呼，本韵或备有开合洪细，或不能备有，本韵但有洪者虽正声之细亦读洪，本韵但有细者虽正声之洪亦读细，开合准此，本韵兼有开合者，则变韵之开读如本韵之开，变韵之合读如本韵之合。

黄侃所说的这些原则是具体的一个字在上古怎么读。从系统上讲，黄侃认为中古四十一声类中的影、晓、匣、见、溪、疑、端、透、定、泥、来、精、清、从、心、帮、滂、並、明等十九声类是从上古到中古一直未变，是"古本声"，是上古十九纽的读音；中古的歌、戈、曷、末、寒、桓、灰、模、魂、痕、屑、先、齐、锡、青、模、铎、唐、侯、屋、东、萧、豪、沃、冬、咍、德、登、合、覃、帖、添等三十二韵从上古到中古一直未变，是上古二十八部的读音。

黄侃的上古音系统，虽然有其不足，但在当时来说是最好的上古音系统。黄侃的上古音系统有其不足，根据其上古音系统确立的上古音系统的读音，肯定不完美。但从上古音系统读法研究的历史来看，他确立的上古音系统的读法有以下三种意义：（一）黄侃确立的上古音系统的读音是第一个声韵齐全的上古音系统的读法。（二）黄侃确立的具体的上古韵部系统读音，其上古的韵类是确定的，与中古韵的对应关系也明确，与他之前的有些清代学者直接用汉字作为上古韵部系统的读音相比，要相对科学；而且区分了段玉裁未能区别的之、支、脂三部的读音。（三）黄侃确立的上古音系统读法对于后来进行古音构拟时思考同一韵部的主元音是否相同以及每个韵部主元音的构拟，有重要借鉴意义。

十三、《说文》最初声母分列古本韵二十八部。这一节刘博平把《说文》中的1391个"《说文》最初声母"按照黄侃的古声十九纽、古韵二十八部的上古音系统进行了定纽归部，即按黄侃的上古音系统定谐声表。《说文》最初声母即《说文》谐声声符。刘博平认为通过该表，初学者可以通过谐声偏旁的韵部来推上古相应谐声字的韵部："盖《说文》形声字居十之七八，初学者仅记其声母在何韵部，则全书古音皆通。"

一个新的上古韵部系统建立起来之后，有些研究者还撰写谐声表，如段玉裁、江有诰等。黄侃建立上古音系统之后，没有做谐声表。刘博平是第一个按照黄侃的上古音系统做谐声表的。《古代汉语经典精读》一书对刘博平的谐声表予以较高评价："相比于其他的谐声表，此表主要有以下三个特点：（1）表中声符皆为最初声符。……（2）每一声符皆声韵相配。……（3）表格中设有'附注'一栏，收入《说文》重文读音、读若音和小徐标明的声符读音，和形声字古韵不合或相隔甚远者，刘赜表明其目的乃'尽其变通之致'。……可以看出刘赜并不迷信《说文》，承认声符中也有讹误，只是数量较少。……如今借鉴出土文献的研究成果，《说文》中一些讹误的声符已可察见其笔画曲直衍变的轨迹，在印证了前人观念的同时，我们也可看出老一辈语言文字学家严谨求实的科学研究态度。"① 这一评价是公允的。

二、《声韵学表解》的贡献与不足

音韵学在古代属于小学的范畴，是通达学术的必备知识修养。古代老师是如何教授音韵学的不得而知。20 世纪二三十年代是传统的旧学向现代学术转换的重要时期，在这个过程中，教学方式发生重要变化，教材建设是其中一项重要工作。对于上大学之前没有学过音韵学，或者只知道一点皮毛的学生而言，老师如何讲授音韵学，音韵学教程如何引导学生学习音韵就显得十分重要。

《声韵学表解》尽管被深深地打上了那个时代的烙印，但仍可以称得上现代意义上的音韵学教材的典范。表现在：

第一，以今音学和古音学作为音韵学初学者学习的重点，初步建立了科学和实用的音韵学教材内容体系。

当今音韵学界把音韵学分为古音学、今音学、北音学和等韵学。这里的"今音"是沿用清代学者的说法，指的是中古音，和我们一般说的指现代音的今音不同。其中古音学和今音学是当今音韵学教学的重点。

---

① 孙玉文、邵永海主编：《古代汉语经典精读》，北京：高等教育出版社，2016 年，第 285—286 页。

例如，陈复华撰写的音韵学教材《汉语音韵学基础》一书就是如此。该书共四编，总论一编，《广韵》一编，《广韵》音系与普通话音系的比较一编，古音学述要一编。现在的音韵学教材，一般都是先讲音韵学的一些术语以及中古音，然后以中古音为桥梁上溯古音，下推现代音。

20世纪前半叶，在《声韵学表解》出版前后，陆续有一些音韵学教材面世。从与这些教材的对比中，我们可以看出《声韵学表解》的优点。

钱玄同1921年出版有《文字学音篇》。这本教材共分五章，第一章纽与韵，第二章《广韵》之纽韵，第三章反切，第四章三代古音，第五章注音字母。虽然也分中古音和上古音，但整个上古音只是介绍黄侃的结论：古声十九纽和二十八韵，内容十分简略，只有三页。

张世禄1930年出版的《中国声韵学概要》分为四编。第一编语音总论，第二编声母与韵母，第三编历代声韵之变迁，第四编拼音。其中第三编历代声韵之变迁包括周汉之古音、魏晋唐宋间之今音、元明以来之国音三章。这一编虽把中国历史语音分三个时期，但就内容侧重而言，张书更偏重史的介绍，而轻语音系统的讲解。

姜亮夫的《中国声韵学》定稿于1930年，1933年6月由上海世界书局出版，全书分为四编。第一编前说，第二编声，第三编韵，第四编反切。其中第二编声，关于声纽系统以“三十六母”作为声一节的标题，分五项内容，“《广韵》声母之讨论”“古声母之探求”只是其中的两项内容。第三编韵有“《广韵》之研究”“古韵”等章节。在结构安排上，古音、今音不突出。

林尹1937年出版的《中国声韵学通论》，分为四章。第一章绪论，第二章声，第三章韵，第四章反切。其中第二章声、第三章韵都没有专门讨论上古声纽系统和韵部系统，也没有涉及上古音研究的历史。

《声韵学表解》在大的内容安排上，注重语音系统的介绍，以“今音之属”“古音之属”两篇为教学内容，凸显出“今音学”“古音学”对于音韵初学者的重要性。

第二，在具体的内容安排上，以《广韵》音系为中心，突出了《广韵》在音韵学研究中的地位和作用。

《广韵》虽然早就存在，但在清代，古音学研究是当时的时尚，很多学者认为《广韵》是今音，对《广韵》并不是十分重视。如顾炎武等把《广韵》只是作为研究上古音的参考资料，要正《唐韵》，而不是把《广韵》作为研究对象。只有陈澧是个例外。他研究《广韵》，系联《广韵》反切，发现《广韵》声纽与三十六字母不同。到了现代，黄侃在教授音韵学的时候，特别重视《广韵》，他说："以《广韵》为《广韵》，盖自陈兰甫始也。"① 黄侃推荐音韵学入门的两部书中，其中之一就是陈澧的《切韵考》。他强调："音韵之学，必以《广韵》为宗；其在韵书，如《说文》之在字书，轻重略等。"② "顾、江、段、王，虽能由《诗》《骚》《说文》以考古音，然舍《广韵》，亦无以为浣准。……信乎今音之管钥，古音之津梁也。"③ 刘博平也十分清楚《广韵》在音韵学学习和研究中的价值："洵今韵之宗，而推寻古音之津梁也。"他还引用章炳麟的观点："不明《广韵》，无以知声音之畔界，而治古音将有所惑。"④ 刘博平对《广韵》的重视，可见一斑。

《声韵学表解》在当时是对《广韵》介绍和研究最全面的教材。涉及《广韵》的节有：《广韵》声类、三十六字母及四十一声类标目、四十一声类发音及其标目读法、四十一声类正变、四十一声类字音之等呼(无其音者规识之)、四声、《广韵》韵目及其四声相配、二百六韵分类、二百六韵正变、入声分配阴声阳声、二百六韵归并、音之异同及其概数、《广韵》切语上字常用字及其音读、《广韵》切语下字分类、注音符号与声类韵母比较、古本音十九类、韵之通转、二百六韵之离合分隶二十八部等。

---

① 黄侃述，黄焯编：《文字声韵训诂笔记》，上海：上海古籍出版社，1983 年，第 123 页。

② 黄侃：《黄侃论学杂著》，上海：上海古籍出版社，1980 年，第 148 页。

③ 同上书，第 149 页。

④ 刘赜：《声韵学表解》，上海：商务印书馆，1934 年，第 9 页。

钱玄同的《文字学音篇》第二章“《广韵》之纽韵”介绍《广韵》，分为八节：四十一纽，四十一纽之“清”“浊”及“戛”“透”“轹”“捺”，《广韵》二百六韵及四声相配表，二百六韵分为三百三十九类表，三百三十九类合为二十二“韵摄”表，新定之韵摄与《切韵指掌图》《切韵指南》之韵摄对照表，《广韵》分部说。没有《广韵》的反切上字表、反切下字表，也没有《广韵》声调系统的介绍。张世禄的《中国声韵学概要》对于中古音的介绍分为韵书之源流、《广韵》之声类、《广韵》之韵部、《广韵》分部复杂之原因、三十六字母之由来、等韵学上之韵摄等六节。每节的内容很简明，例如“《广韵》之声类”主要介绍了《广韵》四十一声类，没有《广韵》反切上字表和下字表等内容。姜亮夫的《中国声韵学》讲中古声纽的章节名称为“三十六字母”，此外还讲解了陈澧的四十声类及反切上字表、近人张暄修正陈澧的四十声类两个内容，对《广韵》声纽这一内容的介绍比较简略。关于《广韵》的韵这一部分，姜亮夫用了一个章节的篇幅，介绍得比较详细，分为《广韵》以前的韵书略说——《唐韵》、《广韵》前说、《广韵》之分部、《广韵》韵部之分析、同入之韵为“对转”表、三百三十九类、三百三十九类合为二十二“韵摄”表、《广韵》分部详说等八节，另附有《广韵》反切下字表。

《声韵学表解》列有《广韵》声纽反切上字表、韵类反切下字表，文字说明部分引用陈澧的反切上字与反切下字系联条例，这就使得《广韵》四十一声类、《广韵》韵类各有来历，得来有方法，有过程说明。初学者不但能知其然，还能知其所以然，并可以按照《声韵学表解》中介绍的方法自己系联学习《广韵》。

第三，吸收当时最新的研究成果，并融入了自己的研究、实践，还对一些音韵理论补充材料加以证明。

黄侃确立的古声十九纽、阴阳入三分的古韵二十八部是当时上古音研究最新、最科学的成果，很多学者在当时的音韵学研究中采用或参考黄侃的上古音系统，如钱玄同、林尹、张世禄、姜亮夫、黄永镇、权少文等。刘博平的音韵学教材《声韵学表解》在很多地方引用了章炳麟、黄侃、钱玄同等学者的研究成果，但他在引用黄侃等人的研究成果时，也结合材料对黄侃及他人的研究结论做出自己的解释、证明，或者融入自己的经验、研究。

例如，对于音与声，黄侃说："凡声与韵相合为音"，"凡音所从发谓之声"。① "今音之属"第一节，刘博平对于一个音节的发音做出这样的描述："试将一音缓呼之，必先于其所从发之处作势……其所从发而作势谓之声。"这一描述很有画面感，"作势"一词非常形象地描述了发一个音节时嘴巴的模样。"作势"不同，声纽就不相同。初学者十分容易理解。

"今音之属"第三节，关于发送收及清浊，刘博平引用陈澧《切韵考·外编》说："发声者，不用力而出者也；送气者，用力而出者也；收声者，其气收敛者也。"黄侃《音略》"今声"也用发送收描述，黄侃认为："发、送、收，示部位之高低；清、浊，表势力之大小，用力轻为清声，用力重为浊声。"② 刘博平认为："始出曰发，纵曰送，终曰收。"这与陈澧、黄侃的描述都不相同。

对于牙音见溪群疑的发音，黄侃《音略》"今声"引用江永《音学辨微》的辨七音法"牙音　气触牡牙"。黄侃加案语说："牡当是壮字之误。然亦不了然，当云：由尽头一牙发音，'见'是也；'溪''群'稍加送气而分清、浊；'疑'即此部位而加用鼻之力；非鼻已收之音。"③ "今音之属"第七节，刘博平说："牙音四纽发声，作以牙咬物之势即得。"我们对比刘博平与江永的描述，会发现刘博平关于见组声纽的发音是根据我们日常发音而自己总结的，非常生动易懂。

"今音之属"第九节，刘博平尝试用罗马字母来构拟《广韵》韵母系统。尽管刘博平构拟的韵母系统不一定与《广韵》音系以及语言事实

---

① 黄侃：《黄侃论学杂著》，上海：上海古籍出版社，1980年，第138页。

② 同上书，第66页。

③ 同上书，第67页。

相符，但他在当时努力尝试用西文字母来表示韵母终归是件好事。

对于古代四声，历史上没有多少记载。在“今音之属”第十二节中，刘博平对古代四声做出自己的描述：“平声之音舒而长，短而扬之则为上，重而抑之则为去，急促言之则为入。”他的这个描述与黄侃的很不相同。黄侃说：“凡声有轻、重，古声惟有二类：曰平，曰入。今声分四类：重于平曰上；轻于入曰去。”① 刘博平认为平与上、去与入的差别是长短，黄侃认为是轻重。他们对古代去声和入声发音差别的认识，应该对我们认识上古声调去声与入声的差别有启示作用。

对于上古只有二十八部、《广韵》有二百六韵的原因，黄侃的解释为：“其一，以开、合，洪、细分之。其二，开、合，洪、细虽均，而古本音各异，则亦不能不异；如东、冬必分。……其三，以韵中有变音、无变音为分；如东第一（无变音），钟（有变音）。”② 在“今音之属”第十四节中，刘博平指出：“以四声之不同而分一也，以等呼之不同而分二也，以古今沿革之不同而分三也。”刘博平的解释强调了古只有二十八部到《广韵》二百六韵这个变化中声调的因素。

“今音之属”第二十节，关于反切，刘博平对于类隔切提出自己的认识：“然上字端透定泥四类或与知彻澄娘四类同用，帮滂並明四类或与非敷奉微四类同用，宋人谓之类隔。盖作切语之时，舌唇二音本无轻重之分也。下字或有以开切合，以合切开，以洪切细，以细切洪者，盖其韵无同类之字，不得不借他类字作切，或用字偶疏也。二者俱为例外，可考而知。”

“今音之属”第二十二节，刘博平说：“案陈君所分韵类有未尽合者，已正之于前。”可见刘博平按照陈澧提出的系联条例对于《广韵》反切下字进行了系联，并对陈澧系联的不当之处作了修正。

“古音之属”第二节，对于求古音资料，刘博平引用了黄侃的《论据〈说文〉以求古音之正变》和《论据〈诗经〉以考古音之正变》两文

① 黄侃：《黄侃论学杂著》，上海：上海古籍出版社，1980 年，第 143 页。

② 同上书，第 154 页。

之后，补充说："然语言文字之音有变，而物之声音则无变，设就不变者以求之，其资料尤为足据。如牟为牛鸣，芈为羊鸣，㱿为击空声，闛为门声，鼟为鼓声，玱为玉声，锒铛之状锁声，令丁之状铃声，以及丁丁嘤嘤、节节足足之类皆是。此亦考古音者所不可废也。"即研究古音的资料还应求之自然界和社会生活。

"古音之属"第三节，刘博平总结了古代学者对于《诗经》等"不押韵"的认识历史、古韵分部的历史以及上古声纽研究的历史。

"古音之属"第五节，刘博平总结了古声十九纽相通转的四种情况："一曰同类相转，特清浊或发送收之异耳。二曰喉牙相转，三曰舌齿相转，二者蜕化最近。四曰喉牙与舌齿唇相转，则为疏远矣。"

"古音之属"第六节，对于上古声纽系统，刘博平采用黄侃上古声纽系统古声十九纽，并列举了很多上古音材料证明黄侃的古声十九纽："上篇表八，分四十一声类为正为变。而正声与变声在古皆合用无别。是故镇之为填，（《周礼·天府》'玉镇'注：'故书镇作填，郑司农云填读为镇。'《史记·天官书》镇星作填星，《汉书》凡镇抚字皆作填。）祧之为濯，（案，每一条刘博平都如前一条一样有文献例证。为避免繁琐，此及以下例证不录。）重之为童，宅之为度，陟之为得，堂之为枨，掇之为惙，幢容之为童容，驰骋之为驼骋，田氏即陈氏，申枨作申棠，它字切以敕多，姪字切以大结，此舌头舌上合用无别之证也。数之为速，柴之为辈，壮之为将，蚤之为爪，疏之为胥，锄之为蒩为藉，稷之为昃为侧，翣柳作接槽，菑害即灾害，齐楚与齐戒一体，祭祀与祭仲同文，此齿头正齿合用无别之证也。及夫报之为赴，闵之为文，亡之为蔑，浮之为包，蕃之为皮，否之为鄙，防之为邴，樊之为鞶，士鲂作士彭，偪阳作福阳，陪尾作负尾，丕子作负子，萑苻作萑蒲，部娄作附娄，牝之反为扶忍，丰之反为匹忠，此重唇轻唇合用无别之证也。若此者遽数之不能终其物，而《说文》形声偏旁之合用者尤不可胜纪。夫舌头舌上齿头正齿重唇轻唇，各以轻重相变。以蕃衍次叙言之，必先有重而后有轻，不第古时文字如此，即今日阻塞方俗之语，犹多沿其旧，有舌头而无舌上，有重唇而无轻唇者矣。”黄侃提出古声十九纽的上古声纽系统、古韵二十八部的上古韵部系统时，并没有提供上古音的内证材料。刘博平给黄侃的上古声纽系统列举出了上古音内证材料，可以帮助学习者理解黄侃的古声十九纽是怎样得来的。

“古音之属”第七节，这一节的内容是《黄侃论学杂著》中没有的。在这一节中，刘博平依据上古二十八部与中古韵的对应关系，理出《广韵》二百六韵哪些韵关系密切，目的是“以明音韵流转之迹，而考其分部之同异焉”。

“古音之属”第八节，刘博平在接受黄侃古有平、入二声观点的同时，整理出从吴才老到程迥、陈季立、顾炎武、江慎修、钱竹汀、张皋文，又到江晋三、王石臞、刘申受、夏嗛甫，再到段茂堂、章炳麟、黄侃关于古代声调的论述。

“古音之属”第九节，刘博平采用黄侃古韵二十八部上古韵部系统，搜寻了很多上古音材料证明二十八部的对转、旁转关系：“若夫《诗·北门》以敦遗韵，《杕杜》以偕近迩韵，《沔水》以水隼韵，《思齐》以疾殄韵，《易·革》以彪斐韵，员从囗声，蚔古文作蟁，芘或作藬，西或作栖，蜦或作蜧，读若莄，敳读若豤，萅读若威，昕读若希，水训准，春训推，祗敬之为振敬，贪戾之为贪吝，追琢之为敦琢，袆衣之为翚衣，依扆一语，哀殷一语，尉温一语，唏欣一语，僟谨一语，肌筋一语，稽艮一语，皆昆一语，诋敦一语，水川一语，彘豚一语，睢尻一语，伦类一语，非分一语，飞奔一语，斐份一语，韭坋一语，肥坟一语，美文一语，迷闷一语，此灰痕对转之说也。《诗·谷风》以嵬萎（委小徐禾声）韵，《玄鸟》以祁河韵，《易·家人》以义谓韵……《檀弓》以颓坏萎韵，《楚辞·远游》以妃歌飞夷蛇佪韵，《九辨》以偕毁弛韵，《荀子·成相》以罢私施移韵，《文子·上德》以类遂施韵，瘣读若隶，賜读若贵，火切呼果，衰切苏禾，赢其角赢其瓶之为累其角累其瓶，土青黎之为土青骊，戚施之为鼀鼁，彼交之为匪交，毁陊一语，隈阿一语，欷㔾一语，鲳鮴一语，嵬峨一语，洟唾一语，推拕一语，陨队与阤隊一语，磊与砢𥓓一语，累与厽丽一语，咨嗟一语，次差一语，𪗍䵷一语，敉摩一语，此灰歌旁转之说也。”这说明刘博平真正理解并接受黄侃的上古韵部系统。

“古音之属”第十一节，二十八部与诸家古韵部居次第标目对照表采用钱玄同的表，但并非完全照搬，有增加，有调整：“此表为钱玄同君所立。章君二十三部原列王念孙二十一部之下，兹移今处。又补列刘逢禄二十六部于严黄二家之间。”钱玄同是当时的学者，也是黄侃的学生。

“古音之属”第十三节，刘博平为了让初学者了解熟悉上古字的读音，自己做《说文》谐声表，把《说文》谐声声符按古韵二十八部，每部按开口为上、合口为下，再依据古声十九纽列表。这是刘博平自己的研究成果。

第四，留有学习任务或待研究的问题，富有启示性。

《声韵学表解》作为教材，时常提醒学习者注意要把握的重点、需要记忆的内容或者需要理解的内容。刘博平对自己没有研究或者不太拿得准的内容，在用语上也有暗示。这就可以使学习者明白哪些内容是学习的重点，哪些地方有继续研究的余地。比如，对于古代汉语中准双声、准叠韵的问题，刘博平在“今音之属”第五节中说：“其声类之相近而不尽同者，在古亦得谓之双声，盖其变例也。兹各就其连语举例，以示梗概，学者触类而长之可也。”“今音之属”第十三节，对于准叠韵，刘博平说：“其韵类之相近而不尽同者，亦得谓之叠韵，盖其变例也。”汉语中有一些联绵词或者一般的词，声纽、韵只是相近，并不相同，例如“饥渴”一词只是准双声。对于此种情况，刘博平用一个“盖”字，就提醒了学习者以后对这种情况要注意，或许还可以再深入研究。

“今音之属”第六节，讲到四十一声类，刘博平强调：“吾土若将韵母亦制成符号，如 AEIOU 等，然则凡影喻为三纽之音即为韵母，其声类可以省去矣。此于音理极关重要，学者宜深思之。”影、喻、为在四十一声类中是不同的声纽，现代都变为零声母，在古代不一定全部为零声母。“其声类可以省去矣”是刘博平对于零声母的认识，可以提醒学习者深入体会古代声纽的实际读音。

“今音之属”第七节，刘博平就四十一声类的发音强调：“表内声类发音说明，系泛指各类双声而言。标目正读，系专就标目之字影喻为晓匣等而言。盖既用此等字以为符识，则其音读即为一切字音发声之标准，学者宜明辨而熟读之。”学习音韵学，除了要记住中古的声母系统、韵部系统等之外，还要会发音，能读出来。刘博平这里就是要求学习者要熟悉《广韵》四十一声类发音。

“今音之属”第十二节，刘博平说：“下表十七宜熟玩而明辨之。”

“今音之属”第十七节，对于阴阳入相配，刘博平说：“此于古今音理俱关系至重，学者最宜深思。”黄侃建立了阴阳入三分上古韵部系统，也对《广韵》二百六韵进行了阴阳入相配，刘博平认为这种相配上可以合于古音，下与今音也相符。

“今音之属”第二十一节，对于《广韵》反切上字表，刘博平说：“今以陈君所系联者，分列而音释之。学者最须熟记，否则展一切语不知其声何属矣。”反切注音是古代用得较多的注音方式。要研究古音，就要能看懂古代的反切注音，知道反切在中古属于哪一声组、哪一韵，记住反切上字所属声纽，所以刘博平用“最须熟记”来强调。

“今音之属”第二十二节，刘博平说：“亦间有开合洪细互相为切者，则读者所宜详考，不可但凭唇吻而定之也。”反切注音的情况比较复杂，有时候会有类隔切。对于这种情况，刘博平强调要仔细辨别，不能凭唇吻而定。

“古音之属”第七节，对于中古韵之间的通转关系，刘博平说：“然亦就其大齐言之，不能一一细举也。学者宜与后第十三表参合而观之……初学之士，须取顾氏《唐韵正》、段氏《六书音均表》等书观之，不难得其会通也。”这是说学习者要弄懂中古韵间的通转关系，要前后结合起来学习，要阅读顾炎武的《唐韵正》、段玉裁的《六书音均表》

等书，才能理解，融会贯通。

“古音之属”第九节，在列出古韵二十八部表，举例说明上古韵部对转、旁转等关系后，刘博平还介绍了当时学者关于音义关系的一些研究：“吾人求古音，所以通古义也。昔黄春谷谓：‘凡同一韵之字，其义皆不甚相远。’（见《梦陔堂文集》）仪征刘君有《古韵同部之字义多相近说》一文（见《左盦文集》），谓：‘如之耕二部之字其义恒取于挺生，支脂二部之字其义恒取于平陈，歌鱼二部之字其义多近于侈张，侯幽宵三部之字其义多符于敛曲，推之蒸部之字象取凌逾，谈类之字义邻隐狭，真元之字象含联引，其有属于阳侵东三部者又以美大高明为义，则同部之字义恒相符。’可谓微妙玄通，察及词言之本矣。夫古音同韵部如是，同声纽者亦然。尝试论之，古声十九纽，言其大齐，则喉舌齿唇之界而略定其发送收而已。（喉牙古相通，故举喉足以包牙。）是故喉音发声（即影见二纽）为众音之元始，矢口而出，故发音之词多属之，其送声（即晓匣溪等纽）吹气而出，故声息之词多属之，二者大氐象取乎混玄，义丽于惊感。其收声之音（即疑纽）咬牙铻气而出，故其义严而危。舌音发声送气（即端透定三纽）俱以舌端抵腭，击之成响，故其义重以至。其收声蹂舌而出者（即泥纽），其言也讱，故其义柔润而近仁。卷舌而出者（即来纽），鼓舌如澜，故其义或连丽而有伦，或流离而多戾。齿音发送（即精清从心四纽）气逼齿尖，其音遒而惨，遒则进取丛积之义生焉，惨则残贼纤细之义生焉。唇音发送（即帮滂並三纽）其言也辨，故其义披分而排比。其收声（即明纽）为音之终（声音由喉及唇次序天然不可紊），闭口而出，故其义亦尽于无。如是而经之以同韵，纬之以同声，则索义于音，义莫能隐而得其本，表义以言，言与义契而知其方，岂非考语言文字者之一快事欤。（拙著有《古声同纽之字义多相近说》一文，文长不录。）”刘博平对一些问题研究现状的介绍，可以提醒学习者研究同源词要打破字形束缚，从多角度寻找同源词意义间的联系。

“古音之属”第十节，刘博平说：“此表须与上篇表十六及本篇表七合观之。总之古本韵二十八部，系指其收音而言，非指每韵所收之字而言也。学者最宜留意。”刘博平在这里强调了学习音韵学首先要把握语音系统。

“古音之属”第十一节，刘博平说：“至诸家分部之故，其书具存，兹不烦引。”这其实是告诉学习者要了解各家分部的详细情况，还应该去读各家的著作。

“古音之属”第十二节，刘博平说：“案欲读文字之古本音，由此可得三隅之反。而初学之士欲知某字之本音在何部，则下表所列《说文》最初声母，不可不熟读之也。”这是要求学习者要熟悉谐声偏旁分部。

“古音之属”第十三节，刘博平对《说文》谐声声符进行归部定纽，希望“初学者仅记其声母在何韵部，则全书古音皆通，即一切文字古音与夫转注假借之法无不通矣”。刘博平还引用严可均、章炳麟的论述说明了对于《说文》进行归部定纽要注意的问题，即《说文》流传至今几千年，可能存在“残缺讹谬”，从而对学习者提出要求：“凡表中所载，考之于古其有转变出入者，学者皆宜审察明辨，心知其意，不可胶固视之也。”学习者对《说文》谐声声符的归部和声纽明辨熟悉之后，也就可以对其他上古字进行归部定纽了。后来刘博平撰写出《说文古音谱》。

提醒学习者学习音韵学的过程中应该注意的问题，是刘博平《声韵学表解》作为教材的一个特点，也是《声韵学表解》之前其他音韵学教材未予关注的内容。稍后，1936 年，王力出版《中国音韵学》，其书在每一节后列有参考资料，对于音韵学学习很有帮助。

当然，《声韵学表解》也有其不足。其内容缺少从《广韵》到现代语音发展变化这一板块，与之勉强相关的内容只有“二百六韵归并”一节，这显然是不够的。《声韵学表解》的有些内容，我们现在看来是没有必要有的，比如“发送收”等，但这是当时及以前的传统音韵学者分析声纽的一种方式。林尹《中国声韵学通论》也有“四十一纽之清浊及发送收”一节。《声韵学表解》的有些内容是不正确的，例如关于“古本音”、“变音”、《广韵》二百六韵入配阴阳、叠韵变例的语音认识、

《广韵》韵母构拟为十四个、等呼等。这一方面有刘博平自身的原因，另外也与当时音韵学研究的水平相关。例如关于韵等，刘博平接受黄侃的观点，引用黄侃关于韵等的论述，认为中古韵只有开合洪细，不是二呼八等。这显然是不对的。不过，关于中古韵的等呼，章炳麟也是这种认识："依以节限，则阖口为一等，撮口其细也；开口为一等，齐齿其细也。本则有二，二又为四，此易简可以告童孺者。季宋以降，或谓阖口开口皆四等，而同母同收者可分为八，是乃空有名言，其实使人哽介不能作语。验以见母收舌之音，昆（阖口）君（撮口）根（开口）斤（齐齿）以外，复有他声可容其间邪？"① 钱玄同也认为中古只有"'开口''合口'二等，开合又各有'洪''细'二等"②。

王力的《中国音韵学》从内容到结构都值得肯定，是一部好教材。全书分为四编。第一编前论，设语音学常识、汉语音韵学名词略释、等韵学三章；第二编本论上，研究《广韵》；第三编本论中，由《广韵》上推古音；第四编本论下，由《广韵》下推今音。该书对高本汉的古音构拟也有介绍。该书要比《声韵学表解》晚出版两年。

总的说来，如果我们置身于当时的时代背景、立足于当时的学术研究现状来看《声韵学表解》，会发现此教材在内容设置和结构安排上有很多可取之处。杨树达在国立清华大学时，曾把《声韵学表解》中的表印发给中文系的学生作为学习参考资料，③ 这说明这部教材在当时是很有影响的。

---

① 章太炎：《国故论衡》，上海：上海古籍出版社，2003 年，第 17 页。

② 钱玄同：《钱玄同文字音韵学论集》，上海：上海古籍出版社，2011 年，第 213 页。

③ 王力：《黄侃古音学述评》，《王力语言学论文集》，北京：商务印书馆，2000 年，第 253 页。

第七章　训诂学与文字学成就

刘博平虽然一生主要从事音韵学研究，但在训诂学、文字学研究方面亦有重要的贡献。他有《初文述谊》《小学札记》（以《刘赜小学著作二种》为名出版）等著述，其训诂学、文字学研究颇具特色，可归纳为三端：以声音贯穿训诂，探讨词与词之间的音义关系；以初文与准初文为出发点和核心，展开形义关系研究；以语言与文化互证互求，揭示字词的文化内涵。

一、以声音贯穿训诂，探讨词与词之间的音义关系

音义关系研究是训诂学的重要课题。我国古代很早就开始了对音义关系的探讨，自先秦就已产生的声训是从音义结合的角度推求语源的训诂方法。汉代末年，出现了声训专著《释名》，立足语言而不是文字推求词语之间的音义联系，致力于探求"百姓日称"之物的命名之由，是具有里程碑意义的语源学专著。宋代出现了"右文说"，强调形声字"声符兼义"，以声符为观察点发掘形声字的同源关系。及至清代，训诂学超越前代，成就辉煌，其特点一是上承《释名》，"引申触类，不限形体"；二是秉持音近义通的观念，自觉以声音贯穿训诂，开创了语源研究的新阶段。

章炳麟、黄侃在清代诸儒语源研究成果的基础上继续推进，从理论和实践两方面系统地、更加自觉地、独立地开展语源学研究。

章炳麟吸纳黄侃的意见，撰著《文始》一书，以《说文》为依托，以初文、准初文为出发点，"用孳乳和变异两大条例来统帅汉字之间的同源关系，用《成均图》把音韵学的研究成果运用到字源的研究中，以对

转、旁转来描写同源字之间声音变化的轨迹”①，系统进行了字族的研究。

黄侃关于音义关系在理论上多有发明。特别值得称道的是，他关于音义关系的认识超越清儒，富有科学的辩证精神。清代学者在强调语音重要性的同时，有时不免将音义关系绝对化，如黄承吉曰：“且凡同一韵之字，其义皆不甚相远。”② 段玉裁曰：“凡字之义必得诸字之声者如此（《说文解字注》“鰓”字注）。”“凡从辰之字皆有动意，震振是也（《说文解字注》“娠”字注）。”这些表述中用的是“凡”“皆”“必”，把音义联系表述成必然联系。黄侃一方面特别强调语音的纲领作用：

> 音韵者何？所以贯串训诂而即本之以求文字之推演者也。……然则音韵虽在三者为纲领，为先知，而必归于形义，始可为之锁钥也。③

> 以声音贯串训诂，而不拘执于形体，可以补二王之说。④

更为可贵的是，另一方面，他认为要辩证地看待音义关系：

> 按同音者虽有同义，而不可以言凡。淮南虱与瑟同音，周人谓玉为璞，郑人谓鼠为璞，此音同而不必义同也。物有同音而异语者，亦有同语而异音者。同音异语，如虱与瑟。同语异音，如《尔雅》初、哉、首、基俱训始是也。同音者不必有一定之义，同语者不必一音，而往往同音。⑤

---

① 王宁：《论〈说文〉字族研究的意义——重读章炳麟〈文始〉与黄侃〈说文同文〉》，《南京师大学报（社会科学版）》1986年第1期。

② （清）黄生撰，黄承吉合按：《字诂义府合按》，北京：中华书局，1984年，第81页。

③ 黄侃述，黄焯编：《文字声韵训诂笔记》，上海：上海古籍出版社，1983年，第149页。

④ 同上书，第49页。

⑤ 同上书，第49—50页。

黄侃在实践方面也对同源关系研究有重要贡献。他在大徐本《说文解字》上批注“某同某某”“某与某同”。黄焯抽取这类内容，编成《说文同文》，并加篇首语说：“盖据章君《文始》所列，并自下己意，其于文字孳生演变之迹，具为彰显。”① 王宁指出，“《说文同文》是对《文始》的重要补充和检验”，“《说文同文》显示了季刚先生继续从《说文》中系联同源字，准备更准确地归纳字族的想法”。② 据陈建初的研究，《说文同文》经整理归纳计1194条，包括《说文》3493字，这些“‘同文’基本上就是同源字，黄先生所说的‘同’，在大多数情况下是指同源”，“在方法上，如果说《文始》主要是历时的推源，那么‘同文’则主要是共时的平面系源”。③

刘博平继承章炳麟、黄侃的音义关系学说和实践成果而有新的开拓。其《初文述谊》一书即据章炳麟初文、准初文之说而展开。他的著作和一些论文结合具体文字对音义关系进行了深入探讨、具体分析，研究有自己的特点，在理论和实践方面都有值得珍视的创获。他在音义关系研究方面的突出贡献有二：一是对音义关系方面规律性现象的揭示，二是对同源词考求方法的探索。

（一）对音义关系方面规律性现象的揭示

刘博平深入研究音义关系，发掘出这方面的一系列规律性现象。

1. 古声同纽之字义多相近说

刘博平研究音义关系，继承了黄侃的辩证精神，一方面认为文字形音义“三者之中尤以音为主”④，一方面自觉避免将音义关系绝对化。

---

① 黄侃笺识，黄焯编次：《说文笺识四种》，上海：上海古籍出版社，1983年，第3页。

② 王宁：《论〈说文〉字族研究的意义——重读章炳麟〈文始〉与黄侃〈说文同文〉》，《南京师大学报（社会科学版）》1986年第1期。

③ 陈建初：《黄侃先生所批“〈说文〉同文”初探》，《古汉语研究》1990年第2期。

④ 刘赜：《刘赜小学著作二种》，武汉：武汉大学出版社，2007年，第17页。

他具体研究古代同声母之字的音义关系，撰有《古声同纽之字义多相近说》，标题中用“多”而不用“凡”“皆”，正文中称“音同音近音转其义往往相傅”，也用的是“往往”，表述是科学的。

在《古声同纽之字义多相近说》一文中，刘博平主要考察了泥母（赅娘日两母）、明母（赅微母）两个声母字的音义关系。他认为同一声母的字会形成表义有别但意义间有关联的不同字词系列，他条列同声母字的不同字词系列，明其意义相通之脉络、意义过递之关键。他指出：

> （泥纽字）引申有相著之义，禾黍之相著者曰䵒（nì）、曰黏，（稻之黏者曰稬，鱼有黏液曰鲇。）水土之相著者曰泥、曰淖、曰涅、曰泞……手之相著者曰拏、曰拈、曰㡀（niè），意之相著者曰㤥，思之相著者曰念……相著又有近义，曰遷（rì）[1]、曰迩、曰尼、曰昵、曰内……
>
> （明母字）含末义……木上为末，又曰杪，禾之末曰秒，艸之末曰芒，麦之末曰面，又曰䴹，体之末曰尾，袖之末曰袂，女之末曰妹，末与敚小一义。敚，眇也，目之敚小曰眇，小鸟谓之鷚，小管谓之篎（miǎo），文之敚细曰㣎（mù），丝之敚细曰糸（mì）、曰缅，联敚曰绵，衣之敚小曰袜，雨之敚小曰溦、曰濛、曰溟、曰霢霂，禾之敚小曰苗、曰穖、曰穆，粟实敚小曰米……敚小引申为精敚，与美妙之义相生。味之甘者曰美，果之甘者曰某（méi），色之美者曰媄，目美曰媌，心美曰𢡱（miǎo），石之美者曰玫、曰玟、曰瑂、曰珉，画之美者曰文……[2]

---

① 遷，《说文解字》：“遷，近也。”《唐韵》“人质切”，日母质韵，折合今音为 rì。

② 刘赜（博平）：《古声同纽之字义多相近说》，《国立武汉大学文哲季刊》1931 年第二卷第二号。刘博平的《刘赜小学著作二种》及一些论文习惯用大字呈现正文，用小字呈现自己的小注，今为方便阅读和印刷排版，不再区分大字、小字，小字注外加圆括号。又，其著述中多生僻字，为方便读者，今于字后加圆括号，标注汉语拼音。但如果生僻字已在圆括号内，则所注汉语拼音不再加圆括号。

上引两段，第一段分析了泥母字的两个字词系列：一个字词系列以“相互附着”的意义贯穿，有此义的字有“黏”、“黏”、“稬”（同“糯”）、“鲇”、“昵”、“淖”、“涅”、“泞”、“拏”（后作“拿”）、“拈”、“聿”（手巧之义）、“寍”（“宁”的正字）、“念”等；相互附着就会距离近，于是泥母字又有以“近”义贯穿的字词系列，这一系列的字有“邇”“迩”“尼”“昵”“内”等。第二段分析了明母字的三个字词系列：一个字词系列以“末”义贯穿，有此义的字有“末”“杪”“秒”“芒”“面”“穖”“尾”“袂”“妹”等；“末”有“微小”的特征，于是明母字又有以“微小”义贯穿的字词系列，这一系列的字有“散”（后写作“微”）、“眇”、“鄛”、“篎”、“㲯”、（《说文》：“㲯，细文也。”）“糸”、“緬”、（《说文》：“緬，微丝也。”）“绵”、“袜”、“溦”、“濛”、“溟”、“霢霂”、“苗”、“穖”、“穆”、（《说文》：“穆，禾也。”）“米”等；“微小”可引申为“精微”“美妙”，于是明母字复有以“精微”“美妙”义贯穿的字词系列，这一系列的字有“美”、“某”（《说文》：“某，酸果也。”徐灏《段注笺》：“‘某’即今酸果‘梅’字。”）、“媄”、“媌”、“懋”、“玫”、“玟”、“瑂”、“珉”、“文”等。

刘博平对泥母字的研究，认为因发音方法“蹂舌轹腭而出”，泥母字获得“蹂轹”义；对明母字的研究，认为因发音部位“始于喉而终于唇”“又居唇音之末”，明母字获得“末”义。这显然受邹伯奇“声象乎意”之说的影响，认为发音部位、发音方法与意义有必然联系，这是不正确的。但他具体分析同声母字的音义关系，区分系列，抽取同系列字词共通的意义，特别是探求不同系列之间意义的引申变转，以声母为经，意义为纬，大范围地系联字词，揭示字词系统，确乎有超越前人的地方。王力列“黏”“昵”“尼”“迩”为同源字①，“杪”“秒”“眇”为同源字②，“末”“穖”“面”为同源字③，这些与刘博平对泥母字、明

① 王力：《同源字典》，北京：商务印书馆，1982年，第470页。

② 同上书，第226页。

③ 同上书，第501页。

母字的分析有一致之处。

2. 类象说

刘博平著述中，经常出现“类象”这一说法。“类象”指什么呢？请看刘博平的几处表述。

谈到“云”字，刘博平指出“古文云象云气上升回转之形”，然后说：

> 云之言运也（辵部“运，迻徙也”），又与囗部回（转也）对转（云隶为纽，古归匣，读如魂）。“云象云回转形”者，即兼以回音释云也。回古文作𡆠，与𠄔形亦相似，是两为类象之词。（……是在气为云，云之回转也；在水为回，渊之回转也。两相类象尤为可见。又丸部丸，圜倾侧而转者，囗部圜，天体也，曰部曰，词也，从口，乚象口气出也，亦并与云声近转而相类象。）①

这一段出现三次“类象”，刘博平的意思是：“云”有回转的特征，与表回转、可指回旋之水的“回”，还有“丸”“圜”“曰”有明显可见的类似外在表征，五字音近，音近义通。王力列“圜”“丸”为同源字。②

谈到“𣶒（渊）”，刘博平指出其为“回流”，然后说：

> 女部姻（婿家也）、㜻，籀文姻从𣶒，辵部𨗨（yuān）（行皃，乌玄切，下同），雥部䨊（yuān）（鸟群也），鼓部鼘（yuān）（鼓声也。《诗》曰：鼗鼓鼘鼘），并从𣶒声，亦取譬其类象也。（㜻从𣶒，𣶒，回也。喻女之就婿如回家然，此犹女嫁曰归，与归去同意，皆初有婚姻之世，谬以劝慰女子从夫之词也。因𣶒二字古音同隶先部影纽，但等呼有齐撮之别耳。𨗨盖象回行之皃，䨊为鸟群翔集回飞也。鼘则象伐鼓之声𣶒𣶒然回转不绝也。）③

---

① 刘赜：《刘赜小学著作二种》，武汉：武汉大学出版社，2007 年，第 31—32 页。

② 王力：《同源字典》，北京：商务印书馆，1982 年，第 510 页。

③ 刘赜：《刘赜小学著作二种》，武汉：武汉大学出版社，2007 年，第 43 页。

这一段是说，“䨜”有回旋的特征，“嬽”“䢵”“䨲”“䪃”亦皆有回旋的特征，五字有类似之象，音同义通。

谈到“仌（冰）”字，刘博平认为其“象层冰积厚重累之形”，然后说：

> 血部衃（凝血也，匹桮切），畐部畐（满也。从高省，象高厚之形。读若伏），土部塥（凷也。并芳逼切），鸟部朋（古文凤。象形。凤飞群鸟从以万数，故以为朋党字），并与仌为类象之词。①

这一段是说，“衃”“畐”“塥（凷，土块）”“朋”都有厚、多义，与“积厚重累”的“仌（冰）”的外在特征类似，五字音近，音近而义通。

以上三段话中，“类象”有时组合为“两相类象”“相类象”，有时组合为“为类象之词”，有时组合为“取譬其类象”，可见其有动词和名词两种用法。这三段话有一个共同点，都讨论的是字词之间的“类象”。

实际上，刘博平的“类象”概念还用于一个词内部各义项之间。他在《小学札记·中国语言文字音系略例》中谈到“音义同原而相生者”有五类，第三类是“事物类象之属”。在第三类下分析了几组词与词之间的“类象”现象之后，他指出：

> 譬之一字则如鸟（都了切）为长尾禽，又为牡器之称。牡器犹尾也。②

“鸟”的“禽鸟”义在《广韵》中为“都了切”，与“雄性生殖器”义读音同，今湖北不少地方的口语中这两个义项读音还是一样的。由指长尾禽鸟到指雄性生殖器，这属于外在特征方面的相似引申。刘博平将

---

① 刘赜：《刘赜小学著作二种》，武汉：武汉大学出版社，2007年，第47页。

② 同上书，第1045页。

“鸟”的两个义项之间的关系归为“类象”，可见他的“类象”概念将一个词内部义项之间的相似引申也包括在内。

综合起来看，“类象”主要用于指词与词之间的关系，也用于指一个词内部不同义项之间的关系，它指的是事物有类似的特征，在汉语命名规律和词义引申规律的作用下，指称这些事物的词与词之间义通而音同音近，构成同源关系，或一个词内部由相似引申而产生新义项。

在刘博平之前，已有“义类”和“义象”之说。

东汉刘熙《释名·序》提出了“义类”的概念：

> 夫名之于实，各有义类，百姓日称而不知其所以然之意。

《释名》是声训专著，作者著述的宗旨是用声训的方式揭示事物命名的“所以然之意”，也就是说明事物命名的根据、得名的由来，这也是词语的一种“义”，不过，它不是词语在交际过程中的“使用义”，而是体现词语音义来源的“语源义”。那么什么是刘熙所谓的“义类”呢？孙雍长认为：“所谓‘义类’，就是命名立意以指实的法则、规律。‘类’者，律也，法也（‘类’‘律’声近义同）。”① 孙雍长又说：“所谓声训的‘义类’，便是指声训所体现出来的命名依据。”② 周光庆、王一军指出：“‘义类’者，命名取义之法则也，名实结合之规约性也；推扩言之，亦为古代汉语词汇发展之一基本规律也。”③ 大致说来，由“各有义类”的“各”可知，“义类”是就具体的名实关系而言，强调取义命名各有依据、法则。

近人刘师培倡“义象”说。他说：

---

① 孙雍长：《王念孙“义类说”笺识》，《湖南师大学报（哲学社会科学版）》1985年第5期。

② 孙雍长：《训诂原理》，北京：语文出版社，1997年，第240页。

③ 周光庆、王一军：《汉语义类的形成及其哲学意蕴》，《郧阳师范高等专科学校学报》1999年第4期。

> 古人观察事物，以义象区，不以质体别。复援义象制名，故数物义象相同，命名亦同。及本语言制文字，即以名物之音为字音。故义象既同，所从之声亦同；所从之声既同，在偏旁未益以前，仅为一字，即假所从得声之字以为用。……由是而推，则古字偏旁未增，一字实该数字。①

刘师培的“义象”是与“质体”相对的概念，指的是事物能诉诸人的直觉的外在表征。他认为，古人给事物命名，着眼于事物的外在表征，而不重事物的质体区别。外在表征相同的事物，往往赋予相同的名称。如“峰”是山的顶端，“锋”是刀剑的顶端，“桻”是树木的顶端，由于共同具有“顶端”的外在表征，它们被赋予了相同的语音形式，而实际上，它们分属山、刀、木，本是完全不同质的东西。刘师培的“义象”说有两点值得关注：一是从思维特点的高度探究汉民族先民给事物命名的特点；一是不再像刘熙那样着眼于“各”，而是从宏观的角度，从整体上揭示汉民族是如何给事物命名的。

刘博平的“类象”说在刘熙和刘师培之说的基础上有发展，它着眼于更大范围的音近义通现象；更值得重视的是，在实践上，刘博平以初文、准初文为基点，系联了大量的“类象”词群，为词族的研究做出了具体贡献。

从认知的角度看，“类象”与下面将要谈到的“名事相依”属于两种不同的词语孳乳、词义发展模式，“类象”是相似孳乳、相似引申，“名事相依”是相关孳乳、相关引申。

3. 名事相依

刘博平经常谈到“名事相依”。如关于“雨”字，他说：

---

① 刘师培：《左盦集》卷四《字义起于字音说上》，《刘申叔遗书》，南京：凤凰出版社，1997年，第1239页。

又雨部“霭，雨皃。读若禹。雩，夏祭乐于赤帝以祈甘雨也”。雨与霭雩亦并名事相依。①

这是说，“霭”是下雨的样子，“雩”是求雨的祭祀，名词“雨”与形容词“霭”、动词“雩”密切相关，有滋生关系，是同源词。王力列“雨”“雩”为同源字。②“名事相依”的“事”含动作行为和性状。

又如关于“嗌”字，刘博平说：

嗌与手部搤（捉也。於革切）、糸部缢（经也）名事相依。(《汉书·扬雄传》“搤其咽”，《娄敬传》“不搤其亢”。)③

“嗌”，《说文》曰“咽也”，名词，指咽喉。“搤”，动词，义为“捉持”，《汉书》中的“搤其咽”、“不搤其亢”（“亢”义为“咽喉”），“搤”均与表咽喉的词组合。“缢”，动词，义为“勒颈而死，上吊”，也与咽喉有关。刘博平的意思是说，这三个词表示的事物与动作行为密切相关，音近，是同源词。

“名事相依”，刘博平有时也表述为“名事一本”。如关于“尗”字，他说：

尗与又部叔（拾也。从又尗声。汝南名收芋为叔）名事一本。④

“尗”指“豆”，今字作“菽”。“叔”是拾取的意思。二字《唐韵》均为“式竹切”。刘博平认为二字一为名称，一为动作行为，相互依存，本源

---

① 刘赜：《刘赜小学著作二种》，武汉：武汉大学出版社，2007 年，第 33 页。
② 王力：《同源字典》，北京：商务印书馆，1982 年，第 146 页。
③ 刘赜：《刘赜小学著作二种》，武汉：武汉大学出版社，2007 年，第 118 页。
④ 同上书，第 263 页。

一致。

又如关于“毌”字，刘博平说：

> 冠与毌名事一本。(冖部“冠，絭也，所以絭发”。《释名·释首饰》：“冠，贯也。所以贯韬发也。”)①

“毌”是动词，表示“穿物持之”。“冠”是名词，之所以叫这个名称，是因为它有贯韬头发的功能。徐灏《段注笺》：“古之冠者，以笄贯发而巾覆之，故曰所以絭发也。”刘博平的意思是，“冠”与“毌”体现出名词与动词、事物与功能有相互引申关系，本源一致。

“名事相依”，刘博平有时又表述为“名事同原”。如关于“旻”字，他说：

> 旻下引《虞书》，明与闵名事同原。②

“旻”，《说文》曰：“旻，秋天也。从日，文声。《虞书》曰：‘仁闵覆下，则称旻天。’”《释名·释天》：“秋曰旻天。旻，闵也，物就枯落，可闵伤也。”刘博平意思是说，“旻”表秋季之天空，是名词，“闵”表“悯惜”，是动词，二字上古皆属明母文部，同音，是同源词。

以上所述，皆属词与词之间的“名事相依”。实际上，刘博平的“名事相依”同他的“类象说”一样，也适用于一个词内部各义项之间，指一个词内部名词义项、形容词义项、动词义项之间的相互依存关系。他在《小学札记·中国语言文字音系略例》中谈到“音义同原而相生者”的第一类“名事相依之属”，在分析了几组词与词之间的“名事相依”现象之后，指出：

---

① 刘赜：《刘赜小学著作二种》，武汉：武汉大学出版社，2007 年，第 522 页。

② 同上书，第 516 页。

譬之一字……又如疾本病名，多起于持事急疾，其流行也迅速而人患之，因又有疾速、疾恶义。①

“疾”有指病的名词义。王国维《观堂古今文考释·毛公鼎铭考释》曰：“疑疾之本字象人亦（腋）下箸矢形。古多战事，人箸矢则疾矣。”② 刘博平认为，“疾”由疾病的名词义引申出“疾速”的形容词义和“疾恶”的动词义，这三个义项之间的关系也属于“名事相依”。

由上可见，“名事相依”“名事一本”“名事同原”是指建立在事物、形状、动作行为相关性基础上的名词、动词、形容词之间的同源关系以及一个词内部的名词义项、形容词义项、动词义项之间的引申关系，是相关孳乳、相关引申。

4. 义反同源

黄侃曾指出：

中国文字凡相类者多同音。……其相反、相对之字亦往往同一音根，有时且同一字。③

古语相反而同根者多，如多少、长短、治乱之类。④

刘博平继承黄侃之说，具体揭示了不少相反而同根的现象，有自己独到的发现。他的《小学札记·中国语言文字音系略例》所立“音义同原而相生者”的第五类即为“正反之属”，探讨的就是义反同源。

---

① 刘赜：《刘赜小学著作二种》，武汉：武汉大学出版社，2007 年，第 1043 页。

② 王国维：《观堂古今文考释·毛公鼎铭考释》，《王国维遗书》，上海：上海古籍书店，1983 年，第 91 页。

③ 黄侃述，黄焯编：《文字声韵训诂笔记》，上海：上海古籍出版社，1983 年，第 47 页。

④ 同上书，第 23 页。

他的义反同源实际上也包括两类现象：一类是词与词之间义相反而实为同源关系；一类是一个词内部有相反的义项，即黄侃所言“有时且同一字”。

刘博平论词与词之间义相反而实为同源关系的例子如：

> 部属灰（死火馀𤆅也）、日部昏（日冥也）亦并与火声转而义反。①

> （阜）又与部属附（附娄，小土山也）旁转而义反。②

> 膏，肥也，从肉，高声（古牢切。槁，木枯也。从木，高声。苦浩切。高，崇也。象台观高之形）。案膏与槁同从高声，而肥枯异训。朖，明也。从月，良声（卢党切。眼，目病也，从目，良声。力让切。良，善也。从畐省，亡声）。案朖与眼正反不嫌同词。③

第一条是说，“光明照物”的“火”与义为“死火馀烬”的“灰”、“日冥”的“昏”声转，构成反义同源关系。第二条是说，义为“无石土山”、形“象坡陀重累而上高大之形”的“阜”与义为“小土山”的“附”读音有旁转关系，义反同源。第三条是说义为“肥泽”的“膏”与义为“枯槁”的“槁”同以“高”为声符，义反同源；义为“明亮”的“朖”与义为“目病不明”的“眼”同以“良”为声符，义反同源。这三条系联了四组反义同源词，富有启发性。

刘博平就一个词内部有相反的义项论述说：

> 譬之一字，则如祥本训福，而灾亦谓之祥。仇为怨偶，亦曰好

① 刘赜：《刘赜小学著作二种》，武汉：武汉大学出版社，2007年，第49页。

② 同上书，第56页。

③ 同上书，第1194页。

仇。仳，别也，而从比声（比，密也。二人为从，反从为比）。置为废弃，又为建立。①

一个词内部有相反的义项属于传统训诂学的“反训”。关于反训，学界有不同意见。蒋绍愚将历来所举的“反训”例子分为七类，详加辨析，最后结论是：反训应该严格范围，但这种现象确实存在。② 刘博平“置为废弃，又为建立”所说的“置”，蒋绍愚列为确属反训之例。③

刘博平关于反义同源现象的一些独到的发掘成果值得我们关注。

（二）对同源词考求方法的探索

词与词之间由于音义紧密联系形成同源关系，汉语中有丰富的同源词。中国古代的同源词研究，成果丰硕。到了近现代时期，同源词研究进入新的阶段。章炳麟《文始》提出“孳乳”“变易”两大条例，黄侃在语源学理论研究和同源词系联实践方面做了大量工作，大大推进了同源词研究。④ 沈兼士分析了右文分化的六种情况，并提出归纳语根的方法⑤。

20 世纪 50 年代末、60 年代初，在继承前人研究成果的基础上，刘博平在同源词研究方面积极开拓。特别值得称道的是，他在考求同源词的方法方面有独到的建树，对我们今天研究同源词仍有重要的启示作用。下面从宏观和微观两个层面进行归纳。

---

① 刘赜：《刘赜小学著作二种》，武汉：武汉大学出版社，2007 年，第 1046 页。

② 蒋绍愚：《古汉语词汇纲要》，北京：北京大学出版社，1989 年，第 140—158 页。

③ 同上书，第 153 页。

④ 卢烈红：《黄侃的语源学理论和实践》，《武汉大学学报（哲学社会科学版）》1995 年第 6 期。

⑤ 沈兼士：《右文说在训诂学上之沿革及其推阐》，《沈兼士学术论文集》，北京：中华书局，1986 年，第 73—173 页。

1. 宏观方面

刘博平考求同源词的方法有两点值得关注：

(1) 不限形体

“右文说”对音义关系的探讨，限于有共同的声符，没有摆脱形体的局限。后来有些学者探讨字词的同源关系，也多着眼于《说文》同部范围之内。刘博平精通音韵之学和《说文》之学，继承清代学者“引申触类，不限形体”的作风，贯彻黄侃“以声音贯穿训诂”的原则，大范围地系联同源词，完全不受《说文》部的限制。他所揭示的音近义通现象有些跨部有共同构件，不少则跨部无共同构件。

如谈“日”“月”两字，他说：

> 如日满实而月亏阙，故日音与刃部刃（刀坚也）、心部忍（能也）、牛部牣（满也）、水部瀰（满也）近转。月音与歺部歺（列骨之残也。读若櫱）、木部巘（伐木馀也。五葛切。櫱，巘或从木辥声。……）相近，足部跀（断足也）、耳部聑（墮耳也）、刀部刖（绝也）、手部抈（折也。并鱼厥切）并从之得声。①

这一段，因“日”有“满实”的特征而串联“日”、“刃”、“忍”、“牣”、“瀰”（《唐韵》奴礼切）诸字，认为它们音近义通；因“月”有“亏阙”的特征而串联“月”、“歺”（《唐韵》五割切）、“巘”（《唐韵》五葛切）、“跀”、“聑”、“刖”、“抈”诸字，认为它们音近义通。前者“日”“瀰”与其他三字形体差别很大，后者“歺”“巘”与其他五字形体差别很大，刘博平将没有共同构件的字也纳入音近义通之列，体现了他超越形体的理念。

又如谈到义为“饭器”的“凵”（qū）字，刘博平说：

---

① 刘赜：《刘赜小学著作二种》，武汉：武汉大学出版社，2007年，第24页。

> 凵与匚部区（踦区，藏匿也），广部库（兵车藏也），竹部筥（籍也。居许切。籧同）、篆（饮牛筐也。方曰筐，圜曰篆），匚部匡（饭器，筥也。筐，匡或从竹）为类象之词。①

这一段是说，“凵”与“区”“库”“筥”“篆”“匡”共有盛放、藏匿的特征，音近义通。六个字，“筥”“篆”同部共有“竹”字头，其他四字相互之间及四字与“筥”“篆”之间均属跨部而无共同构件。王力列“筥”“篆”“筐（匡）”为同源字，亦将《说文》匚部的“匡”与竹部的“筥”“篆”系联在一起。②

再如谈到“古食肉器”的“豆”，刘博平说：

> 金部鋀（dòu）（酒器也。大口切），缶部𤬪（dòu）（受钱器也。大口切）、匋（瓦器也。徒刀切。又，䍃 yóu，瓦器也，以周切），匚部䢊（瓯器也。度侯切），斗部斗（十升也。象形，有柄。又斞 yǔ，量也。以主切），并与豆为类象之词。（䍃、斞古亦归定，豆亦量名。）③

这一段是说，“鋀”“𤬪”“匋”“䍃”“䢊”“斗”“斞”七字与“豆”皆为容受之器或量名，音近义通。八个字中，“𤬪”“匋”“䍃”与“斗”“斞”分别属同部，“鋀”“䢊”“豆”三字之间以及这三个字与“𤬪”“斗”两组之间均属跨部而无共同构件。

刘博平不受形体局限，一以音义关系为依归，故常能见人所未见，如上文关于“月”“歺”“㰼”（三字上古均属疑母月部）音近义通关系的揭示，令人叹服。

（2）事理类比

刘博平在探讨字词音义关系时，有时会采取类比的方式，以在事理

---

① 刘赜：《刘赜小学著作二种》，武汉：武汉大学出版社，2007年，第306页。

② 王力：《同源字典》，北京：商务印书馆，1982年，第129页。

③ 刘赜：《刘赜小学著作二种》，武汉：武汉大学出版社，2007年，第315页。

上平行的两组词类比互证，证其分别有同源滋生关系。

如关于“水”字，刘博平说：

> 心部怵（恐也。丑律切）并为水之事词（……怵古隶透纽没部，为水入声）。水与怵，犹洪（洚水也）与烘（战栗也。户工切）、浦（濒也）与悑（惶也。普故切）、濆（水厓也）与愤（懑也）、汻（水厓也。呼古切）与吁（惊也）、濒（水厓）与顰（涉水顰蹙。符真切），并为一语。①

“水”与“怵”以下共六组词，每组前一词是水或与水相关之物，后一词是恐惧、忧愤之心理状态，反映了洪荒时代人类对水的恐惧之情。每组的两个词音同音近，构成同源关系。如果孤立地说“水”与“怵”是同源词，人们可能会怀疑，可是有这六组词类比互证，辅以洪荒时代的背景，我们就会觉得六组词分别构成同源关系是可信的。

又如关于“首”字，刘博平说：

> 首与……糸部续（连也）名事相依。（……有始首即有继续，犹始与嗣、肁与绍。繇，喻纽，续，邪纽，古读透定。）②

“首”刘博平定其上古音为透纽萧部，认为表“起始”义的“首”与表“继续”义的“续”（古读透纽）有同源关系。如果孤立地这么说，人们可能不易接受，但用一“犹”字，引入“始—嗣”“肁（始开门）—绍”两组来类比，证明“起始”义与“绍继”义构成同源关系不是个别现象，这就令人易于信从了。

再如关于“巾”字，刘博平说：

---

① 刘赜：《刘赜小学著作二种》，武汉：武汉大学出版社，2007年，第35—36页。

② 同上书，第107—108页。

> 佩巾所以拭物（人部佩下云：佩必有巾，巾谓之饰），与手部撴（拭也）、言部谨（慎也）名事相依。巾与撴犹帅（佩巾也）与㕞（拭也）。①

“巾”字，《说文》释曰“佩巾也”。刘博平的意思是说，“巾”（上古见母文部）、“撴”（上古见母文部）音同，是工具与相关行为的关系，名事相依；“帅”（上古山母物部）、“㕞”（上古山母月部）音近，也是工具与相关行为的关系。两组词事理平行，可类比，证明分别构成同源词。

刘博平将事理类比这种研究方法运用得非常成功，有不少独到的发现，且使用这种方法论证，结论往往令人信服。

2. 微观方面

刘博平考求同源词的方法更有独到之处。

刘博平把《说文》中的同源关系分为五类：“兹据其书所载九千余文，分音义同原而相生者为五类，借以探语言之本，睹字例之条。一曰名事一本之属……二曰音义因承之属……三曰事物类象之属……四曰共别之属……五曰正反之属。”② 这五类同源关系，主要是基于音同音近，从意义角度总结的。但古人的词义训释，比较简洁，要发现同源词有上述五种意义联系，并不容易。刘博平提出六种方法去发现同源词的意义联系，昭示了研究同源词的门径，具有重要的理论价值和方法论意义。这六种方法是：

（1）有由其以同字为训而见者

所谓“有由其以同字为训而见者”是指《说文》中两个或两个以上的字音同音近，许慎对它们的训释中含有相同的字。例如：丕、魾，上古都属于滂母之部字。丕，《说文·一部》：“大也。”魾，《说文·鱼部》：“大鳠也。”《说文》对它们的训释都含有“大”。“丕、魾”有“名

① 刘赜：《刘赜小学著作二种》，武汉：武汉大学出版社，2007 年，第 325 页。

② 刘赜：《重订〈汉语言文字音系略例〉》，《武汉大学学报》1962 年第 1 期。

事一本”的意义联系。这样的例子很多，如“袯、粪、叁”“袓、组”“勤、觐”三组。

如果一组词语音相同或相近，我们可以在《说文》或其他文献注释中查找关于它们的训释，看是否含有相同的字，以确定它们是否同源。如：骢、繱，上古都属于清母东部字。《说文·马部》：“骢，马青白杂毛也。”《说文·糸部》：“繱，帛青色。”《说文》对它们的训释都含有“青”，“骢、繱”有“事物类象”的意义联系，为同源词。

在系联同源词时，“同字为训”这样显性的意义联系，研究者比较容易注意到，兹不赘述。

(2) 有由其以义同义近或义相函为训而见者

所谓“有由其以义同义近或义相函为训而见者”是指《说文》中两个或两个以上的字音同音近，他们的训释语有义同义近或意义相互包含的关系。例如：𤘘、踽，上古都属于溪母鱼部字。𤘘，《说文·牙部》：“齿蠹也。”踽，《说文·足部》：“疏行皃。《诗》曰：‘独行踽踽。’”“𤘘、踽”都有稀疏义，不过，“𤘘”的训释语没有直接表现有稀疏义；通过“踽，疏行皃”的提示，我们发现“𤘘”也含有稀疏义，“齿蠹则稀，疏行似之”。“𤘘、踽”有“事物类象”的意义联系。这样的例子还有“噣、咮”“葱、繱”等。

如果一组词语音相同或相近，有的词所蕴含的意义不易被觉察，我们可以联系该组词中其他词的意义来理解该词的意义，看它们是否义同义近或义相涵，以确定它们是否同源。例如：噎、鷧，上古都属于影母质部字。噎，《说文·口部》：“饭窒也。”鷧，《说文·鸟部》：“鹚也。”从《说文》的训释我们看不出“噎、鷧”有明显的意义联系。但“噎，饭窒也”就是食物塞住了喉咙，意义很明确。而“鹚”就是鸬鹚，鸬鹚又被称作“鷧”，是因为鸬鹚善潜水，捕鱼时喉下皮肤扩大成囊状，捕得鱼就置于囊内，如同鱼塞住了喉咙。“噎、鷧”意义有“事物类象”的联系，为同源词。

张永言说："词所概括的往往是对象的若干特征，而不是一个特征。"① 古人对词义的训释，往往言简意赅，有时很难发现两个词的意义相同相近或相涵。王宁等在区分词源意义和词汇意义的基础上提出义素二分法，析出核义素或者源义素作为判定同源的意义标准。② 核义素或者源义素在古代词义训释中常常并不显现。刘博平提出"有由其以义同义近或义相函为训而见者"，就是强调要注意通过其他词的意义发现该词训释语所蕴含的意义，从而发现它们的意义联系，以解决同源词的词源意义不易被发现的难题，这对同源词研究意义重大。

(3) 有须以意逆志，由微而知著者

所谓"有须以意逆志，由微而知著者"是指《说文》中两个或两个以上的字音同音近，要参照当时的社会生活、文化背景去理解它们的意义。例如：犻、抨，上古都属于滂母耕部字。犻，《说文·牛部》："牛驳如星。"抨，《说文·手部》："弹也。""抨"与"犻"在意义上有没有联系呢？弹丸之"抨"其状为"弹丸之出，其声抨然，迸射四散，有如星点"，与牛毛色之"犻"状态类似。"犻、抨"有"事物类象"的意义联系。如果我们不了解弹丸之状，就不能找出"犻、抨"之间的意义联系。这样的例子还有"祘、岁"等。

如果一组词语音相同或相近，我们要注意参照当时的社会生活、文化背景去把握它们是否有意义联系，以确定它们是否同源。例如：舆、舁，上古都属于余母鱼部字。舆，《说文·车部》："车舆也。从车舁声。"舁，《说文·舁部》："共举也。""舆、舁"意义有没有联系呢？《急就篇》"辎轺辕轴舆轮𨏥"，颜师古注："著轮曰车，无轮曰舆。"没有车轮的车就是人抬着的轿子，名词；舁，抬，动词。两者有"名事一本"的意义联系，为同源词。如果我们对古代的社会生活不了解，不能正确理解"舆"的意义，就不能发现"舆、舁"的意义联系。

---

① 张永言：《词汇学简论》，武汉：华中工学院出版社，1982年，第47页。

② 王宁、黄易青：《词源意义与词汇意义论析》，《北京师范大学学报（人文社会科学版）》2002年第4期。

现在的生活环境和上古社会生活环境差别很大，因而我们对上古有些词的意义往往不能完全正确理解。如有学者依据《说文》的训释，认为“田”的本义是农田。从人类社会发展的历史来看，是先有渔猎社会，再有农耕社会。“田”的本义应为田猎。黄易青把词源意义关系分为三种类型，其中一种就是“社会历史文化中的规定性关系”①。这也体现了参照当时的社会生活、文化背景去理解词义的重要性。

(4) 有因音义互足，由此以知彼者

所谓“有因音义互足，由此以知彼者”是指《说文》中两个或两个以上的字音同音近，它们的意义互相彰显、互为补充，可以由一词义推知另一词的意义。例如：壹、壼。壹，上古属于影母质部字；壼，上古属于影母文部字。“壹、壼”声母相同，韵部旁对转。壹，《说文·壹部》：“专壹也，从壶吉声。”壼，《说文·壶部》：“壹壼也，从凶从壶。不得泄，凶也。”“壼”从凶而有凶义，“壹”从吉声，是否有吉义呢？《左传·庄公三十二年》：“神，聪明正直而壹者也，依人而行。”孔颖达疏：“壹者，言其一心不二意也。”可见“壹”确有专一不二而好之义。“壹、壼”有“正反”的意义联系。这样的例子还有“徂、殂、祖”等。

如果一组词语音相同或相近，我们可以以意义互足为原则，查找文献用例加以证实，以确定它们是否同源。例如：粜、籴。粜，上古属于透母药部字；籴，上古属于定母药部字。两者声纽发音部位相同，舌音旁纽，韵部相同。粜，《说文·出部》：“出谷也。”籴，《说文·入部》：“市谷也。”买或卖都为“市”，因“粜”为卖出义，从而推想“籴”为买入义。《春秋·庄公二十八年》：“臧孙辰告籴于齐。”正义：“何休云：‘买谷曰籴。’告籴者，将货财告齐以买谷。”何休注说明“籴”为买入

---

① 黄易青：《上古汉语同源词意义系统研究》，北京：商务印书馆，2007年，第117页。

义。“枭、籴”意义有“正反”的联系，为同源词。

（5）有举一可反三者

所谓“有举一可反三者”是指《说文》中两个或两个以上的字音同音近，可以由已知词的意义去推知另一个或者几个不熟悉词的意义。例如：奚、豯、螇、鼷，上古都属于匣母支部。奚，《说文·大部》：“大腹也。”豯，《说文·豕部》：“生三月豚，腹豯豯皃也。”“奚、豯”都有大腹义，推想同音的“螇、鼷”亦有大腹义。我们查找文献资料，发现“螇、鼷”确有大腹义。螇，《说文·虫部》：“螇鹿，蛁蟟也。”蛁蟟，即蝉类。《盐铁论·散不足》：“诸生独不见季夏之螇乎?”张之象注：“螇，蝉之别名。”蝉确有大腹。鼷，《说文·黽部》：“水虫也。薉貉之民食之。”段注：“盖犹中国之食鼃，谓之水鸡也。”鼷，即食用蛙属，有大腹。“奚、豯、螇、鼷”有“事物类象”的意义联系。这样的例子还有“梗、鲠”“郭、椁、鞟”等。

“举一反三”，因声求义，这一点，清代大儒做得很好，他们经常运用音同音近推导义通实施训诂。例如王念孙在《广雅疏证》中就常因声求义。《释诂》卷一上：“夸，大也。”疏证：“夸者，《说文》：夸，奢也。从大，于声。《方言》：于，大也。夸、吁、芋并从于声，其义同也。”王念孙从“于”有“大”义，推导从“于”得声的“夸、吁、芋”都有“大”义。因此，如果一组词语音相同或相近，我们可以由已知的、熟悉的词的意义，推想不熟悉的词的意义，并查找文献用例加以证实，以确定它们是否同源。

刘博平强调要“举一反三”，就是要继承和发扬清儒因声求义的方法。不仅如此，刘博平还进一步发展了清儒因声求义系联同源词的方法。这表现在两个方面。

一是刘博平用已知的一组同源关系，类比推导另一组音同音近、事理上平行的词也具有同源关系。刘博平说：“尗与叔名事一语，推之艸部荅（小尗也）与手部拾（掇也）亦然，即艸部菌（蕈也）与手部攟

（拾也）亦莫不然。”① “尗、叔”上古都属于书母觉部字。尗，《说文·尗部》：“豆也。”叔，《说文·又部》：“拾也。从又尗声。汝南名收芋为叔。”“叔”的对象就是尗豆，“尗、叔”有“名事一本”的意义联系。刘博平由此推导语音相近、事理上也为拾取与拾取对象关系的“拾”和“荅”也具有“名事一本”的意义联系，为同源词。荅，端母缉部；拾，禅母缉部。两者声母准旁纽，韵部相同。荅，《说文·艸部》：“小尗也。”拾，《说文·手部》：“掇也。”“拾”的对象为小豆，“拾、荅”确有“名事一本”的联系，为同源词。这种根据事理平行推导同源关系的方法是我们前面论述过的“事理类比”。这样的例子很多，如根据“合、盒”同源，类比推导“拢、笼”以及“搂、篓”也具有同源关系等。

二是刘博平发现：“其义同义近而音异者，又多两两相丽而不跻行，往往有一于此者亦有一于彼与之相当相应，以见其义之各有所传。……砻谷米之具曰䃺（石硙也），亦曰硙（䃺也），而䃺之事曰摩（研也），硙之事曰剀（摩也），䃺与硙、摩与剀并义同语异，而䃺与摩、硙与剀则音义两两相丽，明䃺则摩之、硙则剀之，名事各有所传也。”② 名词“䃺、硙”都为石磨义。“䃺、硙”都发展出动词研摩义，分别用“摩、剀”表示。“䃺、摩”上古属于明纽歌部字，有“名事一本”的意义联系，为同源词；“硙、剀”上古属于疑纽微部字，也有“名事一本”的意义联系，也为同源词。“硙、剀”的关系与“䃺、摩”的关系“相应相当”。

后来的学者把这种现象称之为同步引申。1987 年，许嘉璐发表《论同步引申》一文，从六个方面对同步引申进行了分析和总结。③ 刘博平涉及的这种同步引申是一组同义词词义分别引申，两者引申义相同，且字形都发生分化，分别与源词构成意义联系方式相同的两组同源词。

①② 刘赜：《重订〈汉语言文字音系略例〉》，《武汉大学学报》1962 年第 1 期。

③ 许嘉璐：《论同步引申》，《中国语文》1987 年第 1 期。

这样的例子也不少，如同义词“牵、引”同步引申出名词绳子义的“纤、纼”等。

刘博平“举一反三”，发现词的意义联系，类推同源关系，揭示了同源关系中的事理平行现象和词义引申中的同步引申，对同源词研究具有重要意义。

（6）有由“读如”“读若”而见者

所谓“有由‘读如’‘读若’而见者”是指《说文》中有的字许慎用“读如”“读若”给它们注音，所注的拟音字与被注字在意义上也有相通之处。例如：膭、畿。膭，上古属于见母微部字；畿，上古属于群母微部字。两者声母发音部位相同，牙音旁纽，韵部相同。膭，《说文·肉部》：“颊肉也，读若畿。”畿，《说文·田部》：“天子千里地，以远近言之则言畿也。”畿，离京都近，为京都之畿辅。膭，为颊肉，膭下为人之辅车。“膭、畿”有“事物类象”的意义联系。这样的例子还有“亼、集”等。

对于“读如”“读若”的含义和用法，学者们有不同意见。段玉裁说：“凡言读若者，皆拟其音也。凡传注言读为者，皆易其字也。注经必兼兹二者，故有读为，有读若。读为亦言读曰，读若亦言读如。字书但言其本字本音，故有读若，无读为也。”① “拟其音曰读，凡言读如、读若皆是也。易其字以释其义曰读，凡言读为、读曰、当为皆是也。”② 段玉裁认为“读如”“读若”只是拟其音，“读为”“读曰”是“易其字”，通其义。

刘博平用实例详细分析了“读如”“读若”注音字与被注字的意义联系，认为“读如”“读若”不仅拟其音，而且通其义。这一观点得到了后来学者的认同。陆宗达在《说文解字通论》中指出：“段玉裁依据汉人注经体例，认为《说文》中的‘读若’，只是单纯的比拟音读。当

① （清）段玉裁：《说文解字注》，上海：上海古籍出版社，1988年，第6页。

② 同上书，第90页。

时钱大昕已斥其非，指出《说文》中的‘读若’‘读与某同’包含着古代文献的假借体例，‘不特寓其音，即可通其字’。其后王筠、俞樾、张行孚等人更详细地分析了全书的读若体例，认为只有少数是专拟音读的，其绝大多数的‘读若’则不仅注音而且也解释了古代文献上的文字、训诂问题。钱大昕等人的说法是可信的。”① 罗正坚在《汉语词义引申导论》也讨论了“读如”“读若”有表示同源通假及注古今字的作用。②

如果一组词语音相同或相近，我们可以利用《说文》及经师注释中“读如”“读若”，探求“读如”“读若”注音字与被注字间是否有意义联系，以确定它们是否同源。例如：赉、来，上古都属于来母之部字。《诗经·商颂·烈祖》：“既载清酤，赉我思成。”郑笺：“赉读如往来之来。”赉，《说文·贝部》：“赐也。从贝来声。《周书》曰：‘赉尒秬鬯。’”来，往来。《尚书·武成》：“王来自商。”“赐也”谓财、物等到来。“赉、来”有“事物类象”的意义联系，为同源词。

上文我们对刘博平考求同源词意义联系的六种方法进行了介绍。从我们的举例和分析可见，刘博平提出的六种方法是切实可行的。他提出考求同源词意义联系的六种方法，在同源词研究历史上具有开创性。其理论也涉及词汇研究中的众多问题，如：词的意义与古代社会生活、同源关系中的事理平行、词义的同步引申、术语“读如”和“读若”的含义和用法等。这些问题都是词汇研究的重点和难点。

虽然同源词研究历史悠久，但关于同源词的理论研究相对欠缺。在20世纪60年代，无论是对词汇内部规律的探索还是对词汇研究方法的总结，都比较少。刘博平系统地讨论了考求同源词意义联系的方法，他的研究既有对传统的继承和利用，也有新的开拓，向我们展示了如何在

---

① 陆宗达：《说文解字通论》，北京：北京出版社，1981年，第41页。

② 罗正坚：《汉语词义引申导论》，南京：南京大学出版社，1996年，第208—209页。

传统训诂学基础上进行现代意义的汉语同源词研究。他的研究方法对当下的词汇研究依然具有指导意义。

当然，刘博平关于音义关系的探讨也不可避免地存在不足之处。

他所认定的“名事相依”关系并非都能成立，有些显系牵强附会。如：

> 齿与疒部痴（不慧也），心部恥（辱也）、忒（更也。他得切），力部饬（致坚也。从人从力食声。又攴部敕，诫也。臿地曰敕，恥力切），食部食（一米也。或曰亼皀）名事相依。（齿部新附龄，年也。从令声。案《释诂》：令，善也。若年齿增长而痴騃不进，是可恥也。）①

这一段是说“齿”“痴”“恥”“忒”“饬”“敕”“食”七个字有名事相依关系。就认定前三个字具有这种关系，刘博平还特别申明理由，说如果年齿增长还愚痴没有进步，这就“可恥”。我们实在看不出这七个字之间意义有什么必然联系，尤其难以理解年龄增长依然愚痴为什么就“可恥”。

刘博平对单个字音义的分析有些也存在问题。如他对“奔”字的分析采用《说文》“从夭，贲省声”的说法，认为：

> 贲从卉声（艸部“卉，艸之总名也”），即《汤诰》所谓“贲若草木”也。洪荒之世艸木贲若生于高平之地，是为人迹奔趋之所，故奔取譬贲省声。②

这是把“奔”的下面认作“贲”省声，且认为“贲”兼义，表草木繁盛

① 刘赜：《刘赜小学著作二种》，武汉：武汉大学出版社，2007 年，第 598 页。

② 同上书，第 982 页。

的高平之地。实际上，“奔”字金文作（大盂鼎，《殷周金文集成》2837）、（效卣，《殷周金文集成》5433）。第一个字形上部是扬臂奔跑的人，下面是三个“止”，象步伐的急骤，字的本义是奔跑。容庚在《金文编》中说“从夭，从三止，奔之意也”①。后一个字形下部讹变为三个“中”，小篆作。郭沫若在《金文丛考》中说：“三止讹变而为芔，《说文》遂谓奔从卉声矣。”② 楷书作“奔”，继承的是这个讹变的字形。刘氏对“奔”字的论述未利用古文字材料，仅据小篆已讹变的字形从社会背景立说，误甚。

二、以初文与准初文为出发点和核心，展开形义关系研究

章太炎在《文始》一书中创“初文”③ 之说，把独体象形字和独体指事字称为“初文”，把省体、变体和合体象形指事之字以及声具而形残者、同体复重者称为“准初文”，共确定初文、准初文 510 个。刘博平继承章太炎之说，他在《初文述谊·凡例》中说：“凡《说文解字》所载独体象形指事之文名为初文，合体及变体省体象形指事之文名为准初文。”④ 他从《说文解字》中提取初文、准初文共 423 个，将初文分为“独体象形文”“独体指事文”二小类，准初文分为“合体象形文”“合体指事文”“变体象形文”“变体指事文”“省体象形文”“省体指事文”六小类⑤。请看表 7-1：

---

① 容庚编著，张振林、马国权摹补：《金文编》，北京：中华书局，1985 年，第 701 页。

② 郭沫若：《金文丛考》，北京：人民出版社，1954 年，第 302—309 页。

③ 另有一种“初文”概念，与“区别字”相对，指表示同一个词的古今不同写法中最早的写法。

④ 刘赜：《刘赜小学著作二种》，武汉：武汉大学出版社，2007 年，第 1 页。

⑤ 同上书，第 9—16 页。

表 7-1　章太炎与刘博平初文、准初文分类对比表

<table>
<tr><th rowspan="2">类别</th><th colspan="2">学者</th></tr>
<tr><th>章太炎</th><th>刘博平</th></tr>
<tr><td rowspan="2">初文</td><td>纯象形字</td><td>独体象形文</td></tr>
<tr><td>纯指事字</td><td>独体指事文</td></tr>
<tr><td rowspan="6">准初文</td><td>初文之省体、初文之变体</td><td>合体象形文</td></tr>
<tr><td>合体象形字、合体指事字</td><td>合体指事文</td></tr>
<tr><td>声具而形残之形声字</td><td>变体象形文</td></tr>
<tr><td>同体复重字</td><td>变体指事文</td></tr>
<tr><td></td><td>省体象形文</td></tr>
<tr><td></td><td>省体指事文</td></tr>
</table>

刘博平的分类实际上是将章太炎的合体、变体、省体各分为二，而去除了“声具而形残之形声字”“同体复重字”。刘博平的分类较章太炎有值得肯定的改进。诚如张虹倩所言，章太炎“同体复重字”“声具而形残之形声字”这两小类都难以成立：“声具而形残之形声字”一类实际只有两个字，这两个字，“‘氏’字实为合体指事”，“‘内’字实为纯象形”；“同体复重字”一类“实际包括‘二’‘三’‘亖’等纯指事字，‘晶’‘蟲’‘所’等纯象形字以及同体会意字如‘北’‘収’‘艸’‘茻’‘舙’等”。① 这些字里面，“同体会意字”自然不属于初文、准初文的范围，其他的字宜分别划归“合体指事字”“纯象形字”“纯指事字”。

刘博平深刻认识到初文、准初文“此二者为所有汉字构成之基本点画，亦即一切文字音义孳生之本原”②，他以初文与准初文为出发点和核心，展开形义关系研究，多有建树。

---

① 张虹倩：《章太炎〈文始〉“初文”“准初文”若干问题研究》，《古汉语研究》2020 年第 2 期。

② 刘赜：《刘赜小学著作二种》，武汉：武汉大学出版社，2007 年，第 1 页。

（一）以初文与准初文为出发点和核心，构建汉字字群

在构建汉字字群时，刘博平注重以下三个维度。

1. 以初文或准初文为共同构件形成的字群

（1）并从某声得义

一组字，以某初文（准初文）为共同构件，在语义上有共同点，“并从某声得义”，这样就形成在音、义、形三方面均有联系的字群。例如：

> 言部训，页部顺，马部驯，车部輴（chūn），辵（chuò）部巡，糸（mì）部紃（xún）并从川声，兼贯穿通流义。①

这是以初文“川”为出发点系联的字群。“川”《说文》释为“贯穿通流水”。“训”，《说文》释为“说教也”，段注：“说教者，说释而教之，必顺其理。引申之，凡顺皆曰训。”“顺”有理顺、顺从之义。“驯”是马顺服。“輴”是车上用以捆绑格栏的带子，带子有“引长之象”。“巡”是长行的样子。“紃”是用彩色丝线编织成的圆形细带，今天俗称“滚条”，可以镶衣、枕等物之边。这七个字有共同的构件“川”，声音有关联，语义上有通流、引长、顺畅、顺从这些相衍生的意义，音义兼通。

又如：

> 女部媚（说也），木部楣（秦名屋櫋联也），水部湄（水草交为湄），邑部郿（右扶风县），玉部瑂（石之似玉者，读若眉）并从

① 刘賾：《刘賾小学著作二种》，武汉：武汉大学出版社，2007年，第41页。

眉声。①

这是以准初文“眉”为出发点系联的字群：眉、媚、楣、湄、郿、瑂。“眉”，《说文》称其为“目上毛也”，它有两个特点：一是横在目上，一是美观。刘博平实际上将这里从“眉”声的五个字分成了两组。“楣”指房屋的横梁。“湄”是水和草相接的岸边，刘博平引《释名·释水》曰：“湄，眉也。临水如眉临目。”“郿”是县名，刘博平说：“郿县故城在汧渭之间，见《〈史记·封禅书〉正义》。其从眉声，犹从湄省声。”②这是说，郿县是因在汧水、渭水之湄而得名。“楣、湄、郿”三字为一组，着眼于位置、形状与“眉”类似而从“眉”声。“瑂”，刘博平认为《说文》称其“读若眉”，是“明其兼义也”，“盖眉生目上美观，与美为一语，故媚瑂从之。瑂亦石之美者”。③这是说，“媚、瑂”二字为一组，是因为与“眉”同有美观义而从“眉”声。刘博平对这一字群的分析是很有见地的，王力的《同源字典》也将“眉、楣、湄”系联为同源字。④

（2）名事相依

“名事相依”指表示名称的字词与表示动作行为和性状的字词密切相关，有同源滋生关系。刘博平有时又称其为“名事一本”“名事同原”。这种字群大部分有共同构件。例如：

部属陛（bī），与非名事相依。⑤

刘博平将“非”列为准初文，称其构形是“鸟飞左右两翅相背”，故能表示“两相违背之意”。“陛”《说文》的解释是：“牢也。所以拘非也。

①②③　刘赜：《刘赜小学著作二种》，武汉：武汉大学出版社，2007年，第595页。

④　王力：《同源字典》，北京：商务印书馆，1982年，第428页。

⑤　刘赜：《刘赜小学著作二种》，武汉：武汉大学出版社，2007年，第961页。

从非，陛省声。”“陛”是牢狱，是拘禁为非作歹之人的地方，字形里有“非”。“陛”是“名”，“非”是“事”，二字音义皆有联系。

(3) 旁转义近

“旁转义近”指语音有旁转关系，语义相近，有亲缘关系。例如：

> 部属幼，丝（yōu）部丝、幽，并与幺旁转而义近。①

这是初文“幺”下的一条。“幺”是“小”的意思，字形为“子初生之形”。“幼”是幼小。“丝”《说文》释为“微也，从二幺”。“幽”是幽暗。四字有共同构件，语音旁转，在语义上有共同点。

2. 没有共同构件，仅以音义关系联系的字群

(1) 名事相依

没有共同构件的字群，也可形成名称和动作行为或性状的音义关联，亦即“名事相依”。例如：

> 州与周中名事相依。（州中语转，中与周音义相待而成，不能偏废。如有中央则有四旁。故冂 jiōng 部央下云：“央旁同意。”）②

这里系联了“州”“周”“中”三字。“州”是水中可居住的陆地，居于“中”，其“周”有水流周绕。有中央就必有四周，故“州”“周”“中”三字虽无共同构件，但音义兼通。又如：

> 案户与言部护（救视也）、心部怙（恃也）、亏（yú）部亏（于也。象气之舒亏）、兮部乎（语之余也。从兮，象声上越扬之形也）

① 刘赜：《刘赜小学著作二种》，武汉：武汉大学出版社，2007 年，第 85—86 页。

② 同上书，第 61 页。

名事相依。[1]

这里系联了“户”“护”“怙”“亏”“乎”五字。这五字无共同构件（“护”繁体作“護”），前三字为实词，后二字为虚词。“户”是单扇的门，门有防护作用，故与“护”音义有联系；门户有防护作用，可以依恃，故又与“怙”音义有联系；“亏”“乎”都是气舒扬的语气词，而房屋有门户，其功能之一就是气之舒扬，故“户”与“亏”“乎”也有音义联系。五个字构成音义均有关联的字群。

（2）类象

“类象”指事物有类似的特征，指称这些事物的词与词之间义通而音同音近，构成同源关系，或一个词内部由相似引申而产生新义项。这种情况的字群有的没有共同构件。例如：

山部岛（海中往往有山可依止曰岛），土部壔（dǎo）（保也，高土也，都皓切），舟部舟（船也）并与州为类象之词。[2]

这里系联了“岛”“壔”“舟”“州”四字。“壔”是土堡或高出地面的土堆，“岛”“舟”“州”都是高出水面的物体，四字没有共同的构件，但所表示的物体有共同点，上古读音按黄侃的系统都是端纽萧部，音义兼通。

又如：

瓠部瓢（蠡也）、包部匏（páo）（瓠也，从包，夸声，包取其可包藏物也）并与缶为类象之词。[3]

---

① 刘赜：《刘赜小学著作二种》，武汉：武汉大学出版社，2007年，第344页。

② 同上书，第63页。

③ 同上书，第310页。

这里系联了“瓢”“匏”“缶”三字。《说文》：“缶，瓦器，所以盛酒浆。秦人鼓之以节歌。象形。”甲骨文“缶”字作[illegible]，象器皿之形，上象盖子。“缶”上古音属于帮母幽部，“瓢”上古音属于並母宵部，“匏”上古音属于並母幽部。[1] 三个字的读音非常接近，並母双声或帮並旁纽，幽部叠韵或宵幽旁转。三个字都可表容器，缶、匏用来“盛酒浆”，瓢用来舀酒浆，也可盛酒浆。虽然三个字无共同构件，但音近义通，属于同源词。王力的《同源字典》也将“匏、瓢”系联为同源字。[2]

（3）义反而相成

“义反而相成”是指字与字之间意义相反，但语音有联系，构成有亲缘关系的字群。例如：

> 舛（chuǎn）部舛，𠫓（tū）部𠫓，并与川一语，义反而相成。[3]

“舛”是违背、不顺，“𠫓”《说文》释为“不顺忽出也”，“川”是“贯穿通流水”。前二字与“川”语义相反，但在读音上有联系，同样有亲缘关系。

又如：

> 左部差，与齐旁转而义反。[4]

“差”是不齐整，与初文“齐”义相反，但语音属于“旁转”，所以二字音义均有联系。

---

① 郭锡良编著：《汉字古音手册》增订本，北京：商务印书馆，2010 年，第 284、271、253 页。

② 王力：《同源字典》，北京：商务印书馆，1982 年，第 245 页。

③ 刘赜：《刘赜小学著作二种》，武汉：武汉大学出版社，2007 年，第 41 页。

④ 同上书，第 290 页。

3. 混合字群

混合字群指的是音义有关联的字群里既有构件相同的字，也有构件不同的字。例如：

> （瓜）瓠（hù）部瓠……艹部莒（jǔ），竹部簴（jǔ），壶部壶，壴（zhù）部鼓，木部果，禾部稼，甾（zī）部𦉼（lú），吕部吕，并与瓜形圜（yuán）为类象之词。①

“瓜”，刘博平列为初文。这是“瓜”字下刘博平系联的一个字群。“瓜”总体上说具有圆形的特征。“瓠”，《说文》以“匏”释之，即匏瓜，是瓜的一种。“莒”，《说文》曰：“齐谓芋为莒。”芋头是圆形或椭圆形的。“簴”是喂牛的圆筐，《说文》曰：“方曰筐，圜曰簴。”“壶”，《说文》称它又名“昆吾”，“圜器也”。“鼓”和“果”一般都是圆形。“稼”，《说文》曰：“禾之秀实为稼，茎节为禾。”粟（小米）这一类农作物的果实多半是圆的。“𦉼”是小口的盛食物的陶器，应该也是圆形或椭圆形的。“吕”是脊椎骨，圆柱状。这一字群中，“瓠”与“瓜”有共同的构件“瓜”，其他字皆无“瓜”构件，“莒”与“吕”有共同构件“吕”，所以属于混合字群。字群里各字语音均相近，表示的体物均有“形圜”的特征，有亲缘关系。

又如：

> 阜部陊（duò）、阤（zhì）、队，目部睡，隹部䧳（shuì），金部锤（chuí），肉部脪（duò），髟（biāo）部鬊（chuí），心部惰，并与𠂢为类象之词。②

① 刘赜：《刘赜小学著作二种》，武汉：武汉大学出版社，2007年，第268页。

② 同上书，第278页。

这一条是以初文“𠂹”（即“垂”）出发系联的字群。“陊”有坠落义。“阤”是崩落，《说文》注：“大曰崩，小曰阤。”“队”是从高处落下。“睡”是坐着打瞌睡，段玉裁认为，这里的“垂”既表读音，也表意义，因为人坐着打瞌睡时眼皮会垂下来，因此这个字是个会意兼形声字。雗是鹞鹰，刘博平指出，《庄子·秋水》称鹞鹰“夜撮蚤察毫末，昼出瞑目而不见丘山”，“盖雗者昼出瞑目如睡也”。这样，“雗”就与“睡”联系起来了。“锤”本为重量单位，又有秤砣、锤子之义。“隋”俗写作“堕”。“鬌”《说文》释为“发隋”，即毛发脱落。“憜”《说文》释为“不敬也”，是松弛不谨敬的心理状态，与物体下落相通。这一字群，“陊、阤、队”有共同的构件“阝”，“𠂹、睡、雗、锤”有共同的构件“垂”，“隋、鬌、憜”有共同的构件“隋”（“鬌”字，《说文》认为是“从髟，隋省”），而三组之间无共同构件，但整个字群里的所有字均有下落、下垂的特征，语音又都有关联，因此音义兼通。

再如：

> 部属灰，日部昏，亦并与火声转而义反。①

这是初文“火”字下的一条。“灰”“昏”“火”三字，“灰”“火”有共同构件，“昏”则与“灰”“火”没有共同构件。“灰”是“死火余烬”，“昏”是黄昏，二字皆涉昏暗不明，与“火”的“光明照物”义相反，但读音属于“声转”，三字有亲缘关系。

有的初文、准初文字头下，兼有以上三个维度的分析。

刘博平在这方面的研究有两个特点。

一是以初文、准初文为出发点和核心系联的范围非常广，在《说文》中大范围跨部，充分展现了汉字相互之间的关系和系统性。

---

① 刘赜：《刘赜小学著作二种》，武汉：武汉大学出版社，2007年，第49页。

二是这样的系联以音义关系为纽带，是一个以音义为内在关联的多维网络。

刘博平对形义关系的研究之所以具有以上两个特点，与他撰有《说文古音谱》有关。该书以黄侃古本韵二十八部、古本声十九类为框架，将《说文》9000多个字散于其中，“并依篆具载许君说解”，“以声音系联形义为方法”①，这样就以表格的形式，构成9000多个字形、音、义的综合网络，展现了形音义的条理、系统。诚如黄焯为刘博平《简园日记存钞》题词所言：“博平准其部类，散《说文》九千文分列为表，置之几案，寻绎不去手，于以比合谊类，推彼见此，久之于文字衍变，尽得其统纪。而于许君立解，有说一字而兼明他义者，得互通其消息。又以证知语言文字之音义，多两两相丽而不踦行。而前儒徒就一字音训，以双声叠韵为说者，其不足以尽许书之奥蕴也。”② 刘博平的训诂研究与《说文古音谱》相得益彰，因为能“尽许书之奥蕴”，所以尽得文字形音义的“统纪”，属于字族（词族）的研究。

（二）对形声字的形义关系进行了细致而独到的挖掘

刘博平有多篇专门论述形声字之作，收入《小学札记》中的有《一字两义之形声相益》《形声字》《再说形声字》《说文形声释例》。他对形声字的形义关系做了深入的研究，有独到的见解。

1. 一字两义之形声相益

刘博平在《一字两义之形声相益》中指出：

> 一字如兼引申两义，有即以其两义之形或声比合为之以见意，

---

① 刘赜：《〈说文古音谱〉序》，《说文古音谱》，北京：中华书局，2013年，第2页。

② 黄焯：《简园日记存钞》题词，李德龙、俞冰主编《历代日记丛钞》第200册，北京：学苑出版社，2006年，第355—356页。

不必更造一字者。①

这是说，形声字的形和声可以分别作为主要起作用者，生发出两个意义，而这两个意义之间有联系，形和声在两个意义上互换主从地位，形成主从配合关系，即“相益”。刘博平举的例子有“亶（dǎn）”：

亶为多谷，故从㐭（lǐn）；又训信训诚，故从旦声。②

“亶”，《说文》：“多谷也。从㐭，旦声。”段注：“亶之本义为多谷，故其字从㐭。引申之义为厚也，信也，诚也。”刘博平的意思是说，“亶”有多谷的意义，这是从形符“㐭”生发出来的，因为“㐭”就是粮仓，其字后来写作“廪”，这时声符“旦”起次要的配合作用。“亶”又有“信”“诚”的意义，这是从声符“旦”生发出来的。刘博平在《初文述谊》“凵（qū）”字条下说：“又㐭部‘亶，多谷也。从㐭旦声。’案，旦，明也。谷多成㐭，无可隐藏，为人所明晓，故亶又训信训诚。”③这是说，“亶”的“信”“诚”义来源于声符“旦”的“明亮可见”义，这时形符“㐭”起次要的配合作用，因为谷多成仓，人人所明见，故真实可信。

刘博平还举了“盛”字和“隐”字：

盛为粢（zī）□在器中，故从皿；粢盛贵丰备，又为丰盛，故从成声。④

① 刘赜：《刘赜小学著作二种》，武汉：武汉大学出版社，2007年，第973页。
② 同上书，第975页。
③ 同上书，第307页。
④ 同上书，第975页。

隐为隐蔽，故从阜；隐蔽则安，又为安隐（俗字作稳），故从㥯（yǐn）声（㥯，谨也）。①

这是说，“盛”是“黍稷在器中以祀者也”，本义是盛载，这个意义主要由形符“皿”生发；“盛”又有丰盛义，这个意义主要由声符“成”生发。“隐”的本义是隐蔽，这个意义主要由形符“阜”生发，因为“阜”是高高的土山，山高则可隐蔽；又有安稳义，这个意义主要由声符“㥯”生发，因为“㥯”是“谨慎”的意思，与安稳义通。

由上可见，刘博平的“一字两义之形声相益”实际上说的是声符兼义。不过，刘博平认为，形声字的有引申关系的义项，或主要由形符生发，或主要由声符生发，形符和声符主从换位配合。这种观察是独到的，见解很有启发性。

2. 声符兼义

刘博平对声符兼义现象进行了非常细致的研究，系统化，条理化，细化、深化了对这一问题的研究。他把声母兼义的主要类别归纳为：

（1）名事一本

这里的“名事一本”是说，形声字与其声符所表达的概念是名称与相关的动作行为、状态的关系。比如，“理”字本义是对玉石进行加工，所以左边的形符是“玉”，那右边的声符“里”是否兼义呢？刘博平指出：

理，治玉也。从玉、里声。案古以二十五家为里，乃人民居处基层区域之名，官吏所以为治理之本也。（吏下云：“治人者也。”吏与理名事相依。……）故理从里声得义。②

---

① 刘赜：《刘赜小学著作二种》，武汉：武汉大学出版社，2007年，第976页。

② 同上书，第1179页。

刘博平认为，“里”是人民居处的基层组织，是官吏实施治理的基本单位，因此，“里”这个“名”和“治理”这个“事”就形成紧密的“名事一本”类型的联系，而采用完全相同的语音形式。当要表达“治玉”的概念时，语音上就采用了“里”这个语音形式，造字时就用“玉”体现这种治理具体指哪个方面。“吏”是治理人的人，“吏”与“理”也是“名事相依”，亦即“名事一本”的关系。“理”“里”“吏”上古同属来母之部①，“吏”“理”的关系可为“理”“里”之间的关系提供佐证。也许有人会说，“理”这个字的本义是“治玉”，泛指一般的治理是其引申用法，不能据引申义来推究字的构形理据。从文字学的角度说，这种说法是正确的。但若要理解刘博平的观点，则要严格区分语言和文字，透彻领悟语言先于文字的观念，不可执于文字。语言以声音为物质形式，未有文字之前，语言以音达义，在新词创造和旧词分化的过程中，词与词的音义会形成血缘关系，至于怎样以字形结构体现词义，那是后来文字创造时的事，因此在系联词与词之间的音义关系时，有时不要受文字的干扰。具体到“理”与“里”，从语言角度说，由官吏治理的基层单位“里”形成“治理”概念，二者用相同的语音形式表达，用到“治玉”方面，还是用这个语音形式表达。在未有文字之前，就只表现为同一个语音表达形式。及其创造文字，“治玉”加“玉”旁。要言之，在文字里，才有“玉”旁；在语言里，其实只是同一的语音形式。

（2）音义因承

这里的“音义因承”是说，形声字与其声符所表达的概念有行为主体与行为目标、原因与结果这样一类的相承关系。比如“靈”字，异体作“靈”，简体作“灵”，本义指巫，连言称“灵巫”。形符为“玉”，是因为巫常用玉奉事神明。那声符“霝”兼表义吗？刘博平指出：

① 郭锡良编著：《汉字古音手册》增订本，北京：商务印书馆，2010年，第132页。

> 靈，靈巫。以玉事神。从玉，霝声。靈，靈或从巫。（霝，雨零也。从雨、㗊，象零形。《诗》曰：霝雨其濛。并郎丁切。）案古者迷信，灵巫祷解，恒有事于霝雨以为占验。（如《春官·司巫》："若国大旱，则帅巫而舞雩。"又《女巫》："旱暵则舞雩。"是其事也。）灵巫之所以为灵，盖无逾于旱暵祈祷雨之霝零，故靈从霝声。①

"霝"甲骨文作，金文作，本义指下雨。"雩"是古代祈雨的祭祀仪式，需要奏乐跳舞以娱神，所以有"舞雩"之称。刘博平认为，义为"巫"的"靈""靈"之所以用"霝"作声符，是因为巫的一个非常重要的职责是在大旱时祈祷求雨，《周礼》关于司巫、女巫职务的介绍有力地证明了这一点。"靈"是行为主体，"霝"是行为主体实施行为要达到的目标，二字所指是行为主体与行为主体实施行为要达到的目标这样的关系，"霝"兼表义。刘博平关于"靈"字声符"霝"兼义的分析确实有独到之见。

又如"燥"字，《说文》曰："燥，干也。从火，喿声。""燥"本义是干燥，所以形符是"火"。那右边的声符"喿"兼表义吗？刘博平指出：

> 燥，干也。从火，喿声。（喿，鸟群鸣也，从品在木上。并稣到切。）案天气晴燥之晨则鸟群鸣喿。古人与鸟兽同处，习以为验，闻鸟喿而知晴燥，燥因从喿声。②

刘博平认为，"燥"之所以从"喿"声，是因为天气晴燥之晨则鸟群鸣喿，"燥"是因，"喿"是果，二字所指有因果关系，"喿"兼表义。这一解释令人耳目一新。

---

①② 刘赜：《刘赜小学著作二种》，武汉：武汉大学出版社，2007年，第1180页。

（3）事物类象

这里的“事物类象”是说，形声字与其声符所代表的事物有类似的特征，二者音同音近而义通，有亲缘关系。比如“幡”与“番”的关系，刘博平指出：

> 幡，书儿拭觚布也。从巾，番声。（甫烦切。番，兽足谓之番。从釆 biàn，田象其掌。附袁切。）案仓颉见鸟兽蹄迒之迹，知分理之可相别异也，初造书契。（《说文序》）是番迹有文书之象，而其迹在地又旋见旋灭，故书儿拭觚布曰幡，从番声以取象焉。（书儿拭觚布，如今学校教室中拭粉板之物。）①

“幡”是一种抹布，“觚”是木简，古人用这种木简学习写字或记事。《急就篇》卷一曰：“急就奇觚与众异。”颜师古注：“觚者，学书之牍，或以记事，削木为之，盖简之属也……其形或六面，或八面，皆可书。觚者，棱也，以有棱角，故谓之觚。”儿童用觚学习写字，如徐锴《说文解字系传》所言：“于其上学书已，以布拭之。”这种用来擦去字迹的抹布就叫“幡”，其功用如同“今学校教室中拭粉板之物”。“番”的本义是兽指爪，徐灏《段注笺》：“釆、番，古今字，番、蹯，亦古今字。”“釆”甲骨文写作，象兽爪之形。王筠《说文释例》卷十：“釆字当以兽爪为正义，辨别为引申义，以其象形知之。”“番”字上面是“釆”，下面的“田”是鸟兽所踩的田地或脚印。“蹯”是在“番”字左边加注形符“足”强化其“兽足”之义。刘博平认为，“幡”以“番”为声符，“番”同时表义，“幡”“番”有可诉诸人的直觉的类似特征。这就是，“番迹有文书之象”，由兽迹纹理的分别作用启发了文字的创造，而“幡”是学习写字时用于擦拭的抹布，二者都和文字有关，由此发生了联系。刘博平的这一分析，很有穿透力。

---

① 刘赜：《刘赜小学著作二种》，武汉：武汉大学出版社，2007 年，第 1182 页。

(4) 共别

这里的“共别”是说，形声字与其声符所代表的事物具有属种关系。一般说来，声符字是属概念或称上位概念，形声字是种概念或称下位概念。比如“言”与“唁”的关系，刘博平指出：

> 唁，吊生也。从口，言声。《诗》曰：“归唁卫侯。”……案祝祷庆贺之词不嫌重复增饰。……若吊唁问终则直言无文耳，故从言声。凡直言曰言，唁其别也。①

甲骨文和金文“言”都是在“舌”上加指事符号“一”表示“言语”出于舌头。按《说文解字》的解释，“直言曰言”，徐锴《说文解字系传》说：“凡言者谓直言，无所指引借譬也。”“唁”《说文解字》的解释是“吊生也”，就是对死者家属的慰问。刘博平认为，祝祷庆贺之词讲究文饰，而慰问死者家属则应直白而不加文饰，因此“唁”以“言”为声符，同时“言”也表义。“言”泛指直白地说话，“唁”是“言”的下位概念，两个词之间是上位概念和下位概念的关系，亦即共别关系。

(5) 正反

这里的“正反”是说，形声字与其声符意义相反，属于反义同源。比如“韪”和“韦”的关系，刘博平指出：

> 韪，是也。从是，韦声。《春秋传》曰：犯五不韪。(于鬼切。韦，相背也。从舛，口“wéi”声。兽皮之韦，可以束枉戾相韦背，故借以为皮韦。宇非切。)②

“韦”字甲骨文写作，金文写作，有些学者认为，上下是脚趾，中

① 刘赜：《刘赜小学著作二种》，武汉：武汉大学出版社，2007年，第1182页。

② 同上书，第1183页。

间方形或圆形表城邑，象众人围城之形，是“围”的初文。杨树达则仔细辨别脚趾的朝向，认为其构形是“象足趾离国邑他向之形”①，“按形求义，韦即违之初文也”②。刘博平看法与杨树达相同，认可《说文解字》释“韦”为“相背”。“韪”以“韦”为声符，《说文解字》释为“是”，其义为“是、对、正确”，与“韦”的“违背”义相反，二者音近义反，构成反义同源关系。

（三）对部分疑难字词的形义关系进行了深入考证

有些字，形义关系颇难索解，或构形理据难明，或义项关系难明，或字际关系难明。刘博平深入挖掘，进行了独到的考证。

1. 构形理据难明者

有些虚字，构形理据难明。刘博平深入思考，提出自己的看法。例如：

> 八部曾（词之舒也）从古文囱（chuāng）声，取譬屋室之有囱牖，其气宣散而舒畅不迫促也。（曾与囱古音不同部，重取其义也。）③

《说文》：“曾，词之舒也。从八，从曰，囱声。”“曾”作为一个表示舒缓语气的虚词，其构形理据，从“八”从“曰”，这两个构件都能与“词之舒也”建立联系。八，段玉裁《说文解字注》指出：“从八者，亦象气之分散。”曰，《说文》：“曰，词也。从口，乙声，亦象口气出也。”构件“囱”是“囪（窗）”的古文，外像窗的木框，中间像木条交疏之

① 杨树达：《积微居小学述林全编·释之》，上海：上海古籍出版社，2013 年，第 96 页。

② 杨树达：《积微居小学述林全编·释正韦》，上海：上海古籍出版社，2013 年，第 77—78 页。

③ 刘賾：《刘賾小学著作二种》，武汉：武汉大学出版社，2007 年，第 341 页。

形。“囪”本指天窗，后泛指窗户。窗户与“词之舒”有什么关系呢？清代的一些学者沿用《说文》的分析，以“囪”为声符。但是，“囪（囱、窗）”与“曾”古音并不同部，段玉裁《说文解字注》“曾”字条以“囱”归九部，“曾”归六部，以“合韵之理”解释两者的语音关系。朱骏声《说文通训定声》“曾”字条指出：“按窗曾一声之转，此以双声得声。”“曾”以“囪”为声符，不属于完全同音的情况。杨树达有另一种解释。他撰写于1936年的《释曾》指出：“按曾为会意字，当曰：从曰，从囪，从八。……曾从曰，从囪，从八，盖口气上出穿囪而散越也。……口气上出穿囪而散越，故训为语之舒。”① 杨树达是将“曾”的造字法由《说文》的形声改为了会意。刘博平则按《说文》所定和清代学者们的意见，以“曾”为形声字，秉持声符多兼义的观念，一方面认为“囪”是声符，一方面认为“囪”也表义，以“屋室之有囪牖，其气宣散而舒畅不迫促”来体现“词之舒”。刘博平还进一步认为，“曾”与“囪”古音不同部，“囪”是以音近而非音同的身份参与构字的，构字时“重取其义”。裘锡圭曾指出：“在造形声字的时候，就存在用不完全同音的字充当声旁的情况。”② 刘博平的解释应该是一种兼顾传统说法、较合理且有新意的解释。

有些实字，构形理据难明，刘博平从初文出发，并结合先民文化，对这些字做出了令人耳目一新的考证。例如：

> 岸为高崖，上多草木，野火烧余之炭往往在焉，故炭取譬岸省声。炭从岸省声，犹荛与烧从尧声。尧，高土也。草木生其上，为野火所烧也。③

---

① 杨树达：《积微居小学金石论丛·释曾》，上海：上海古籍出版社，2013年，第54—55页。

② 裘锡圭：《文字学概要》，北京：商务印书馆，1988年，第171页。

③ 刘赜：《刘赜小学著作二种》，武汉：武汉大学出版社，2007年，第983页。

《说文》："炭，烧木余也。从火，岸省声。""炭"的本义是木炭，它怎么会有"岸"省去"干"的构件呢？刘博平从先民时期的生活生产状况着眼进行解释，并与"荛"与"烧"从"尧"声类比，颇有道理。

2. 义项关系难明者

有些字，各个义项之间的关系难明。刘博平贯通相关字词，进行类比论证，做出令人耳目一新的解释。例如：

> 斤部所（伐木声也。《诗》曰："伐木所所。"疏举切），从户声，犹闻从门声。（户亦可闻声，所从户声重取闻听义。贝部贖shǔ，赍财卜问为贖。读若所。言部"许，听也"并与所音义相承，犹声之与听。"伐木所所"，《小雅》作许许。《汉书·疏广传》颜注："所，许也。"案，所与许又训处，听其声即知其处也，犹只部"䚶 xīng，声也。呼形切"与言部"诇 xiòng，知处告言之。朽正切"音义相承也。故所又用为指事代词。）①

"所"字的本义是伐木的声音，所以构件有义为斧头的"斤"，左边的"户"是声符。而"所"的常用义是"处所"，又有指示代词的用法，很难看出这两种用法与伐木声的联系。段玉裁《说文解字注》认为："伐木声乃此字本义。用为处所者，假借为处字也。……用为分别之词者，又从处所之义引申之……皆于本义无涉，是真假借矣。"在段玉裁看来，"所"的"处所"义和指示代词用法都与本义没有联系，是真正的"假借"。刘博平则认为：（一）基于《说文》"门，闻也"和"闻，知声也。从耳，门声"的训释，可知"门"与听声警戒，即于省吾《双剑誃殷契

① 刘赜：《刘赜小学著作二种》，武汉：武汉大学出版社，2007年，第345页。

骈枝续编·释聒》所说的“倾耳以听外警”① 有关。而“门”“户”同类，所以“所”的构件“户”也有“闻声”的功能，“所”从“户”声“重取闻听”，也就是说“户”作为“所”的声符，既状写伐木声，更强调“听闻”。“瓬”《唐韵》也是“疏举切”，与“所”同；“许”古音与“所”亦近。这两个字有“问”“听”的义素，可见“所”“瓬”“许”三字音与义皆有关联，可互证，证明声音与听闻的密切关系。（二）“听其声即知其处”，因此“所”由声音与听闻引申出“处所”义。而《说文》所引《诗经》的“伐木所所”，今本《诗经·小雅·伐木》作“许许”，《汉书》颜注有“所，许也”的训释，异文和古注都体现了“所”“许”的密切关系。“许”也有“处所”义，这与“所”引申出“处所”义是一种平行现象，可互相证发。还有，表示“声”的“㲄”与表示“知处告言之”的“诇”音近义相承，说明“声音”与“处所”的关系密切，这可作为一种类比证明。（三）“所”由“处所”义再引申为指示代词。刘博平是用引申贯通“所”的“伐木声”“处所”“指示代词”三义，较段玉裁“真假借”的解释似乎更可取。

又如：

> （巾部帥，佩巾也。从巾𠂤duī声。所律切。）帥本兼佩巾与将帥二义，其字从巾者属佩巾，系之于带，有联缀牵引义；从𠂤者属将帥，与師从𠂤同意。（帀部師，二千五百人为師。从帀从𠂤。𠂤，四帀，众意也。）師与帥名事相依。（二字之音有开合之别。）②

“帥”字从“巾”，声符为“𠂤”，本义是“佩巾”，可“帥”的常用义是

① 按《说文》，“聒”是“闻”的古文。于省吾指出：“聒字本象人之跪坐，以手掩面，倾耳以听外警。”见于省吾：《双剑誃殷契骈枝　双剑誃殷契骈枝续编　双剑誃殷契骈枝三编》，北京：中华书局，2009 年，第 216 页。据“以听外警”的表述，可知于省吾亦以“闻”的声符“门”兼表义（有门才有所谓“外警”）。

② 刘赜：《刘赜小学著作二种》，武汉：武汉大学出版社，2007 年，第 361—362 页。

“将帥”，难以看出这两个义项之间的联系。古今学者多以“假借”释之。《说文解字系传》曰：“帥，佩巾也。从巾𠂤声。臣锴曰：𠂤即堆字。借为将帥字。”《说文句读》曰：“今借为将帥字。”刘博平则认为，“帥”之形旁声旁，各有取义，叠为主次：着眼于形旁“巾”，则有“佩巾”义；着眼于声旁“𠂤”（“𠂤”有“众多”义），则表统领师众的“将帥”义。而佩巾系于衣带，有联缀牵引义，这与统领义也是有关联的。同时，“師”与“帥”名事相依，都从“𠂤”，亦可证“帥”之“𠂤”可表统领师众。刘博平的这种解释就是以上述他的“一字两义之形声相益”理论为指导的，见解独到。

3. 字际关系难明者

有一些字与其他的字是什么关系，很难判定。刘博平对这种情况进行探究，往往能做出令人信服的解释。例如：

> 《说文·米部》：“氣，馈客刍米也。从米，气声。《春秋传》曰：齐人来氣诸侯。槩，氣或从既。餼，氣或从食。”……《聘礼》：“餼之以其礼。”注：凡赐人以牲，生曰餼。桓六年《左传》：“诸侯之大夫戍齐，齐人馈之餼。”杜注亦云：生曰餼。《周语》：“廪人献餼。”韦注：生曰餼，禾米也。案许君所谓“刍米”者，刍指刍豢言，米指禾米言也。以其俱为生物，而有气息生气，故氣从气声。（气部：气，云气也。）……此氣气二字之所以相通也。（心部：愾，太息也。金部：鎎 kài，怒战也。并许既切。二字从氣犹从气也。氣气义通而纽分晓溪。……）氣有馈给义，予而给之曰氣，求而受之亦曰氣。（《聘礼注》又云：餼犹禀也、给也。疏云：于宾客为禀，禀，受也；于主人为给，给宾客也。）犹贝部施为贷，从人求物为貣（tè），貣与贷本为一言而通作贷也。氣既与气通，氣予、氣求字亦自可作气，后又省作乞以别之。（贷予、貣求音分

去入，乞予、乞求亦然。)①

这一条说明了“乞”与“氣（餼）”“气”的关系。学术界已有的定论是：“乞”字是从“气”字省变而来的。金文中有“气”表示乞求之例，如洹子孟姜壶：“用气嘉命。”“气嘉命”指祈求美好的命令。鄀公䂵鼎：“用气沫（弥）寿，万年无强（疆）。”“气沫（弥）寿”指祈求寿终。可是，“气”为什么可以用来表“乞”呢？至今学术界通行的看法是：“气”本指云气，因音同而借为“气讨”“气借”，为了与云气字有所区别，又省为“乞”②。这是就“气”与“乞”的关系着眼，认为用“气”表“乞”是本无其字的假借。刘博平则从分析“氣（餼）”入手，勾连“氣（餼）”“气”“乞”三字讨论这个问题。他认为，“氣（餼）”所指的“馈客刍米”，“刍”指家畜，“米”指禾米，不少古代学者都明言“生曰餼”，可见这里的家畜和禾米“俱为生物”，“而有气息生气”，因此“氣”以“气”为声符，“气”实际上兼表意义。他进一步认为，“氣”字构件中的“气”兼表意义，“愾”从“氣”表“太息”跟气息有关，“鎎”从“氣”表“怒战”实际上也跟气息有关③，加上“氣”“愾”“鎎”都是“许既切”，这些都证明“氣”“气”二字“相通”。最后，刘博平指出，汉语中的“贷”有“施”和“从人求物”两个相反的义项，“乞”有“乞予（给予）”和“乞求”两个相反的义项，根据《仪礼·聘礼》郑玄注和贾公彦疏，“氣”也有“予而给之”和“求而受之”二义，而“氣既与气通，氣予、氣求字亦自可作气，后又省作乞以别之”。刘博平的看法可总结为：“氣”有给予、乞求二义，“氣”与“气”义相通，故“气”也可表给予、乞求，后来为了加以区别，在“气”的基础上省笔作“乞”。这种看法有别于“气”假借为“乞”的通行说法，

① 刘赜：《刘赜小学著作二种》，武汉：武汉大学出版社，2007年，第1117—1118页。

② 汤可敬：《说文解字今释》，长沙：岳麓书社，1997年，第58页。

③ 段玉裁《说文解字注》“鎎”下曰：“怒则有氣，战则用兵，故其字从金氣。氣者，气之叚借字也。”段玉裁也认为“鎎”含怒气义。

以义通贯穿“氣”“气”“乞”三字，有独到之处。

三、以语言与文化互证互求，揭示字词的文化内涵

语言是文化的载体，汉语的不少字词堪称古代文化的活化石。20世纪前期，罗常培关注语言与文化的关系，1943年在西南联合大学主办的文史演讲会上以“语言与文化”为题发表演讲，1950年出版了《语言与文化》一书，这本书被誉为我国第一部文化语言学或社会语言学的开创性著作。刘博平也是较早关注语言与文化关系的学者，他的贡献在于，在《说文》的研究中，秉持语言文字与文化密不可分的理念，注重从文化角度探求文字构形得声的缘由，梳理字词之间的关系，在汉语字词与汉文化关系的微观研究、实证研究、系统研究方面多有发明，有开创之功。

（一）洪水为灾与汉字

人类早期经历了洪水时代，我国的大禹治水传说就反映了这一事实。《尚书·益稷》曰：“禹曰：‘洪水滔天，浩浩怀山襄陵，下民昏垫。予乘四载，随山刊木，暨益奏庶鲜食。予决九川距四海，浚畎浍距川。……’”刘博平认为，不少汉字留下了洪水时代的印迹，可依据水土未平、洪水为灾的时代特征解释一些汉字的构形、音义以及字际关系。

1.“德”字

“德”字可指道德，那它为什么有“彳”（chì）这个表行走义的构件呢？刘博平指出：

> 如《说文·彳部》：“德，（升也。）从彳，悳（dé）声。”（心部悳，外得于人内得于己也。从直从心。乚部直，正见也。从乚从十从目。）……其时洪水为灾，下民昏垫，如与人同升高原，集处于斯，人己各得其所，毋相侵夺，是谓之德。（德，升也。吾乡习

俗，引小儿学步者，辄口呼“走德”，是古语之遗也。盖洪荒之世行路多上升。升，登也。德与登一语而对转。）德从彳，故训升。然徒升高不足以言人己各得其所、毋相侵夺之德行，必须取譬悳声，其义始显。（……或谓经籍假德为悳，谬甚。）①

刘博平用洪荒时代先民登高原以避害、崇尚“人己各得其所、毋相侵夺”之德行来解释“德”有“彳”这个构件的缘由，又认为“悳”这个“从直从心”的声符同时表义，两个构件配合，使“德”具有“道德”义。这一解释富有新意。

2.“睦”字

“睦”字有“和睦”义，但似乎与构件表眼睛的“目”、表“土块庞大”的“坴”（lù）难以建立联系。刘博平指出：

目部睦（目顺也。一曰敬和也），从目坴声。（土部坴，土块坴坴也。从土先声。力竹切。）……久处昏垫，忽睹平陆之土块坴坴然，必生敬顺和睦之意。（阜部：“陸，高平地。从阜坴声。”）故睦取譬坴声。②

刘博平认为，洪水时代先民久为洪灾所困，看到高平之地庞大的土块，“必生敬顺和睦之意”，这就揭示了“睦”由“目”和“坴”组合的构形理据，点明声符“坴”兼表义。联系“陆”字可知，这一观点颇有说服力。

3.“歬（前）”字

“歬”是“前进”义的本字；“前”是“剪刀”之“剪”的本字，字构件中已有“刂”旁，后来以“前”表“前进”，于是又加一个“刀”旁造出“剪”字。“歬”由“止”和“舟”构成，《说文》曰：“歬，不

①② 刘赜：《刘赜小学著作二种》，武汉：武汉大学出版社，2007年，第982页。

行而进谓之歬。从止在舟上。”“止”和“舟”组合何以能表“前进”？徐灏《说文段注笺》曰：“人不行而能进者，唯居于舟为然，故从止舟。止者，人所止也。”徐灏将“止”理解为“停止”“居止”。林义光《文源》卷六据金文，以“止”为“脚趾”而释曰：“象人足在舟上，前进之义。”刘博平指出：

> 歬与辵部“迁”（登也。……）一语之变。迁者登高，歬者平直歬进。当水土未平之世，人就高厓而居，四周水瀳至则迁焉。无平直歬进之所，惟乘舟于水上者乃有之耳。故从止在舟上会歬进之意，而以不行而进训歬。盖其时民居水中高土，凡行非登进则下降，自乘舟之不行而进外，别无所谓歬矣。①

关于“歬”的构形理据，学术界颇有争议。除了认可《说文》“从止舟”的一派外，郭晋稀、杨树达认为：“舟非舟船之舟，《说文》履下谓舟象履形，歬字谓止在履上耳。古人入室则脱屦，止在履上，故为歬也。”②于省吾认为，甲骨文“歬”从止，“止有行动向前之义”，另一个构件是“凡”，“即古般字”，“歬般叠韵”，“歬”是从止般声的形声字。③ 刘博平在“从止舟”的这一派中，联系洪荒时代先民的出行状况来解释“从止舟”的缘由，比仅仅指出足在舟上则不行而进要深透得多。

4.“木”字与“目”字

“木”与“目”组合为“相”，表示观察。刘博平对“木”与“目”有一个着眼于语言而非文字的思考：表树木与眼睛的词怎么采用了相

① 刘赜：《刘赜小学著作二种》，武汉：武汉大学出版社，2007年，第1090页。

② 杨树达：《积微居小学述林全编·释歬》，上海：上海古籍出版社，2013年，第139页。

③ 于省吾：《甲骨文字释林·释歬》，北京：商务印书馆，2010年，第399—400页。

近的语音形式？① 他认为：

> 想见洪水襄陵之世，“地可观者莫可观于木”，相字从目从木，木与目一名。……（上世目之所见者唯有草木，故能见之目与所见之木一名。吾乡俗语谓盲目不能视曰“双眼不见木”，真古言古义也。）②

刘博平引用可能是《易》传及《易》纬的“地可观者莫可观于木”之说，③ 又证以自己家乡湖北广济县的俗语，说明洪水时代地貌特点造成了“能见之目与所见之木”的密切依赖关系，以此解释木与目“一名”的缘由，别开生面。

（二）生活方式与汉字

远古时代的生活方式会在汉字内部构形、词与词的关系方面留下印迹。汉字内部构形所透露的文化信息在20世纪文化语言学研究热潮中学者们讨论得比较多。刘博平这方面研究的独特之处在于，他多从语言而非文字着眼，多从音义关联的角度出发，致力于揭示词与词的关系所依托的文化背景。

1.“集”字与“就”字

“集”与“就”都可指成就、成功。《诗经·小雅·小旻》：“谋夫孔多，是用不集。”毛传：“集，就也。”在古代文献中，“集”与“就”还多见有异文关系。毛诗《小旻》的“是用不集”，韩诗“集”作“就”；《尚书·顾命》“克达殷集大命”，汉石经“集”作“就”。这两个词为什

---

① 木，上古属明母屋部；目，上古属明母觉部。二字明母双声，屋觉旁转。据郭锡良编著：《汉字古音手册》增订本，北京：商务印书馆，2010年，第171页。

② 刘赜：《刘赜小学著作二种》，武汉：武汉大学出版社，2007年，第1065页。

③ 《说文解字》：“相，省视也。从目从木。《易》曰：地可观者，莫可观于木。”徐锴《说文解字系传》：“今《易》无此文，疑《易》传及《易》纬有之也。”

么能有这种关系呢？刘博平指出：

> 穴居野处，因厂（hǎn）以栖，人之就高如鸟之集木，集就音义并通。（厂，山石之厓岩人可居也。广 yǎn 下云：因厂为屋。就，就高也。集，群鸟在木上也。《广雅·释诂三》：集，就也。）①

《说文解字》曰：“就，就高也。从京，从尤。尤，异于凡也。”桂馥《说文解字义证》认为“就高”乃“言人就高以居”，孔广居《说文疑疑》分析“就”的构形理据说：“京，高丘也。古时洪水横流，故高丘之异于凡者，人就之。”刘博平认为，远古时代人们穴居，选择高处山崖下的洞穴居住，与群鸟停留于高高的树木上类似，这是“集”与“就”二词“音义并通”的客观基础。这一认识，有说服力。

2.“餐”字

《说文解字》曰：“餐，吞也。从食，歺（cán）声。湌，餐或从水。”“餐”本义是吃，刘博平认为这个词与“残”有关联，是远古“茹毛饮血”取食方式的遗迹。他说：

> 茹毛饮血，事资残杀。后世餐饭，本之以从歺声。歺残无异一字。（残，贼也。歺，残穿也。读若残。食饭曰餐，犹树谷曰田，本于田猎之田也。）②

《说文解字》曰：“残，贼也。从歺（è），戋声。”“歺”是剔去肉后的残骨。“残”的本义是伤害、杀害。“歺”，甲骨文是手拿残骨的构形，《说文解字》曰：“歺，残穿也。从又，从歺。……读若残。”刘博平认为，“歺残无异一字”，远古时代，人们狩猎，捕获野兽后残杀，“茹毛饮血”是当时的取食方式之一。及至进入农耕时代，人们有了谷物饭食，于是

---

①② 刘赜：《刘赜小学著作二种》，武汉：武汉大学出版社，2007 年，第 1066 页。

把吃饭命名为“餐”，这是对“残”“𣦼”音义的承袭，换句话说，“餐”的音义是狩猎时代取食方式的投影。“残”“𣦼”上古同音，从纽元部；“餐”上古清纽元部。[①] 这三个词清从旁纽，元部叠韵，读音极相近，“餐”字的构形又以“𣦼”为声符。刘博平的观点是可以成立的。耕田的“田”和田猎的“田”完全同字也说明表田猎与表农耕之词关系密切，可为平行的证据。

（三）狩猎农耕与汉字

远古时代我国先民的生产活动主要是狩猎与农耕。特别是我国幅员辽阔，山川深厚，自古就有高度发达的农耕文明。刘博平结合远古时代的狩猎和农耕情况分析文字，互相发明，多发人之所未发。

1.“疲”字

《说文》曰：“疲，劳也。从疒，皮声。”“疲”的本义是疲劳，那么，这个字为什么有“皮”这个构件呢？这个构件起什么作用呢？刘博平指出：

> 上世从手有所为之事，莫急于田猎之柀（bǐ）析兽皮……疒部疲（劳也）从皮声，明田猎之世疲劳之事无过于剥取兽革者。[②]

“皮”字甲骨文作，金文作，右上或下部是表示手的“又”，像手剥取兽皮之形。《说文》曰：“皮，剥取兽革者谓之皮。”段玉裁注曰：“剥，裂也。谓使革与肉分裂也。……取兽革者谓之皮……因之所取谓之皮矣。”“皮”既指剥取兽皮，也指兽皮本身。刘博平认为，“疲”之所以有“皮”这个构件，是因为田猎之世剥取兽皮是用手进行的重要劳动，这种劳动是高强度的，易致人疲劳，所以“疲”用“皮”为声符，

① 郭锡良编著：《汉字古音手册》增订本，北京：商务印书馆，2010年，第304页。
② 刘赜：《刘赜小学著作二种》，武汉：武汉大学出版社，2007年，第1006页。

但同时具有重要的表义作用。这种解释有独到之见。

2.“彦”字

《说文》曰：“彦，美士有文，人所言也。从彣（wén），厂（hǎn）声。”“彣”指花纹或色彩，人有文采，就是有突出的才能，所以“彦”指杰出的人才。那么，这个字为什么有表示“山石之厓岩”的“厂”这个构件呢？这个构件起什么作用呢？刘博平指出：

> 案水土未平之世，山厂为人所居，亦种埶（艺）生产所在。……厂可种埶生产，犹《释名·释山》云：“山，产也，产生物也。”……（……案州畴以音为训，州与种对转，岸与埶古音为平入。又食部：“饒，饱也。从食，堯声。”垚 yáo 部：“垚，土高也。”“堯，高也。从垚在兀上。”此亦山厂高土为种埶生产之证。）厂既为种埶生产所在，古之所谓美彦为人所言者，宜莫如致力种埶生产于山厂之上以养育生民，是以彦从厂声得义。①

刘博平认为，远古水土未平之时，种植生产必于山厂高土之上进行。“州”指水中可居之地，“畴”指田畴，而《说文》“州”字下云“一曰：州，畴也。各畴其土而生之”；又，“州”与表种植义的“种”读音是对转关系；“岸”与表种植义的“埶”古音是平声和入声的关系；“饒”“垚”“堯”古同音体现了高地与粮食生产、人吃饱饭的关系。这些字际关系有力佐证了山厂高土为种植生产之地。因此，“彦”字有“厂”这个构件，缘于远古农耕时代，所谓杰出的人才其实就是生产能手。“厂”既表声，也兼表义，即“彦从厂声得义”。刘博平从远古水土未平之时农耕的特点出发，就“彦”字的构件“厂”所起的作用做出了独到的阐释，揭示了“彦”字深层的文化意义，同时也解释了“州”与“畴”、“州”与“种”、“岸”与“埶”、“饒”与“垚”“堯”何以具有音义联

---

① 刘赜：《刘赜小学著作二种》，武汉：武汉大学出版社，2007年，第1007页。

系，富有启发性。

3.“禾”“私”“稼”“穑”诸字

刘博平对一些从“禾”的字称代农作物和农业生产活动的解释也有独到之处：

> 禾名曰私，厶（sī）产盖始于农艺。（私，禾也。从禾，厶声。北道名禾主人曰私主人。厶，奸邪也。《韩非》曰：仓颉作字，自营为厶。案私与厶名事一本。）自植嘉谷以其性和而无毒害谓之禾，以其为家事曰稼，以其为自植之不易而爱啬之曰穑……以其为自植所厶有曰私，皆所以别于采自野生植物可食者之名也。①

文化人类学告诉我们，人类社会早期，经济形态经历了采食经济到产食经济的发展。采食经济的特点是人类采集自然界现成的天然产物为生，消极地适应自然；由于生产力水平低下，为了共同生存，实行共有制。产食经济的特点是人类种植庄稼和喂养家畜，积极地改造自然；由于生产力水平得到极大提高，有了剩余产品，催生了私有制。刘博平从产食经济时代出现私有制出发（“厶产盖始于农艺”）解释禾为什么称为“私”：“以其为自植所厶有”，所以“曰私”。他又从产食经济的种植庄稼有别于采食经济的采集“野生植物可食者”出发解释“禾”“稼”“穑”的得名：因为“自植嘉谷”，这种嘉谷经过人工培育，与野生的相比，其性“和”而无毒害，因此称为“禾”；因为“自植嘉谷”是一种“家事”，所以称种植谷物为“稼”；因为是“自植之不易而爱啬之”，所以称收割谷物为“穑”。刘博平的解释符合文化人类学的原理，也符合汉语的事实。关于“禾”字，杨树达曰：“和从禾声，《说文》谓‘禾得时之中和’（《系传》本），故谓之禾，知禾本含和义。”② 关于“稼”，

---

① 刘赜：《刘赜小学著作二种》，武汉：武汉大学出版社，2007 年，第 1066 页。

② 见陈奇猷：《吕氏春秋校释》卷十四《必己》注［十九］引，上海：学林出版社，1984 年，第 833 页。

《说文解字》就说道："一曰：稼，家事也。"关于"穑"，我们可以看到古籍中有直接表示爱惜、爱啬的用例，如《左传·僖公二十一年》："贬食省用，务穑劝分。"杜预注："穑，俭也。"《左传·昭公元年》："大国省穑而用之。"杜预注："大国能省爱用之。"这两例中"穑"表"啬"义，宜看成同源通用。

(四) 礼仪风俗与汉字

世界各民族的礼仪风俗有共性，但更多的是具有民族性。汉字作为表意文字，能将古代汉民族的礼仪风俗体现在字的构形理据和字际关系中。刘博平对一些汉字着眼于从礼仪风俗上进行推究，所做解释很有文化穿透力。

1."姓"字

《说文》曰："姓，人所生也。……从女从生，生亦声。《春秋传》曰：天子因生以赐姓。""姓"的本义就是"姓氏"之"姓"。这个字由"女"和"生"会意，同时"生"也是声符。刘博平对"姓"从"生"做了深层解释：

> 姓之从生，悟同族相配之不殖。（初民血族杂交，其生不蕃，且多尪（wāng）羸夭亚之类。久而积悟，始与异族通婚而立之姓。姓之为言生也。《晋语》："同姓不婚，惧不殖也。"）①

上古时代，姓与氏有严格区分，姓是有共同血缘关系的种族的称号。刘博平关于"姓"的解释有两个要点：其一，姓是血族杂交转向异族通婚的产物，用姓作为种族的标志，避免同族相配；其二，"姓"从"生"不是着眼于一般的生育，而是着眼于生殖的蕃盛。《礼记·曲礼上》强调娶妻妾不能娶同姓："取妻不取同姓。故买妾不知其姓则卜之。"李解

---

① 刘赜：《刘赜小学著作二种》，武汉：武汉大学出版社，2007年，第1068页。

民《中国古代的姓和氏》一文也谈到姓在避免同族相配时起到的作用，他指出："在以男子为中心的周代，男子作为氏族的主体和当然代表，只称氏而不称姓。至于女子则称姓。……古人很早就懂得近亲婚配会产生不良后代的道理。为了辨别男女姓的异同从而决定嫁娶与否，在女子称谓中标明姓就是非常必要的了。"① 刘博平的解释，从人类文化学的角度看，非常有深度。

2. "取"字

"取"有"捕取、获取"义，先秦娶妻亦用"取"。《诗经·齐风·南山》："取妻如之何？匪媒不得。"刘博平就"娶取之同字"分析说：

> 强暴相陵，见娶取之同字。（娶，取妇也。从女从取，取亦声。取，捕也。从又从耳。《周礼》："获者取左耳。"案，古娶妇字即以取为之，明娶妇如取禽然。）②

"取"甲骨文作，金文作，左边是耳朵，右边是手（又）。《说文》曰："取，捕取也。从又从耳。《周礼》：获者取左耳。《司马法》曰：载献聝。聝者，耳也。"古时田猎捕获到野兽时割下左耳，战争中，亦割取所杀敌人或俘虏的左耳，均借以计算功劳。"取"的本义即"割下左耳"，引申为"捕取、获取"。由此可见"取"原本是一种很血腥的行为，即刘博平所说的"强暴相陵"。刘博平认为，娶妻早期即以"取"字表示，正缘于早期的婚姻有暴力特征，"娶妇如取禽然"。世界上许多民族，古代都有过"劫夺婚"制，有些民族中的这种礼俗甚至被保存到现代。向黎《古代"劫夺婚"》一文指出："这种婚制是从母权制向父权制过渡的历史阶段中产生的。原始氏族成员由男从女居转为女从男居，是'人类所经历的最急进的革命之一'（恩格斯《家庭、私有制和

---

① 李解民：《中国古代的姓和氏》，《文史知识》编辑部编《古代礼制风俗漫谈》，北京：中华书局，1983年，第206—207页。

② 刘赜：《刘赜小学著作二种》，武汉：武汉大学出版社，2007年，第1068页。

国家的起源》），而劫夺婚就是完成上述转变的一种表现形式。”① 向黎的这篇文章介绍了古今中外一些民族中劫夺婚的具体情况。这种婚制早期应该是真实的暴力抢婚，后来就只是一种“假劫真婚”的结婚仪式。刘博平从劫夺婚源头着眼解释先秦“娶取同字”现象，见解高人一筹。

（五）思想观念与汉字

古人的思想观念也会在文字构形理据和字际关系中留下印迹，刘博平在这方面的挖掘也多有过人之处。

1.“家”字

关于“家”字，以往学者们多从文字的角度分析，认为上部的“宀”表示房屋，下面的“豕”指喂养的家猪，人类从采食经济阶段进入产食经济阶段，喂养家畜是标志之一，因此“家”字以房屋里养家畜会意，指家庭。这种解释从文字的角度看，是没有多大问题的。但是，如果从语言的角度着眼，这个解释只分析了“家”这个字的构形意图，没有说明“家”这个词何以有这样的读音。刘博平对“家”从语言角度解读，从词的读音着眼，推求其语源，揭示了这个词的命名缘由所体现的古代“女子之从男”的思想观念。他说：

> 家从豭（jiā）省，明后世女子之从男。②

> 《说文·宀部》：家，居也。从宀，豭省声。案家从豭省声得义。……豕部：“豭，牡豕也。”（鹿部：“麚 jiā，牡鹿。”并从叚 jiǎ 声，古牙切。羊部：“羖，夏羊牡曰羖 gǔ。”牛部：“犅 gāng，特牛也。”案古读豭羖一音，与犅对转，俗谓之牯。）古以之喻男喻

① 向黎：《古代“劫夺婚”》，《文史知识》编辑部编《古代礼制风俗漫谈》，北京：中华书局，1983 年，第 210 页。

② 刘赜：《刘赜小学著作二种》，武汉：武汉大学出版社，2007 年，第 1068 页。

> 夫。（如《左·定十四传》谓宋朝为艾豭，《史记·秦始皇本纪》谓夫为寄豭，以豭喻男喻夫，犹《诗·柏舟》“实维我特”以特为匹。牛部：“特，牛父也。”）盖上世无婚姻之制，男女匹合无定，无所谓家。厥后以女从男，“夫妇有别”，乃立室家。（《周礼·小司徒注》有夫有妇然后为家。）其家以男以夫为主。……是家之名即缘女从男以男为主而生，故从豭省声以见意。①

刘博平对“家”构形的分析遵从《说文》的意见，认为“家”是从宀，豭省声。这个意见是正确的。甲骨文“家”有两种写法：、。金文也有这两种写法。甲骨文的第一种字形是从宀从豕，第二种字形是从宀从豭。“豭”指公猪，所以腹下有一小划表示生殖器，字的整体是公猪的侧面图。《说文》认为“家”是以“豭”为声符，这有确凿的甲骨、金文字形依据，更重要的是，这种分析回答了“家”这个词何以有这样的读音。刘博平从“豭”为公猪出发，以音同音近的“麚”为雄鹿、“羖”为黑色公羊、“犅”为公牛、“牯”为公牛进一步证明“豭”表公猪，接着指出古代常以“豭”喻指男子或丈夫，如《左传·定公十四年》以“艾豭”即公猪喻指美男子宋朝，《史记·秦始皇本纪》把丈夫称为“寄豭”，即寄放在别家传种的公猪，同时指出以豭喻男喻夫如同《诗经·柏舟》里把心上人称为公牛“特”一样。最后，刘博平从社会演进史的角度指出，由杂交群婚到夫妻制，家庭得以产生，夫权得以确立，由于家庭中“女从男”“以男为主”，因而有与表公猪的“豭”同音的“家”这个词。刘博平的分析深入到词的音义来源层面，深入到词所体现的思想观念层面，比仅从文字角度分析更接近语言的本源情况。

2.“媿”字

“媿”即“愧”，西周金文从女、鬼声，战国文字均从心、鬼声，本义是惭愧。表惭愧为什么以“女”为形符呢？刘博平将这个问题与古代

① 刘赜：《刘赜小学著作二种》，武汉：武汉大学出版社，2007 年，第 1092—1093 页。

女性“主中馈”即在家中负责供膳诸事联系起来，认为“媿”字反映了古代进献食物招待人时的心理状态、观念。他说：

> 或问：媿从女何义？答：据羞媿与羞献共字、倎媿与腆膳同声、惭怍 zuò 与酬醋（zuò）一语（醋通作酢 zuò），则媿之音义盖出于馈饷之馈。……馈饷之事莫先于饮食，而又贵厌人意，虽所具极丰厚，犹自歉然以为未足，口称惭媿不已。世俗相承如是，有由来矣。惭媿之于馈饷，犹羞媿之于羞献、倎媿之于腆膳、惭怍之于酬醋，音义并两两相丽而生者也。媿之音义既出于馈，媿与馈纽有见群微别，今俗不分，古亦然。而古昔中馈为夫人所主，《周易·家人》“六二，无所遂，在中馈”是也。……此其字之所以从女欤？①

刘博平认为，“媿”之音义与“馈饷”之“馈”密切相关。在这里，他利用了事理类比的方法，用来类比的有“羞”的两个义项以及“倎”与“腆”、“怍”与“醋”两组词各自两两之间的关系。“羞”有羞愧义，而甲金文“羞”字从羊、从又，象以手持羊，本义是进献食物。“倎”，《说文》曰：“青徐谓惭曰倎。”而“腆”，《说文》释为“设膳腆。腆，多也”，指食物丰盛。“倎”“腆”《唐韵》都是“他典切”。“怍”，《说文》曰：“惭也。”而“醋”《说文》释为“客酌主人也”，即客人以酒回敬主人。“羞”两个义项之间的关系和两组词各自的词际关系表明，在汉语词汇词义系统里，进献食物与惭愧的心理有“两两相丽而生”即共生的关系，这为“媿”音义与“馈”密切相关提供了有力的证明。刘博平进一步分析说，进献食物之所以与惭愧的心理共生，源于古人进献食物招待人力求让人满意，虽然所备办的已经很丰盛，但还是“歉然以为未足”，心怀惭愧，“口称惭媿不已”。而负责备办食物的是女性，这就是“媿”以“女”为形符的原因。刘博平的解释由于使用了类比论证，有可信度。

---

① 刘赜：《刘赜小学著作二种》，武汉：武汉大学出版社，2007 年，第 1118—1119 页。

第八章　方言研究成就

刘博平对方言研究也颇为关注，他先后发表的专门讨论方言的论文有《楚语拾遗》（1930）、《楚语拾遗续》（1934）、《再答王楚屏先生问浠水方言》（1957）、《广济方音之调类与调值》（1958）、《广济方言》（1963）。另外，在其他著述中，他也论及方言，特别是经常引用自己的母语湖北广济县方言以说明相关问题。

一、楚地古语钩沉

1930年，刘博平在《国立武汉大学文哲季刊》第一卷第一号（即创刊号）上发表长文《楚语拾遗》。这篇论文继承章太炎《新方言》、黄侃《蕲春语》的做法，用古代文献和现代方言互证。刘博平自己称这篇论文"专就《说文》之字有与方语吻合而未详诸二君之书者，录而存之"[①]，共列130条[②]。每条先列《说文》字头、意义解释、字形分析，并列出徐铉本反切，然后征引相关文献，说明该字的用法，有时还分析其读音，最后举出今天楚地方言的情况，进行古今互求互证。论文标注现代方言范围的用语，基本上一半用"吾楚"，一半用"吾乡"，偶尔用"今俗"。"吾乡"指的是刘博平的家乡广济县；"吾楚"应该指湖北省，而以广济县所在的鄂东地区为主；"今俗"应该指鄂东地区的俗语。

撰写的目标或者说成果诚如刘博平自己在论文最后一段所言："综

---

① 刘赜：《楚语拾遗》，《国立武汉大学文哲季刊》1930年第一卷第一号。

② 《楚语拾遗》所列130条，有129条每条自为一段，唯第60、61条因排版错误，合排为一条。见刘赜：《楚语拾遗》，《国立武汉大学文哲季刊》1930年第一卷第一号。

观以上所列，计方音转变之情有八……以此八者寻求方音本字，则思过半矣。”①全文 130 条实际上都属于考求今天楚地方言本字的性质。这种考证，从现代往上看，是溯源，考求出现代方言词的本字；从《说文》往下看，是讨流，揭示了古音古义在现代方言中的留存。《楚语拾遗》130 条所求得的本字，有的非常生僻，刘博平的挖掘难能可贵；有的并不生僻，但其保留了古音古义，也十分值得珍视。下面分别举例说明。

其一，本字生僻，刘博平的挖掘难能可贵。

《楚语拾遗》第一条：

> 《说文》丸部：“㼜，鸷鸟食已吐其皮毛如丸。从丸，咼声。读若骫（wěi）。於跪切。”《广韵》：“又许委切。”引申之人之食已复吐亦曰㼜。承培元《广说文答问》曰“㼜即出而哇之之哇”是也。吾乡谓心有所訾秽而欲欧吐曰“作㼜”，谓小儿食乳或饮药复吐出曰“㼜了”，读於媿切，或许委切，亦有读於乜切者。②

这一条是说，“㼜”的本义指凶猛的鸟捕获其他鸟兽，吃完后吐出它们的皮毛，形如丸状；由本义引申，人吃东西后又吐出来也叫“㼜”；广济话中，心有所訾秽而欲欧吐叫“作□（读於媿切）”，小孩吃奶或药又吐出来了叫“□（读於媿切）了”，这个读“於媿切”的词其本字应该就是《说文》的这个“读若骫”的“㼜”。刘博平的这一看法可获得广济周边方言的佐证。广济邻县黄梅小孩吃奶又吐出来了也叫“□掉”［uei^{214} $tiau^{30}$］，其中“掉”相当于普通话的“了”，“□”［uei^{214}］音与“喂食”之“喂”同，而意义一为吐出、一为喂进，方向相反，“□”［uei^{214}］的本字应该也是“㼜”。刘博平的这一发掘，令人解颐。

《楚语拾遗》第三十五条：

---

①② 刘赜：《楚语拾遗》，《国立武汉大学文哲季刊》1930 年第一卷第一号。

> 言部："諯，数也，一曰相让也。从言，耑声。读若专。尺绢切。"《玉篇》又至缘切。钱坫云："数，读如数之以不用信负羁之数，亦责让也。"（王筠曰："諯下云：数也，一曰相让也。此又校两本异文也。数即让。"）朱骏声曰："数其过而诮责之。"案：吾乡谓詈骂人曰諯，读如决断之断。諯之古音在舌头，俗语仍存其旧。①

《说文》中的"諯"，按王筠的意见，"一曰相让也"是校两本异文的，"諯"的本义就是"责让"。广济方言表示詈骂人的动词"读如决断之断"，音与"諯"的古音合，义也与"諯"的本义合，因此本字应该就是"諯"。清代一些长篇小说以"断"标写这个词，如《醒世姻缘传》第十一回："那珍哥就如没了王的蜜蜂一般，在家里喝神断鬼，骂人家媳妇，打丫头。"第七十四回："一直径奔龙氏房内，没好拉气，喝神断鬼。"《林兰香》第十七回："叫六喝么，逞出秀才体面；喝神断鬼，显他公子威风。"黄梅话中表詈骂人的动词也"读如决断之断"，笔者认为本字有可能是"短"②。现在看来，这个表詈骂人的动词本字不是"断"，也不是"短"，应该是"諯"。

《楚语拾遗》第九十一条：

> 大部："奅，大也。从大，卯声。匹貌切。"段注："此谓虚张之大。"《广韵》："奅，起酿，亦大也。"案：吾楚谓物之虚起张大不坚结曰奅；谓言语虚伪曰奅话，正读匹貌切，亦有读平声者。③

"奅"字今普通话读 pào，很少用。据《说文》，其本义为"大"，段玉裁指出这是"虚张之大"，清代桂馥《说文解字义证》也认为是

---

① 刘赜：《楚语拾遗》，《国立武汉大学文哲季刊》1930 年第一卷第一号。

② 卢烈红：《从黄梅方言与近代汉语文献互证看辞书相关条目》，《合肥师范学院学报》2010 年第 2 期。

③ 刘赜：《楚语拾遗》，《国立武汉大学文哲季刊》1930 年第一卷第一号。

“空大”义。刘博平认为，今天楚地义为“物之虚起张大不坚结”或“言语虚伪”、读音为“匹貌切”或其平声的形容词，其本字就是这个“奅”。刘博平的意见可以获得黄梅话的支持。黄梅话描述物虚大不坚密曰“□的” [pʻau³² tiʔ⁴³]，形容爆米花清脆爽口为“□□掉”[pʻau²¹⁴ ləu³² tiau³⁰]，“□”[pʻau]可读阴平、可读阴去，其本字也应该是“奅”。

其二，本字并不生僻，但该词保留了古音古义，值得珍视。

《楚语拾遗》第七条：

> 金部：“锤，八铢。从金，垂声。直垂切。”案：锱铢为物质轻微之称，今俗谓物之微小者曰一锤，读徒禾切，正锤之古音也，一锤犹云一点耳。（后人谓称之权为锤，本字当作垂。今俗语亦读徒禾切，古音如是也。）①

“锤”之本义是重量单位，一锤是八铢。睡虎地秦墓竹简《秦律十八种·司空》简130：“一脂、攻间车一两（辆），用胶一两、脂二锤。”这里的“锤”就是作重量单位。按通行的说法，铢是一两的二十四分之一，锱是一两的四分之一，因此，“锱铢为物质轻微之称”。“锤”的上古音在定母歌部②。刘博平认为，今天古楚地俗语谓东西很少为“一□”，如同说“一点点”，其中第二个音节读徒禾切，这正体现了“锤”的古音（定母歌部），因此这个“一□”实际上就是“一锤”。换句话说，今天古楚地俗语称一点点为“一锤”，保存了“锤”的古音，尤其是保留了“锤”表“八铢”的古义。今黄梅话称东西一点点为“一□□”[iʔ⁴³ to⁵⁵ næk⁴³]，与刘博平所称“今俗”正合，实际也应写作“一锤□”。

《楚语拾遗》第六十八条：

---

① 刘赜：《楚语拾遗》，《国立武汉大学文哲季刊》1930年第一卷第一号。

② 郭锡良编著：《汉字古音手册》增订本，北京：商务印书馆，2010年，第231页。

> 缶部："罅，裂也。从缶，虖声。缶烧善裂也。呼迓切。"土部："墲，坼也。从土，虖声。呼讶切。或作墉。"案：二字实同。《集韵》："閜墲，壁隙也。"《鬼谷子·抵巇篇》："罅者，㵎也；㵎者，成大隙也。"《蜀都赋》："樼栗罅发。"刘注："罅发，栗皮坼裂而发也。"案：吾乡凡谓瓦器、土地、墙壁、百果之坼裂皆曰罅，正读呼迓切（开口洪音）。①

"罅"，今普通话读 xià，常用义是名词义"缝隙"。而按照《说文》，其本义是动词义"开裂"。《蜀都赋》"樼栗罅发"是"罅"之"开裂"义的典型用例。刘博平指出广济话瓦器、土地、墙壁、百果裂开读音正合"呼迓切"，可见广济话保留了"罅"字的古音古义。黄梅话板栗带刺的外皮裂开、布鞋的鞋帮与鞋底脱开称"□开掉"［xa^{214} kʻai^{32} tiau^{30}］，冬天手冻得裂开口子、墙壁裂开口子说成"□一个大口"［xa^{214} iʔ^{43} ko^{20} tai^{44} kəu^{23}］，也保留了"罅"的古音古义。

《楚语拾遗》第一百零一条：

> 殳部："毃，击头也。从殳，高声。口卓切。"《吕氏春秋》："下见六王五伯，将毃其头矣。"字通作敲。《左·定二传》："夺之杖以敲之。"《释文》："敲《说文》作毃，云：击头也。"《淮南》书曰："以年之少为闾丈人说事，救敲不给，何道之能明也！"高注："老人敲其头，自救不暇。"案：吾楚谓打小儿头曰毃，屈手指以骨节击之曰毃栗子，正读口卓切。古语相传，至今未改。②

《说文》释"毃"为"击头"，徐铉标注的反切是"口卓"。《说文》另有"敲"字，释曰："敲，横擿也。从攴，高声。口交切。"其本义为横击、叩打。由《说文》可见，"毃""敲"音义虽都相近但又都有别。所以桂

①② 刘赜：《楚语拾遗》，《国立武汉大学文哲季刊》1930 年第一卷第一号。

馥《说文解字义证》曰：“（毃）或借敲字。”刘博平指出，今天楚地表示“打小儿头”“屈手指以骨节击之”这一动作的动词正读“口卓切”，其字应该是“毃”。刘博平的这一看法可获得黄梅话的支持。黄梅话屈手指以骨节击小儿头叫“□［kʻok⁴³］栗骨子”，这个“□”［kʻok⁴³］应该也是“毃”。而黄梅话“敲锣打鼓”之“敲”读［kʻau³²］。这样看来，《说文》“毃”“敲”两分是反映了语言实际的。另一方面，我们由今天楚地方言可知，“毃”的古音古义一直保留到了今天。“毃”“敲”由于音义均近后来在文献中混用，以致其古音不为今人所知。1992 年版《汉语大字典》“毃”注音为“qiāo”，释曰：“击；敲打（头）。后作‘敲’。”准确地说，“毃”“敲”后来是混用，不是先后更替。

二、广济方言探讨

1958 年，刘博平在《武汉大学人文科学学报》第 1 期上发表《广济方音之调类与调值》；1963 年，他在《武汉大学学报》第 1 期发表《广济方言》。这两篇论文是专门研究湖北广济方言的，前一篇研究语音，后一篇研究词汇。

《广济方音之调类与调值》一文，对广济话的声调问题进行了深入细致的考察，内容有三：

1. 考定广济话的调类、调值，总结其声调特点

刘博平指出，广济话调类有九个，但调值只七类，列为表格如下：

表 8-1 广济话调类、调值表

调类	（平声）		（上声）		（去声）			（入声）	
	阴平	阳平	阴上	阳上	阴去一	阴去二	阳去	阴入	阳入
调值	32	21	44	（同阳去）	213	45	11	23	（同阳去）
例字	央仓初	阳藏锄	起耻始	技峙市	赗痛送	废替细	凤洞讼	黑擎触	劾别赎

刘博平总结说，广济话的声调有两个特点：其一，调类方面，四声皆分清浊（指全浊与次浊声母言），而阴去又分为二，这样，调类总共有九个；其二，调值方面，阳上、阳入全浊之调值并与阳去 11 相同，其次浊喻、为及收声各纽调值又与阴上、阴入无异①，因此，调值只七类。

调类为数九，调值为数七，二者不一致，就这种情况，刘博平进行了说明。他指出，阳上、阳入全浊之调值并与阳去 11 相同，就描写当今实际语音而言，阳上、阳入两调类本可取消，然就上入二声声类之清浊相配而言，其阴阳之辨固甚明显，且其与阳去喻、为及收声各纽之音皆不相混，故仍虚存其调类之名，以明演变之迹。

刘博平揭示了广济话去声有三类的特殊现象，非常可贵。1959 年，詹伯慧在刘博平的热情支持下，撰写并发表《广济方音和北京语音的比较》一文，文中说："更特殊的是去声在广济话中竟多至三个，这就不但在'西南官话'这一系统中不可多见，就是从整个北方话系统，甚至整个汉语来说，也都是很罕见的。我们知道，汉语方言中声调之多莫如粤方言，拿九声的广州话跟十声的广西博白话来看，也没有在去声中分出三个声调来。光是这一点，广济方音就很值得引起方言工作者的注意了。"②

詹伯慧的这篇文章，声调方面在刘博平的基础上进行了调整，把与阳去调值相同的阳上、阳入两调类取消，这样，得阴平、阳平、上声、上去、中去、下去、入声七个调类，调值也是七种，二者就一致了。

---

① 收声，指一类声母。大体上指属于边音、鼻音声母的来、日、明、微、泥、娘、疑、喻等母，多为次浊声母。不同的学者意见略有差异。陈澧的"收声"无来、日、喻而有心、邪、审、禅。刘博平将"喻"（喻四）、"为"（喻三）与"收声"并称，可见他的"收声"也不包括喻母。

② 詹伯慧：《广济方音和北京语音的比较》，《武汉大学人文科学学报》1959 年第 6 期。

2. 说明阳上字、阴去字、阳去字、阴入字、阳入字声调分布方面的一些特殊情况

声调的变化，往往非常复杂，并非整齐划一。刘博平在揭示了广济话声调的整体格局后，又仔细分析了五类字声调分布的特殊情况。

其一，阳上字。阳上字除次浊喻、为及收声各纽读阴上，其余全浊声母混阳去，然亦有混阴上者，如全浊声母奉母字“否”以及全浊声母匣母字“蟹”“很”都读阴上调 44。又收声亦有混阳去者，如来母字“履”“览”读阳去调 11；有混阴去一者，如泥母字“奶”、来母字“缕”读阴去一调 213。

这一条的特殊之处在于，通语是次浊上声的留在上声，是全浊上声的则变去声。广济话基本格局与通语同，但一方面有少数全浊阳上变阴上；另一方面，次浊阳上有变为阳去、阴去一的。

其二，阴去字。阴去一有混阳去者，如本为阴调的全清帮母字“蔽”、本为阴调的全清影母字“隘”都读阳去调 11。

其三，阳去字。阳去全浊或次浊声母有混阴去一者，如全浊奉母字“俸”、全浊群母字“仅”、次浊来母字“恋”都读阴去一调 213；俗语亦有混阴去二者，如全浊匣母字“慧”、全浊奉母字“痱”、次浊疑母字“卧”都读阴去二调 45；亦有混阴上者，如全浊奉母字“翡”、次浊疑母字“议”都读阴上调 44。

其四，阴入字。阴入有混阴去二者，如全清心母入声字“悉”、次清清母入声字“窃”都读阴去二调 45；有混阳入者，如全清影母入声字“轧”口语中读次浊疑母，成为阳入字。

这一条里面，刘博平还提到“又其收声有不读阴入调 23 而读阳去 11 者”，所举 4 个例字是疑母的“啮”、来母的“捩”、明母的“寞”和“幕”。这一点是有问题的。这 4 个字都是次浊声母入声字，属阳入，不应放在这一条。

其五，阳入字。阳入全浊声母有混阴入者，如全浊並母入声字、指小畜小孩的“觳”读 puo 入声①，由阳入字变成读滂母的阴入字；全浊定母入声字“达”读全清端母入声，也由阳入字变成阴入字。这种变化是伴随浊音清化而发生的。其全浊次浊声母俗语亦有混阴去二者，如全浊船母入声字“述”、次浊来母字“捋”都读阴去二调 45。

3. 讨论广济话书面语与口语在声调方面的复杂情况

刘博平在文中提到“临文”，“其声调往往不能与俗语并为一谈”，“临文”指的就是书面语，与之对举的“俗语”在这里指的就是口语。刘博平条列了下面六种具体情况。

其一，书面语与口语不一致。例如，书面语中的阳上字“汞、窕、摽、袉”声调混阴上读 44 调，不混阳去；而与之同音的口语词，“鸣声咻咻”之“咻”、“掉动”之“掉”、“鱼鳔”之“鳔”、“船柁”之“柁”则混同阳去读 11。

其二，书面语中的同音字，其调类一混一不混。如阳去“曳、诣”混同阴去二读 45，而与之同音的“肄、羿”则不混，仍读 11。

其三，书面语有混同，而对应的口语不混同，同字而文白声调不同，“猝睹不知其为同字”。如书面语中的阳上字“蓁”混同阴上读 44，而口语谓花草茂盛曰“蓁”，维持阳上调，读 11。

其四，口语中的同音字，其调类一混一不混。如阳上字“蟹、挺”混同阴上读 44，而与之同音的“解（姓）、铤（金银铤）”则不混同，维持阳上调，读 11。

其五，口语中的同音字，其混同情况不一样。如阳入“术、述”一音，而“术”混同阴入读 23，“述”则混同阴去二读 45。

其六，口语中同一字，其不同义项调类调值不同。如“的”（都历切）本阴入，“明确”义读阴入 23，作语助词则读阳入 11。这一条注意到不同的义项与声调的联动关系，体现了四声别义规律。

刘博平的这篇研究广济话声调的文章篇幅不长，但既揭示了广济

① 刘赜：《广济方言》，《武汉大学学报》1963 年第 1 期。

话声调的整体格局、总体特点，又仔细分析了声调分布的种种特殊情况，还讨论了书面语和口语在声调方面的复杂情形，注意到了文白的声调差别，注意到了义项不同声调可能发生变化，对方言声调研究有范式作用。

《广济方言》一文，承《楚语拾遗》而作。篇首刘博平说："昔尝为《楚语拾遗》一文，讹缺甚多，颇悔少作。兹复就吾乡——广济俗语之合乎许书及其他雅故者条记于此，并略加考释。"① 这篇论文也是考释方言词语的本字之作，范围由"楚语"缩小到广济话，着力点为解决《楚语拾遗》的"讹缺"，即纠讹补缺。论文所考释的词语共计220个，有一些双音词甚至三音词语。所考多可取，有独到之见。下面略举数例。

例一：

> 小儿与小畜并曰豰（puo.）（如言牙豰、狗豰。豰，小豚也。步角切）。②

这一条，刘博平认为广济话中读音为puo入声、义为"小儿小畜"的词，其本字是"豰"。这是一个难能可贵的发现。《说文解字》："豰，小豚也。从豕，𣪊声。""小豚"即小猪。段玉裁注曰："《释兽》曰：'貔，白狐，其子豰。'异物而同名也。"这是说，小猪、小白狐都可叫"豰"。大徐本为"豰"标注的反切是"步角切"，折合成今天的普通话就是bó。广济话"牙"指男孩，"牙豰"即小男孩。在《广济方音之调类与调值》一文中，刘博平也说道："俗称小猪、小狗、小牛、小孩皆曰豰。"用于人应是指小动物义的扩展。广济话的这个词与"豰"音义均可建立联系。黄梅话可为广济话提供佐证。黄梅话把小男孩叫"伢□□"[$ŋɑ^{55}$ $pʻok^{43}$ $næk^{43}$]，把小女孩叫"女□□"[$ȵy^{23}$ $pʻok^{43}$ $næk^{43}$]，

① 刘赜：《广济方言》，《武汉大学学报》1963年第1期。

② 刘博平《广济方言》一文，自称"借用《拼音方案》变通之以注其音"，入声则于右角下加小黑点。

“半□□伢”［pən^{214} p'ok^{43} næk^{43} ŋɑ^{55}］指半大的男孩，“半□□女”［pən^{214} p'ok^{43} næk^{43} ȵy^{23}］指半大的女孩，这里面的“□”［p'ok^{43}］都应该是“縠”。王定国《黄梅方言志》把指“女孩子”的词记为“女泼”，把指“男孩儿”的词记为“小泼”“伢泼”。[①]“泼”显然只是记音字，不是本字。

例二：

> 全物未析曰梱（kuén）（梱，梡木未析也，胡昆切），读如坤浊音。

这一条，刘博平认为广济话中读音如“坤”浊音、义为物体完整未析开的词，其本字为“梱”。这种看法是正确的。《说文解字》曰：“梱，梡，木未析也。从木，圂声。”[②] 段玉裁注曰：“凡全物浑大皆曰梱。”朱骏声《说文通训定声》曰：“梱，今苏俗常语谓之或仑。或仑者梱字之合音。”大徐本为“梱”标注的反切为“胡昆切”，匣母魂韵。广济话的这个词意义与“梱”同，读音一为匣母、一为溪母，匣溪旁纽，其本字为“梱”无疑。黄梅话中形容物体完整没有析开叫“□”［k'uən^{55}］，如把煮的鸡蛋叫“□［k'uən^{55}］蛋”，称老人没牙齿吃东西不能嚼碎为“□［k'uən^{55}］的吞”，“□”［k'uən^{55}］的本字也应是“梱”，也读溪母。黄梅话和广济话可相互印证。

例三：

> 收物之箕曰扱（ca.）箕。（扱，收也，楚洽切，《曲礼》：“以箕自向而扱之。”）

---

① 王定国：《黄梅方言志》，武汉：华中师范大学出版社，2016年，第77页。黄梅话把男性后代叫“小”。

② 《说文解字》“梱”字条的断句，王筠提出一种看法，他的《说文句读》指出：“‘梡’‘梱’之音，与‘浑沌’近，故以‘未析’通释之。”兹据以于“梡”后加逗号。

这一条，刘博平根据“收物”的功用和“ca（入声）”的读音，推断广济话中的一种箕类家庭生活用具应写作“扱箕”。这一推断应是正确的。《说文解字》：“扱，收也。从手，及声。”大徐本标注的反切是“楚洽切”，入声字。“楚洽切”折合成今普通话是 chā，在广济话中就是 ca 入声。黄梅话把一种收物的箕类用具也叫作“□箕”［tsʻak43 tɕiʔ43］或“□□”［tsʻak43 næk43］，王定国《黄梅方言志》把前一种说法写成“插箕”①。实际上，“□”［tsʻak43］亦为入声，声母、韵母主元音与广济话的“扱”相同②，本字也应该是“扱”。黄梅话的情况可为刘博平的推断提供佐证。

例四：

> 室壁尘埃曰坱（yáng）尘（坱，尘埃也，於亮切）。坱读如喻纽平声。

这一条，刘博平认为广济话中读音为 yáng、义为室内墙壁上尘埃的名词性语素，其本字应为“坱”，这是很有见地的。《现代汉语方言大词典》把这个双音词写作“扬尘”，指出武汉、成都、贵阳都有此词，意为“室内房顶上或墙上的尘土，多指从房顶上垂下来的成串的尘土。民间习俗，过阴历年前要打扫扬尘”，所举例有武汉话的“二十四（阴历腊月），打扬尘”和成都话的“冬天打扬尘，春天不害瘟”。③ 这种尘土，一般是积一年形成的，黏附在墙上、屋梁上、房顶下尤其是室内上下角落处，有些与蜘蛛网黏附而呈悬挂状，“黏附”性突出，且在室内无风的环境中，没有“飞扬”性，所以写作“扬尘”是不妥的。《说文解字》曰：“坱，尘埃也。从土，央声。”大徐本标注的反切是“於亮

① 王定国：《黄梅方言志》，武汉：华中师范大学出版社，2016 年，第 75 页。

② 广济话有入声而没有塞音韵尾，说见詹伯慧：《广济方音和北京语音的比较》，《武汉大学人文科学学报》1959 年第 6 期。所以，黄梅话的“□”［tsʻak43］与广济话的“扱”韵母只主元音相同。

③ 李荣主编：《现代汉语方言大词典》，南京：江苏教育出版社，2002 年，第 4147 页。

切”。“於”是影母，也就是零声母。广济话的这个语素与“坱”音义均相符。而且，古代文献中“坱”多见名词性用法。例如，唐代柳宗元散文《答问》曰：“毫联缕缉，尘出坱入。”以“坱”与“尘”对举。他的《法华寺石门精室三十韵》诗曰：“潜躯委缰锁，高步谢尘坱。”清代诗人杜溎《游天童寺道经育王岭观舍利》诗曰：“溪水皆西流，汤汤绝尘坱。”二诗以“尘坱”连用。与“尘坱”相较，广济话中表该义的词只是语序不同。黄梅话中也有这个双音词，有一首儿歌列举农历年前的过年准备工作，其中一句与武汉话一样，是“二十四，打□□［iaŋ55 ʦʻɿ214］”，后一音节应是“尘”的音变，前一音节本字应该也是“坱”。许宝华、宫田一郎主编的《汉语方言大词典》对这个方言词的处理是正确的，不仅将其写作“坱尘”，指出湖北红安、广济有此词，还引用了刘博平《广济方言》的原话“室壁尘埃曰坱尘”①。

当然，这篇文章的本字考释也存在一些问题。有少数这样的情况：广济话中的某词与《说文解字》中的某字仅意义相符，但语音相隔较远，刘博平仍认为《说文》某字为本字，不能令人信服。如：

刀针刺物曰刲（wā）（刲，刺也，苦圭切），读如蛙。

这一条，《说文解字》曰：“刲，刺也。从刀，圭声。《易》曰：士刲羊。”大徐本标注的反切是“苦圭切”，折合成今天的普通话读 kuī。“刲”上古在溪母支部，郭锡良先生的拟音是［kʻiwe］；在《广韵》中为“苦圭切”，溪母齐韵，郭锡良先生的拟音是［kʻiwei］。②广济话的这个词读 wā，与“刲”古今音的声母、韵母均有较大差别，本字应该不是“刲”。

---

① 许宝华、宫田一郎主编：《汉语方言大词典》第三卷，北京：中华书局，1999年，第3084页。

② 郭锡良编著：《汉字古音手册》增订本，北京：商务印书馆，2010年，第224页。

三、浠水方言研究

浠水县与广济县同属今黄冈市，两县之间仅隔蕲春县。两县方言同属江淮官话黄孝片，有不少共同点。1956 年，刘博平在《武汉大学学报》第一期上发表《小学札记》，文中有“浠水方言”一节，就浠水王楚屏问浠水方言本字事作答，有 8 条。1957 年，刘博平又在《武汉大学人文科学学报》第二期上发表《再答王楚屏先生问浠水方言》，有 11 条。这些文章中对于考释本字颇有发明。下面举三条为例，前二条是《小学札记》“浠水方言”的第五、第六条，后一条是《再答王楚屏先生问浠水方言》的第二条。

例一：

> 粉类飞散曰ㄅㄥˋ，吾乡亦如是，其字当为迸。《玉篇》：“迸，散也。”《广韵》同，并北诤切；《说文》新附亦有迸，训“散走也”。

这一条，注音字母标注的ㄅㄥˋ转换成汉语拼音就是 bèng。刘博平认为，浠水方言称粉类飞散曰 bèng，广济方言亦如此，其本字应该是“迸”。“迸”许慎未收，是《说文》新附字，《玉篇》和《广韵》都释为“散”，《玉篇》标为“彼诤切”，《广韵》标为“北诤切”，折合成今普通话都是 bèng。刘博平的意见是正确的。黄梅话把粉、灰尘飞散说成“□”［poŋ⁴⁴］，其本字也应该是“迸”，可与浠水方言、广济方言互证。

例二：

> 鸡栖曰ㄔㄡˊ，案吾乡称鸡与猪所栖并曰ㄔㄡˊ，鸡所栖曰鸡ㄔㄡˊ，猪所栖曰猪ㄔㄡˊ。以牢狱与闲养牛马之牢共字、囚栊与

> 豢畜之栊共字推之，则鸡、猪所栖之ㄔㄡˊ，当为囚字音变。（《说文》：囚，系也。《释言》：囚，拘也。）古人豢畜与拘系罪人皆防其亡逸，故其语相同也。囚在邪纽，恒与澄纽通，囚之读ㄔㄡˊ，犹俗读岫如轴。（岫，似又切。轴，直六切。）

这一条，ㄔㄡˊ 转换成汉语拼音就是 chóu。刘博平认为，浠水方言称鸡窝、广济方言称鸡窝猪圈为 chóu，其本字应为“囚”。在这里，刘博平运用了类比论证的方法。他指出，拘禁罪人的地方与圈养牛马的地方共用“牢”字，关押人的牢房与豢养禽兽的笼子或栅栏共用“栊”字。以此类推，对人的囚禁与对鸡猪的圈养可共用“囚”；共用“囚”，体现了“古人豢畜与拘系罪人皆防其亡逸”这一共同点。他还指出，从读音的角度看，chóu 是“囚”的音变，由“囚”的邪纽变读澄纽；而邪纽“恒与澄纽通”，广济方言邪纽的“岫”读音与澄纽的“轴”相同即其证。刘博平的这一条考证富有启发性。鄂东关于鸡、猪住所的这个词的本字确实难以考索，刘博平的意见颇有道理。黄梅把鸡窝、猪圈也都叫“□”［tsʻəu55］，其本字也应该是“囚”，可与浠水方言、广济方言互证。

例三：

> 瓜初长之实曰ㄌㄚˋ，如云：“黄瓜打了ㄌㄚˋ。”此物吾乡谓之ㄅㄛˊ，花之初长亦然，而谓瓜至秋后结实瘦小者曰ㄌㄚˋ，语同，其意微别，盖并蓏之入声以开口读之也。蓏本瓜果总名，因之瓜实初长或后结而瘦小者以为称，但异其声调以区别之耳。

这一条，ㄌㄚˋ 转换成汉语拼音就是 là，ㄅㄛˊ 转换成汉语拼音就是 bó。刘博平认为，浠水方言把瓜类植物初结的小果称 là，广济方言把秋后瓜类植物所结瘦小的果称 là，其本字应为“蓏”。“蓏”指瓜类植物的果实。《说文解字》曰：“蓏，在木曰果，在地曰蓏。”《汉书·食货志上》："还庐树桑，菜茹有畦，瓜瓠果蓏，殖于疆易。"颜师古注："应劭曰：'木实曰果，草实曰蓏。'张晏曰：'有核曰果，无核曰蓏。'臣瓒曰：'案：木上曰果，地上曰蓏也。'"大徐本为"蓏"标注的反切是"郎果切"，折合成今普通话是 luǒ 。刘博平指出，浠水、广济的这个"蓏"从读音的角度看，大概是就"蓏"的入声以开口读之；从意义的角度看，是把瓜果的总名移用为"瓜实初长或后结而瘦小者"之称，然后在声调上予以区别。刘博平的意见应该是可信的。黄梅话把瓜类植物初结的小果和秋后瓜类植物所结瘦小的果都称"瓜□□"［kua^{32} lak^{43} $næk^{43}$］，"□"［lak^{43}］正读入声，本字亦应为"蓏"，可为浠水方言、广济方言"蓏"之佐证。

结　语

刘博平是20世纪卓有成就的语言学家，他在小学尤其是在音韵学方面做出的贡献是值得我们高度重视的。

刘博平在音韵学方面的贡献可总结为四个方面。

其一，继承和发扬黄侃的古音学说，撰著《说文古音谱》，以黄侃十九纽、二十八部的古音体系为基本框架，并进行一定程度的调整，对《说文解字》所收的近一万个字进行定纽归部，使每个字的上古声纽、韵部得以定位，具体而微地展现了上古音的体系，大大推动了上古音的研究，使人们能够了解每个字的上古音，能发挥类似于后来的上古音手册的作用。

其二，编制了《说文》谐声表。《声韵学表解》中的一节《说文最初声母分列古本韵二十八部》为《说文》中的谐声声符定纽归部，实即《说文》谐声表，这为利用谐声系统考察古音提供了极大方便。

其三，就声纽方面的一些问题提出了有价值的见解。刘博平把中古的喻邪两纽归并入上古定纽，为纽归并入上古匣纽，群纽归并入上古见纽。他的归并比黄侃的归并更科学。他的这些研究，有助于我们思考黄侃古音十九纽归并的合理性以及上古声纽归并的理据。另外，继高本汉、董同龢等之后，他较早注意到中古的明纽与晓纽在上古关系密切，这为上古声纽研究提出了新课题，即上古声纽的研究要能够从音理上解释这些现象。

其四，推出了音韵学教材。《声韵学表解》以《广韵》音系和上古音为核心，吸收了当时最新的研究成果，并融入了自己的研究、实践，注意提示学习重点，初步建立了科学和实用的音韵学教材内容体系；内容比较全面，主要以图表形式呈现，易于掌握，是颇受学界重视的好教材。

刘博平的文字、训诂研究特色鲜明，可总结为三点。

其一，继承章太炎“初文”“准初文”学说，以《说文解字》为依托，以“初文”“准初文”为出发点，构建字群、词群。在这种构建的过程中，重视音义关系，通过声音系联形义来会通众多字词的“统纪”，实际进行的是字族、词族的研究。换句话说，刘博平的文字、训诂研究最突出的特点，就是他实际上进行的是语源的研究。即便是他的《说文古音谱》，一方面是以字为单位定纽归部，具体而微地展现上古音体系；一方面以韵部为经，以声纽为纬，“依篆具载许君说解”，构建的是《说文解字》近一万字的音义网络，亦展现了字词的“统纪”。

其二，揭示并使用了不少判定字词同源关系的行之有效的方法。基于“语言文字之音义，多两两相丽而不踦行”①，刘博平成功运用了“事理类比”的方法。一些原本很难发现的同源关系，借此方法得以发现，而且由于有平行现象为证，结论往往可信度很高。刘博平还总结出六种具体判定方法：（一）有由其以同字为训而见者；（二）有由其以义同义近或义相函为训而见者；（三）有须以意逆志，由微而知著者；（四）有因音义互足，由此以知彼者；（五）有举一可反三者；（六）有由“读如”“读若”而见者。这六种方法，具体而微，行之有效，非精研《说文》者不能提出。

其三，注重从文化角度观察字词，将字词研究与古代文化研究有机结合了起来。这一点也是刘博平文字、训诂研究一个非常值得注意的特点。他是较早关注语言与文化关系的学者之一，他在《说文》的研究中，将文字构形得声的缘由、字词之间的关系与洪水为灾、远古生活方式、狩猎农耕、礼仪风俗、思想观念联系起来，别开生面，多有创获。

刘博平的方言研究也有很重要的贡献。他得出广济话去声有三类的结论，为后来一些方言学者的研究所证实，这揭示了西南官话中不多

---

① 黄焯：《简园日记存钞》题词，李德龙、俞冰主编《历代日记丛钞》第 200 册，北京：学苑出版社，2006 年，第 355—356 页。

见，甚至在整个汉语中都很罕见的特殊声调现象。他的考本字工作扎实深入，多有令人解颐的发现。

当然，刘博平的研究也存在一些不足。在上古音研究方面，他在理论上对韵的开合口、韵等认识有偏差；在归部的过程中，对上古押韵材料利用不够。在文字、训诂研究方面，他对金文材料有所利用，但对甲骨文很少关注，有些结论证据不足。

总之，刘博平是一位潜心学术、治学严谨的大学者，是一位具有重要贡献的语言学名家。他的治学精神值得我们学习，他的学术成就是20世纪汉语语言学的宝贵财富，值得我们继承和发扬。

附　录　一

刘博平著述目录

【著作】

《文字声韵学讲义》,国立武汉大学排印本,1930 年。湖北省图书馆、武汉市图书馆收藏。

《说文最初声母古音表》(一卷),国立武汉大学石印本,民国间。湖北省图书馆收藏。

《声韵学二编》,国立武汉大学排印本,佚名批校,1930 年。湖北省图书馆收藏。

《声韵学表解》,上海:商务印书馆,1934 年。此书后改名《汉语声韵图说》(《黄侃纪念文集·师门忆语》程千帆跋语),于 1959 年推出,刘博平 1959 年 8 月 15 日自序称“内容亦修改八九”,有坊间流传的油印本。

《说文音训索隐举例》(一卷),武汉大学出版组影印稿本,1945 年。武汉市图书馆收藏。

《简园日记存钞》,石印本,1954 年。北京图书馆收藏。被收入《历代日记丛钞》第 200 册,北京:学苑出版社,2006 年。

《说文古音谱》,武汉:湖北人民出版社,1963 年;北京:中华书局,2013 年。

《刘赜小学著作二种》(《初文述谊》《小学札记》),上海:上海古籍出版社,1983 年;武汉:武汉大学出版社,2007 年。

《中国文字学教材》(合著),出版者不详,出版时间不详。武汉大学图书馆收藏。

【论文】

《说文释例匡谬》,《暨南大学中国语文学系期刊》1928 年第 1 期。

《楚语拾遗》,《国立武汉大学文哲季刊》1930 年第一卷第一号(即创刊号)。

《楚语拾遗续》,《国立武汉大学文哲季刊》1934 年第四卷第四号。

《古声同纽之字义多相近说》,《国立武汉大学文哲季刊》1931 年第二卷第二号;《制言》1936 年第 9 期。

《小学札记(跋传录顾涧蘋段若膺校《群经音辨》)》,《武汉大学学报》1956 年第 1 期。

《再答王楚屏先生问浠水方言》,《武汉大学人文科学学报》1957 年第 2 期。

《“喻”“邪”两纽古读试探》,《武汉大学人文科学学报》1957 年第 2 期。

《广济方音之调类与调值》,《武汉大学人文科学学报》1958 年第 1 期。

《小学札记(研究汉语史中的词汇问题之一)》,《武汉大学人文科学学报》1959 年第 6 期。

《重订〈汉语言文字音系略例〉》,《武汉大学学报》1962 年第 1 期;附《说文古音谱》书后,1963 年。

《释“牝鸡之晨,惟家之索”》,《武汉大学学报》1962 年第 1 期。

《小学札记(续前)》,《武汉大学学报》1962 年第 2 期。

《刘博平谈研究〈说文解字〉》,《江汉学报》1962 年第 5 期。

《广济方言》,《武汉大学学报》1963 年第 1 期。

《关于研究“小学”的几点意见》,《武汉大学学报》1963 年第 2 期。

《说文形声释例》,《武汉大学学报》1963 年第 4 期。

附　录　二

刘博平年表

1891年，农历五月八日、公历6月14日出生于湖南常德牛鼻滩舟中。家乡为湖北省广济县（现武穴市）永西乡刘熤（yì）塆（现为梅川镇永西村刘熤塆）。祖父刘熤，父亲刘蓟生。有弟一：刘同。有妹二：刘佩敷，刘佩华。本人原名文汉，后改名赜。一生所用别号有“许叟”“牛鼻滩生”“简园”。

1898年—1901年，在家乡私塾读书。

1902年—1906年12月，在武昌西路高等小学读书。

1907年8月—1910年6月，在武昌理化专科学校读书。

1910年8月—1912年，在广济高等小学及永西乡小学担任教员，教过英文、数学等课。

1911年2月，与本县邹乔女士结婚。邹乔，1891年3月29日出生。一生未参加工作，善于理家，慈爱贤淑。与刘博平育有二女，长女刘学章，次女刘敬黄。

1913年—1914年7月，在北京准备升学，曾做家庭教师数月，又为众议院及副总统府书记各一、二月。

1914年8月—1917年7月，在国立北京大学中文系读书，为黄侃及门弟子，习语言文字之学。

1917年8月—1922年7月，担任武昌第一师范学校教员，兼任武昌高等师范学校（武汉大学前身）附属中学及高级中学等校教员，教国文。

1922年8月—1923年1月，在天津南开中学担任教员，教国文。

1923年2月—1924年1月，在厦门集美学校担任教员，教国文。

1924 年 2 月—1924 年 7 月，在浙江绍兴第四中学担任教员，教国文。

1924 年 8 月—1925 年 7 月，在四川万县第四师范学校担任教员，教国文。

1925 年 8 月—1927 年 7 月，担任武昌第一师范学校教员，兼任武昌高等师范学校附属中学及私立中和中学教员，教国文。又为湖北省立文科大学、国立武昌中山大学教员及武昌市政府职员各一、二月。

1927 年 8 月—1929 年 7 月，在上海国立暨南大学担任教授。教声韵学与文字学。1928 年，在《暨南大学中国语文学系期刊》第 1 期上发表论文《说文释例匡谬》。

1929 年，暑假为湖北教育厅临时秘书一个多月。8 月，受国立武汉大学之聘，任中文系教授。

1930 年，担任武汉大学文学院中文系主任，时文学院院长为陈源。在《国立武汉大学文哲季刊》第一卷第一号（即创刊号）上发表论文《楚语拾遗》，由武汉大学推出排印本《文字声韵学讲义》《声韵学二编》。

1931 年，在《国立武汉大学文哲季刊》第二卷第二号上发表论文《古声同纽之字义多相近说》。

1932 年，刘博平将所编音韵学教材《声韵学表解》呈送黄侃和章太炎求教，黄侃和章太炎均题书名，章太炎还撰写“题辞”加以赞扬。

1934 年，《声韵学表解》由商务印书馆出版，发表论文《楚语拾遗续》。

1938 年，农历五月，刘博平举家随武汉大学迁到四川乐山。

1943 年，下学期招收第一届研究生，招收李格非一人。

1945 年，在乐山撰成《说文音训索隐举例》一文，武汉大学出版组据手稿影印。

1946 年，随校返回湖北武昌珞珈山。

1947 年，卸任中文系主任，计担任中文系主任 18 年。暑假曾往安徽大学兼课一月。

1954 年，推出石印本《简园日记存钞》。

1956 年 1 月 10 日，被政协第二届全国委员会常务委员会第十二次会议增补为政协第二届全国委员会委员。同年被教育部评定为一级教授。发表论文《小学札记(跋传录顾涧蘋段若膺校《群经音辨》)》。

1957年,发表论文《再答王楚屏先生问浠水方言》《"喻""邪"两纽古读试探》。

1958年,发表论文《广济方音之调类与调值》。

1959年4月,被选举为政协第三届全国委员会委员。发表论文《小学札记(研究汉语史中的词汇问题之一)》。完成《声韵学表解》修改,改名为《汉语声韵图说》推出。招收研究生章季涛、袁謇正、李惠昌三人。

1961年,招收研究生何金松、王伯熙。

1962年,发表论文《重订〈汉语言文字音系略例〉》《释"牝鸡之晨,惟家之索"》《小学札记(续前)》《刘博平谈研究〈说文解字〉》。招收研究生萧海波、修世华。

1963年,由湖北人民出版社出版《说文古音谱》。发表论文《广济方言》《关于研究"小学"的几点意见》《说文形声释例》。

1964年11月,被选举为政协第四届全国委员会委员。完成《小学札记》一书。

1975年,完成《初文述谊》一书。此书与《小学札记》于1983年由上海古籍出版社合为《刘赜小学著作二种》出版。

1978年10月23日,在湖北武昌逝世。

参考文献

一、(研究对象)原始文献

1.英启、刘燡、邓琛:《黄州府志》,光绪十年(1884)二月黄州府官廨版。

2.章炳麟:《新方言》,《章氏丛书》,民国六年(1917)至八年(1919)浙江图书馆校刊本。

3.章炳麟:《文始》,《章氏丛书》,民国六年(1917)至八年(1919)浙江图书馆校刊本。

4.刘赜:《说文释例匡谬》,《暨南大学中国语文学系期刊》1928 年第 1 期。

5.刘赜:《楚语拾遗》,《国立武汉大学文哲季刊》1930 年第一卷第一号(即创刊号)。

6.刘赜:《古声同纽之字义多相近说》,《国立武汉大学文哲季刊》1931 年第二卷第二号。

7.刘赜:《声韵学表解》,上海:商务印书馆,1934 年版。

8.刘赜:《楚语拾遗续》,《国立武汉大学文哲季刊》1934 年第四卷第四号。

9.黄永镇:《古韵学源流》,上海:商务印书馆,1934 年版。

10.黄焯:《古音为纽归匣说》,《制言》1937 年第 37—38 期合刊。

11.国立武汉大学编印:《国立武汉大学一览》,1939 年。

12.苏雪林:《乐山惨炸身历记》,《屠龙集》,上海:商务印书馆,1941 年版。

13.刘赜:《说文音训索隐举例》,武汉大学出版组影印稿本,1945 年。

14.刘赜:《小学札记(跋传录顾涧蘋段若膺校《群经音辨》)》,《武汉大学学报》1956 年第 1 期。

15.刘赜:《再答王楚屏先生问浠水方言》,《武汉大学人文科学学报》1957 年第 2 期。

16.刘赜:《“喻”“邪”两纽古读试探》,《武汉大学人文科学学报》1957 年第 2 期。

17.刘赜:《广济方音之调类与调值》,《武汉大学人文科学学报》1958 年第 1 期。

18.刘赜:《小学札记(研究汉语史中的词汇问题之一)》,《武汉大学人文科学学报》1959 年第 6 期。

19.刘赜:《重订〈汉语言文字音系略例〉》,《武汉大学学报》1962 年第 1 期。

20.刘赜:《释“牝鸡之晨,惟家之索”》,《武汉大学学报》1962 年第 1 期。

21.刘赜:《小学札记(续前)》,《武汉大学学报》1962 年第 2 期。

22.刘赜:《刘博平谈研究〈说文解字〉》,《江汉学报》1962 年第 5 期。

23.刘赜:《广济方言》,《武汉大学学报》1963 年第 1 期。

24.刘赜:《关于研究“小学”的几点意见》,《武汉大学学报》1963 年第 2 期。

25.刘赜:《说文形声释例》,《武汉大学学报》1963 年第 4 期。

26.苏雪林:《我论鲁迅》,台北:文星书店股份有限公司,1967 年版。

27.黄侃:《古韵谱稿》,《黄季刚先生遗书》,台北:台北石门图书公司,1980 年版。

28.黄侃:《黄侃论学杂著》,上海:上海古籍出版社,1980 年版。

29.殷正慈:《忆刘博平先生》,《学府纪闻·武汉大学》,台北:南京出版有限公司,1981 年版。

30.殷正慈:《高公翰先生谈文学院》,《学府纪闻·武汉大学》,台北:南京出版有限公司,1981 年版。

31.苏雪林:《怀珞珈》,《学府纪闻·武汉大学》,台湾:南京出版有限公司,1981年版。

32.郭沫若:《洪波曲》,《郭沫若选集》第二卷,成都:四川人民出版社,1982年版。

33.黄侃述,黄焯编:《文字声韵训诂笔记》,上海:上海古籍出版社,1983年版。

34.黄侃笺识,黄焯编次:《说文笺识四种》,上海:上海古籍出版社,1983年版。

35.刘敬黄:《刘博平教授传略》,《中国当代社会科学家》第五辑,北京:书目文献出版社,1983年版。

36.毛务本:《刘博平》,湖北省志·人物志编辑室编《湖北人物传记(试写本)》第二辑,湖北省武昌县印刷厂1983年印。

37.刘赜:《师门忆语》,《量守庐学记:黄侃的生平和学术》,北京:生活·读书·新知三联书店,1985年版。

38.程千帆:《黄先生遗著目录补·劳生志略》,《量守庐学记:黄侃的生平和学术》,北京:生活·读书·新知三联书店,1985年版。

39.黄侃著,黄焯编:《黄侃声韵学未刊稿》,武汉:武汉大学出版社,1985年版。

40.权少文:《说文古均二十八部声系》,兰州:甘肃人民出版社,1987年版。

41.武汉老龄科学研究院、武汉成才大学主编:《黄侃纪念文集》,武汉:湖北人民出版社,1989年版。

42.汤铭:《当代著名语言文字学家刘赜》,《黄冈师专学报》1996年第1期。

43.苏雪林:《苏雪林自传》,南京:江苏文艺出版社,1996年版。

44.朱东润:《朱东润传记作品全集》第四卷,上海:东方出版中心,1999年版。

45.苏雪林:《我们中文系主任刘博平》,龙泉明、徐正榜主编《走近武大》,成都:四川人民出版社,2000年版。

46.程千帆:《桑榆忆往·劳生志略》,上海:上海古籍出版社,2000 年版。

47.刘敬黄:《我的父亲刘博平》,武汉大学北京老校友会、《北京珞嘉》编辑部编《珞嘉岁月》,2003 年。

48.刘敬黄:《乐山散忆》,武汉大学北京老校友会、《北京珞嘉》编辑部编《珞嘉岁月》,2003 年。

49.章太炎:《国故论衡》,上海:上海古籍出版社,2003 年版。

50.商金林编:《叶圣陶抗战时期文集》第一卷,北京:人民教育出版社,2005 年版。

51.商金林编:《叶圣陶抗战时期文集》第二卷,北京:人民教育出版社,2005 年版。

52.李德龙、俞冰主编:《历代日记丛钞》第 200 册,北京:学苑出版社,2006 年版。

53.刘赜:《刘赜小学著作二种》(《初文述谊》《小学札记》),武汉:武汉大学出版社,2007 年版。

54.邵江天:《李格非传》,武汉:湖北人民出版社,2007 年版。

55.刘怀俊:《李国平在乐山》,《武大校友通讯》2008 年第 1 辑。

56.萧萐父:《冷门杂忆》,《武大校友通讯》2008 年第 2 辑。

57.骆郁廷主编:《乐山的回响:武汉大学西迁乐山七十周年纪念文集》,武汉:武汉大学出版社,2008 年版。

58.(清)阎镇珩:《北岳山房诗文集》,长沙:岳麓书社,2009 年版。

59.李维琦:《李维琦语言学论集》,北京:语文出版社,2011 年版。

60.刘赜:《说文古音谱》,北京:中华书局,2013 年版。

61.商金林:《叶圣陶在武汉大学》,《武汉文史资料》2013 年第 8 期。

62.武汉地方志办公室:《张培刚传》,武汉:华中科技大学出版社,2013 年版。

63.王大年:《语法训诂论稿》,长沙:岳麓书社,2015 年版。

64.陈满意:《集美学村的先生们》,南京:江苏人民出版社,2018 年版。

65.刘宝俊:《严学窘评传》,北京:中华书局,2020 年版。

二、古籍类

1.(汉)许慎:《说文解字》,北京:中华书局,1963 年版。

2.(南朝宋)范晔撰,(唐)李贤等注:《后汉书》,北京:中华书局,1965 年版。

3.(南朝梁)萧统编,(唐)李善注:《文选》,北京:中华书局,1977 年版。

4.(清)阮元校刻:《十三经注疏》,北京:中华书局,1980 年版。

5.(宋)陈彭年等:《宋本广韵》,北京:北京市中国书店,1982 年版。

6.(唐)陆德明:《经典释文》,北京:中华书局,1983 年版。

7.(清)朱骏声编著:《说文通训定声》,北京:中华书局,1984 年版。

8.(清)黄生撰,黄承吉合按:《字诂义府合按》,北京:中华书局,1984 年版。

9.陈奇猷:《吕氏春秋校释》,上海:学林出版社,1984 年版。

10.(南朝梁)顾野王:《原本玉篇残卷》,北京:中华书局,1985 年版。

11.容庚编著,张振林、马国权摹补:《金文编》,北京:中华书局,1985 年版。

12.(宋)司马光:《宋本切韵指掌图》,北京:中华书局,1986 年版。

13.(南唐)徐锴:《说文解字系传》,北京:中华书局,1987 年版。

14.(清)段玉裁:《说文解字注》,上海:上海古籍出版社,1988 年版。

15.(明)方以智:《通雅》,侯外庐主编《方以智全书》第一册下,上海:上海古籍出版社,1988 年版。

16.(宋)丁度等:《宋刻集韵》,北京:中华书局,1989 年版。

17.(清)钱绎撰集:《方言笺疏》,北京:中华书局,1991 年版。

18.[日]释空海编:《篆隶万象名义》,北京:中华书局,1995 年版。

19.(汉)班固撰,(唐)颜师古注:《汉书》,北京:中华书局,1997 年版。

20.(元)黄公绍、熊忠:《古今韵会举要》,北京:中华书局,2000 年版。

21.(东汉)刘熙撰,(清)毕沅疏证,王先谦补:《释名疏证补》,北京:中华书局,2008 年版。

22.周祖谟校:《广韵校本》,北京:中华书局,2011 年版。

23.(汉)司马迁撰,(南朝宋)裴骃集解,(唐)司马贞索隐,(唐)张守节正义:《史记》,北京:中华书局,2013 年版。

24.(清)王念孙:《广雅疏证》,上海:上海古籍出版社,2016 年版。

25.(汉)王逸:《楚辞章句》,上海:上海古籍出版社,2017 年版。

三、(研究性)著作

1.张成孙:《说文谐声谱》,南菁书院,清光绪十四年(1888)版。

2.张世禄:《中国声韵学概要》,上海:商务印书馆,1930 年版。

3.姜亮夫:《中国声韵学》,上海:世界书局,1933 年版。

4.刘盼遂编著:《文字音韵学论丛》,北京:人文书店,1935 年版。

5.[瑞典]高本汉:《汉语词类》,张世禄译,上海:商务印书馆,1937 年版。

6.林尹:《中国声韵学通论》,上海:中华书局,1946 年版。

7.郭沫若:《金文丛考》,北京:人民出版社,1954 年版。

8.李荣:《切韵音系》,北京:科学出版社,1956 年版。

9.罗常培:《汉语音韵学导论》,北京:中华书局,1956 年版。

10.中国科学院语言研究所编:《罗常培语言学论文选集》,北京:中华书局,1963 年版。

11.周祖谟:《问学集》,北京:中华书局,1966 年版。

12.谢一民:《蕲春黄氏古音说》增订本,台北:大通书局,1971 年版。

13.丁邦新编:《董同龢先生语言学论文选集》,台北:食货出版社,1974 年版。

14.丁声树编录,李荣参订:《古今字音对照手册》,北京:中华书局,1981 年版。

15.陆宗达:《说文解字通论》,北京:北京出版社,1981 年版。

16.(清)顾炎武:《音学五书》,北京:中华书局,1982 年版。

17.王力:《同源字典》,北京:商务印书馆,1982 年版。

18.张永言:《词汇学简论》,武汉:华中工学院出版社,1982 年版。

19.(清)钱大昕:《十驾斋养新录》,上海:上海书店,1983年版。

20.杨树达:《积微居小学述林》,北京:中华书局,1983年版。

21.贾昌朝:《群经音辨》,北京:中华书局,1985年版。

22.李新魁:《汉语音韵学》,北京:北京出版社,1986年版。

23.[瑞典]高本汉:《中上古汉语音韵纲要》,聂鸿音译,济南:齐鲁书社,1987年版。

24.陈复华、何九盈:《古韵通晓》,北京:中国社会科学出版社,1987年版。

25.方孝岳编:《广韵韵图》,北京:中华书局,1988年版。

26.裘锡圭:《文字学概要》,北京:商务印书馆,1988年版。

27.蒋绍愚:《古汉语词汇纲要》,北京:北京大学出版社,1989年版。

28.曹述敬主编:《音韵学辞典》,长沙:湖南出版社,1991年版。

29.何九盈:《上古音》,北京:商务印书馆,1991年版。

30.李新魁:《中古音》,北京:商务印书馆,1991年版。

31.《纪念王力先生九十诞辰文集》编委会编:《纪念王力先生九十诞辰文集》,济南:山东教育出版社,1991年版。

32.[瑞典]高本汉:《中国音韵学研究》,赵元任等译,北京:商务印书馆,1994年版。

33.何九盈:《中国现代语言学史》,广州:广东教育出版社,1995年版。

34.李葆嘉:《清代上古声纽研究史论》,台北:五南图书出版有限公司,1996年版。

35.王宁:《训诂学原理》,北京:中国国际广播出版社,1996年版。

36.罗正坚:《汉语词义引申导论》,南京:南京大学出版社,1996年版。

37.孙雍长:《训诂原理》,北京:语文出版社,1997年版。

38.刘师培:《刘申叔遗书》,南京:凤凰出版社,1997年版。

39.郑远汉主编:《黄侃学术研究》,武汉:武汉大学出版社,1997年版。

40.汤可敬:《说文解字今释》,长沙:岳麓书社,1997年版。

41.齐冲天:《声韵语源字典》,重庆:重庆出版社,1997年版。

42.殷寄明:《汉语语源义初探》,上海:学林出版社,1998年版。

43.钱玄同:《钱玄同文集》,北京:中国人民大学出版社,1999年版。

44.许宝华、宫田一郎主编:《汉语方言大词典》,北京:中华书局,1999年版。

45.王力:《王力语言学论文集》,北京:商务印书馆,2000年版。

46.张博:《古代汉语词汇研究》,银川:宁夏人民出版社,2000年版。

47.徐超:《中国传统语言文字学》,济南:山东大学出版社,2000年版。

48.李荣主编:《现代汉语方言大词典》,南京:江苏教育出版社,2002年版。

49.梁启超:《中国近三百年学术史》,北京:东方出版社,2004年版。

50.(清)陈澧:《切韵考》,广州:广东高等教育出版社,2005年版。

51.庞光华:《论汉语上古音无复辅音声母》,北京:中国文史出版社,2005年版。

52.北京大学中国语言学研究中心《语言学论丛》编委会编:《语言学论丛》第三十三辑,北京:商务印书馆,2006年版。

53.黄易青:《上古汉语同源词意义系统研究》,北京:商务印书馆,2007年版。

54.蔡梦麒:《〈说文解字〉字音注释研究》,济南:齐鲁书社,2007年版。

55.罗常培、周祖谟:《汉魏晋南北朝韵部演变研究》,北京:中华书局,2007年版。

56.孙玉文:《汉语变调构词研究》,北京:商务印书馆,2007年版。

57.李开:《汉语古音学研究》,上海:上海人民出版社,2008年版。

58.邵荣芬:《切韵研究》校订本,北京:中华书局,2008年版。

59.于省吾:《双剑誃殷契骈枝　双剑誃殷契骈枝续编　双剑誃殷契骈枝三编》,北京:中华书局,2009年版。

60.乔秋颖:《江有诰古音学研究》,合肥:黄山书社,2009年版。

61.夏中易:《入声献疑》,成都:巴蜀书社,2009年版。

62.于省吾:《甲骨文字释林》,北京:商务印书馆,2010年版。

63.郭锡良编著:《汉字古音手册》增订本,北京:商务印书馆,2010年版。

64.邵荣芬:《汉语语音史讲话》校正本,北京:中华书局,2010年版。

65.向熹:《简明汉语史》,北京:商务印书馆,2010年版。

66.(明)陈第:《毛诗古音考》,严式诲编《音韵学丛书》,北京:国家图书馆出版社,2011年版。

67.(明)陈第:《屈宋古音义》,严式诲编《音韵学丛书》,北京:国家图书馆出版社,2011年版。

68.(清)戴震:《声韵考》,严式诲编《音韵学丛书》,北京:国家图书馆出版社,2011年版。

69.(清)戴震:《声类表》,严式诲编《音韵学丛书》,北京:国家图书馆出版社,2011年版。

70.(清)江永:《古韵标准》,严式诲编《音韵学丛书》,北京:国家图书馆出版社,2011年版。

71.(清)江永:《四声切韵表》,严式诲编《音韵学丛书》,北京:国家图书馆出版社,2011年版。

72.(清)江有诰:《音学十书》,严式诲编《音韵学丛书》,北京:国家图书馆出版社,2011年版。

73.(清)孔广森:《诗声类》,严式诲编《音韵学丛书》,北京:国家图书馆出版社,2011年版。

74.(清)王念孙:《古韵谱》,严式诲编《音韵学丛书》,北京:国家图书馆出版社,2011年版。

75.(清)钱坫:《诗音表》,严式诲编《音韵学丛书》,北京:国家图书馆出版社,2011年版。

76.(宋)吴棫:《韵补》,严式诲编《音韵学丛书》,北京:国家图书馆出版社,2011年版。

77.(清)夏炘:《诗经廿二部古音表集说》,严式诲编《音韵学丛书》,北京:国家图书馆出版社,2011年版。

78.(清)严可均:《说文声类》,严式诲编《音韵学丛书》,北京:国家图书馆出版社,2011 年版。

79.钱玄同:《钱玄同文字音韵学论集》,上海:上海古籍出版社,2011 年版。

80.王显:《诗经韵谱》,北京:商务印书馆,2011 年版。

81.张亚蓉:《〈说文解字〉的谐声关系与上古音》,西安:三秦出版社,2011 年版。

82.赵荫棠:《等韵源流》,北京:商务印书馆,2011 年版。

83.李葆嘉:《清代古声纽学》,上海:上海古籍出版社,2012 年版。

84.[日]平山久雄:《汉语语音史探索》,北京:北京大学出版社,2012 年版。

85.徐朝东:《蒋藏本〈唐韵〉研究》,北京:北京大学出版社,2012 年版。

86.杨树达:《积微居小学金石论丛》,上海:上海古籍出版社,2013 年版。

87.杨树达:《积微居小学述林全编》,上海:上海古籍出版社,2013 年版。

88.唐作藩:《上古音手册》增订本,北京:中华书局,2013 年版。

89.王力:《王力全集》,北京:中华书局,2013 年版。

90.黄易青、王宁、曹述敬:《传统古音学研究通论》,北京:商务印书馆,2015 年版。

91.李建强:《来母字及相关声母字的上古音研究》,北京:中国社会科学出版社,2015 年版。

92.李开、顾涛编著:《汉语古音学史》,上海:上海古籍出版社,2015 年版。

93.孙玉文:《上古音丛论》,北京:北京大学出版社,2015 年版。

94.熊桂芬:《从〈切韵〉到〈广韵〉》,北京:商务印书馆,2015 年版。

95.许良越:《章太炎〈文始〉研究》,北京:中国社会科学出版社,2015 年版。

96.王宁:《汉字构形学导论》,北京:商务印书馆,2015 年版。

97.赵少咸:《诗韵谱》,北京:中华书局,2016 年版。

98.乔秋颖、王任赵、史晶璐、胡林霞:《民国音韵学三论》,上海:上海古籍出版社,2016 年版。

99.孙玉文、邵永海主编:《古代汉语经典精读》,北京:高等教育出版社,2016 年版。

100.王定国:《黄梅方言志》,武汉:华中师范大学出版社,2016 年版。

101.北京大学中国语言学研究中心《语言学论丛》编委会编:《语言学论丛》第五十五辑,北京:商务印书馆,2017 年版。

102.唐作藩:《汉语语音史教程》,北京:北京大学出版社,2017 年版。

103.郭锡良:《汉语研究存稿》,北京:中华书局,2017 年版。

104.宗福邦、陈世铙、于亭主编:《古音汇纂》,北京:商务印书馆,2019 年版。

105.郭锡良编著,雷瑭洵校订:《汉字古音表稿》,北京:中华书局,2020 年版。

106.孙玉文:《字学咀华集》,北京:北京大学出版社,2020 年版。

四、(研究性)论文

1.曾运乾:《喻母古读考》,《东北大学季刊》1927 年第 2 期。

2.敖士英:《关于研究古音的一个商榷》,《国学季刊》1930 年第 2 卷第 3 期。

3.董同龢:《声韵学表解》,《清华学报》1935 年第 10 卷第 4 期。

4.吴英华:《古音喉牙相通考》,《制言》1937 年第 35 期。

5.董同龢:《上古音韵表稿》,《中央研究院历史语言研究所集刊》第十八本,上海:商务印书馆,1948 年。

6.詹伯慧:《广济方音和北京语音的比较》,《武汉大学人文科学学报》1959 年第 6 期。

7.李解民:《中国古代的姓和氏》,《文史知识》编辑部编《古代礼制风俗漫谈》,北京:中华书局,1983 年。

8.向黎:《古代“劫夺婚”》,《文史知识》编辑部编《古代礼制风俗漫谈》,北京:中华书局,1983 年。

9.孙雍长:《王念孙“义类说”笺识》,《湖南师大学报(哲学社会科学版)》1985 年第 5 期。

10.沈兼士:《右文说在训诂学上之沿革及其推阐》,《沈兼士学术论文集》,北京:中华书局,1986 年。

11.王宁:《论〈说文〉字族研究的意义——重读章炳麟〈文始〉与黄侃〈说文同文〉》,《南京师大学报(社会科学版)》1986 年第 1 期。

12.许嘉璐:《论同步引申》,《中国语文》1987 年第 1 期。

13.陈建初:《黄侃先生所批“〈说文〉同文”初探》,《古汉语研究》1990 年第 2 期。

14.卢烈红:《黄侃的语源学理论和实践》,《武汉大学学报(哲学社会科学版)》1995 年第 6 期。

15.宋永培:《中国 20 世纪上半叶的训诂研究》,《长沙电力学院社会科学学报》1997 年第 1 期。

16.李开金:《汉字内容里所蕴含的华夏民族的文化精神——〈刘赜小学著作〉发微之一》,《人文论丛》1998 年卷。

17.周光庆、王一军:《汉语义类的形成及其哲学意蕴》,《郧阳师范高等专科学校学报》1999 年第 4 期。

18.李开:《黄侃的古音学:古本声十九纽和古本韵二十八部》,《江苏大学学报(社会科学版)》2002 年第 1 期。

19.耿振生:《古音研究中的审音方法》,《语言研究》2002 年第 2 期。

20.王宁、黄易青:《词源意义与词汇意义论析》,《北京师范大学学报(人文社会科学版)》2002 年第 4 期。

21.王宁、黄易青:《黄侃先生古本音说中的声韵“相挟而变”理论——兼论古今音变的“条件”》,《陕西师范大学学报(哲学社会科学版)》2003 年第 4 期。

22.乔永:《黄侃“无声字多音说”与上古声纽研究》,《语言研究》2005年第1期。

23.[瑞典]高本汉:《高本汉的谐声说》,赵元任译,收入《赵元任语言学论文集》,北京:商务印书馆,2006年。

24.冯蒸:《从黄永镇的古韵29部表看黄侃派学者对〈广韵〉离析的贡献》,《首都师范大学学报(社会科学版)》2007年第3期。

25.罗立乾:《刘赜先生及其〈说文〉学》,《长江学术》2007年第3期。

26.乔永:《黄侃古本音十九纽研究》,北京师范大学民俗典籍文字研究中心编《民俗典籍文字研究》第四辑,北京:商务印书馆,2007年。

27.陈晓强:《从黄侃古韵表的变化中看黄侃古音思想》,《成都大学学报(教育科学版)》2007年第6期。

28.冯蒸:《黄永镇是上古音觉部独立说的创始人》,《古汉语研究》2008年第1期。

29.刘艳梅:《“脂、微”分部及黄侃对王力的影响》,《语言学研究》2008年第10期。

30.卢烈红:《从黄梅方言与近代汉语文献互证看辞书相关条目》,《合肥师范学院学报》2010年第2期。

31.冯蒸:《论黄侃派传统声韵学体系中关于中古音的五个理论(上)》,《汉字文化》2012年第3期。

32.冯蒸:《论黄侃派传统声韵学体系中关于中古音的五个理论(下)》,《汉字文化》2012年第4期。

33.吴福祥:《汉语语义演变研究的回顾与前瞻》,《古汉语研究》2015年第4期。

34.冯蒸:《刘赜〈说文最初声母分列古本韵二十八部表〉校理、今音标注与说明(上)》,《上古汉语研究》2016年第1辑。

35.冯蒸:《刘赜〈说文最初声母分列古本韵二十八部表〉校理、今音标注与说明(下)》,《上古汉语研究》2017年第2辑。

36.卢烈红:《刘博平对音义关系研究的贡献》,《古汉语研究》2019年第 2 期。

37.谢艳红:《试论刘博平考求同源词意义联系的方法》,《华中学术》2019 年第 4 期。

38.张虹倩:《章太炎〈文始〉“初文”“准初文”若干问题研究》,《古汉语研究》2020 年第 2 期。

39.林金金:《清代〈广济县志〉编修沿革考论》,《黑龙江史志》2020 年第 7 期。

五、硕、博士论文

1.郭建花:《江永古音学考论》,博士学位论文,南京大学,2003 年。

2.乔永:《黄侃古音学考论》,博士学位论文,南京大学,2003 年。

3.史俊:《〈广韵〉异读探讨》,硕士学位论文,苏州大学,2005 年。

4.王婧:《〈广韵〉异读研究》,硕士学位论文,兰州大学,2006 年。

5.谢建娘:《高本汉〈汉文典〉上古音研究》,博士学位论文,福建师范大学,2013 年。

6.任翔宇:《〈黄侃声韵学未刊稿〉古音思想研究》,博士学位论文,福建师范大学,2014 年。

7.尹喜清:《曾运乾音韵学研究》,博士学位论文,福建师范大学,2015 年。

8.马坤:《传统古声纽研究之推阐以及在训诂中的运用》,博士学位论文,武汉大学,2016 年。

后　　记

武汉大学文学院很长时间以古代汉语和古代文学为优势学科，1956年，古代汉语学科的刘博平、古代文学学科的刘永济被教育部评定为一级教授，在当时的武汉大学六个一级教授中占了三分之一。国学大师黄侃在这里任教达八年之久，是语言学科的奠基人。他的弟子刘博平、黄焯长期在这里任教，程千帆在这里任教也有很长时间，因此，武汉大学文学院是章黄学术的重镇之一。我自1977年考入武汉大学中文系，在这里由学生到教师，度过了四十多年，从学术的角度说，可谓“生于斯，长于斯”。我为中文系的学术地位感到骄傲，对语言学科的老前辈充满景仰之情，同时也感到有一份责任，那就是要总结、继承、弘扬老一辈的学术，让章黄学术薪火相传。自2005年担任武汉大学黄侃研究所所长后，这种责任感日渐强烈。

2014年，湖北省国学研究会、湖北人民出版社组织编撰“湖北国学大师评传丛书”，承蒙丛书主编郭齐勇教授信任，编委会邀约我主持《刘赜评传》的撰写工作。我一方面欣喜于有这样一个机会对刘博平的学术成就进行系统的挖掘和全面的总结，一方面又忧心于工作的难度。传统小学属于冷门绝学，其中的音韵学又是冷门中的冷门，而音韵学中的古音学更难。具体到刘博平，他的古音学研究是给《说文解字》所收的近一万个字定纽归部，要评价他研究工作的得失，除了涉及不少学界有争议的基本理论问题之外，工作量最大、难度最大的是必须对这近一万个字的上古声纽、韵部逐一进行考察，并一字一字地与一些学者的意见进行对比。可是难归难，这样一项工作毕竟是我希望做的事情，是武汉大学中文系语言学科后辈的责任所在，既然承接下来，就要克服困难努力完成。恰好这一年，谢艳红考入武汉大学文学院做我的博士生。她硕士生阶段师从孙玉文教授，主攻音韵学。我和她商量，她的博士论文就研究刘博平的古音学，同时与我合作撰写《刘赜评传》，她负责音韵学部分，我负责文字学、训诂学、方言学部分。

编委会原定的交稿时间是 2016 年 2 月。现在看来，这个时间过于迫促，编委会低估了编撰难度。武汉大学文学院陈文新教授负责撰写《刘永济评传》，他才思极为敏捷，但据他在 2017 年出版的《刘永济评传》后记中所言，他与博士生江俊伟合写，也用了六年才完成。我们原本对《刘赜评传》撰写的难度有估计，但显然还是估计不足。谢艳红的工作极其艰苦，她花了不少时间梳理学术界有争议的基本理论问题，为研究工作扫除理论障碍，然后就《说文解字》所收的近一万个字一字一字地考察，与清代段玉裁、江有诰、朱骏声和现代黄侃、王力、郭锡良、黄永镇、权少文等学者的意见进行对比，工作量非常之大，进展自然缓慢。而我负责的部分，由于有别的任务同时进行，也未能按期推进。这样一年又一年地不能交稿，我非常焦虑，也觉得愧对湖北人民出版社，多次向出版社表示打算放弃评传的撰写。湖北人民出版社祝祚钦先生是武汉大学中文系校友，对母校怀有极其深厚的感情，他与我一样对母校中文系有一份责任感，觉得只有把刘永济、刘博平两位老先生的评传都推出才完美，才完成他的一桩心愿。因此，他一直鼓励我坚持写下去，并一再延后交稿时间。当《刘赜评传》历经九个年头终于完稿，我首先要衷心感谢祝祚钦先生，要感谢他的大力支持、热情鼓励和宽容，没有他的鼓励，这本评传会中途夭折。他对母校的感情，令我感动！

在撰写的过程中，我颇有收获，时常为搞清楚一些问题而感到欣喜。关于刘博平学术成就方面的研究心得自然不少，兹不赘述。以刘博平生平方面而论，有些问题得以落实，匡正了以前学术界的一些错误说法。如依据刘博平自己填写的登记表、履历表，考定了他的出生年月日是 1891 年农历五月初八、公历 6 月 14 日，纠正了连他二女儿刘敬黄都将他的出生时间说成是“1891 年 6 月 1 日”的错误；依据刘博平自己填写的登记表、履历表，获知他原名“刘文汉”，这是以前学术界所不了解的；依据刘博平祖父刘熚的挚友阎镇珩所撰写的《常德知府刘君墓表》《常德知府刘君诔》，确定刘熚1891年4月13日病逝于常德府府署，并非如一些材料所说的，刘熚是在刘博平降生的同一天病逝于牛鼻滩舟中；依据叶圣陶的日记，考定在选拔赛“恒言”考题风波之前，叶圣陶已接到四川省立教育科学馆的聘书，已决定离开武汉大学，所以他离开武汉大学与这场考题风波并无直接关系，有些材料把直接责任推到刘博平身上，这是不符合事实的；通过查阅全国政协官网“机构组织”下的“历届全国政协组成人员名单”，得知刘博平第一次增补为全国政协委员的时间是1956年而非1957年，他担任过第二届、第三届、第四届全国政协委员，共三届，并没有担任第五届全国政协委员，这就纠正了以往一些学者的错误说法。这些研究心得有些关涉较大的问题，有些只关涉刘博平生平的细节，但对于刘博平生平研究来说，都是应该弄清楚的问题。

本书的引言、第一章、第七章、第八章、结语、刘博平年表由卢烈红执笔，其中第七章有关刘博平考求同源词的微观方法部分采自谢艳红已发表的《试论刘博平考求同源词意义联系的方法》一文，第二章、第三章、第四章、第五章、第六章、刘博平著述目录、主要参考文献由谢艳红执笔。全书由卢烈红统稿。

感谢丛书主编郭齐勇教授，感谢湖北省国学研究会的几任会长，感谢湖北人民出版社的领导，感谢他们的信任和大力支持！

感谢武汉大学古籍整理研究所的萧海波教授，他是刘博平先生20世纪60年代培养的研究生，他热情地提供了很多帮助。感谢北京大学中文系的孙玉文教授，他帮助解决了不少疑难问题。感谢武汉大学文学院陈文新教授，他热情地提供他和江俊伟合撰的《刘永济评传》供我参考。我的博士生、现任教于中南民族大学的毛文静，我的硕士生、现在北京大学中文系攻读博士学位的曹亚北，现在武汉大学文学院攻读古典文献学硕士、上过我训诂学课的姜修翔，他们也为本书的撰写提供了帮助，武汉大学档案馆为本书的撰写提供了珍贵的刘博平生平档案资料，在此一并致谢！

感谢本书的两位责任编辑祝祚钦先生和丁茜女士，他们付出了辛勤的劳动！本书撰写难度高，编辑难度也很高。难字僻字铺天盖地，标点符号密密麻麻。两位责任编辑不避繁难，不惮劳苦，精心审改，纠正了书稿不少学术上和技术上的疏误，为书稿增色多多。祝祚钦先生身为出版社首席编辑，还亲自担任本书的责任编辑，在此对他的高度重视再次表示感谢！

本书一定还存在不少疏误，敬请读者批评指正。

卢烈红

2022 年 1 月 28 日于珞珈山